国家社科基金项目"乡村转型的动力机制与路径选择"（项目编号：11CSH062）结项成果

村庄转型的动力机制与路径选择:

以浙江实践为例

王萍 著

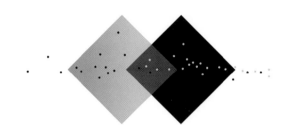

中国社会科学出版社

图书在版编目 (CIP) 数据

村庄转型的动力机制与路径选择：以浙江实践为例 / 王萍著 . —北京：
中国社会科学出版社，2022. 12
　ISBN 978-7-5227-1308-3

　Ⅰ. ①村… 　Ⅱ. ①王… 　Ⅲ. ①农村经济—转型经济—研究—浙江
Ⅳ. ①F327. 55

中国国家版本馆 CIP 数据核字（2023）第 022296 号

出 版 人	赵剑英	
责任编辑	宫京蕾	
特约编辑	李晓丽	
责任校对	闫　萃	
责任印制	郝美娜	

出　　版	中国社会科学出版社	
社　　址	北京鼓楼西大街甲 158 号	
邮　　编	100720	
网　　址	http：//www. csspw. cn	
发 行 部	010-84083685	
门 市 部	010-84029450	
经　　销	新华书店及其他书店	

印刷装订	北京君升印刷有限公司
版　　次	2022 年 12 月第 1 版
印　　次	2022 年 12 月第 1 次印刷

开　　本	710×1000　1/16
印　　张	19. 75
插　　页	2
字　　数	316 千字
定　　价	128. 00 元

凡购买中国社会科学出版社图书，如有质量问题请与本社营销中心联系调换
电话：010-84083683

序

　　认真拜读了王萍教授的大作，掩卷而思，脑子涌出好多想法，但是，不知道从哪里入手、从何处说起。长期以来，自以为在调查和研究当下的中国农村，特别是改革开放中的中国农村。我出生在 20 世纪 60 年代的农村，那是一个计划经济时代的农村；同样，又目睹了改革开放以来的农村变化，现在与改革初期又有了明显的不同。如何判定这样的变化？为什么会发生这样的变化？在变化中是否还有什么没有发生变化呢？对此，确实需要从理论上给出有力的讨论和解答。

　　我是 20 世纪 90 年代初真正步入学术研究的，跟着一些前辈研究者，去观察和认识那时发生变化的农村，认为那时候农村发生的变化正朝着我们想象中的目标行进，那就是农村现代化。农村现代化成为我们研究和观察农村变迁的理论参照系，为此，我们对农村现代化的演变路径展开了一些讨论。当时，社会学界老前辈费孝通教授通过对苏南模式的研究，提出中国找到了一条以乡镇企业和小城镇发展为主线的"离土不离乡"的农村现代化道路；20 世纪 90 年代在陆学艺教授的带领下，我们提出了农村现代化的四阶段论：农村联产承包责任制、乡镇企业发展、城镇化和农村人口外出务工经商。在第一阶段，农村联产承包责任制确立了农民在生产经营和就业选择中的主体地位，而乡镇企业发展代表了农村工业化，消除了计划时代农村发展农业而城市发展工业和商业的制度限制，小城镇发展和农村人口外出务工经商代表了农村人口城镇化等。现在反思一下当初的研究，我们确实抓住了当时乡村发展的最明显现象，但是却没有从理论上给出更实质性的提炼。进入 21 世纪，农村的变化又出现一些新的迹象和轨迹，从政策上看，国家开始意识到农村继续沿着以前那样变化，将面临着衰败的结局，于是重提新农村建设，乃至当下的乡村振兴发展战略，但是政策调整究竟在多大程度上改变 20 世纪 80 年代开启的农村变化方向和轨迹呢？这样的变化能否真正代表着现代化方向呢？如何给出理论解释和概括？由此，又引发各种各样的讨论，出现一些新的判断和看法，比如，有研究者提出从城乡社会向乡城社会的转变，有的提出城乡中国的看法，还有的提出中国进入了逆城市化阶段，等等，不一而足。

现有的研究要么属于实然描述，要么是指向未来农村应该如何的应然表达，由此产生的所谓争论，比如小农与规模化农业之争、有集体经济发展与家庭经济发展之讨论、有治理与自治之争、城市化与逆城市化之争，等等，事实上它们够不上真正的学术争论和探讨，而只属于现象性的分歧，明显缺乏解释性分析和实证性探讨，没有触及对农村社会变迁的本质性问题——现代化本质性问题。小农与规模化农业的争论虽然是基于效率原则而展开的，但是效率背后的实质是理性化和科学技术水平，那么从这个意义上看，把小农排除在理性化和科学技术之外是没有道理的，因为像日本的小农在这方面都是相当发达的，效率也是不低的；同样，集体经济发展与家庭经济发展的讨论在于一种预设是前者比后者更能带领农村富裕和现代化，事实上也是一种意识形态先行的讨论，并不是一种社会科学的理论和实证分析，更没有给出合逻辑的解释。当然，这并不否定现有的研究都是没有价值的，也不意味着我的研究有多么的厉害，实际上我还没有达成如斯的研究水平呢！

学术理论的借鉴是推进我们学术研究的重要方式之一。一些人不断的呼吁和倡导社会学"本土化"，也有研究者认为"本土化"并不是科学研究的本质，如没有比较研究，没有借鉴，哪有"本土化"一说？学术研究不是将自己关起来自言自语地能做好。同样，农村研究特别是农村现代化研究，发达国家做得比我们早，也提出了一些有解释力的理论和观点。欧美发达国家在农村现代化上比中国先行一步，它们所遭遇的问题和积累的经验在多大程度上与中国正在经历的有相似性呢？它们的研究者提出的理论解释是否可用于解释中国正在发生的农村变迁呢？没有比较，就看不到异同，现成的理论知识和智慧不拿来参考，不意味着自己蒙着眼睛就能达到人家已经达到的研究水平。值得赞赏的是王萍教授在本书中详细地梳理了欧美发达国家有关农村现代化特别是乡村转型研究的文献，介绍了相关的理论研究，从国际比较中来反观中国过去四十多年农村现代化的本质，在一定程度上为当下中国乡村研究提供了一些重要的理论视角和学术资源。

世界各国现代化进程无不牵涉到农村何去何从的问题，这是一个普遍问题，也是农村社会学重点关注和研究的学术议题。欧美农村社会学界从早期的城镇化、工业化等现代主义角度去讨论农民的终结、农村的衰败等现代化问题，到现在已经转向以后现代主义以及第三条道路等视角去探讨乡村转型，提出了许多有价值的观点，比如最有影响的一个理论观点就认为，现在欧美的乡村不再是原来的乡村、农业不再是原来的农业、乡村与农业的关系也不是原来的那么亲密的关系，而是已经从生产主义转向后生产主义，由此出现了农村去农业化、村庄去社区化的变迁。从这样的理论借鉴中，王萍教授认为，用村庄转型视角来观察和分析改革开放以来特别是当下发生的中国农村现代化，是有重要的理论和实践价值的。她同样认为，中国农村也正在经历着从生产主义向后生产主义的转型，这种转型具体地主要发生在村庄层面上，所以她把村庄作为农村现代化转型的研究单位或对象来看待。村庄确实是中国农村社会的关键载体，中国农村变迁和现代化也主要发生在村庄层面，因此，把村庄作为研究对象，也合乎中国的乡村社会结构的特点。同时，需要指出的是，作者重点关注的不是村庄的一般性变迁，而聚焦于村庄的"根本转变"，即村庄转型。在作者看来，过去几十年中国农村现代化不止是一种一般性的社会变迁，而是一次巨变或者根本性转变，这种转变只能用转型这样的视角来观察和思考，才能获得深刻的认识和把握。转型理论也首先出现在欧美国家对现代化的理解和认识，到 20 世纪 80 年代后期才进入中国社会学界，由此，当时有研究者提出中国正在经历着深刻的社会转型，当然他们所指的社会转型在很大程度上不限于社会、市场与国家之间的关系变化（脱嵌、嵌入、反向运动等），而是用来刻画中国社会的多维度、多层次的根本转变：从农业社会向工业社会、从乡村社会向城市社会、从传统社会向现代社会、从伦理社会向契约社会、从封闭社会向开放社会等的转变。这五方面的"根本转变"无不体现乡村的变迁，从这个意义上可以看出，当时提出的社会转型在很大程度上就是乡村转型。但是，当时没有研究者去深入地探讨乡村转型的具体表现以及动力机制等问题。后来有关村庄的研究汗牛充栋，但是专注于村庄转型研究的成果并不多见，有深度的成果也寥寥无几。在这一点，王萍教授的这本专著开了个好头，为这个议题的进一步探讨奠定了理论和实证基础，特别是从理论上让我们思考，未来的村庄是不是一定是后生产主义那样的新乡村呢？是不是还有多样的现代化转型方向呢？这些都是非常有价值的乡村研究问题，而一个有价值的研究问题是一个有价值研究的基础和前提。

在我看来，这本专著的另一个亮点，就是题目所展示的，对驱动村庄转型的动力机制的探索。乡村研究更需要一些有分量的解释性研究成果，不仅要知其然，而且更需要知其所以然。在乡村转型上也是如此。本书从三个维度上探讨了中国村庄发生转型的动力机制：产业、社会文化重组、国家规制和村庄治理。在产业上，作者发现中国村庄正出现"去农业化"，即村庄与农业之间在脱嵌，村庄不限于是自给自足的生产生活单位，而转变为城市的消费对象等，其背后的动力机制就是城市对村庄的需求，正如一些日本学者所发现的，20世纪70年代日本乡村振兴的兴起是得益于城市居民对乡村食品安全以及生态环境有着越来强烈的需求。在社会文化方面，村庄出现"去社区化"，表现为村庄撤并以及人口流动等，改变了原先的社区共同体属性，有人称为"无主体社会"，有人称为"半熟人社会"等。"去社区化"背后的动力机制是人口的流动，特别是农村人口外出务工、经商，还有就学等。在村庄治理和国家规制上出现危机和新乡村运动，特别是招商引资以及行政干预与村民主体发生紧张关系，乡村建设运动与村民的需求以及参与之间有可能出现的错位，也会引发一些社会危机，等等。作者的目标未停留在揭示村庄转型背后的动力机制，而是在此基础上，进一步探讨理想的村庄转型，提出在新乡村主义背景下推动新农村社区建设的政策和行动思考。

本书的田野调查点在浙江省。浙江省的农村在全国现代化建设和发展中还是有一定的先行性，不论农村工业化、市场化、城市化还是公共服务发展、社会民生事业建设，等等，特别是浙江省在推进乡村振兴与共同富裕上也有一系列举措和行动，取得了一定的效果。以浙江村庄为案例，来讨论村庄转型和农村现代化，可以从中寻找整个中国的村庄转型未来的可能方向，确实比通过对欧美日本发达村庄转型的讨论来观察中国村庄在现代化转型，显得更接近中国的实践，或者说浙江就是中国实践的先行者。但是，中国各省区市的村庄有着鲜明的多样性，彼此之间不仅存在着发展程度的不同，而且还存在着区域、生态资源、社会基础以及文化资源的差异，因此，期待作者在以后的研究中纳入更多其他省区市村庄的案例，并进行分析讨论，会丰富对村庄转型的研究视角，提供更有解释力的理论认知。

王春光

2022 年 10 月 28 日于北京

目　录

第一章

现代化进程中的乡村变迁

第一节　提出问题

一直以来，村庄是人类主要居住形态之一，是许多人选择居住的地方。不过，在现代化洪流的冲击下，村庄的存在空间、存在形态以及存在价值都出现了疑问，以至产生了：中国尚存的众多村庄究竟有没有未来？需不需要有未来？

一　现代化卷裹中的乡村

现代化是近现代人文社会科学最重要的研究范式，其中资本主义、工业主义、理性主义则是现代化大厦的几大重要支柱。这几个概念的内核及其对乡村的影响，可以在这里做个简要阐释。

资本主义是指一个商品生产的体系，它以对资本的私人占有和无产者的雇佣劳动之间的关系为中心，这种关系构成了阶级体系的主轴线。① 由于资本主义是一种强大的经济秩序，它能够渗透到世界的边缘地区，显然也包括最偏远的农村地区。正因如此，沃勒斯坦把现代社会的转变主要归结为资本主义这种占支配地位的制度性关系的影响结果，分成了核心、半边缘和边缘地区。② 资本主义的出现，不仅先于工业主义，而且为它的产生提供了许多原动力，其中把二者连接起来的就是劳动力的商品化。劳动力、产品、土地的商品化与私有财产、现代主权国

---

① ［英］安东尼·吉登斯：《现代性的后果》，田禾译，译林出版社2000年版，第59页。
② ［美］伊曼纽尔·沃勒斯坦：《现代世界体系》，罗荣渠等译，高等教育出版社1998年版，第5—6页。

家一起成为资本主义的独有的结构性特征。如今，很多人把资本主义称为一种"失败的制度"，源自资本主义的生产消费模式使得地球生态几近崩溃的边缘。① 这种强大的资本主义体系，如何改变传统村庄遵循的恰亚诺夫式"生产与消费均衡"小农经济模式，如何确立起商品化的农业经济，并进而建立有效的市场链接，这是现代化进程中乡村研究的一大焦点。

工业主义是指在商品生产过程中对物质世界的非生命资源的利用，这种利用体现了生活过程中机械化的关键作用。工业主义构成了人类与自然相互间发生作用的主轴线，表现在：前工业时代，人们的生活和自然界是紧密联系的，但由科学和技术的联盟所构筑起来的现代工业，却以过去世世代代所不能想象的方式改变着自然界，使得人类开始生活在一种人化的环境中，再也不是自然的。② 工业主义的特性首先建立在劳动分工基础上，从而导致高度工业化、低度工业化地区的分化，即使是在以农业为主的国家和地区，现代工业技术的运用也彻底改变了人类的社会组织与环境原有的关系。在这种思维的主导下，现代化理论与发展经济学逐渐形成了"农业社会"与"工业社会"断裂式的二元分析范式。而且近代以后的乡村研究中，这种范式常常展现其不可动摇的主导地位。

理性主义与经验主义相对立，围绕知识和如何获得知识的问题展开。理性主义主张人类知识的根本源泉来自先天的观念，因而理性知识能够有效地获得普遍必然的知识。韦伯认为资本主义就是一种生产的合理化机制，合理性是资本主义精神的核心，而现代官僚制就是社会结构日趋合理，人类行为符合理性要求，社会日益理性化、可控化的现实体现。对此，二战后的法兰克福学派对理性工具化展开了批判，比如马尔库塞认为技术不仅是一种生产方式，也是社会关系的组织和维持方式，因此技术发展导致了人们在科学思维的主导下来调整自己的价值理念和行为，理性工具化趋势日趋明显。与此同时，现代社会日益转向一个以技术为基础的、被全面管制的社会，一个形式化的理性社会。在理性工

---

① 约翰·贝拉米·福斯特、吴娓、刘帅：《失败的制度：资本主义全球化的世界危机及其影响》，《马克思主义与现实》2009 年第 3 期。

② ［英］安东尼·吉登斯：《现代性的后果》，田禾译，译林出版社 2000 年版，第 53 页。

具化的时代，非常明显的一点就是，传统农村社区中促使人们经常互动、形成可分享的经验与共识的价值理念日趋消解。

在资本主义、工业主义、理性主义构筑的现代化洪流中，曾经作为传统中国最重要的经济、生活、文化共同体的村庄必然会卷入其中。那么，一个个村庄是奋勇拼搏，开创自己的未来，还是垂死挣扎，被命运所抛弃，是很多人都在关注的问题。

二　村庄的现代命运

关于现代化逻辑下的村庄命运，已有的理论概括主要集中在"村庄终结"和"村庄转型"两类说法中。

1. 村庄终结

在很多现代化理论家们的眼中，村庄的命运是一个充满悲剧色彩的话题。20世纪90年代流行的"村落终结说"认为：随着现代民族国家的形成，因社会关系的垂直整合取代了水平整合，导致建立在社会分工和市场交换基础上的市场经济规则成为了具有普遍意义的社会交往规则，从而引发均质化大众消费社会替代传统共同体，村落共同体走向终结的变革。就形态来看，中国村庄的终结有完全城市化的村落，"工村""商村"以及城中村等区别；[1] 就方式来看，既有城市边缘地带被城市吸纳、吞噬的方式，远离城市的偏僻村庄因过疏化、老龄化而自然的终结方式，亦有政府规划主导下经由村庄合并等被动走向终结等区别。[2]

对此，不少质疑者提出，源自西方发达国家村落终结的观点主要基于宏观的传统—现代的社会历史发展模式，是一种粗略抽象的判断，忽略了不同国家和地区社会发展的特殊性和差异性。从中国经验来看，一方面，我们不可能复制诸如英美等先行工业化和城市化国家的发展前提，也不可能复制这些国家的发展进程；另一方面，我国一直以来就是农村大国，这意味着要把庞大数量的农村劳动力全部转移到非农就业上，从短时间看来是不可能解决的。更为重要的是，从社会文化传统上来看，村庄作为一种情感共同体，它在现代化进程中发挥着重要的平衡

---

[1]　刘梦琴：《中国城市化进程中村落终结的路径选择》，《农村经济》2011年第2期。

[2]　田毅鹏、韩丹：《城市化与村落终结》，《吉林大学社会科学学报》2011年第2期。

作用。因此，无论是出于自愿，或是无奈，村庄必然会作为一部分人口重要的、甚至是不可替代的生存之地而继续存在下去。

　　然而，这种简单移植西方国家的"终结论"对我国的知识界、政策制定者和社会公众还是产生了不少误导作用。一方面，以现代化为未来取向的理论研究者、政策制定者，常常把农业、农民、农村的未来假定为工业化、城市化和现代化。这种现代取向对于底层民众而言，却更多的体现为具有一定欺骗性，或者是表面上看起来是具备现代的合理性，但却是充满了现代化的蛊惑。另一方面，把农业、农民和农村视为现代化的"他者"，是实现社会现代化的拖累。这种他者化的过程，不仅不会迅速有效地通过城市化改造乡村社会，反而会成为导致农业、农民和农村长期落后的自证预言。近代以来，谈到"三农"问题的时候，往往把它作为现代化里面的一个消极的、负面的问题看待，不自觉地把农民想象为一个保守、愚昧、落后的社会群体，是需要启蒙和规训的对象；农业被看作是仅能维持农民生存的、低效率的、没有前途的生产部门；农村被认为是一群边缘人居住的、没有活力的地区，村庄必然走向衰落。正如康晓光所说的，这种"现代化"逻辑下的农村、农民观背后，是隐含着"强势集团利益"的。①

　　2. 村庄转型

　　近年来，知识界对经典的现代化与村庄关系进行了反思，对村庄的命运做出了新的回应。就农业来看，犹如舒尔茨指出，认为农业没有前途是经济学知识的一个误区，"并不存在使任何一个国家的农业部门不能对经济增长做出重大贡献的基本原因，现代化的农业同样可以成为国民经济增长的重要组成部分"②。蔡昉认为农业既不是一个失去重要性的产业，也不是一个没有投资回报的产业。农业份额越是减少，农业作为国民经济基础的意义就越是重大。③ 就农民而言，从农民大国的中国来看，不管城市化的进展再怎么快，也不能完全"消灭"农民。可以说，今天数量众多的农民中，仍有相当大的部分还将继续长时间当农

---

　　① 康晓光：《现代化是必须承受的宿命》，《天涯》2006 年第 5 期。
　　② ［美］舒尔茨：《改造传统农业》，梁小民译，商务印书馆 2006 年版，第 5 页。
　　③ 蔡昉：《中国农村改革三十年——制度经济学的分析》，《中国社会科学》2008 年第 6 期。

民。① 而且农民的理性是依条件和社会结构而变化的，农民行动的逻辑表明，他们有时是恰亚诺夫所说的生产与消费相均衡的小生产者，有时是斯科特所说的精通"生存"经济学、社会学和政治学的行动者，② 有时，他们可以成为舒尔茨所说的现代企业家，"一旦有了投资机会和有效的刺激，农民将会点石成金"。就农村来看，二战后发达国家出现了逆城市化的趋势，越来越多的人逃离城市，回到乡村，农村社区实现了某种意义的复兴。③ 就新兴国家来看，农村社区可以通过农村和城市的中间形态实现顺利转型。④ 比如折晓叶、陈婴婴质疑了现代化和发展研究中对农村命运的基本假设，提出中国工业化进程的推进并没有大幅度的减少农村人口，相反，却强有力刺激了乡村社区，特别是村社区的超前发展，造成了"工业村"的新形态，或者说创造了"超级村庄"这样一种新型的社区形态。⑤

也就是说，在日益工业化、城市化的世界中，乡村的存在形态和功能角色正在发生巨大的变迁。传统的依赖资源产业的乡村正在明显衰退，正在转向一个"新乡村"，更确切地说是一些不同于传统，眼下正在发生巨大变化的新乡村。⑥ 甚或是，村落终结不是传统村落共同体、农业、农民被现代化消灭的过程，而是村庄经历凤凰涅槃式地重生，主动融入现代社会体系的过程。村庄转型就是对村庄社会变迁众多要素的捕捉、抽象，对现代化与村庄关系重新解释的新理论。村庄转型意味着村庄生活各个层面的根本性调整，其中变迁的过程是因果相关的，既包括量上的变迁，也包括本质上的变化。⑦ 传统村庄就

---

① 顾秀林：《现代世界体系与中国"三农困境"》，《中国农村经济》2010 年第 11 期。

② 毛丹：《J 市农民为什么不愿做市民——城郊农民的安全经济学》，《社会学研究》2006 年第 6 期。

③ ［法］孟德拉斯：《农民的终结》，李培林译，社会科学文献出版社 2010 年版。

④ 毛丹：《村落共同体的当代命运：四个观察维度》，《社会学研究》2010 年第 1 期。

⑤ 折晓叶、陈婴婴：《社区的实践："超级村庄"的发展历程》，浙江人民出版社 2000 年版。

⑥ Millward, H., Harrington, L., Ilbery, B. and Beesley, K. 2003. Milieux, Viewpoints, and Processes of Change in the New Countryside. In Beesley, K., Millward, H., Ilbery, B., Harrington, L. 2003. *The New Countryside. Canada*：Brandon University/St Mary's University：9 - 23.

⑦ Hoggart, K., Paniagua, A. 2001. The Restructuring of Rural Spain？. *Journal of Rural Studies*. 17（1）：63 - 80.

是一种悠久社会制度，其社会发展不是断裂式的跃进，而是连续的进化过程，而村落转型恰恰意味着村落共同体在一定历史条件下存续的必然性，同时，也是村庄寻求与更广阔的社会进行有效链接的过程。本书对村庄及其转型机制的研究，正要试图讨论村庄存续的意义、条件以及可能的形式。

第二节　研究述评

在西方学者研究中，往往更为强调"乡村"的概念。[①] 梳理 20 世纪 90 年代以来英国、美国和欧洲国家的乡村转型研究文献，发现其研究脉络仍可归到二元论范畴。在这里，我们试图较为清晰地交代乡村二元转型的演绎过程，并对发达国家乡村转型研究透露出的两个不恰当取向，即"去农业化""去社区化"做出批评，提倡纵向和横向维度交织的网络化乡村转型研究新范式。

一　现代乡村研究模式[②]

1. 现代主义乡村研究

长期担任《乡村研究杂志》主编的克洛克（Cloke）曾毫不客气地指出：自 20 世纪 50 年代以来，乡村研究逐渐地被社会科学边缘化，成为一潭死水。[③] 对于乡村研究的"去中心化"发展，马斯登（Marsden）等做出过回应，认为主要原因在于乡村研究长期置于"城市导向"（urban oriented）的资本主义发展框架中。诸如此类的现代主义乡村研究重心在于描述乡村生活的"个性"（personality），宣称要赶上城市研

---

　　① 对于人们常用的"村庄""乡村"等概念的区别在第三章节中会做专门介绍，这里没有特意做区分。

　　② 这里仅借用普拉特（Pratt）和默多克（Murdoch）的现代乡村研究模式（Forms of modern rural studies）的表述，无意涉及其关于乡村研究的现代主义类型划分，包括前现代主义、现代主义、高度现代主义和后现代主义以及每一类型的乡村研究典范和对待乡村的立场。具体参见：Phillips, M. 1998. The Restructuring of Social Imaginations in Rural Geography. *Journal of Rural Studies*. 15（2）：121–153.

　　③ Cloke, P. 1997. Country Backwater to Virtual Village? Rural Studies and "The Cultural Turn". *Journal of Rural Studies*. 13（5）：367–375.

究，只有强调乡村生活的社会性和病理性的问题，① 也就是说只能强调乡村研究的边缘性。这类讨论较多集中在两个层面：第一，关注城市居民移居乡村以及全球化经济生产对乡村产生的冲击，包括乡村贫穷、乡村服务缺失、乡村犯罪、乡村流行病、社区冲突，因而讨论的重点在乡村贫困、剥夺以及处境不利等问题。整理 20 世纪 60 年代到 80 年代的文献可以发现，不少学者直接把乡村变迁描述为新来者阶层对当地居民阶层的叠加，从而产生阶层的冲突。② 第二，探究传统乡村的社会秩序，乡村社会内部的运行机制和独特的分化模式，特别是 60 年代以后的乡村研究透露出的"共同体导向"（Gemeinschaft-orientation），强调一种内部团结、血缘关系、代际传承、传统的面对面社会。③ 可以说，现代主义乡村社会学家在叙述中常常把城乡二元分离的假设作为出发点，不仅把它看成是解释乡村问题的必要前提，而且在整个论述过程中城乡经济、社会、文化都是分离的。不过，这被视为是一项毫无成功希望的争斗，④ 因为乡村研究把关注点仅仅放在乡村居民上，表现为一种相对自治的姿态，从而缺乏普遍的理论基础，在时空上疏离了"发展舞台"，⑤ 导致发达国家的乡村研究日益被主流社会科学"驱逐"，乡村社会学的地位长期处于"受挫"境况。

与此同时，20 世纪后半期以来，发达国家乡村社会发展出现的新情况不断挑战乡村社会学研究方法的有效性。首先，城市周边通勤地区的出现，不能被乡村特性的演绎推论所证明；日益流行的反城市化模式和不断出现的第二、三产业之间的城乡流动就业等新情况，削弱了城乡二元概念的权力。其次，现代主义带来了农业部门的重构，以生产为取

①　Marsden, T., Lowe, P., Whatmore, S. 1990. *Rural Restructuring*: Global Processes and Their Responses. London: Fulton.

②　Cloke, P., Thrift, N. 1990. Class and Change in Rural Britain. In Marsden, T., Lowe, P., Whatmore, S.1990. *Rural Restructuring*: *Global Processes and Their Responses*. London: Fulton: 165.

③　Marsden, T. 1990. Introduction: Questions of Rurality. In Marsden, T., Lowe, P., Whatmore, S. 1990. *Rural Restructuring*: *Global Processes and Their Responses*. London: Fulton: 1.

④　Murdoch, J., Pratt, A. 1993. Rural Studies: Modernism, Postmodernism and the Post-rural. *Journal of Rural Studies*. 20 (2): 131-151.

⑤　Mormont, M. 1990. Who is Rural? or, How to be Rural: Towards a Sociology of the Rural. In Marsden, T., Lowe, P. Whatmore, S. 1990. *Rural Restructuring*: *Global Processes and Their Responses*. London: Fulton: 27.

向的农业部门就业人口大幅度下降，导致农业对乡村发展过程的影响普遍减弱。同时，乡村地区消费定位的行为不断扩张，比如旅游休闲、环境保护等乡村空间的生产，导致乡村地区的居住不再是由第一产业支配。发达国家反城市化和现代主义发展，导致一方面很多人把乡村作为免于受工业主义影响的"前现代"空间，打算"逃到"乡村去，这也是英国乡村田园诗文化的主题；另一方面乡村又被作为现代发展模式的一部分，被整合进资本主义社会发展，为整个社会提供自然资源。这两种价值和行为共存于乡村社会，本身之间存在冲突，这对地方性乡村的发展会产生不同的影响。[①] 诸多变迁过程显示乡村问题的复杂性，也不断地挑战现代主义乡村社会科学研究的脆弱性。因此，关于乡村的想象和社会定义都要发生转变，乡村的价值和行为需要重新评估，乡村社会科学也必然要寻求新的解释。

　　基于此，20 世纪 70 年代末乡村研究逐渐放弃了乡村社区功能主义的研究方式，从而使乡村社会学在社会理论中更加主流。催生乡村研究新理论出现的主要动力是 70 年代末福特主义工业霸权理论逐渐衰落，[②]跨学科研究以及新马克思主义[③]对已有区域研究的批判迅速发展，其中农业政治经济学[④]和乡村转型理论成为批判传统乡村社会学的两个主要路径。一方面，与全球粮食体系的纵向综合而发展起来的农业政治经济学，充分注意到经济转型对乡村领域的影响，特别是农业在资本主义发展中的困境研究，包括农业在粮食商品体系中的作用逐渐减弱；工业资本积累的占用行为（以前被认为必须是农业的）；淘汰以乡村为基础

---

① Murdoch, J., Lowe, P., Ward, N., Marsden, T., 2003. *The Differentiated Countryside*. London：Routledge：2-5.

② 关于福特主义（Fordism）可参读：Lipietz, A. 1988. Mirages and Miracles：London：Verso；Cooke, P. 1988. Flexible Intergration, Scope Economies and StrategicAlliances：Social and Spatial Mediation. *Societyand Space*. 3（5）：508-512.

③ 新马克思主义是 20 世纪 70 年代兴起的，主要代表人物和著作：James 的 *The Fiscal Crisis of the State*（1973）；Braverman 的 *Labor and Monopoly Capital*（1975）；Wallerstein 的 *The Modern World-System*（1975）。其中，*Journal of Peasant Studies* 杂志成为当时主要的思想阵地。

④ 20 世纪后半期农业政治经济学发展历程和理论反思可以参考：Buttel, F. 2001. Some Reflections on Late Twentieth Century Agrarian Political Economy. *Sociologia Ruralis*. 51（2）：165-181.

（如土地）劳动过程的长期趋势。① 以至于有研究认为，发达国家的农业逐渐成为一种经济剩余，而不是传统的经济类型。② 乡村经济出现了三个结构性变迁：农场经济的衰落，制造业和服务业中低工资就业的增加，乡村消费功能的增长。③ 可惜这些研究慢慢地发展为农业研究，并逐渐与乡村研究分离。④ 另一方面，面对 70—80 年代发达国家通货膨胀，经济危机的出现和持续，学者们呼吁把主流社会理论运用于解释乡村问题。因资本积累的地理学变迁而产生的社会空间结构横向瓦解和新组合，被概念化为乡村转型理论。⑤ 与农业政治经济学家相比，后者把研究焦点放在工业和资本全球化产生的普遍影响（如经济转型、社会转型、国家规制）以及对民族国家和地区的影响。转型理论对乡村研究提出了具体的要求：第一，弱化传统空间标准，特别是城乡二元标准，寻求资本积累其他可利用的空间；第二，重视资本主义生产转型和市民社会之间的关系，强调其对社会分层地方体系的影响。⑥ 这两个转型主题修正了已有研究中在结构变迁讨论上的差距，这或许反映了学者们之前对经济性原则的不适当强调，弥补传统乡村研究中解释性结构框架的缺失。简言之，乡村转型研究者日益认识到全球—地方关系的本质及其特殊性需要放在地方性的社会、经济和政治行动中来解释，同时还需要进一步理论化，发展出建立在这些概念上的即时性分析，把地方变迁和宏

① Marsden, T., Lowe, P., Whatmore, S. 1990. *Rural Restructuring：Global Processes and Their Responses*. London：Fulton.

② Goodman, G. 1986. Capitalism, Petty Commodity Production and the Farm Enterprise, *Sociologia Ruralis*. 3（5）：325-352.

③ Little, J. 1995. Gender Relations and the Rural Labour Process. In Whatmore, S., Marsden, T. 1995. eds. *Gender and Rurality*. London：Fulton：11-30.

④ 纽比（Newby）等人在 80 年代初提倡把乡村社会学改名为农业社会学。具体可参考 Newby, H. 1983. The Sociology of Agriculture：Toward a New Rural Sociology. Annual Review of Sociology 9（1）：67-81. Newby, H. 1980. Trend Report：Rural Sociology. *Current Sociology*. 28（1）：1-151.

⑤ 当时讨论乡村转型理论的主要人物有纽比和马斯登及其团队成员，可以参阅文献：Newby, H. 1986. Locality and Rurality：*The Restructuring of Rural Social Relations. Regional Studies*. 20（3）：209-215. Marsden, T., Whatmore, S,, Munton, R., Little, J. 1987. Uneven Development and the Restructuring Process in Britich Agriculture：a Preliminary Exploration. *Journal of Rural Studies*. 3（5）：297-308；Whatmore, S., Munton, R., Marsden, T. 1990. The Rural Restructuring Process：Emerging Division of Agricultural Property Rights. *Regional Studies*. following issue.

⑥ Goodwin, M. 1989. Uneven Development and Civil Society in Western and Eastern Europe. *Geoforum*. 20（2）：151-159.

观变迁联系起来。①

　　总之，"新乡村社会学"② 成功取代了先前行为主义正统论，详细阐述了批判性的替代理论，驱逐了乡村社会学自给自足的概念，克服了其理论上的孤立，但新理论的技术姿态，缺乏解释性/立法性的角色③仍旧被严厉地批判。此外。新乡村社会学并没有填补城乡连续体让位之后留下的概念真空问题，这仍然是个悬而未决的命题。事实上，随着全球粮食体系的重新组合和乡村社会空间结构的瓦解而产生的离心拉力导致传统农村类型正在被解构。转型话题挑战了乡村场所的特殊性，认为它们明显的农业特征是过去投资发展的结果，现在以及未来的发展可能根本性地造成不同劳动空间分工。④ 也就是说，乡村与传统农业互为需要的关系正在慢慢的消解，农业日益成为工业生产中的一个部门，乡村转型的本质甚至被简化为乡村的"去农业化"。乡村与地理空间的关系也正在被激进地修正，乡村成了为非乡村使用者服务的功能性空间，孤立于乡村人口的行为，不再是乡村社区，乡村成为一种社会关系的网络，一种社会关系的建构。⑤ 在这些观点中，乡村逐渐成为一个历史偶然

---

　　① Marsden, T., Lowe, P., Whatmore, S. 1990. *Rural Restructuring*：*Global Processes and Their Responses*. London：Fulton.

　　② 新乡村社会学这个说法是巴特尔（Buttel）于1980年提出的，用于批判20世纪60年代美国乡村社会学强调技术、弥漫说，缺乏对乡村贫困和剥夺问题的关注，缺乏对国家政策制定的批判性想象和乡村社会学在政策中的角色缺失。新乡村社会学的代表人物古德曼（Goodman）（代表作：D. Goodman, M. Redclift, 1981. From Peasant to Proletarian. New York：St. Martin's Press）和沙宁（Shanin）（代表作：T. Shanin, ed. 1987. Peasants and Peasant Societies. Oxford：Blackwell），以及一些非乡村研究社会学家纽比、曼恩（Manine）、弗里德曼（Friedmann）和弗里德兰（Friedland）。其中，新韦伯主义者纽比则成为了新马克思主义主流乡村社会学研究中最有影响的人物。（这部分内容的详细讨论可参见 F. Buttel, 2001. Some Reflections on Late Twentieth Century Agrarian Political Economy. *Sociologia Ruralis* 51（2）：165–183.）

　　③ 借用鲍曼的 legislative/modernist approaches and interpretative/postmodernist ones 说法，前者指社会研究要解决社会世界的"明确的和普遍的……结合性说明"的构建，这些可以被国家机构所采用，形成和管理社会，促进一定的"现代主义项目"实现。

　　④ Marsden, T., Lowe, P., Whatmore, S. 1990. *Rural Restructuring*：*Global Processes and Their Responses*. London：Fulton：11.

　　⑤ Mormont, M. 1990. Who is Rural? Or, How to Be Rural：Towards a Sociology of the Rural. In Marsden, T., Lowe, P., Whatmore, S. 1990. *Rural Restructuring*：*Global Processes and Their Responses*. London：Fulton：31.

的、缺乏解释权力的叙述性的类型,① 被分解为一个混乱的空间(hybrid space),一系列社会和自然实体的复杂关系。② 至此,"后乡村"时代③宣布到来。

2. 乡村研究的后现代转向

20 世纪 90 年代开始,资本主义全球化向纵深发展,乡村地区的消费角色和未来潜能被进一步挖掘。对此,克洛克做了如下描述:"乡村商品的新市场:乡村成为一个排外的居住地;乡村社区可以买卖;被殖民化的乡村生活方式;被制作、包装和市场化的乡村文化图像;新潜能的乡村景观……"④ 相应地,乡村社会科学则进入了所谓的"文化转向"⑤,意味着知识分子更加紧密地跟踪从所谓后现代性⑥中生发出来的日常生活的种种形式。我们相信一种"后现代主义的社会学"会给

---

① Urry, J. 1985. Capitalist Restructuring, Recomposition and the Regions. In Bradley, Lowe. (eds.) *Locality and Rurality*. London: Geobooks.

② Woods, M. 2005. *Rural Geography: Processes, Responses and Experiences in Rural Restructuring*. London: SAGE.

③ 标志性的文献有 Mormont, M. 1990. Who is Rural? Or, How to Be Rural: Towards a Sociology of the Rural. In Marsden, T., Lowe, P., Whatmore, S. 1990. *Rural Restructuring: Global Processes and Their Responses*. London: Fulton; Halfacree, K. 1993. Locality and Social Representation: Space, Discourse and Alternative: Definitions of the Rural. *Journal of Rural Studies*. 9 (1): 23–37; Murdoch, J., Pratt, A. 1993. Rural studies: Modernism, Postmodernism and the Post-rural. *Journal of Rural Studies* 20 (2): 131–151; Lawrence, M. 1997. Heartlands or Neglected Geographies? Liminality, Power and the Hyperreal Rural. *Journal of Rural Studies* 13 (1): 1–17.

④ 可以阅读: Cloke, P., Goodwin, M. 1992. The Changing Function and Position of Rural Areas in Europe. In Huigen, P., Paul, L., Volkers, K. Eds. 1992. The Changing Function and Position of Rural Areas in Europe. *the Institute of British Geographers*. 17 (1): 19–35; Cloke, P., Goodwin, M. 1992. Conceptualizing Countryside Change: From Post – Fordism to Rural Structured Coherence. *Transactions of the Institute of British Geographers* 17 (5): 321–336.

⑤ 作为 *Journal of Rural Studies* 杂志主编克洛克在 1997 年第 5 期上发表了题为 Country Backwater to Virtual Village? Rural Studies and "The Cultural Turn" 的社论,对乡村研究的文化转向做了比较系统的理论说明,即所谓文化转向的乡村社会学沿着文化社会学、人类学,后现代主义、社会建构主义和话语分析等发展起来。此文成为乡村研究的重要参考文献之一,引用率很高。

⑥ 后现代学者们主要着迷于差异和意义的理论化,具体来说,福柯主义强调差异的重要性和"他者"的认同,布迪厄、博德利亚等人则强调文化符号论中的差异,而 Deleuze 和 de Certeau 则寻求传统分类和空间来源的新方式之间的空间。对应地,后现代的乡村社会科学也转向了乡村社会中"被忽视的"他者,乡村空间等命题的讨论。

"乡村"的生产过程提供更加自反性的视角。①

　　事实上，面对发达国家乡村发展的多元化和复杂性，描述一般性社会结构、制度和系统的社会学显得力不从心，而文化社会学则更加关注似乎将愈益普遍的多元文化处境所揭开的那些描述性和规定性问题。如哈维和索加的作品里所体现的那种关于文化空间的社会学，不仅关注全球经济发展中的空间重新配置和全面转型，而且包括空间和场所的经验通过哪些方式不断在局部背景中生产出来并保持活力。② 因而，所谓乡村研究的文化转向是把文化差异理论化，强调个人和群体在日益边缘化过程中的性别、年龄、比较等方面的要素作用，③ 强调对"真实"村庄的研究。乡村地理学、社会学和政治学开始寻求乡村空间关系及其场所的意义、关注乡村的"他者"，场景，认同等主题，强调并重视把社会关系和乡村社会、空间变迁的分析结合起来，④ 提倡用新理论工具（多元主义、阶级理论、规制理论、行动者网络理论、治理理论等）来改变乡村地区的"沉默"状态，为乡村研究提供可能性的新概念。⑤ 简言之，后现代文化研究重视对乡村中的差异和被忽视的"他者"的研究，有助于复兴乡村研究，并且在"乡村性"这个关键点上为乡村研究找到体面和兴奋。⑥

　　粗略看，"乡村性"这个词在 20 世纪 80 年代就一直为研究者所热

---

① Murdoch, J., Pratt, A. 1993. Rural Studies: Modernism, Postmodernism and the Post-rural. *Journal of Rural Studies*. 20（2）：131-151.

② ［英］布莱恩·特纳主编：《社会理论指南》，李康译，上海人民出版社 2003 年版，第557—558 页。

③ 从这个意义上讲，乡村转型就是一个赋权的过程。可参见：Woods, M. 2005. *Rural Geography: Processes, Responses and Experiences in Rural Restructuring*. London：SAGE.

④ Marsden, T. et al. 1993. *Constructing the Countryside*. London：UCL Press：139.

⑤ 作者列举了治理理论可以给乡村研究带来的新主题，包括：（1）使我们对一些市场、国家和市民社会的旧差异有新的认识，重新考察这些关系；（2）对农村社会的结构和权力分歧提供新的研究议程，权力是一个社会生产，而不是社会控制；（3）这些反过来导致乡村地区的社会、经济和政治利益的链接问题；（4）关注乡村发展的不平衡以及相应的地方治理和增加不同地理轨迹。具体参见 Goodwin, D. 1998. The Governance of Rural Areas: Some Emerging Research Issues and Agendas. *Journal of Rural Studies*. 15（1）：5-12.

⑥ Cloke, P. 1997. Country Backwater to Virtual Village? Rural Studies and "The Cultural Turn", *Journal of Rural Studies*. 13（5）：367-375.

衷，当时主要和区位（locality）相关联，[①] 这就很容易导致此概念被用
来描述具体的乡村特征，以至"乡村性"逐渐沦为一个混乱的概念。[②]
20 世纪 90 年代以来的乡村研究杂志有不少关于"乡村性"研究的文
献，[③] 其中，哈尔法克里（Halfacree）的文章被引用率很高。哈尔法克
里借用语言学的心理分析，借由人们在每日生活所使用的语言和概念，
找出一种融合抽象概念和具体意象的表现方式，一种当地人视为"乡
村"的表达定义，即乡村成为了一种社会建构。[④] 这有助于解释差异性
和冲突性的村庄，但乡村性是一个社会构建和推论性的类型，事实上，
是一个不可知的、复杂的类型。乡村性意味着不同时间、不同地方的不
同性，在后乡村时期，成为一个含糊的、矛盾的概念。

　　文化研究式"非物质性的"乡村探讨，很明显地指陈出其政治经济
意涵，因而在乡村性的讨论中，整个"乡村"的概念，是由许多不同
立场的人在许多不同的历史时空所建构的。或者说，后现代思潮下的乡
村是在人们的想象中被认定的，由此产生了所谓的乡村"去地方化"
（deterritorialized 也译为"脱域化"），即乡村性的意义标志和符号日益
与它们所指的地理空间分离。[⑤] 学者们通过解构不同的"乡村文本"，
致力于探索乡村的复杂性，而"再地方化"（reterritorialized）则作为更

　　① Cooke，P. ed al. 1989，*Localities：the Changing Face of Urban Britain*. London：Unwin Hy-man.

　　② Urry，J. 1985. Capitalist Restructuring，Recomposition and the Regions. In Bradley and Lowe. eds. *Locality and Rurality*，London：Geobooks.

　　③ 可以参考谢宏昌在《全球化涵构中的乡村性》一文中对乡村性的整理。作者列举了普拉特（1996）的有关乡村性是松散的说辞，还是社会斗争的探索；琼斯（Jones）（1995）的乡村行外行论述研究中；菲利普（Philips）、菲什（Fish）和阿格（Agg）（2001）认为英国流行电视剧中对乡村性的再现方式是一种中产阶级意识。另外，里格（Rigg）和里奇（Ritchie）（2002）把乡村性的研究带到泰国，他们发现自 1992 年起的泰国便已存在现代化乡村地区的企图，特别是非政府组织（NGO）工作人员对于规划乡村发展的想象；透过两种精英阶级（旅馆服务干部和学校老师）的反应，他们发现精英的"乡村性"与乡村领袖的看法颇有冲突。具体参见谢宏昌《全球化涵构中的乡村性》，台湾大学 2003 年 5 月 18 日举办的台湾乡村社会学会年会《全球冲击与乡村调适研讨会论文集》，第 15—35 页。

　　④ Halfacree，K. 1995. Talking About Rurality：Social Representation of the Rural as Expressed by Residents of Six English Parishes. *Journal of Rural Studies*. 11（1）：1-20.

　　⑤ Cloke，P. 1997. Country Backwater to Virtual Village?. Rural Studies and "The Cultural Turn". *Journal of Rural Studies*. 13（5）：367-375.

加抽象的含义，用来定义乡村空间的必要特征。[①] 也就是说，如果之前某些"真正的"的乡村性形式可以产生出乡村性的文化绘图，现在则是文化绘图在先，指导乡村空间的识别，引导我们建构一种虚拟乡村性的形式。

可见，后乡村的乡村性论述说明，乡村消费者是通过符号来认识乡村性，而乡村是超现实的商品，现在的文化绘图能引导认识乡村空间，并提供虚拟想象的乡村性和建构行动。然而，以文化为本质所进行的符号和文本的乡村表征论述，无法避免仍需依据某类对象来叙述其意义和认识。以文化转向来认定村，也遇到反社会化、反物质化及脱离社会实体的批判。[②] 因此，对后乡村是否仍旧是乡村的继续讨论中，哈尔法克里借用列斐伏尔（Lefebvre）空间本体论的社会理论[③]框架，提出了乡村网络模式：空间实践、空间的表征以及表征的空间，[④] 并认为这三个方面符合乡村地区、意义性行为和促进社会经济再生的潮流，符合乡村的形式表达。在专业表述上表明了空间的正式概念以及乡村的日常生

---

① Bengs, C. 2005. Urban – rural Relations in Europe. 具体可见：http://www.espon.eu/main/Menu_ Projects/Menu_ ESPON2006. Projects/Menu_ ThematicProjects/urbanrural. html.

② Cloke, P. 2006. Conceptualizing Ruraliy. In Cloke, P. ed al. 2006. *Handbook of Rural Studies*. London：Sage.

③ 列斐伏尔是空间理论研究的先驱之一，1991 出版了 *The production of space* 一书，被认为是空间研究的最重要著作之一。中文解读可参考阅读郑震：《空间：一个社会学的概念》，《社会学研究》2010 年第 5 期。

④ 可以参读：Halfacree, K. 2005. Rethinking "Rurality". In Champion, T., Hugo, G. eds. New Forms of Urbanization：Beyond the Urban – rural Dichotomy. Aldershot：Ashgate：285 – 305；Halfacree, K. 2006. Rural Space：Constructing a Three – fold Architecture. In Cloke, P. 2006. *Handbook of Rural Studies*. London：Sage：55 – 62. 哈尔法克里把物质和精神两种方式联系起来，提出了农村网络的模式：空间实践、空间的表征以及表征的空间。这三个符合农村区域，意义性行为和促进社会经济再生的潮流，符合农村的形式表达，在专业叙述上表明了空间的正式概念以及农村的日常生活，符合直接生动的空间多变影像和表征。在三个部分中，哈尔法克里分析了农村的世俗讨论，人们每天生活的社会性表示。因此，在三合一的帮助下，农村网络可以成立。这种网络通过日常地理活动把所有的要素集中起来而产生。哈尔法克里进一步说明如何达到人类居住的概念化，他认为农村必然会成为任何人类居住新概念的必要组成部分，但不是作为城市的对立面，而是和其他一起作为一个维度。同样，把农村作为剩余的概念同样会被驳倒——农村并不一定会逐渐的转变成为（现代）的城市。对作为一种类型的农村"本质"的追究，也应该避免。农村在不同的时间、不同的地方或许就是不同的。继续保持分类体系上城市和农村的二元论，在应用上可能是一个好的方法，但原则是要避免两极概念。城市和农村作为生动的网络，不是彼此的镜子，而是一个体系的组成部分。

活，符合直接生动的空间多变影像和表征。①

　　总体上来看，近期研究对于现代主义维度下的城市和乡村两级概念作出了适当的批评，认为城乡之间是一张生动的网络，是一个体系的组成部分。但同时，乡村文化转型的去社会化、去物质化、去政治化则是一个需要谨慎审视的主题。本书回顾过去 30 年的乡村研究，除了指出现代模式下的乡村正在发生现实的自然经济和社会环境的变迁之外，更重要是讨论乡村的内涵、价值变化以及促成这些现实转变的政治、经济、文化要素。因此，本书将继续讨论乡村的认定问题，并对乡村二元转型的讨论方式提出批评。

二　乡村转型二元论

　　所有乡村变迁的文献都绕不过"什么是乡村"的源问题，而"乡村"已经成为社会科学中最复杂的概念。本书无意涉及这场复杂的定义辩论，②而是沿着哈尔法克里所谓的实体、建构两个主轴线来梳理乡村转型讨论。③通过概念分析，我们发现现代主义乡村转型的脉络大致被表述为一种简化的、矛盾性的农业/后农业，生产/后生产（消费）的二元性。

---

　　① Bengs, C. 2005. *Urban–rural Relations in Europe*. http：//www. espon. eu/main/Menu_ Projects/Menu_ ESPON2006. Projects/Menu_ ThematicProjects/urbanrural. html.

　　② 关于乡村定义的梳理也可以参考本斯（Bengs）在 Urban–rural Relations in Europe 报告中关于"Rural Europe"这部分的讨论，作者对"乡村"做了比较详细梳理，把乡村定义研究分为四个阶段，提出乡村的定义需从两个方面来把握：抓住乡村性、乡村的去物质化。

　　③ 哈尔法克里对乡村定义的整理和分析被公认为比较全面，其文章的引用率很高。具体可参考的篇目：Halfacree, K. 1993. Locality and Social Representation：Space, Discourse and Alternative：Definitions of the Rural. *Journal of Rural Studies*. 9（1）：23–37；Halfacree, K. 1995. the Importance of "the Rual" in the Constitution of Counterurbanization：Evidence From England in the 1980's. *Sociologia Ruralis*. 35（2）：165–89；Halfacree, K. 1995. Talking About Rurality：Social Representation of the Rural as Expressed by Residents of Six English Parishes. *Journal of Rural Studies*. 11（1）：20；Halfacree, K. 1996. Out of Place in the Countryside：Travelers and the "Rural Idyll". *Antipode*. 29（1）：52–71；Halfacree, K. 1997. Contrasting Roles for the Post–productivist Countryside. In Cloke, P., Little, J. 1997. eds *Contested Countryside Cultures*. London：Routledge：70–93；Halfacree, K. 1998. Neo–tribes, Migration and the Post–productivist Countryside. In Boyle, P., Halfacree, K. 1998. eds *Migration into Rural Areas*：*Theories and Issues*. Chichester：Wiley；Halfacree, K. 1999. A New Space or Spatial Effacement？Alternative Futures for the Post–productivist Countryside. In Walford, N., Everitt, J., Napton, D. eds *Reshaping the Countryside*：*Perceptions and Processes of Rural Change*. Wallingford：CAB International；Halfacree, K. 2006. *Rural Space*：Constructing a Three–fold Architecture. In Cloke, P. 2006. *Handbook of Rural Studies*. London：Sage.

1. 何谓乡村

现代资本主义发展和各种主义的解构导致产生"谁是乡村,如何成为乡村"①,"乡村何时是乡村"② 等诸多问题。在描述性乡村中,乡村空间的使用类型可以从经济、社会和文化或符号层面进行描述,③ 或者可以把乡村认定为一个连续谱,传统意义上的乡村,被认为是一个有特定乡村功能的地方,而这不过是乡村定义谱系中的一端而已。另一端的乡村,被认为是一种事实的社会类型或者说思想构建,而思想构建关注乡村是符合被个体所体验,把乡村性的想象整合进日常生活的。④ 因而,在不同的哲学理念下,有不同认识乡村的途径,实证主义、诠释取向、马克思主义及后现代和后结构主义等论述指出,乡村的存在判定,是从实存的具体事物和经验,再延伸到象征性符号和想象。⑤

第一,实体乡村。许多世纪以来,乡村是一个能够直接提供粮食产品以及与农业相关的生活方式和社会关系,具有特有的空间属性和独立封闭的社会边界的实体空间。但这种以农业为主体,把土地、人们和生活关系

---

① Mormont, M. 1990. Who is rural? or, how to be rural: towards a sociology of the rural. In Marsden, T., Lowe, P., Whatmore, S. eds. 1990. *Rural Restructuring: Global Processes and Their Responses*. London: Fulton: 21.

② Friedland, W. 2002. Agriculture and Rurality: Beginning the "Final Separation"?. *Rural Sociology*. 67 (3): 350-371.

③ 哈尔法克里对乡村定义的整理和分析被公认为比较全面,其文章的引用率很高。具体可参考的篇目: Halfacree, K. 1993. Locality and Social Representation: Space, Discourse and Alternative: Definitions of the Rural. *Journal of Rural Studies*. 9 (1): 23-37; Halfacree, K. 1995. the Importance of "the Rual" in the Constitution of Counterurbanization: Evidence From England in the 1980's. *Sociologia Ruralis*. 35 (2): 165-89; Halfacree, K. 1995. Talking about Rurality: Social Representation of the Rural as Expressed by Residents of Six English Parishes. *Journal of Rural Studies*. 11 (1): 20; Halfacree, K. 1996. Out of Place in the Countryside: Travelers and the "Rural Idyll". *Antipode*. 29 (1): 52-71; Halfacree, K. 1997. Contrasting Roles for the Post-productivist Countryside. In Cloke, P., Little, J. 1997. eds. *Contested Countryside Cultures*. London: Routledge: 70-93; Halfacree, K. 1998. Neo-tribes, Migration and the Post-productivist Countryside. In Boyle, P., Halfacree, K. 1998. eds *Migration into Rural Areas: Theories and Issues*. Chichester: Wiley; Halfacree, K. 1999. A New Space or Spatial Effacement? Alternative Futures for the Post-productivist Countryside. In Walford, N., Everitt, J., Napton, D. eds. *Reshaping the Countryside: Perceptions and Processes of Rural Change*. Wallingford: CAB International; Halfacree, K. 2006. *Rural Space*: Constructing a Three-fold Architecture. In Cloke, P. 2006. *Handbook of Rural Studies*. London: Sage: 35-37.

④ Pierce, J. 1996, the Conservation Challenge in Sustaining Rural Environment. *Journal of Rural Studies*. 12 (3): 215-229; Ilbery, B. ed. 1998. *The Geography of Rural Change*. London: Longman: 7.

⑤ Panelli, R. 2006. Rural society. In Cloke, P. ed al. 2006. *Handbook of Rural Studies*. London: Sage: 63-90.

捆绑成一体的传统乡村结构在工业革命之后，就发生了变化。资本主义和农业商品化的发展，农业结构发生了质变，① 即农业生产日益与工业生产类似，更加依赖农业企业、金融体系以及政府的调节，对乡村社区提供的交换和服务供给的依赖日益减少。可以说，乡村逐渐失去了以农业为基础的空间指涉。与此同时，城乡连续谱的乡村认定则把一端的都市区和另一端的乡村联结起来，这意味着乡村则需要放在城市的概念范围内来理解，而实际的解释是"乡村是都市以外的地区"②。"乡村"一词被压缩为一种"非都市"空间，从而导致乡村附属"城市国家"，乡村文化被认为是低等的，被看成是需要城市文化来替代或者说殖民化。③

更基本的情况则是，乡村地区确实有很多特性使得他们有着明显的社会特性，包括相对低的人口密度，开放的村庄和大范围土地的开发使用，去城市中心的不便利，松散的基础设施网络，在第二、三产业中的工人的数量相对比较低。④ 但是，这些并不意味着所有的乡村都是一样的，相反，实体乡村的概念遭到了越来越多的修正，包括人员、物品和信息的日益流动，导致地域社区无法实现；人们行动的日益去地方化；村庄的新使用和空间的专门化；乡村居住人口的短暂性以及按照外部要求的行动方式；乡村空间概念的出现，主要用来指代非乡村使用者对乡村的功能完成等。⑤ 在乡村实体研究中，"乡村"一词抽象了具体场所

---

① 对于资本主义农业变迁及其特质的研究，鲍勒（Bowler）是其中较为权威的人物，其文章的引用率颇高，具体可以参考的篇目有 Bowler, I. R., 1985. Some Consequences of the Industrialization of Agriculture in the European Community. In Healey, M. J., Ilbery, B. W. eds. *The Industrialization of the Countryside*. Norwich：Geo Books：75–98；Bowler, I. 1992. The Industrialisation of Agriculture. In Bowler, I. ed al. *The Geography of Agriculture in Developed Market Economies*. Harlow：Longman：7–31. Bowler, I. 1992. Sustainable Agriculture as an Alternative Path of Farm Business Development. In：Bowler, I., Bryant, C., Nellis, M. eds. *Contemporary Rural Systems in Transition*. Wallingford：CABI：237–253.

② 转引自萧崑杉《未来乡村的论述》，《农业推广文汇》1998 年第 53 辑。

③ Shubin, S. 2006. The Changing Nature of Rurality and Rural Studies in Russia. *Journal of Rural Studies*. 22（5）：522–550.

④ 哈尔法克里认为乡村地区大多包括以下的特性：以农业或其他第一产业的生产性行为为主导；人口密度较低；自然的可及性和消费行为。（具体参见 Halfacree, K. 1993. Locality and Social Representation：Space, Discourse and Alternative：Definitions of the Rural. *Journal of Rural Studies*. 9（1）：23–37）

⑤ Mormont, M. 1990. Who is Rural? or, How to be Rural：Towards a Sociology of the Rural. In Marsden, T., Lowe, P., Whatmore, S. eds. 1990. *Rural Restructuring：Global Processes and Their Responses*. London：Fulton：30–31.

的共同特性，它的运用能区分出乡村和和非乡村的环境，但这些乡村特性在发达国家乡村中是否能被识别则备受质疑，① 因为当代资本主义的空间性试图去掉传统的地理划分和边界，或者说传统乡村或城市的指标要素在当代资本主义中出现了空间上的松散。② 这种对已往"乡村"的抹杀，使美国社会学家科普（Copp）激烈地为之争辩："已经没有农村和农村经济了，这不过是我们的分析意义上的区分，修辞性的工具。不幸的是，我们成为自己术语上的口是心非的牺牲品。忽视了把整个经济和社会中正在发生的事情引入乡村部门，我们试图把乡村作为一个孤立的实体……"③ 18 年后，霍格特（Hoggart）重申了这个论点的必要性："乡村的不加区分的使用对社会理论的进步是有害的……乡村的广泛类型是含糊的……由于乡村内部的差异很大，城乡的类似性被尖锐化。"④进而激进地怀疑是否真有农村这种地方，并准备把乡村从分类中去掉。⑤

　　第二，建构乡村。尽管寻求单一的、包容所有的乡村定义是不可能的，也是不可行的，但乡村仍旧是一个重要的分类，因为乡村已经成为一种"世界观"⑥，人们的行为和决策都受到抽象的乡村感觉的影响。与纽比（Newby）坚信的"乡村"是一个现代化的物理和社会表达相比，菲利普斯（Phillips）则直接证明，使用乡村概念可以使得社会科学研究中的城市社会突出情况得到平衡，因为它是一个便利的分析类型。⑦ 现代资本主义逐渐模糊了传统的农村和城市的分立，乡村作为一种"场所"（locale）或许逐渐幻灭，其社会类型仍旧是明显的和发展

① Cloke, P. 1999. The Country. In Cloke, P., Goodwin, M. eds. *Introducing Human Geographies*. London：Edward Arnold：256-267.

② Lobao, L. 1996. A Sociology of the Periphery versus a Peripheral Sociology：Rural Sociology and the Dimension of Space. *Rural Sociology*. 61（1）：77-102.

③ Copp, J. 1972. Rural Sociology and Rural Development. *Rural Sociology*. 37（5）：515-533.

④ Hoggart, K. 1990. Let's Do Away with Rural. *Journal of Rural Studies*. 6（3）：255-257. 也可以参考 Halfacree, K. 2006. Rural Space：Constructing a Three-fold Architecture. In Cloke, P., Marsden, T. and Mooney, P. eds. *Handbook of Rural Studies*. London：Sage：55-62.

⑤ Halfacree, K. 1993. Locality and Social Representation：Space, Discourse and Alternative：Definitions of the Rural. *Journal of Rural Studies*. 9（1）：23-37.

⑥ Curry, J. 2000. *Community Worldview and Rural Systems*：A Study of Five Communities in Iowa, Annals of the Association of American Geographer. 90（5）：525-552.

⑦ Phillips, M. 1998. Rural Change：Social Perspectives. In Ilbery, B. ed. The Geography of Rural Change. Harlow：Longman：31-55.

的。至此，哈尔法克里宣布后现代乡村的到来，乡村成为一个符号，并先于把乡村作为一个物质空间，而默多克（Murdoch）和普拉特（Pratt）把这称为"后乡村的"。

把乡村作为一种社会建构，这种方式的注意力转向了乡村如何被感觉（perception）和表征（representation），重点在于乡村空间的居住者是如何构建他们自己。当然，研究者不仅满足于描述乡村感知和表征，而是进一步捕捉乡村如何完成（performed）和构成（constituted）的方式。[①] 如皮尔斯（Pierce）观察乡村性的构建主要影响了研究的问题、政策的过程和乡村环境的可持续性。[②] 克洛克则强调乡村性社会构建中的等级的重要性，[③] 具体指在国家层面上，乡村被描绘成为传统的，是现代性的避难所；在地区方面，乡村基本上被电视节目所更改；在地方层面，乡村主要是商榷的，个人和群体之间的差异被突出[④]等。由于把乡村研究的关心从物质方面转向了精神方面，一系列"激增"而来的乡村特征、多变性和矛盾随之进入了研究者的视野。这些研究多多少少地揭示：精神构建性的乡村有可能导致人们从某种成见中调整出来，也有可能被用作人们行动的资源，由此甚至可以说乡村性是嵌入到社会行动中的。

2. 乡村二元转型[⑤]

我们发现，大多乡村转型文献选择从现代资本主义和全球化的视角来观察研究对象，无一例外地注意到全球经济体系重构带来的生产分工

---

① Woods, M. 2005. *Rural Geography*：*Processes*，*Responses and Experiences in Rural Restructuring*. London：SAGE：301.

② Pierce, J. 1996. The Conservation Challenge in Sustaining Rural Environment. *Journal of Rural Studies*. 12（3）：215–229.

③ Cloke, M. 1992. Deprivation and Lifestyle in Rural Wales II：Rurality and the Cultural Dimension. *Journal of Rural Studies*. 8（2）：113–121.

④ Ilbery, B. ed. 1998. *The Geography of Rural Change*. Harlow：Longman：125–129.

⑤ 此部分内容作者在整理哈尔法克里的生产主义/后生产主义乡村性变迁讨论的基础上，做了一些补充。具体可参考 Halfacree, K. 1997. Contrasting Roles for the Post – productivist Countryside：A Postmodern Perspective on Counterurbanisation. In Cloke, P., Little, J. eds. *Contested Countryside Cultures*：*Otherness*，*Marginalisation and Rurality*. London：Routledge：70–91；Halfacree, K. 2006. Rural Space：Constructing a Three-fold Architecture. In Cloke, P., Marsden, T., Mooney, P. 2006. eds. *Handbook of Rural Studies*. Thousand Oaks, CA：Sage；Halfacree, K. 2006. From Dropping out to Leading on? British Counter-cultural Back-to-the-land in a Changing Rurality. *Progress in Human Geography*. 30（3）：309–336.

调整，致使许多国家境内的乡村地区都有失去若干原有经济作物生产的可能，更有许多传统作物不再具有经济生产效益，致使所谓"失农业"现象产生，而造成许多原农业区（或曰乡村）面临没有产业的命运。① 与乡村农业边缘化现象同时出现的替代性趋势，则是乡村地区日益增加的消费功能，包括乡村地区日益服务于城市居民的外部需求，② 乡村领域的多功能性③以及日益地方化的乡村。对这些新出现以及潜在的未来乡村形态，哈尔法克里则把它抽象到"后生产主义乡村"（post-productivist countryside）的概念中去。④ 可见，乡村地理学已有的福特主义/后福特主义的二元概念，惊人类似地出现在生产主义/后生产主义，农业/乡村概念变迁讨论中，⑤ 并且可以各自用乡村和后福特主义代替农业和后生产主义，同时保持这一批评的适用性和意义。⑥

　　其实，生产主义/后生产主义（productivism/post-productionism）分析框架一开始主要被用来概括 20 世纪后半期的农业变迁。⑦ 其中二战后到 80 年代中期，受到技术变迁，全球化以及政府调节共同作用下的农

---

　　① 谢宏昌：《全球化涵构中的乡村性》，《全球冲击与乡村调适研讨会论文集》，2003 年，第 15—35 页。

　　② Marsden, T. 1999. Rural Futures: The Consumption Countryside and its Regulation. *Sociologia Ruralis*. 39 (5): 521-550.

　　③ Wilson, G. 2001. From Productivism to Postproductivism… and Back Again? Exploring the (un) Changed Natural and Mental Landscapes of European Agriculture. *Transactions of the Institute of British Geographers NS* 26: 77-102.

　　④ 在 Halfacree, K. 2006. From Dropping out to Leading on? British Counter-cultural Back-to-the-land in a Changing Rurality. *Progress in Human Geography*. 30 (3): 309-336 一文中，作者直接把乡村性变迁概括为从生产主义到后生产主义，并具体说明了生产主义乡村的特质以及后生产主义乡村的具体形态。但是作者也提醒需要进一步的反思这个乡村变迁的框架，在很多地方，即使在英国，这个框架还没有被完全接受。

　　⑤ Morris, C., Evans, N. 1999. Research on the Geography of Agricultural Change: Redundant or Revitalized?. *Area*. 31 (3): 358-359.

　　⑥ Cloke, P., Goodwin, M. 1992. Conceptualizing Countryside Change: From Post-Fordism to Rural Structured Coherence. *Transactions of the Institute of British Geographers*. 17 (3): 321-336.

　　⑦ 后生产主义这个词第一次出现于 1990 年芒顿（Munton）的一篇会议论文（Munton, R. 1990. Farming Families in Upland Britain: Options, Strategies and Futures. Paper Presented to the Association of American Geographers, Toronto, April) 中，作者用后生产主义来描述高地家庭农场企业的变迁。当然，关于农业后生产转变开始的时间还有不少的争论，具体可以参考：Evans, N., Morris, C., Winter, M. 2002. Conceptualizing Agriculture: a Critique of Post-productivism as the New Orthodoxy. *Progress in Human Geography*. 26 (3): 313-332, 一文，其中第 315—316 页对"后生产主义"这个概念做了很好的整理分析。

业，追求生产最大化、食品生产性（根源于农业的）产业的发展，即所谓的农业生产主义阶段，[①] 主要表现为农业的商业化、商品化和工业化发展。[②] 不过，生产主义不仅是农业发展的命运，而是渗透到乡村生活的每一个角落的，以至成为 1955—1980 年英国乡村性的简称。[③] 那么，生产主义是如何嵌入到乡村中的呢？对此，哈尔法克里从三个层面做了说明：首先，乡村地区是通过特定的农业行为来记名的。其次，乡村的正式表征中也以农业为基础。甚至不少地区（欧盟）的政策，农村和农业概念是等同使用的。再次，生产主义农业嵌入在乡村地区的市民社会中，或者说，乡村的日常生活是在生产主义的视域中体现出来的。[④] 但是，90 年代以后随着全球经济转型和社会重组，乡村生产主义霸权遭到了挑战。前者包括与城市工作地的联系行为（通勤），休闲相关的商品化，工业化和边缘性开发（垃圾场、矿场），或者可以说农业

---

① 关于农业生产主义和后生产主义的讨论，可参考 Ilbery, B. ed. 1998. The Geography of Rural Change. London：Longman；Marsden, T. 1998. Agriculture Beyond the Treadmill？Issues for Policy, Theory and Research Practice. *Progress in Human Geography*. 22（2）：265-276；Walford, N. 1999. Geographical Transition From Productivism to Postproductivism：Agricultural Production in England and Wales 1950s to 1990s. In Walford, N., Everitt, J. C., Napton, D. E. eds. *Reshaping the Countryside：Perceptions and Processes of Rural Change*. New York：CABI Publishing；25-38；Walford, Nl. 2003. Productivism is Allegedly Dead, Long Live Productivism. Evidence of Continued Productivist Attitudes and Decision-making in South-East England. *Journal of Rural Studies*. 19（5）：591-502；Pierce, J. T. 1995. Towards the Reconstruction of Agriculture：Paths of Change and Adjustment. *Professional Geographer* 56（2）：178-190；Wilson, O., Wilson, G. 1997. Common Cause of Common Concern？The Role of Common Lands in the Post-productivist Countryside. *Area*. 29（1）：55-58；Wilson, G. A. 2001. From Productivism to Postproductivism... and Back Again？Exploring the（un）Changed Natural and Mental Landscapes of European Agriculture. *Transactions of the Institute of British Geographers NS* 26（1）：77-102；Evans, N., Morris, C., Winter, M. 2002. Conceptualizing Agriculture：a Critique of Post-productivism as the New Orthodoxy. *Progress in Human Geography*. 26（3）：313-332；Ward, N. eds. 2008. Productivism, Post-Productivism and European Agricultural Reform：The Case of Sugar. *Sociologia Ruralis*. 58（2）：118-131。

② 详见 Ilbery, B. 1998. From Agricultural Productivism to Post-productivism. In Ilbery, B. ed. 1998. *The Geography of Rural Change*. London：Longman：56-59。

③ Halfacree, K. 2006. From Dropping out to Leading on？British Counter-cultural Back-to-the-land in a Changing Rurality. *Progress in Human Geography*. 30（3）：309-336.

④ Halfacree, K. 2006. From Dropping out to Leading on？British Counter-cultural Back-to-the-land in a Changing Rurality. *Progress in Human Geography*. 30（3）：53-55.

的后生产转型，其重点在农业商业发展的潜在多样化。① 后者主要是反城市化的流入，乡村田园诗的诉求。这些都带来了乡村新变迁：第一，农业行为被迫调整适应这种多变的经济和其他生产性农业的其他矛盾，从处理过剩和过度生产到处理公共性的环境破坏的烂摊子。第二，农民及其家庭的乡村生活日益的没有安全感、不确定，主要表现为负债和萧条，甚至自杀，乡村的非食品生产行为日益增加等方面。第三，乡村的正式表征也不再由生产主义所支配，乡村的商品化逐渐占据主流位置。② 基于此，有学者把乡村转型的关键要素直接概括为从以农业为基础的经济到把乡村作为一种商品形式的经济的转变。③

80 年代后期开始，农业发展进入到所谓的后生产主义阶段，主要特征是与生产主义时期的集中化、强制化、专业化相反的农业分散化、延伸化、多样化发展新趋势。至此，农业转型概念宣布到来。值得注意的是，所谓多样化延伸出了农业部门之外，不单单是后生产主义农业转型的讨论，而是"后生产主义乡村"④，其"分化的模式"分别有保护性村庄、竞争性村庄、家长制村庄和代理人村庄。⑤ 这些类型都涉及乡村商品化过程，有着明显的"去农业"趋势，是乡村性被经济、政治、社会和文化控制的结果。可见，这种流行的后生产主义论述则对零散

① Bowler, I. 1992. Sustainable Agriculture as an Alternative Path of Farm Business Development. In Bowler, I., Bryant, C., Nellis, M. eds. 1992. Contemporary Rural Systems in Transition. Volume 1. *Agriculture and Environment*. Wallingford：CAB International：237-53.

② Halfacree, K. 2006. Rural Space：Constructing a Three - fold Architecture. In Cloke, P. ed. 2006. *Handbook of Rural Studies*. London：Sage：55-62.

③ Fløysanda, A., Stig-Erik, J. 2007. Commodification of Rural Places：A Narrative of Social Fields, Rural Development, and Football. *Journal of Rural Studies*. 23（2）：206-221.

④ Halfacree, K. 1997. Contrasting Roles for the Post-productivist Countryside. In Cloke, P., Little, J. eds. 1997. *Contested Countryside Cultures. London*：Routledge：70-93；Halfacree, K. 1998. Neo-tribes, Migration and the Post-productivist Countryside. In Boyle, P., Halfacree, K. eds.1998. *Migration into Rural Areas：Theories and Issues*. Chichester：Wiley；Halfacree, K. 1999. A New Space or Spatial Effacement？Alternative Futures for the Post-productivist Country-side. In Walford, N., Everitt, J., Napton. D. eds. *Reshaping the Countryside：Perceptions and Processes of Rural Change*. Wallingford：CAB International；Ward, N. 1993. The Agricultural Treadmill and the Rural Environment in the Post-productivist Era. *Sociologia Ruralis*. 33（3）：358-365.

⑤ 保护性的村庄，是指发展和保护主义态度占主流的地区，中产阶级压力群体积极活动的，发挥影响力的地方；竞争性村庄，是指超出主要的通勤地区以外的地方，由本地农业和小企业利益群体控制的，但日益受到迁移进来的人的影响；家长制村庄，是指有大私人土地拥有者或大农场控制的地区，其所有者感到对他们的权利也有某些义务；代理人村庄则是一些农

（discursive）和分化（differentiating）的乡村提出更具实际形式的乡村类型，是超生产主义、消费田园、退隐乡村性及激进观等空间想象形式。[①] 此外，与分化状态的表征形态不同，诸如多功能性村庄、多样化村庄则作为一个便利地打包式的概念，被用来涵盖诸如此类的现象：海岸退休人员的乡村、假日乡村（夏天乡村）或休闲、兼职农场，往往被人们"后生产性"的运用于理论研究和政府决策。但是，叙述多样化的文献，既没有说清楚"分化的乡村"类型最关键的社会构成是什么，也不能提出乡村治理的整合性或者整体性方案。[②]

表 1-1　　　　　　　　　　　**鲍勒提供的农场发展路径表**

集约化	1. 传统生产和服务基础上的农场商业工业化发展模式 2. 把农场资源调换到新农业产品或服务上（农业多样化）
多样化	3. 把农场资源调换到新的非农业产品或服务上（结构多样化） 4. 人力资源调换到一种离开农场的工作
延伸化	5. 传统农场生产和服务的保护，减少资本输入 6. 休闲或兼职农业

资料来源：Bowler, I. 1992. Sustainable Agriculture as an Alternative Path of Farm Business Development. In Bowler, I., Bryant, C. R. and Nellis, M. D. eds. 1992. *Rural Systems in Transition*：*Agriculture and Environment*. Wallingford：CAB International：237-253.

　　因此，正如我们一开始提到的，生产主义/后生产主义的分析框架主要用于农业变迁研究，是否可以直接用于讨论乡村转型则是一个需要商榷的议题。不少研究不加批判地使用发达国家的乡村（农业）已经实现从生产主义到后生产主义转变的判断，并作为一项事实对其过程展开分析。例如霍姆斯（Holmes）认为澳大利亚牧场的后生产转变已经赶上西欧的速度，只是在变迁的动力、参与者、过程和成效上有所不同，二者之间的差异主要在于促使乡村转型的动力不同，包括农业生产能力

（接上页）业生产主义仍旧是主流的偏远地区，但是这些地方极其依赖于外部财政，如欧盟的货币。具体可参考 Marsden, T. 1998. New Rural Territories：Regulating the Differentiated Rural Spaces. *Journal of Rural Studies*. 15 （1）：107-117；Murdoch, J., Lowe, P., Ward, N., Marsden, T. 2003.*The Differentiated Countryside*. London：Routledge.

　① Halfacree, K. 2006. Rural Space：Constructing a Three - fold Architecture. In Cloke, P. ed. *Handbook of Rural Studies*. London：Sage：55-62.

　② Lowe, P., Murdoch, J., Marsden, T., Munton, R. and Flynn, A. 1993. Regulating the New Rural Spaces：the Uneven Development of Land. *Journal of Rural Studies*. 9 （2）：205-222.

过剩，休闲式发展取向和社会价值变迁;[①] 弗罗伊桑达（Fløysanda）等人则用案例的方式来描述农村商品化发展的过程，并分析这一过程完成中的主导力量。[②] 然而这一基于英国中心视角的二元概念能否广泛地适用于欧洲或其他地方，却是一个备受质疑的问题。因为后生产主义本身也是一个有争议的概念，它看起来更像是一个"神话"[③]，一个"虚假的死胡同"[④]。

3. 乡村转型的普遍性和特殊性

如前所述，在经济多样化、专业化、环境主义和消费主义的包围下，乡村变迁以实体/建构，生产/后生产方式来描述，这一行为更深远地影响表现在乡村转型在很多地方经常被报道已经发生或正在发生，比如英国式的后生产性村庄转型，美国式的工业化村庄转型。20世纪90年代以后发展中国家的乡村也开始被添加进这种转型的行列，非洲、拉丁美洲和亚洲的乡村"去农业化"（de-agrarianization）已经被证明是真实的。[⑤] 不过乡村地区从生产地带到消费场所的转型讨论大多集中在发达国家，发展中国家的去农业化经验偶然地被提及。然而，即使是北

---

① Holmes，J. 2002. Diversity and Change in Australia's Rangelands：A Post-Productivist Transition with a Difference? *Transactions of the Institute of British Geographers. New Series.* 27（3）：362-385.

② Fløysand，Arnt&Jakobsen，Stig-Erik. 2007. Commodification of Rural Places：A Narrative of Social Fields，Rural Development，and Football. *Journal of Rural Studies.* 23（2）：206-221.

③ Morris，C.，Evans，N. 1999. Research on the Geography of Agricultural Change：Redundant or Revitalized?. *Area.* 31（3）：359-358.

④ Evans，N.，Morris，C.，Winter，M. 2002. Conceptualizing Agriculture：a Critique of Post-productivism as the New Orthodoxy. *Progress in Human Geography.* 26（3）：313-332.

⑤ Rigg，J.，Ritchi，M. 2002. Production，Consumption and Imagination in Rural Thailand. *Journal of Rural Studies.* 18（3）：359-371. 其中作者列举的发展中国家的乡村去农业化的文献，主要有 Bryceson，D. F. 1996. Deagrarianization and Rural Employment in Sub-Saharan Africa：a Sectoral Perspective. *World Development.* 25（1）：97-111；Bryceson，D. F.，Jamal，V. Eds. 1997. Farewell to Farms：Deagrarianization and Employment in Africa. African Studies Centre，Aldershot：Leiden，and Ashgate；Preston，D. 1992. Restructuring Bolivian Rurality? Batallas in the 1990s. *Journal of Rural Studies.* 8（3）：323-333；Zoomers，A. E. B.，Kleinpenning，J. 1996. Livelihood and Urban-Ruralrelations in Central Paraguay. *Tijdschrift voor Economische en Sociale Geografie.* 87（2）：161-175；Rigg，J. 2001. *More than the Soil：Rural Change in Southeast Asia.* Pearson Education，Essex：Harlow.

欧、日本、北美、地中海欧洲和澳大利亚这些地区，也不够完全生产主义。① 比如霍格特等批评地认为英国乡村的"后生产"景象根本就没有表述清楚，而且对这一景象的证明也不能使人信服。② 此外在讨论西班牙乡村发展实践和转型理论时，同样可以发现乡村从一种形态到另一种形态的转型分析对理解西班牙的情况也几乎没有帮助，其有效性仍旧是个问题。③

　　梳理"什么是乡村"时我们发现，实体乡村和建构乡村并不是彼此排斥的，而是相互交织在一起的。换句话说，物质的乡村空间和观念上的乡村空间在实践中是相互交叉的，乡村是一个物理空间和社会空间的重叠的实体，是真实的、可以被观察的对象。当然，在文化意义上存在着的概念化的"乡村"是对真实乡村的抽象，但它反过来又嵌入到真实乡村的"生产"过程。从更广层面上看，乡村的具体形态不仅受制于宏观经济、政治和文化重新配置与全面转型的影响，而且只有把它放在当地社区的地理位置、经济方式、社会体系和文化价值观中才能获得认识。如此这般，乡村绝不会是一个整齐的世界，必然是多样的、复杂的状况。理论研究如何能够抽象化乡村变迁的一般性知识，恰当地解释正在发生的具体现象，这是非常必要的一步。但同时这又意味着概念化变迁过程并不是一项一劳永逸的工作，类似的生产主义/后生产主义乡村也不是一个普遍性解释框架，反倒是一个需要重新审视的对象。面对这种质疑，或许我们更愿意"地方化"（territorialization）生产主义和后生产主义，更注重强调广泛的多样化。大多数的乡村社会位于生产主义/后生产主义的连续谱中，或者说生产主义和后生产主义行为和概念在乡村是多维共存的。④

---

　　① Halfacree, K. 2006. From Dropping out to Leading on? British Counter-cultural Back-to-the-land in a Changing Rurality. *Progress in Human Geography*. 30（3）：309-336.

　　② Hoggart, K., Paniagua, A. 2001. What Rural Restructuring? *Journal of Rural Studies*. 17（1）：51-62.

　　③ Hoggart, K., Paniagua, A. 2001. The Restructuring of Rural Spain? *Journal of Rural Studies*. 17（1）：63-80.

　　④ Wilson, G. 2001. From Productivism to Postproductivism… and Back Again? Exploring the（un）Changed Natural and Mental Landscapes of European Agriculture. *Transactions of the Institute of British Geographers NS*. 26：77-102.

三　研究趋势

"乡村转型二元论"与发达资本主义从福特主义到后福特主义，现代到后现代，凯恩斯主义到新自由国家的转变有关。作为一种分析框架，转型理论强调对乡村变化过程的一种整体性分析。[①] 这种意识的核心是认识到影响变迁的因果要素的多重性，这些要素可以以不同的方式在不同的地方结合起来，这是乡村社会研究中的经验、概念化目标导向下产生的。但作为对乡村变化特质的综述研究，转型理论在政府规划和政策目标导向下，能够提供可操作的建议，比如乡村性指标体系。同时，正如霍格特提醒：理论化转型过程并不包含从一些主义到相关的后主义的完全转变。如果这样做的话，讨论会陷入具体化每一个主义和后主义的构成绝境。因此，当我们谈到转型的时候，我们寻求的不是社会标准的彻底改造。也就是说，在我们看来一些分析人士发展了"转型"这个词"使用"的不健康趋势，在谈到社会变迁时显得很松散。如果我们过分丰富，把变迁作为"转型"，结果会丧失概念的价值。[②] 对我们而言，当社会从一种状况到另一种状况的变迁发生，"转型"主要体现社会结构和事实的质变，而不仅仅是量变。它的使用必须限定在与特性既相互有关，又是多维的，不然我们的描述符号是不够充分的。在不少批评者看来，前述转型理论关于乡村转型的现象、特征或趋势的讨论，至少需要特别反省关于去农业化、去社区化在现象研究上是否强调得过分而不科学。如果在价值关联意义上予以认同，那更有一个是否正当的问题。

1. 去农业化

正如沃德（Ward）等学者直陈：20 世纪 90 年代乡村社会科学的一个非常明显的趋向，那就是农业和食品研究的去社会化、去乡村化，食

---

① 霍格特提出乡村转型的两层含义：（1）作为一种分析方式，强调对变化过程的一种整体分析；（2）对乡村变化特质的综述研究。具体参考 Hoggart, K., Paniagua, A. 2001. What Rural Restructuring?. *Journal of Rural Studies*. 17（1）：51-62.

② Hoggart, K., Paniagua, A. 2001. What Rural Restructuring?. *Journal of Rural Studies*. 17（1）：51-62.

品消费动力的重要性和本地乡村社会构成的重要性之间缺乏相关性说明。① 如今，很多论点以及一些真实的指标都显示农村社会的变迁导致了农业与更广的农村社区的经济、社会的去耦化。史密瑟斯（Smithers）则列举以下几个方面的具体表现：①农业与乡村的简单脱离和不关心，如不关注薄弱的农业经济，农业部门志愿主义者的衰落。②互相不信任，如消费者关心食品质量、农场呼吁免于损害的保护。③对抗和矛盾，如密集的牲畜设施的选址，农场抵制环境政策。②

从一定程度上看，对当前农村特征的描述强调与农业的脱离和矛盾，而不是相容性，可以被认为是一个把农业发展孤立于乡村社会的理论问题的显示，反之亦然。③ 把乡村功能要素之间进行的重新配置理论化为乡村"后农业""后生产性乡村""消费乡村"等概念说明，源自于发达市场经济下乡村人口的变化，指出了乡村地区日益在完成一个为非乡村居民提供一定类型的市场化产品和服务的角色，农村社区将会在自然意义上以及社会意义上被形成，从而符合那些消费乡村资源的人的想象和认同。④ 这一过程中，乡村的生产问题被认为是经济或者政治经济领域的事情，消费问题则被划为整个文化领域的事情。这显示了当前农村聚落的复杂性，发展农业—社区的链接的意义不再简单或者规范化。

对此，埃文斯等人批评这种理论化的类型内在于概念之上，并没有从更广的意义上来讨论其价值，而仅仅是重复性地把一个明显的状况到另一个明显状况的变迁进行二元的概括，这是非常不妥的做法。⑤ 这样做，恰恰表明现代主义对乡村和农业这一对古老关系的交代是模糊的甚至是回避的。很多乡村研究本质上就是分裂的，即要不集中在农业研

① Ward, N., Jackson, P., Russell, P and Wilkinson, K. 2008. Productivism, Post-Produc-tivism and European Agricultural Reform: The Case of Sugar. *Sociologia Ruralis*. 58 (2): 118-131.

② Smithers, J., Joseph, A. E. Armstrong, M. 2005. Across the divide (?): Reconciling Farmland Town Views of Agriculture-community Linkages. *Journal of Rural Studies*. 21 (2): 281-295.

③ Marsden, T. 1999. Rural Futures: The Consumption Countryside and its Regulation. *Sociologia Ruralis*. 39 (5): 501-518.

④ Marsden, T. 1999. Rural Futures: The Consumption Countryside and its Regulation. *Sociologia Ruralis*. 39 (5): 501-518.

⑤ 参考 Evans, N., Morris, C., Winter, M. 2002. Conceptualizing Agriculture: a Critique of Post-productivism as the New Orthodoxy. *Progress in Human Geography*. 26 (3): 313-332. 在文中，作者们认为，近年兴起的农业变迁的文化解释和生态现代化理论作为二元框架的替代性社会理论则传递了更大的分析权力，能促进地理学研究的进一步发展。

究，要不集中在乡村，忽视二者之间一直延续的、内在的，或正在形成的新链接关系。因此就有必要弄清楚哪些地方传统的链接减弱，哪些地方已有的链接得以维持，以及哪些地方农业和乡村之间正在建立起新联系。在理论视角上，以多种维度和理论知识方式对乡村场所和区域进行更深入的经验研究，就必然超越农业研究和乡村研究的二元论，仔细讨论农业是否是乡村，乡村何时成为乡村的问题。①

发达资本社会的乡村地区确实正在经历多样化的命运，但是社会科学家要做的是提供普遍性的经验和认同，提出更加积极的、一致性的回应，而不是简单的概念化一种矛盾的简化模式。② 从这个维度观察乡村变迁的过程，要充分的注意到：第一，农业作为一种经济方式，必然是嵌入与乡村地区的结构安排中的，反过来说，乡村必然被农业生产的社会关系历史所支配。第二，农业仍旧是一个重要的社会和意识形态类型，仍旧会通过它确立性的政治地位构造乡村经济发展以及实现乡村土地的垄断性支配。第三，随着农业生产作用的减弱，乡村空间的社会功能确实正在被重新定义，包括其他的初级生产（生物多样化）以及独特的消费角色（如居住、娱乐、休闲和环境保护），但这并不能说明乡村和农业的分离。相反，乡村社会科学的研究更需要对上述命题做出恰当的回应。

2. 去社区化

在乡村研究中，"社区"和"乡村"一样是需要讨论的概念。自腾尼斯提出社区概念之后，社会学家大致在三个角度来使用它。第一种方式，社区是指一个地方，其中群体成员之间相互影响。第二种方式，社区被看成是一种社会体系，③ 一个或一群人，满足他们需要的组织。第

---

① Friedland, W. 2002. Agriculture and Rurality: Beginning the "Final Separation"?. *Rural Sociology*. 67 (3): 350-371.

② Smithers, J., Joseph, A. E., Armstrong, M. 2005. Across the Divide (?): Reconciling Farmland Town Views of Agriculture-Community Linkages. *Journal of Rural Studies*. 21 (2): 281-295.

③ 布赖登（Bryden）从两个方面定义社区：社区是一个利益社区，像农民联合会；或者是实体和社会社区，例如村落、城镇。实体社区通常分享普遍的社区利益，换句话说，村落人口和当地农民联合会有着同样的目标和抱负。为了避免这种比较，布赖登认为更好的社区定义是"本地社会体系（local social system）"，意味着一种横向（内部 intra-地方性）的链接。（具体参见：Bryden, J. 1995. Some Preliminary Perspectives on Sustainable Rural Communities. In Bryden, J. ed. 1995. *Towards Sustainable Rural Communities: the Guelph Seminar Series*. Canada: Guelph: 50-53）.

三种方式是用社区来描述群体（可能在，也可能不在同一个地理空间）所持有的分享性的认同感。[1] 全球化、城乡的连通性以及随着收入分配体系而发生的生活方式变迁使得传统乡村社区的要素日益分离，特别是现代主义的自由、机会试图替代传统共同体价值，使得社会科学中的社区丧失或衰退成为主题。[2] 对乡村社区研究方法的强烈否定来自保罗（Paul），他认为把社区关系打包到一个特别的地理范式是一个"无法理解的、没有任何意义的行为"，而有意义的是要考虑他们所属的更大的社会的本质。[3] 扬（Young）则主张用差异政治学（politics of difference）来取代社区，因为社区忽视了异质性，边界的社会控制、闭合行为、社会排斥经常以社区的名义而发生。[4] 对此，戴（Day）回应认为，尽管当前的乡村社区有着明显的断裂、异质性，它仍旧是个有效的把社区是什么和我们希望社区是什么的信念区分开来的概念。[5]

　　我们发现，把乡村作为一种社会类型的多数文献只不过是关注到了一种显示非城市特性的地理空间。事实上的情况则更加复杂，比如很多乡村企业股份的持有者并不显示所在的乡村地区或者自己的社区，但是仍旧属于乡村社区；郊区别墅的主人只是在周末和夏天住在乡村而已。[6] 此外，洛韦（Lowe）认为中产阶级搬到乡村部分是为了寻求一个特定的社区模式，这种对传统社区模式的拙劣模仿，他称为"文明的后退"[7]。当这个理想化的社区并没有被发现，中产阶级新来者就努力地创造它，并呼吁与工人阶级场所的合作。[8] 比较温和的意见来自菲鲁塞

[1]　Flora，C. 2005. *Rural Communities*：Legacy and Change，Oxford：Westview：567.

[2]　Lee，D.，Newby，H. 1983. *The Problem of Sciology*. London：Hutchinson：123-125.

[3]　Paul，H. 1966. The Rural Urban Continuum，*Sociologia Ruralis*. 6（2）：299-329；或者可以参考：Day，G. 2006. *Community and Everyday Life Day*. London and New York：Routledge：53.

[4]　Young，I. M. 1990. *Justice and the Politics of Düffrence*，Princeton，NJ：Priceton University Press.

[5]　Day. 2006. *Community and Everyday life*，London and New York：Routledge：67.

[6]　Shucksmith，M. 1993. Farm Household Behavior and the Transition to Post－productivism. *Journal of Agricultural Economic*. 55（5）：566-578.

[7]　Lowe，P.，Murdoch，J. and Cox，G. 1995. A Civilized Retreat? Anti－urbanism，Rurality and the Making of an Anglo－centric Culture. In Healey，P. ed. Managing Cities：*The New Urban Context*. London：Wiley：63-82.

[8]　Ward，N.，McNicholas，K. 1998. Reconfiguring Rural Development in the UK：Objective 5b and the New Rural Governance. *Journal of Rural Studies*. 15（1）：27-39.

思（Furuseth），他认为乡村仍然和地理、社区概念的关系非常密切，把这两个定义放在一起意味着在乡村地区（农业）和社区（小镇）之间的一种社会协同。①

面对全球化发展而产生的经济、社会和本体不安全，一些评论家呼吁寻求稳定，安全，回到地方主义，这导致了社区的重新定义。② 因此，随着"乡村性"成为乡村研究的核心概念，"社区"这一古老的概念也应该重新植入到这些作品中去。③ 同样地，在现代乡村研究的理论轨迹中，我们可以瞥到社区研究的身影，如现代主义社会学的早期研究把社区作为一个分离的、相对稳定和均质的客体；新文化和后结构思潮把社区看成是个更加复杂的，有时候是流动的概念。④ 乡村变迁综合性研究需要更清楚地说明乡村的社会联系和多样化的推论和物质现象，更好地通过社区来探索乡村。⑤

3. 第三条道路

乡村转型研究应该从二元概念中逃离出来，具体说是要扭转现代主义乡村研究下的农业政治经济学和乡村转型各自的视角，发展乡村变迁

① Furuseth, J., Lapping, M. B. eds. 1999. *Contested Countryside*: *The Rural Urban Fringe in North America*. Brookfield: Ashgate Publishing Co: 7-32.

② Delanty, G. 2009. *Community*. London: Routledge: 58.

③ Liepins, R. 2000. Exploring Rurality through "Community": Discourses, Practices and Spaces Shaping Australian and New Zealand Rural "Communities". *Journal of Rural Studies*. 16 (3): 325-351.

④ 这类研究可以参考 Day, G. 1998. A Community of Communities? Similarity and Difference in Welsh Rural Community Studies. *The Economic and Social Review*. 29 (2): 233 - 257; Mitchell, C. J. A. 1998. Entrepreneurialism, Commodification and Creative Destruction: a Model of Post-modern Community Development. *Journal of Rural Studies* 15 (2): 273-286; Liepins, R. 2000. Exploring Rurality through "Community": Discourses, Practices and Spaces Shaping Australian and New Zealand Rural "Communities". *Journal of Rural Studies*. 16 (3): 325-351; Liepins, R. 2000. New Energies for an Old Idea: Reworking Approaches to "Community" in Contemporary Rural Studies. *Journal of Rural Studies*., 16 (1): 23-25.

⑤ 这类研究可以参考 Day, G. 1998. A Community of Communities? Similarity and Difference in Welsh Rural Community Studies. *The Economic and Social Review*. 29 (2): 233 - 257; Mitchell, C. J. A. 1998. Entrepreneurialism, Commodification and Creative Destruction: a Model of Post-modern Community Development. *Journal of Rural Studies* 15 (2): 273-286; Liepins, R. 2000. Exploring Rurality through "Community": Discourses, Practices and Spaces Shaping Australian and New Zealand Rural "Communities". *Journal of Rural Studies*. 16 (3): 325-351; Liepins, R. 2000. New Energies for an Old Idea: Reworking Approaches to "Community" in Contemporary Rural Studies. *Journal of Rural Studies*., 16 (1): 23-25.

研究的"第三条道路"。应立足于纵向的国际农业体系重构和横向的乡村社区转型两股力量的交叉点上来观察乡村变迁，即默多克所谓的乡村发展纵向和横向网络研究新范式。[①]

乡村变迁议题需要在全球化中来把握，[②] 已有知识和经验说明提供了几个较为明显的环节。早期观察认为，全球化对乡村的影响主要涉及第一产业，如乡村成为自然资源的输出地、劳动力的输入地，金融资本对乡村农业、制造业的影响日益重要。[③] 进一步的讨论涉及全球化带来的乡村工业经济与初级产业商品经济的分离，生产和就业的分离以及资本流动取代贸易成为经济的驱动力。[④] 近期的研究则注意到了全球农业体系重构带来的社区自然资源的文化转向，即粮食生产日益成为价值附加的行为，自然资源的想象性、消费主义利用成为乡村的价值定位。这些讨论呈现看似矛盾性的趋势：一方面，一些发达资本主义国家，乡村田园诗不仅深植于乡村居民的知识中，而且被中产阶级和其他的群体（如性取向不同的人）创造出来，[⑤] 乡村则成了现代性的避难所。另一方面，全球化给发展中国家乡村带来更多的是超出经济现象之外的痛苦和恶意，它似乎破坏了那里的传统价值和乡村社会，危及本土居民的文化认同和生活安定，并在强大的全球化冲击下日益感到软弱无力。[⑥]

当然，这些并不意味着一种乡村宿命论。乡村在现今社会担当着至少四个方面的重要角色：食品安全、自然资源的保护、土地和人之间的价值体系、多样化。因而，从横向层面上看，乡村的居民、群体和社区会对社会经济变迁作出积极的回应。在微观层面上，家庭结构的调整，收入和生存策略的多样化是嵌入在乡村经济发展中的。在社区层面上，

---

① Murdoch, J. 2000. Networks-a New Paradigm of Rural Development?. *Journal of Rural Studies*. 16 (5)：507-519.

② 2012 年 8 月 12—15 日，在亚特兰大召开的美国乡村社会学会（RSS）第 73 届年会的主题为：How Flat is Rural? Diversity in the Age of Globalization，目的就是要准确把握全球化时代下乡村地区的地位问题。

③ Woods, M. 2005. *Rural Geography*：Processes, Responses and Experiences in Rural Restructuring London：Thousand Oaks, Calif：SAGE.

④ Flora, C. 2005. *Rural Communities*：Legacy and Change. Oxford：Westview：125-126.

⑤ 这一点，从 20 世纪 70 年代以来发达国家出现人口结构和人口变迁的反城市化、通勤地带、中产阶级社区、同性恋社区等现象可以得到普遍的说明。

⑥ Stiglitz, J. 2002. *Globalization and Its Discontents*. New York and London：W. W. Norton & Company：257-258.

地理和群体边界的划定、社区内互动方式、社区资源、社区社会体系是需要充分地被关注。在宏观层面上，地方性、部门性政策会在乡村社区变迁中发挥重要的调节功能。这些都将成为左右乡村社区发展趋势的关键。因而，完全可以说，乡村转型研究并不是乡村被动适应全球化的调整，而是通过自身的发展对其进行控制和驾驭的过程，而理解这些过程需要更好地把乡村地区的生产、消费、意义与全球—地方的垂直通道联系起来。这样的研究有助于分化不同的乡村地区，以他们特有的方式，最大可能地利用向他们开放的机会。

第三节　内容与框架

上述讨论显示，欧美发达国家研究强调把村庄置于市场、国家与市民社会变迁的多重维度下，探讨村庄性质上的转变，得出村庄从生产主义到后生产主义的转型，这非常有理论和现实意义，也是我们讨论中国村庄转型的重要理论基础。但是，如果把它作为一种理论体系，乡村转型的相关研究，特别是中国的村庄转型研究仍显得比较单薄。故此，本书试图分析以下几个问题，以期能够对乡村转型理论体系做一些有益的丰富及拓展。

一　主要内容

内容一：为什么研究村庄转型。从西方发达国家经验来看，"村庄转型"作为一种有效的分析框架，比"村庄终结"更合适来解释全球化背景下的村庄命运问题。从国内已有研究来看，不少学者已经开始使用这一说法，但还没有形成系统的论述。这部分重点分析发达国家乡村转型过程及其对中国村庄研究的启发，认为进一步的研究需从合适的研究单位入手，讨论村庄转型的内涵、机制、普遍性和特殊性等问题。

内容二：什么是村庄转型。从已有的讨论来看，学者们普遍同意村庄转型主要是指村庄从一种组织形态到另一种组织形态的变迁，强调村庄性质上的重大变迁。因此，可以说村庄变迁与村庄转型是有关联的，但不是同一层次的概念。也就说，在村庄转型理论体系的构建中，首先要把村庄某些方面发生的变迁和村庄是不是转型，有没有转型的问题弄清楚，然后才能讨论村庄从哪里转到哪里。在这个意义上，村庄转型内涵的界定则是要明确地回答村庄性质上的变化，即从一种什么性质的村庄转到另一种什么性质的村庄，就如村庄从生产主义到后生产主义，从农业共同体到城乡衔接带之弱质自治社区的转变。至于这种说法是否准确，能否概括所有的村庄类型则是一个需要讨论的问题，也正是本书需要解决的首要问题。

内容三：为什么村庄需要转型，村庄如何实现转型。这部分内容主要在国内外相关理论分析的基础上，结合浙江村庄转型的经验来进行阐释。

第一，市场经济下，从市场与社会的嵌入和脱嵌概念入手，分析村庄"去农业化"的发生机制。农业商品化就是市场机制主导，农业与村庄之间的脱嵌，即农业主要依赖技术、农业企业、金融体系、国家调控，日益从村庄生活中脱离，成为一个单独的产业部门。在我国，这种情况是怎么发生的？可以概括为农业产业逐步被市场所边缘化、农业政策的城市偏好、农业意识形态影响力减弱，导致的结果是市场逐步影响了村庄的发展趋势，如村庄工业化、消费化发展。至于"去农业化"如何影响村庄转型呢？笔者分别从村庄内在的结构和外在的功能两个方面做了解释，结论是"去农业化"导致了村庄失去自我依存的基础。也正因为如此，农业与村庄的重新连接，也就能成为村庄实现自我发展的一个重要途径。随着新农业发展，促使村庄的诸多要素，如土地集体所有与村庄边界、市场化与社区行动、公共政策与农民行动以及农业安全的社会需求等发生了新的变化，产生了新的联结要素，比如新技术与农业链接促发的淘宝村转型。

第二，农村治理危机透露的是国家能力建设与基层社会发展之间的断裂，主要表现在国家力量对农村社会的控制能力日趋下降，呈现为公共物品供给不足、村庄失序化发展。面对这场危机，国家制度做出了积极调整：改革土地制度、取消农业税，政府主导新农村建设，等等。村庄社会也做出了转型回应，表现在农民生存策略的调整、社区组织的社会控制力弱化、国家与社会力量的妥协、中间农民的崛起，逐步实现了从自治社区到共治社区的转型。这一转型过程主要在国家治理角色调整的影响之下发生的，我们以浙江一个较为典型的工业化村庄转型来说明：市场失灵对村庄来说会产生外部不经济现象，导致村庄环境持续恶化；市场的逐利本性会产生村庄公共物品供给的严重不足。面对这一趋势，国家必须出面采取保护村庄的措施，采用政府规制村庄的治理之术，推动村庄向多元主体合作共治的格局转型。

第三，长期以来，城市化作为现代化的一种必然趋势，其隐含的诉求要不是减少乃至终结村庄，要不就是边缘化村庄。城市中心主义的发展策略下，政府偏好城市治理的行动下，村庄出现了"去社区化"趋势，导致直接的后果就是村庄运行资源的缺失。更为深远的影响就是村庄共同体维系的若干要素瓦解了，村庄进一步的"弱质化"发展，反过来又造成了城市化发展的不足和困境。这一背景下，乡村社会开始出现了"惊人的复兴"，浙江近年来出现的种种所谓"逆城市化"现象备受关注。对浙江农村社区建设过去十年的经验总结，我们发现在新乡土主义思潮下兴起的农村社区建设需要重新思考村庄在社会生活系统中的作用，重新发现农村社区的性质：村庄既是国家管理农村社会的基础单位，也是统筹城乡一体化发展的基础平台，还是农民生产、生活的重要居住空间。

二　框架结构

本书框架主要有导论，主体部分的八个章节以及结论，这里主要介绍主体部分的框架结构，以期能呈现一个总体思路、论证逻辑和主要观点。

第二章主要论述村庄转型研究的背景，包括村庄转型命题提出的背景、发达国家乡村转型研究及提供的资源，即发达国家乡村转型的经验、研究规范以及对中国村庄转型的启示。最后简单地介绍了本书想要解决的几个重要问题。第三章从乡村、村庄概念入手，讨论了为什么选择村庄以及什么是村庄转型。发达国家的乡村、中国的村庄都是一个复杂概念，第一小节专门梳理了两大概念的界定以及区别问题。在此基础上，强调本书选择村庄作为研究对象，既有理论上，也有实质性意义。最后一小节围绕着什么是转型、村庄转型以及影响机制等内涵性问题做了讨论。

第四章首先回顾了村庄"去农业化"的文献，其次强调在市场经济下，市场与社会经历了嵌入和脱嵌的关系变迁，这有助于我们分析村庄

"去农业化"的发生机制。重点关注在我国，这种情况怎么发生的问题，可以从农业产业逐步被市场所边缘化、农业政策的城市偏好、农业意识形态影响力减弱等几方面观察到。市场逐步控制了村庄的发展趋势，如村庄工业化、消费化、空心化发展。"去农业化"如何影响村庄转型？可从村庄结构以及功能两个角度做出解释。第五章关注了中国小农农业的发展及其新农业村庄的产生，显示了农业与村庄重新链接的能量，能推动村庄实现自我发展。接着对浙江西部的一个典型淘宝村展开了案例研究，说明新技术、新市场条件下，村庄内源性发展和外源性支持共同作用，出现了从农业型社区到居住型社区的转型。

第六章从国家与村庄关系视角来谈治理危机，概括了村庄治理危机两大表现，即公共物品供给失灵和村庄失序。接着重点讨论危机给村庄转型带来的影响，包括相关制度出现了变迁，比如土地制度、农业税、新农村建设，也导致农村社会变迁，如生产策略、社区组织的控制力弱化、国家与社会力量的妥协，以及中产农民的崛起。这些均带来了国家新治理术，即国家规制村庄的兴起。当然，在市场、国家力量作用下产生的社会反向运动，比如农村环境抗争运动等，是国家与村庄良性互动关系型构的重要助推力。第七章主要以新农村运动背景下的环境抗争个案为分析对象，展示了工业进村过程中市场失灵的表现，对村庄产生的重要影响就是国家重新思考对待农村的态度，以保护村庄的姿态来调整治理村庄的权术，政府规制下的村庄也出现了从自治社区到多元主体共治社区的转型。

第八章从现代性与社区衰落视角提出城市化引发的村庄逐步沦为弱质社区的结果。现代性要求脱域，也即社会系统从地理空间上脱离出来，重新组织社会关系和结构。这就导致作为地域性概念的社区逐渐失去了意义，村庄逐渐成为了一种没有意义的空间。从资源、共同体消解来看，村庄弱质化具有必然性，不过，随着现代性带来的负面效应，个人主义带来的冷漠、安全等问题，人们对安全的、充满归属感的社区又开始重新加以认识，逐步形成了新乡村主义思潮。第九章对这一思潮进行了简略地梳理，并以近10年来浙江农村发展经验为分析样本，展示了农村社区化建设的主要做法、成效、问题和趋势，以期能引起学界和实务界的进一步讨论。

第二章

中国式农村现代化：村庄转型

很长时间以来，国内学界的主流意见认为，现代化进程中农业、农村的衰落是不可避免的，是一种"正常"现代化的必然结果。也就是说，一方面西方国家的经验证明走大规模工业化、城市化的道路是成功的；另一方面发展中国家走工业化、城市化的现代之路并为此而导致农村、农业的衰落也是必然的。不过，随着现代性带来的安全、信任、生态等问题不断加剧恶化，以及人们开始重新审视现代化与农村的关系，乡村研究视角、范式及其隐含逻辑显然随之而面临调整，即面临着从传统城乡二元视角下的乡村问题化研究，转向城乡衔接背景下的乡村发展、乡村转型研究。

本章拟具体讨论：为何将村庄纳入到转型讨论中？国内学者已有的村庄转型讨论有哪些？欧美国家乡村转型研究的规范以及对中国村庄转型的启示有哪些？中国农村变迁研究是否可以沿用西方乡村转型的规范表述？

第一节　中国"村庄转型"命题的提出

一　农村问题化与新农村建设

按一种略显夸张的说法，中国社会经历了所谓从"捆在土地上的中国"到"捆在市场上的中国"① 的重大变迁。如果把中国的村庄置于这

---

① 苏力在所作的序言中谈到中国农村研究的时代背景时所做出的判断。参见贺雪峰《新乡土中国》，广西师范大学出版社 2003 年版，第 6 页。

一大时代背景下进行观察，我们会真切地感觉到中国乡村正在经历复杂的大变迁，而其中至少有三个突出的背景是当下思考农村问题、阐释村庄变迁时不能忽视的。

1. 农村问题持续的现实

20世纪90年代以来，"三农"问题成为国内乡村研究的重要主题之一。所谓"三农"问题，主要指农民、农业与农村的发展困境。从农民来看，问题表现在农民的收入低、生活和精神负担上的"苦"；从农业来看，问题在于农业的低收益，处于被边缘化的"危险"境地；从农村来看，问题在于农村基础设施落后，农村物质生活的"穷"。更严重的是，这种种表现折射出"捆在市场上"的中国农村和农民正在遭遇前所未有的挑战，一个个村庄正在不断被卷入进市场化、城市化、全球化的浪潮下，看不到积极的未来。于是，一方面，越来越多的人逃离农村，村庄出现空心化，[①] 生态环境持续恶化，处于衰败的边缘；另一方面，尚存的村庄则普遍处于混乱的社会秩序，面临治理危机。进入21世纪后，"三农"问题呈现进一步加剧趋势，表现在由原来农业增产、农村发展和农民增收问题，转变为农民权益保护、农村可持续稳定与农业生态安全的"新三农"[②] 问题。

2. 对城市化背景下农村前途的忧思

与其他发达国家一样，近代以来的中国也毫不例外地选择用现代化的方式来解决"三农"问题，认定中国农民、农业、农村的出路在于市民化、工业化和城市化。特别是改革开放以来，政府主导下城市化的发展目标就是减少农民和农村，采取的方式包括间接的边缘化农村[③]和直接的灭村运动。[④] 这一简单推进城市化的做法给中国社会的两头都带来了严重的影响：一方面，城市化速度不断加快的同时，城市问题也不

---

①　所谓村庄空心化，是20世纪90年代以来乡村研究的一个比较流行的判断，主要包含两层意思：（1）大量农村人口流出村庄带来的所谓的空心；（2）村庄传统中心建筑、居住功能的退化，周边现代建筑、半居住的开发。

②　温铁军：《维稳大局与"三农"新解》，《中国合作经济》2012年第3期。

③　边缘化的表现是：对土地的非农化发展，农村基本设施的不投入，基本服务（特别是教育、医疗）资源的短缺性供给，村庄秩序的自我维持等。

④　刘奇把几年来各地城市化过程中的大规模撤村建房、农民被上楼等现象解释为精英发动的一场"灭村运动"。（参见刘奇《"灭村运动"是精英层的一厢情愿》，http://www.aisixiang.com/data/57053.html，2012年9月6日）

断涌现，包括大城市病（住房难、交通难、看病难、上学难等）、流动人口问题（农民工就业、住房、教育以及管理等）、农业食品安全问题（农业安全、农产品质量）等。另一方面，农民、农村持续不断衰落和减少，村庄逐渐被纳入"终结"的发展思路中。① 在这个发展前景的预判下，地方政府对农村公共物品供给的动力严重不足，农村经济生产活动处于衰败的边缘，农村社会则呈现为灰色化，乡村"混混"横行② 等。这"两头"的发展困境③反过来刺激了中国知识界、政策界的反思：作为"农村大国"，我们还可以走发达国家的路子吗？我们的经济发展是否足以吸纳大量的农村人口？农村人未来的生活该如何安排？农民、农村有没有属于自己的未来？这些追问似乎是对城市化的反思，但从本质上来说是对尚存的众多农村发展前途的忧思，探究"农村大国"的未来走向问题。这些追问和思考意味着进一步的中国乡村研究必须要明确地回应以下问题：（1）什么是农村？农村的存在有什么意义？（2）如果说中国农村存在是必要的，有意义的，那么农村应该有一个什么样的未来取向？（3）在政策层面上，国家应该给予农村前途一种怎么样的交代和保障？

3. 建设什么样的新农村的政策困惑

从 2000 年开始，中央每年发布指导"三农"工作的"一号文件"，说明国家在战略层面上开始着手回应农村问题，重新审视农村发展的重要意义。在政策上正式对"三农"问题及其农村前途问题的回应，则是 2005 年国务院提出"建设社会主义新农村"战略。这一政策的实质在于，在国家层面确立了农村在中国社会发展中的重要意义，在政治层面上，把农村作为国家治理的基本内容，给予农村存在和发展比较明确的未来指向；在社会发展层面上，则试图推动乡村社会自我发展，建立国家与社会的良性互动关系。但是，在操作层面，对于什么是新农村，怎样建立新农村、建立什么样的新农村等这些问题却没有明确的说明。

---

① 2002 年，李培林教授在《中国社会科学》杂志上发表了《巨变：村落的终结——都市里的村庄研究》一文，似乎代表了大多数人对中国农村发展未来的忧虑。

② 陈柏峰：《乡村江湖——两湖平原"混混"研究》，中国政法大学出版社 2011 年版。

③ 正如温铁军所言：世界上任何发展中国家加快城市化，几乎都伴生"空间平移，集中贫困"的贫民窟扩张，并且内生性地导致灰色经济及相应的黑社会治理，同时导致法治失效、腐败蔓延和动乱发生。

因而可以说，现实中的新农村建设都是各地方政府在"摸着石头过河"，比如：地方政府把"新农村建设"作为政府管理创新项目，本着"见新批钱"的原则，鼓励农村搞改革创新；乡干部则是直接把"新农村"理解成新房舍、新设施、新生活方式的建设；农民对于"新农村建设"更是一头雾水，甚至是觉得建还不如不建。① 这些困惑的根本原因就在于"新农村建设"政策自身在概念上的模糊，理论阐释不够清晰。要走出这一困境，必须要清楚理解新农村建设的机制、路径有哪些，而这些均需建立在把村庄纳入到转型范畴讨论的基础上。

二　村庄转型的基本构思

从上述讨论来看，中国农村研究范式必须要做出调整，要从研究农村问题转变为清楚交代中国众多村庄存在的意义、村庄未来的合理预期等研究上来。近年来，国内一部分学者开始逐渐把目光转向中国村庄转型研究，并试图重构村庄转型研究的理论体系。不过，大部分研究仍然停留在学者们的一些片段性的说法，还没有形成系统的理论说明。

1. 零星的农村转型讨论

国内学者中，曹锦清教授是较早地呼吁把"三农"问题置于社会转型框架内的学者之一。他认为当下人们讨论的"三农"问题是当代中国社会转型中出现的问题，② 所以应该从转型的视角来研究中国的农民、农业、农村。不过，可惜的是作者仅在某些场合的讲话中提出这一观点而已，还没有从学术研究的角度对此展开深入论述。③ 陆学艺教授则更为清晰地提出：中国的"三农"问题是在二元社会结构中产生的，解决"三农"问题本质上需要解决二元结构，可惜陆先生突然故去而

---

① 媒体报道、学者调研均发现新农村建设出现了很多偏差行为，比如有些地方政府的借新农村建设之名，实际上却直接损害了农民的利益；有些地方政府把新农村建设作为面子工程、政绩工程，使很多的新农村项目在农村水土不服，导致资源浪费。于是，不少农民有了"新不如旧，不建比建更好"的感慨。

② 曹锦清：《中国农村转型：转向何方》，2005 年 9 月在华中师范大学农村研究方法高级研讨班的发言，具体可参见：http://www.zgxcfx.com，2007-7-10。

③ 作者在多次会议场合提起这是自己的意见，但没有正式发表相关学术论文。因此，此处的参考主要来自于网络上对曹教授相关演讲的整理。

未及详论。① 其他还有一些乡村研究者，要么含含糊糊地涉及了农村转型的一个方面，要么干脆绕过"农村转型"的内涵讨论，而把它作为一个不言自明的概念使用。诸如此类的零星农村转型讨论又可以归为两类：

第一类是基于农村变迁的视角，指出了农村某一或某些方面的变化，并对此进行特质描述，从而得出农村从一种类型到另一类型的转型。首先，比较多的研究者强调农村经济形态从传统农业经济向现代工业经济的转型，具体包括：所有权结构多元化、产业和就业结构非农化、经济社会结构现代化、农耕文化与工商业文化由冲突向融合转型、农民收入由贫穷向富裕转型，身份农民向职业农民转型。总体来看，目前我国农村经济转型呈现多样化、多极化转型格局，农业型、工业型、市场型、旅游型等不同村庄经济类型同时并存，并同步出现了巨富型、富裕型、小康型、温饱型、贫困型等村庄经济的多极分化。② 其次，研究者们较为关注农村社会的转型。随着人民公社的解体和家庭联产承包责任制的推行，农村社会的开放度、自由度越来越高，农民的流动性增大，选择也日益多元，即原有的同质性社会慢慢向异质性社会发展，传统熟人共同体也逐步向无主体熟人社会③、半熟人社会转变。半熟人社会主要源自于行政化之后，尽管村庄仍有共同的行政空间，但却缺乏共同的生活空间，因而与传统的熟人社会那种彼此间"知根知底"、面对面的社会有着本质区别。④ 农村由熟人社会向半熟人社会的转型，逐步带来了农民行为方式、村庄治理结构等各个层面的转变。再次，部分研究则注意到了由国家与社会关系而调整带来的乡村治理转型。中国传统

---

① 具体讨论可参读陆先生的"三农"绝唱：《三农续论：当代中国农业、农村、农民问题研究》一书，重庆出版社2013年版。

② 这里主要参考王景新教授的观点。参见王景新《农村改革与长江三角洲村域经济转型》，中国社会科学出版社2009年版。

③ 吴重庆所说的无主体有两层意思，一是农民中青年人大量外出务工经商，村庄主体丧失，二是指农村社会已经丧失过去的自主性，成为城市社会的依附者。参见吴重庆《无主体熟人社会》，《开放时代》2002年第1期。

④ 贺雪峰：《论半熟人社会——理解村委会选举的一个视角》，《政治学研究》2000年第3期。

乡村社会的治理模式常常被概括为"士绅模式"①，强调士绅在乡村公共事务中发挥着独特的治理功能。实质上，它体现了国家对乡村实施简约治理的理性逻辑，也说明国家权力难以渗透到基层的现状。② 近代以后一直到 20 世纪 90 年代末，国家权力试图加大对乡村的渗透，把正式的机构、人员下沉到乡村社会，试图实现对乡村的直接治理，但事与愿违，出现了国家政权内卷化的现象。③ 进入新世纪之后，以农业税改革为标杆的农村综合配套改革，实质上体现为国家从依托村级组织的间接治理模式向以个人权利为核心的直接治理模式的转变。④ 最后，有一类研究提供了农村文化转型的讨论。传统乡村文化主要基于自然主义的原则，表现为朴素的道德观、民间信仰和人生态度。不过，随着理性主义和现代进步观念的逐渐侵入，传统乡村的道德、地方性伦理和道德规范逐步失序，导致乡村文化的转型与重建成为亟待解决的课题。⑤ 挖掘传统乡村文化资源、加强多元文化的互动、培育农民的现代公民意识，重建乡村教育均被认为是乡村文化转型的重要选择。

　　这些研究的共同之处就在于向我们生动描述了我国农村正在发生的一些变迁事实，并把这一变迁概括为一种转型。不过，一旦涉及以下问题，比如：在什么意义上说中国农村是转型了？转型和变迁有什么区别？是不是所有的变迁都可以概括为转型？如果不是，怎么样的变迁才能纳入转型范畴呢？诸如此类的问题，上述研究要么直接绕过，要么无法回应。

　　第二类则是从政策视角出发，提出农村从"旧"到"新"的转变思路，逐步形成所谓"新乡村建设学派"。林毅夫、温铁军、贺雪峰等则是主要的代表人物。20 世纪 90 年代，经济学家林毅夫首次提出了"新农村运动"概念，力推通过国家大力投资农村基础设施、拉动农村的内需，这也是他主张的新农村建设的核心内容；具体的方法就是要增

---

①　士绅方面的研究可以参考费孝通《中国绅士》，中国社会科学出版社 2006 年版；张仲礼：《中国绅士研究》，上海人民出版社 2008 年版。

②　黄宗智：《集权的简约治理——中国以准官员和纠纷解决为主的半正式基层行政》，《开放时代》2008 年第 2 期。

③　[美] 杜赞奇：《文化、权力与国家——1900—1952 年的华北农村》，王福明译，江苏人民出版社 2003 年版，第 28—29 页。

④　田先红：《乡村治理转型与基层信访治理困境》，《古今农业》2011 年第 3 期。

⑤　钱理群：《乡土中国与乡村教育》，福建教育出版社 2008 年版，第 12 页。

加相对生产能力，缩小城乡差异，提高农民收入和农村消费水平；并认为新农村建设一定会对整个经济发展起到四两拨千斤的作用，不过，其最终出路还在于城市化。温铁军的思路与林毅夫不同，他是在反思把城市化作为解决"三农"问题的根本出路基础上，提出中国不应该走其他发展中国家的那种用大型贫民窟来实现城市化的路子，而应该着力于用新乡村建设的思路来实现良性的城市化。那具体怎么才能实现这一目标呢？他主张把农民组织起来，建立农民合作社，以增强他们应对市场风险和外部强力的能力。作为国内新农村建设学派的领军人物，他不仅对政府提出的"新农村建设"政策进行详细地阐释、解读，而且身体力行地在全国各地推行新农村建设实践，培训农民，帮助农民建立合作社。从理论上，温铁军认为新农村建设的"新"主要体现在三个方面：城乡之间的良性互动，农村和谐社会的构建，农村自然人文的全面恢复。[①] 可所谓的"三新"说法仍旧缺乏确切含义，例如，什么是城乡之间的良性互动，城乡之间如何良性互动？农村和谐社会的含义是什么？怎么构建和谐社会？农村自然怎么恢复？农村人文如何恢复？因而，对实践部门来说，新农村建设还是无从入手的空泛说法。基于此，贺雪峰等提出了以农民为本位的新农村建设思路。由于农民的问题，不纯粹是一个经济的、生产方式的问题，更是一个文化的、生活方式的问题，因而站在农民主体立场来建设新农村，是要重建农民的生活方式，重新确立农民的生活意义；需从社会和文化层面，为农民增加福利；要建设一种不同于消费主义的"低消费、高福利"的生活方式，一种不以金钱为生活价值的主要衡量标准，以提高农民满意度为基准的生活方式。[②]

当然，由于新乡村建设学派还没有完全成型，一些新乡村建设实践和主张也没有清晰的定位。由此，新乡村建设也就成了一个什么都能往里装的筐。

2. "村庄转型"命题的提出

如前所述，所谓"村庄转型"，应当是村庄从一种类型到另一种类型的变迁，指涉的是村庄性质上的重大变化。在这方面，项继权教授曾试图做过一些阐释。他从不同历史时期，农村社区的认同基础和变化入

[①]　温铁军：《如何建设新农村》，《小城镇建设》2005 年第 11 期。
[②]　贺雪峰：《新农村建设与中国道路》，《读书》2006 年第 8 期。

手，来探讨当前乡村共同体的重建问题。传统家族主导的村落是建立血缘关系基础上的社会生活共同体，具有相对封闭性和独立性。新中国成立以后，人民公社时期的乡村社区成为一种"政经不分""政社不分"的经济共同体、生产共同体和政治共同体。不过，由于这种共同体建立在集体经济和对公共权力的服从基础上，因而随着农村集体经济体制和农村管理体制改革，它也日益趋向解体。面对这一现状，人们开始寻求通过"政治建设"和"经济建设"之路来重建农村共同体，但二者均不足以促使村庄形成真正意义上的社会生活共同体。对此，作者认为要走"服务之路"，即政府加强农村公共服务，用服务将人们联系起来，在服务的基础上重建农民的社区及社会信任和认同，构建新型农村社会生活共同体。① 可见，作者对历史上的中国村庄性质变迁做了细致地分析，并在此基础上提出了农村社区的转型问题，但是，对于改革开放之后的村庄转型问题究竟是什么，具体该如何表述等问题还是没有交代清楚，如孙津曾撰文追问到底"农村转的什么型"②。我们认为，真正地把"村庄转型"作为一个分析框架，并对此做出质性分析的，则是毛丹教授的《浙江村庄的大转型》一文。作者首先阐释了为什么大量的中国农村变迁的分析和研究让人不满意，原因在于分析单位的选择问题。在该文中，作者主张村庄才是农村研究较为合适的首要选择，因为"农村所指涉的人口、土地、组织与文化，在中国首先是与村庄单元联系在一起的，即农民大部分还被组织在村庄之中；农业主要发生在村庄所属的土地上；村庄的文化对于农村人口最具有可分享性和纽带作用"③。不仅如此，选择村庄作为研究单位还在于，首先，村庄一直以来是中国家庭之外的最重要的共同体；其次，将大量的人口转移到城市则是一个漫长的过程，因此在未来相当长的时期内，村庄仍将继续存在并发挥着重要的组织、生活、生产的功能；再者，从发展思路上看，国

---

① 项继权：《中国农村社区及共同体的转型与重建》，《华中师范大学学报》（人文社会科学版）2009 年第 3 期。

② 孙津认为转型的标准应该指制度本身在结构性机制上的变化，从这点来看，中国农村的转型是由管制型制度变成了责任型制度。不过，这种说法仅仅概括了农村在制度上的变化，并没有讲清楚村庄在性质上的转变问题。参见孙津《农村转的什么型，创了什么新》，《理论视野》2003 年第 4 期。

③ 毛丹：《浙江村庄的大转型》，《浙江社会科学》2008 年第 10 期。

家并非只有单纯减少村庄这一种选择，相反，国家完全可以通过有效链接城市和农村，促使二者的良性互动。因此，可以说，只有交代清楚中国村庄的问题及其前景，才有可能说清楚中国的"三农"问题及"三农"的前景。换句话说，把村庄转型作为观察中国农村变迁的视角，这是一个有实质意义的选择。特别重要的是，毛丹教授从村庄与市场、与国家、与城市社会三大关系维度出发，判断中国的村庄正经历从农业共同体到城乡社区衔接带之弱质自治社区的大转型。进一步来说，这种多维关系视角下定义的村庄转型至少隐含着三层意思：从农业共同体到农村社区经济共同体的转型，即经济共同体转型；从国家基层治理单位转向国家与社会共同治理的单位，即治理共同体转型；从传统农业社区到城乡衔接带的弱质端，即村庄作为农民社区的转型。①

把村庄转型作为一个分析框架，强调从经济、政治、社会多维视角出发综合性思考中国村庄发展的前景问题，这一研究无疑具有非常重要意义：第一，提醒中国农村变迁，乡村转型等问题，一定要选择"有效"的观察单位。"村庄"可能是一个特别重要的单位。第二，把村庄纳入到转型的讨论，本质上是要对中国众多村庄的未来做个较为清晰的交代。第三，村庄转型命题的提出，可以有效整合城市化发展和新农村建设两种思路，避免对中国农村做简单化、直白式讨论。可以说，村庄转型分析框架对"成为问题的中国乡村研究"② 来说，无疑是一个重要的理论创新，有助于提升乡村社会学的学术地位和立法角色。

不过，对于中国村庄转型命题的系统理论阐释工作才刚刚开始。进一步的研究需要：一方面，整理西方国家的乡村转型研究，弄清楚乡村转型的内涵、动力机制与转型路径；另一方面，充分结合国内学者已有的农村研究，分析我国农村变迁的现状、内在机制、新村庄形态以及可能的发展趋势等问题。立足于这两种资源的结合，我们才能剔除掉发达国家乡村转型经验中与中国村庄转型不相关的方面，挖掘出乡村转型的普遍性机制，并有效地解释中国农村的变迁经验，清晰交代众多村庄的

① 毛丹：《浙江村庄的大转型》，《浙江社会科学》2008 年第 10 期。
② 作者在讨论乡村研究的方法论基础上，批评学院派的乡村研究并不直面真实的乡村，是为了学术而学术。这种研究姿态，导致这些人对于乡村的看法中都有预先的偏见，认为乡村正在变得失序，未来乡村可能面临崩溃。参见赵旭东《乡村成为问题与成为问题的中国乡村研究——围绕"晏阳初模式"的知识社会学反思》，《中国社会科学》2008 年第 3 期。

未来图景。

第二节　发达国家乡村转型研究及提供的资源

一　发达国家乡村转型过程与启发

二战后，随着资本主义国家的经济体制、社会结构、生活方式以及人与人之间的关系发生了根本性的变革和重组，这些巨变促使和推动了一大批具有敏锐意识和创新能力的理论家为之重新勾画面貌、打造图谱，由此出现了"富裕社会"或"新工业国家"（约翰·加尔布雷斯）、"后工业社会"（丹尼尔·贝尔）、"晚期资本主义"（弗·詹姆逊）等新概念、新学说。然而，这一图谱在 20 世纪的发展却遭遇看似矛盾性的两个发展过程：一方面，许多现代主义者宣称全球性的"去乡村化"（deruralization）已成为现代进程中不可逆的趋势之一。[①] 从 20 世纪初开始，世界各地乡村发展的现实似乎同时印证了这场"现代化的隐忧"：乡村地区普遍面临着人口外移、贫穷、教育水平低下、公共设施供应不足等发展困境，其发展路径也被置于"终结"的悲观论调中；但另一方面，从 20 世纪 70 年代开始，发达国家普遍出现了"逆城市化"趋势，乡村似乎又成了大多数人更愿意选择居住的地方。尤其是进入 90 年代后，越来越多的人加入了追求"乡村田园诗"般生活的队伍，乡村旅游、休闲活动，假日（退休）农场，第二居住地等这些新行为又给乡村的发展注入了新的活力。面对这些现象，人们开始重新思考现代化进程中乡村的角色、功能以及未来的前景，乡村研究也相应地呈现出研究范式和视角的转向，乡村转型就是其中一个重要的理论成果。整理20 世纪 90 年代以来欧美国家乡村研究的文献来看，把乡村纳入转型的议题至少是由以下几个环节发现推动的。

---

① 这个概念比较早的使用，可以参考：Araghi FA. 1995. Global Depeasantization：1955—1990. *The Sociological Quarterly*, 36（2）：337–368；最近的讨论也可以参考阅读：Maria，H,. 2011. The Polish Countryside in the Process of Transformation 1989–2000, *Polish Sociological Review*, 173（1）：35–55。

　　1. 大规模城市化背景下，发达国家乡村仍旧存在并实际发挥着重要的功能

　　西方国家现代化的主要经验就是走大规模城市化道路，而且事实上90年代初英美等国家，城市化率普遍达到80%左右。尽管如此，即使是这些已经完成现代化改造的国家也不得不承认，大规模城市化并不意味着完全、彻底的城市化，乡村仍旧存在，并发挥着重要的生产生活功能。例如美国，一个非常有意思的现象就是，随着城市化的推进，逆城市化的步伐也开始加快。从70年代开始，整个社会进入了非都市人口加速发展和大都市区人口减少的阶段，对此，少数学者甚至乐观地认为这预示美国城市时代的结束，美国人口的分布模式由城市化转向逆城市化乃至乡村化。① 尽管这一乐观估计没有真正地发生，如1990年大都市区人口占美国总人口数的比例为79.7%，1996年这一比例又上升到了79.8%②，城市化仍是一种主流的趋势。但不可否认的一点就是，与之前相比，美国城市化的速度大大放慢了。这意味着，有小部分美国人仍旧生活在乡村，从事和农业相关的工作，③ 如在俄勒冈州和华盛顿州，农业就业人口占总就业人口的比例分别为31%和13.3%。这一点在其他国家经验中也可得以说明，比如英国规定1万人以下聚居区居民属农村人口，按照这个标准，直到1995年英国仍旧有25%的人就业是在乡村地区，从事与农业相关的产业。另外，常常被人们忽视的一点就是，生活在乡村的农民也要间接地通过家庭消费来贡献整个社会经济的增长。截至2010年底，英格兰农村人口数仍有950万，占总人口的19.3%④。可以说，即使是英美这样的发达国家，农民以及农业人口仍旧是整个社会的重要组成部分，乡村人口及乡村地区的存在是社会发展

---

　　① 详细论述可参考：Brian, B. ed. *Urbanization and Counterurbanization*. London. 1976. 也可以参考孙群郎《20世纪70年代美国的"逆城市化"现象及其实质》，《世界历史》2005年第1期。

　　② 美国商业部人口普查局：《美国统计摘要：1998年》，第39页。

　　③ 据美国2000年人口普查来看，仍旧5500万人居住在农村地区，占美国总人口的1/5。2010年的人口普查显示，农村人口的比例降至16%。人口普查中的"农村"指非大都市区、人口少于5万的地区。参考：Ghost Towns on the Increase as Rural America Accounts for just 16% of Population，http://www.dailymail.co.uk/news/article-2019771/Ghost-towns-increase-rural-A-merica-accounts-just-16-population.html，2011年7月28日。

　　④ 《英国：不断完善基础设施和公共服务》，《经济日报》2011年7月16日。

中不容忽视的一个事实。因此，长期以来的现代化会主动终结、消解乡村的必然逻辑不得不进行修改，而承认乡村，并积极地引导乡村的发展成为发达国家发展策略的必然选择。相应地，乡村变迁研究也因此寻求新的研究视角。

2. 生产主义乡村危机

众所周知，19 世纪以来的现代化进程主要表现为整个社会的工业化、城市化、理性化过程，对传统农业、农村和共同体生活的存在和延续造成了巨大的威胁。尽管基于农业对于人类生存安全的重要意义，各国对农业基本上实行保护或半保护态度，但在现代逻辑的刺激下，农业被逐步地修改为一个促进、扩张粮食生产最大化的产业。这种生产主义不但是农业的计划命运，而且还渗透到英国乡村生活的每一个角落，以及被认为是 1955—1980 年的英国"乡村性"的简写，[1] 即生产主义乡村。20 世纪 90 年代之后，发达世界越来越强烈的生产主义逻辑和行为，导致了无论生产性农业还是生产主义乡村均遭遇了致命的危机，主要表现为：首先，农产品生产过剩。这一情况的产生主要由农业生产体系两个方面推动的，即福特主义下的农业生产，采用工业化的标准和技术，大大加快了农业生产率，缩短了农业生产过程；全球化食品体系的建立，包括农业政策的去规制化、农产品的日益市场化和全球流通网络的建立。以上这两方面的共同作用，导致了农产品供给持续增加，但与此同时出现的却是全球粮食价格的下跌，从而引发了著名的"国际性农场危机"[2]。其次，乡村环境恶化。1962 年，一本引起了一场前所未有的环保运动的书——《寂静的春天》出版，激发了公众对环境问题的空间关注，特别是生产主义对农村生态环境的影响，如农药、化肥等现代技术对农村环境的破坏，造成的农村土壤、气候、农产品质量的恶化。再次，由乡村人口持续减少引发的系列社会后果。前两个现象的加剧导致了乡村社会结构的变迁、乡村空心化，即农村人口不断外流以及引发的农村人口老龄化、农村公共生活的衰败等。农业人口不断外流引发了

① Halfacree, K. 2006. From Dropping out to Leading on? British Counter-cultural Back-to-the-land in a Changing Rurality. Progress in *Human Geography*. 30（3）：309-336.

② Wilson, O. 1995. Rural Restructuring and Agriculture-Rural Economy Linkages: A New Zealand Study. *Journal of Rural Studies*. 11（5）：517-531.

更深层次农场危机以及边缘化，农村公共设施和福利的不断减少，农村商业企业的倒闭、转型以及农村家庭结构与生产策略的调整。

简言之，现代化的生产主义以及农业的全球化发展，导致了农业生产过剩、乡村环境恶化、农场劳动力不断减少、乡村福利的下降和农村家庭行动策略的调整。而且，这些问题又促使乡村决策者、实际管理者和评论者开始整合乡村发展的各种观点，由此慢慢地浮现了乡村（农业）后生产主义转型的观念。①

3. 新乡村运动

穆尼（Mooney）曾说："我们或许希望找到乡村社会的未来，如果有这样的未来，会在社会运动的领域中"②，事实上也是如此。近几年，发达国家的乡村问题已经迫使它们自身成为最前线的政治问题。农业改革和收入水平、打猎和田野运动的合法性、住房和道路发展以及乡村服务的未来—掺杂在其他问题中—已经被说成是生活方式和文化的传统要素正在遭遇威胁的争论，接着引起了乡村保护和运动的这股新浪潮的动员。③ 也就是说，新乡村运动正在以一种乡村保护的新方式在发达国家中出现，这种新模式既由"保护乡村（乡村经济、乡村景观或乡村生活方式）免于外部危险"，也由乡村空间的意义、使用和规制的矛盾所推动。比如英国著名的"The Land is Ours"运动主张：土地是用来居住的，除工业化用地之外需用来为社会提供住房；土地是用来生存的，要阻止集约农业对住处和景观的破坏，重新规划小规模、高就业、低消费的土地利用，例如有机的小规模拥有；土地是用来生活的，保护和改造小镇和乡村的公共空间，对乡村未开发土地的使用权利。哈尔法克里称这场运动为激进的乡村运动，其特点是拒绝私有财产神圣不可侵犯，强调更少资本主义色彩的生活方式和日常生活优先；而且它也代表着一种

---

① ［美］布莱恩·罗伯茨：《城市化、分权与农村生活的重组》，《中国农业大学学报》（社会科学版）2008 年第 1 期。

② Mooney, P. H. 2000. Specifying the "Rural" in Social Movement Theory. *Polish Sociological Review*. 1：35-56.

③ Woods, M. 2003. Deconstructing Rural Protest：the Emergence of a New Social Movement. *Journal of Rural Studies* 19（3）：309-325.

打破城乡二元分离的观念，这不仅对乡村来说是合适的，对城市同样如此。① 不过，总体来看，西方发达国家的新乡村运动仍还是"无计划延伸的、混乱的、模糊的以及常常是自相矛盾的"，没有"核心的领导，没有综合的意识形态或哲学，没有稳定的成员，没有一致的项目或愿望和内部交流以及协调的机制"。

尽管多数研究关注的新乡村运动主要出现在英国、法国和美国，但新乡村运动的现状则是在全球范围内运转的，② 比如戈尔拉奇（Gorlach）以东欧社会乡村社区、乡村文化、动物权利以及自然环境的保护为案例，来说明东欧滞后的现代化并没有阻止类似一种新乡村运动的集体创新的出现和实现。而且，近期波兰、匈牙利和捷克共和国整合进欧盟或许会通过网络和欧盟乡村政策的共同性加速这类运动的发展。③

4. 重新定义的乡村功能与不断出现的"新乡村"形态

在反思生产主义乡村发展模式的基础上，发达国家开始重新寻求乡村的价值、功能，重点在于探索乡村地区的消费角色和潜在的多样化发展路径。首先，从乡村经济变迁的角度来看，一方面，乡村出现了明显地农业去中心化的发展趋势，包括农业就业重要性的不断下降，粮食生产在农业中的次要位置，以及农场生产在整个家庭收入中的影响的下降。另一方面，农民经济活动的日益多样化和不确定性，包括新工厂、新企业在乡村的建立，农业食品质量的重要性逐渐上升等。其中特别明显的一个趋势就是，乡村空间的新使用方式的出现，包括零售、旅游、休闲和环境保护。④ 人们开始发现逐渐消逝的乡村空间与自然资源，却也使得乡村社会对于休闲产业发展的重要性与日俱增。人们借由到乡村地区从事游憩与旅游活动，以获得放松、娱乐和恢复身心的休闲效益；而乡村地区亦透过休闲旅游产业的发展，借以重构与支撑当地经济和社

---

① Halfacree, K. 1999. A New Space or Spatial Effacement? Alternative Futures for the Post-productivist Countryside, In Walford, N. 1999. *Reshaping the Countryside*: *Perceptions and Processes of Rural Change*, London: Cambridge: 68.

② Woods, M. 2003. Deconstructing Rural Protest: the Emergence of a New Social Movement. *Journal of Rural Studies* 19 (3): 309-325.

③ Gorlach, K. 2008. Agriculture, Communities and New Social Movements: East European Ruralities in the Process of Restructuring. *Journal of Rural Studies*. 25 (2): 161-171.

④ Marsden, T. 1999. Rural Futures: The Consumption Countryside and its Regulation. *Sociologia Ruralis*. 39 (5): 501-520.

会的转型。①

　　其次，乡村经济社会变迁带来了更深层次的变化，包括环境主义、新乡村需求以及农业政策的去规制化、自由贸易等。随着全球化市场经济的发展，带来了包括个人主义、经济、技术变迁和范围的不断扩大，所有这些变迁进而对乡村产生了至少四个方面的新需求：高品质的食物生产、美好宁静的公共空间、居住的土地、环境保护。② 在这些新社会需求的推动下，乡村社会结构出现变化，包括乡村地区服务阶层再人口化以及某些乡村的人口，特别是年轻人的流出。我们在讨论英国乡村究竟发生了什么变迁中，"一个重要的主题就是中产阶级对乡村发展产生了什么样的影响，如何使得乡村地区成为一个中产阶级地带，而把贫穷人排除出去，这就是乡村的转型（至少目前保守党控制的郡议会情况是这样的）"③。与此同时，美国等乡村地区日益增多的"鬼镇"，则意味着人口特别是年轻人的离去是一个不争的事实。

　　最后，这些被重新定义的乡村或者说新乡村形态，在乡村研究中被概括为一些抽象的概念：工业企业乡村、城市化乡村④、符号乡村⑤、中产阶级乡村⑥、消费乡村⑦、殖民乡村⑧。其中，对如此复杂的乡村变迁过程，最流行的解释就是把诸如此类的新乡村形态统统打包，装进"后生产主义乡村"概念中。这个概念是对一些零散和分化的乡村做出更具实际型式的乡村类型：把乡村分成超生产主义、消费田园、退隐乡

---

　　① 王俊豪、周梦娴：《乡村性、乡村发展与乡村旅游关系再检视》，《农业推广文汇》2006 年第 51 辑。

　　② Marsden, T. 1998. New Rural Territories: Regulating the Differentiated Rural Spaces. *Journal of Rural Studies*. 15（1）: 117-137.

　　③ Murdoch, J., Marsden, T. 1995. *Reconstituting Rurality: Class, Community and Power in the Development Process*. London: UCL Press.

　　④ Wright, S. 1992. Image and Analysis: New Directions in Community Studies. In: Short, B. ed., *The English Rural Community: Image and Analysis*. Cambridge: Cambridge University Press.

　　⑤ Halfacree, K. 1993. Locality and Social Representation: Space, Discourse and Alternative: Definitions of the Rural. *Journal of Rural Studies*. 9（1）: 23-37.

　　⑥ Hoggart, K. 1997. The Middle Classes in Rural England, 1971-1991. *Journal of Rural Studies*. 13（3）: 253-273.

　　⑦ Marsden, T. 1995. Beyond Agriculture? Regulating the New Rural Spaces. *Journal of Rural Studies*. 11（3）: 285-296.

　　⑧ Shubin, S. 2006. The Changing Nature of Rurality and Rural studies in Russia. *Journal of Rural Studies*. 22（5）: 522-550.

村性及激进观的空间想象形式。① 这些讨论更为深远的影响则是，不少文献在此基础上直接建立起一种乐观的判断，即发达国家乡村已经实现从生产主义乡村到后生产主义乡村转型。

二　乡村转型的研究规范及对中国的启示

1. 乡村转型的研究规范

第一，乡村转型的内涵。所谓转型，主要是指一种社会组织到另一种社会组织的质变。那么，讨论乡村转型，究竟是从哪里转到哪里呢？村庄的质性变化该怎么描述呢？从传统的乡村定义来看，一般都强调农业产业与乡村的关系，乡村的核心就是农业生产、满足人类生存及发展需要。随着现代工业主义、后现代消费主义的蔓延，乡村的传统生产功能慢慢地被取代，延伸出乡村的消费、后生产性等社会功能。于是，乡村社会的性质也就相应地发生了从生产性到后生产性的质变，或者说乡村转型就是指从"生产主义乡村"到"后生产主义乡村"的转型。

其实关于"后生产乡村"的内涵，英美学术界并没有进行过详细地说明，而是一种比较笼统的说法，指乡村的消费、生态、休闲等新角色和功能。至于后生产乡村的类型，大多数研究都直接引用马斯登的"分化的乡村"的四种理想类型，具体指：①保存的乡村，主要是希望乡村地区仅提供休闲产业以及住宅的开发；②竞争的乡村，主要指大都市圈的通勤区，新旧居民往往会对该地区的发展有不同的意见；③世袭的领地，是指大片的私人土地与农庄；④依附的乡村，包括发展迟缓地区或其他缺乏开发条件之偏远乡村地区。② 这四种分化的类型主要来自英国乡村实证的观察，这无疑有助于我们更好地了解乡村的具体变迁，但这四个类型建构的主要目的是了解后生产乡村转型与分殊化的过程，或者

---

① 萧崑杉：《未来乡村的论述》，《农业推广文汇》1998 年第 53 辑；类似的讨论还有哈尔法克里的"激进的乡村"和批判性的农业企业"超生产"空间和反城市化的"乡村田园诗"空间。

② Marsden, T. eds. 1993. *Constructing the Countryside*, London：UCL Press, 进一步的说明还可以参考：Murdoch, J., Lowe, P., Ward, N., Marsden, T. 2003. *The Differentiated Country-side*. London：Routledge.

说是乡村的区域化现象。①

　　第二，乡村转型机制研究。对于乡村转型机制研究，马斯登提出从生产—消费关系，社会关系与社会行动，制度与权利的社会性构建等几个方面来考察，② 这与克洛克和古德温（Goodwin）提出以规制理论为基础，从三个维度来评估转型：经济变迁（economic change）、社会文化重组（socio-cultural recomposition）以及国家角色的再设计（re-engineering the role of the state）③ 的意图差不多。或者，我们可以用更常用些的说法来描述这些转型的动力机制，即乡村转型的市场、国家和市民社会变迁机制。也就是说，已有的乡村转型机制研究普遍强调用更加整合的、整体的和空间的，而不是部门方式来理解乡村变化。④ 这种意识的核心是认识到影响乡村变迁的因果要素的多重性，这些要素可以以不同的方式在不同的地方结合起来。比如就美国西部乡村转型研究来看，纳尔逊提出了所谓的"三力作用"模型，即人口流动模式、科技发展导致的经济部门转换以及人地关系的变化这三种要素共同作用，一起促成了美国西部农村的变迁。⑤

　　可见，大多转型机制研究文献强调国家、市场、市民社会三位一体的研究分析框架，这可以使得乡村利益的复合性合作，自我统治网络，地方政府权威，责任和功能，角色的重组都成为新的特点。因此，从这一分析视角出发，后生产乡村的转型背后包含着三项重要的观点：（1）乡村的不均等发展类型背后，包含着市场、利益与网络关系（地方与地方）的重新组合；（2）不同的乡村发展模式，代表着不同的资源组合与配置，同时也包含不同的商品化过程；（3）不同经济关系的重组是镶嵌在不同地方的社会、政治等条件之下的。简言之，分殊化的乡村类

---

　　① 谭鸿仁：《关系空间与乡村发展——以龙潭椪风茶产业为例》，《地理学报》2007 年第 50 期。

　　② Marsden, T. 1996. Rural Geography Trend Report: the Social and Political Bases of Rural Restructuring. *Progress in Human Geography*. 20（3）：256-258.

　　③ Cloke, P., Goodwin, M. 1992. Conceptualizing Countryside Change: From Post-Fordism to Rural Structured Coherence. *Transactions of the Institute of British Geographers* 17（5）：321-336.

　　④ Marsden, T. 1999. Rural Futures: The Consumption Countryside and its Regulation. *Sociologia Ruralis*. 39（5）：501-520.

　　⑤ Nelson, P. 2001. Rural Restructuring in the American West: Land use, Family and Class Discourses. *Journal of Rural Studies*. 17（5）：395-507.

型背后就是不同的地方制度、市场化与社会网络关系的重组，而形成再区域化、重组地方间的关系网络的过程。这里，需要强调的一点是，乡村区域化的转型并不再是一个地理邻近性的概念，而是由国家经过区域再到地方进行控制与分工的过程。[①]

2. 欧美乡村转型研究带来的启示

从上述分析来看，欧美国家乡村转型研究至少在以下几个方面提供了重要的参考意义。首先，20世纪90年代之后发达国家开始反思大规模城市化式发展模式，重新定义乡村存在的意义以及乡村的未来，这是乡村转型理论形成的根本原因和主要背景。这一基本立场及乡村的未来取向，对中国这样的后发展现代化国家来说，无疑有着重要的借鉴意义。其次，已有的从生产主义乡村到后生产主义乡村的乡村转型框架，是从经济变迁、国家规制与社会需求转变的角度讨论现代社会中乡村的角色、功能的变化基础上提出来的，强调了乡村的后现代、文化转向的发展趋势。这种对复杂、具体的变迁现象做一定抽象的、质性的概括，有利于更准确地把握乡村变迁的本质，从而带来乡村研究的"复兴"，使得其在社会科学中的地位更主流了。[②] 再次，尽管如此，这种从消费主义视角来设计乡村未来的讨论，忽视了两个方面的问题：第一，即使在发达国家，乡村可能仍旧发挥着重要的生产、生活共同体以及政治管理单位的功能，而简单地判断乡村功能从生产转变到后生产，这是不够严谨的做法；第二，从生产主义到后生产主义的转型假说，仍旧摆脱不了乡村研究的城市中心主义的嫌疑，因为从这一逻辑出发，乡村存在的意义似乎又沦为满足城市人的新需要。城乡之间这种新依附关系一旦建立并被广泛认同，乡村的后生产未来是否真的意味着乡村有未来，这又将成为一个问题。

3. 与中国村庄转型研究的相关性

从上述的整理来看，无论是中国的农村还是欧美国家的乡村确实都在经历着重要的变迁，乡村社会科学如何来解释这些新变化、对待这些

---

① Nelson, P. 2001. Rural Restructuring in the American West: Land use, Family and Class Discourses. *Journal of Rural Studies*. 17（5）：395-507.

② Cloke, P. 1997. Country Backwater to Virtual Village? Rural Studies and "The Cultural Turn". *Journal of Rural Studies*. 13（5）：367-375.

新变迁，这无论对乡村研究、乡村存在发展本身以及国家政策来说，都具有重要的意义。从国内外两者的比较研究来看，进一步的乡村研究应谨慎地对待以下几个问题。

第一，乡村研究的单位选择。由于国情、制度以及文化背景的不同，国内外乡村研究的单位选择会有非常大的差异。从英美的经验来看，乡村更多的是作为一个非都市区，① 甚至是一种文化建构，② 或者处于一种后乡村③的状况。无论从这些国家统计部门的定义来看，还是从学术研究的定义来看，"rural"一词的内涵需要谨慎的对待；从中国的经验来看，我们常用的相关词汇有"乡村""农村""村庄"等，而这些概念之间的差异是非常明显的，④ 只不过，更多时候我们是在"村庄"的意义上讨论问题。如此这般，欧美国家的乡村转型研究和中国的村庄转型研究在基本研究单位的选择上就表现出了很大的不同，在讨论转型时必须要先界定这一基本概念。在这里，我们强调中国村庄转型研究应该选择"村庄"作为基本研究单位。对此，我们将在第三章展开详细地讨论。

第二，乡村转型的本质问题。大部分人对转型的理解就是从一种社会"组织"到另一种"组织"的质变。⑤ 从这点上来看，欧美国家的转型概念与西方国家从福特主义到后福特主义，现代到后现代，凯恩斯主义到新自由国家的转变有关。⑥ 霍格特认为，从这种方式看乡村转型研

---

① 英美等国家的统计部门往往采用这一种剩余定义法。

② Halfacree，K. 1993. Locality and Social Representation：Space，Discourse and Alternative：Definitions of the Rural. *Journal of Rural Studies*. 9（1）：23-37.

③ Murdoch，J.，Pratt，A. 1993. Rural Studies：Modernism，Postmodernism and the Post-rural. *Journal of Rural Studies*. 20（2）：131-151.

④ 对于中国乡村研究的基本单位的讨论，可以参考一些学者的讨论：秦鸣：《中国乡村研究的基本单位及方法论述评》，《正来学堂》2007 年 12 月；狄金华：《中国农村田野研究单位的选择——兼论中国农村研究的分析范式》，《中国农村观察》2009 年第 6 期；邓大才：《在社会化中研究乡村——中国小农研究单位的重构》，《社会科学战线》2009 年第 5 期；邓大才：《超越村庄的四种范式：方法论视角以施坚雅、弗里德曼、黄宗智、杜赞奇为例》，《社会科学研究》2010 年第 2 期；邓大才：《如何超越村庄：研究单位的扩展与反思》，《中国农村观察》2010 年第 3 期。

⑤ Lovering，J. 1989. The Restructuring Debate. In：Peet，R. eds. *New Models in Geography*. London：Unwin Hyman.

⑥ Hoggart，K.，Paniagua，A. 2001. What Rural Restructuring?. *Journal of Rural Studies*. 17（1）：51-62.

究的意义有①：（1）我们必须认识到"转型"主要体现社会结构和事实的质变，而不仅仅是量变。如果我们过于松散的把社会变迁作为社会转型，那"转型"概念的价值将会丧失掉。（2）转型包括社会组织以及不同生活方面的根本性重新调整，其中各种变迁的过程是因果相关的，而不是一个部分的变迁对其他部分产生倍数效应。（3）各种转型机制一定是相互有关，又是多维的，不然我们的描述肯定是不够充分的，例如工业化、地方政府重组、选举交易或消费主义增加。如此这般，中国村庄转型概念也应该与整个社会从传统到现代、从计划经济到市场经济的转变相关，而且把村庄置于社会转型背景下，其转型过程涉及的要素、机制以及呈现出来的形态必然也是多维的。因此，乡村转型（村庄转型）的理论研究则是要对这些复杂过程中的乡村质性的东西做抽象性的阐释。

　　第三，乡村转型的共性与特殊性问题。据已有的观察可以看出，世界范围内的乡村在社会中担任的角色、承载的功能既有共同之处，当然也会因为各种要素的不同作用机制而呈现出众多的不同之处。从共性的角度说，乡村普遍具有向人类提供居住的聚居区功能；无论乡村是农业中心化发展，或是农业去中心化发展，乡村总是和农业保持有一定的关系，要解释乡村的变迁必须考虑农业要素；乡村作为一种不同于都市的地理区域，总是保持着某种比例的自然景观和人文景观。不过，乡村所具有的这些共性在变迁过程中往往会被其差异性所遮蔽，从而不断引发出"什么是乡村""什么时候乡村是乡村"②的讨论。如果乡村转型研究试图要交代清楚有着如此大差异的村庄的未来，则必然要在乡村的共性、特殊性中做仔细的分辨。不然的话，乡村及其转型研究的前景也是有问题的。

　　第四，欧美国家经验的适用性。正如霍格特批评的，当前学术研究中仍旧有一种普遍的趋势，即把英语世界的经验推广到其他地方去。与

　　① Hoggart, K., Paniagua, A. 2001. What Rural Restructuring?. *Journal of Rural Studies*. 17（1）：51-62.

　　② 作者"When is rural rural"的追问表达了农村变迁的复杂性，引起了很多乡村研究者的共鸣，也可以说，20世纪90年代以来发达国家的乡村研究一直都在回答这一问题。参考 Friedland, W. 2002. Agriculture and Rurality：Beginning the "Final Separation"?. *Rural Sociology*. 67（3）：350-371.

此形成迎合之势的则是，很多中国本土的农村经验被用来去验证西方理论，造成了中国农村研究缺乏主体意识和国情意识。① 这就是说，我们在讨论中国经验的时候，要十分谨慎地对待发达国家已有的乡村转型假说，一方面，仔细梳理欧美国家乡村转型研究脉络，发现其形成的机理，从基本立场、态度和方法上寻求乡村研究的增长点；另一方面，从中国本土的经验和问题出发，从历史、文化、制度多维视角来剖析农村变迁的过程及其趋势，探索中国农村发展的合适路径。

第三节　拟解决的问题

上述讨论显示，欧美国家及国内已有研究均强调把村庄置于市场、国家与市民社会变迁的多重维度下，探讨村庄性质上的转变，分别得出村庄从生产主义到后生产主义，从农业共同体到城乡衔接带之弱质自治社区的转变，这非常有理论和现实意义，也是我们讨论中国村庄转型的重要理论基础。但是，如果把它作为一种理论体系，乡村转型的相关研究，特别是中国的村庄转型研究仍显得比较单薄。故此，本书试图分析以下几个问题，以期对乡村转型理论体系做一些有益的补充。

一　村庄转型内涵的界定

从已有的讨论来看，学者们普遍同意村庄转型，主要是指村庄从一种组织形态到另一种组织形态的变迁，强调村庄性质上的重大变迁。因此，可以说村庄变迁与村庄转型是两个有关联的，但不是同一层次概念。也就是说，在村庄转型理论体系的构建中，首先要把村庄某些方面发生的变迁和村庄是不是转型，有没有转型这个问题弄清楚，然后才能讨论村庄从哪里转到哪里。在这个意义上，村庄转型内涵的界定则是要明确地回答村庄性质上的变化，即从一种什么性质的村庄转到另一种什么性质的村庄，就如村庄从生产主义到后生产主义，从农业共同体到城乡衔接带之弱质自治社区的转变。至于这种说法是否准确，能否概括所有的村庄类型则是一个需要讨论的问题，也正是本书需要解决的首要问题。

---

① 贺雪峰：《什么农村，什么问题》，法律出版社 2008 年版，第 7 页。

二　村庄转型的影响机制

村庄性质这些重大转变是由哪些要素导致的呢？对于这个问题的回答，其实就是要讨论村庄转型的动力机制。从综合研究或网络化的视角来看，即从市场、国家与市民社会变迁等多维角度出发讨论村庄转型的要素、机制，无疑是个重要的选择。不过，仍需解决的问题还应该涉及各种要素是如何具体作用于村庄这样一个小型共同体的。首先，市场经济逻辑下的去农业化是从哪些方面展示出来的？去农业化对村庄转型造成了哪些影响？这些影响的调节机制有哪些？其次，城市主义逻辑下的村庄变迁趋势如何来概括？所谓的弱质村庄是如何形成的？村庄复兴又意味着什么？最后，国家治理机制下的村庄危机以及造成的影响，如何发生以及相应地调控机制有哪些？

三　村庄转型的可能样态

村庄转型本身是个过程，这一过程中，是否所有的村庄都平稳地朝一个方向转型呢？如果不是，那么转型过程中可能会出现哪几种情况？怎么描述？从当下中国农村发展的现状来看，村庄在转型过程中大致出现了哪几种形态？这些"新村庄"普遍性和特殊性有哪些？转型中面临的问题以及可能的解决方式有哪些？与欧美国家相比较来看，中国村庄转型的特殊之处在哪里？应该如何描述？从政策层面来看，国家调控的方向和方式应该做哪些调整？

第三章

村庄转型的内涵

　　系统研究中国村庄变迁的重要前提就是要选择一个合适的研究单位。本书强调把村庄作为中国农村研究基本单位的重要意义，一是源自于村庄对中国的实质性意义，二则区分于国外乡村转型，强调普遍性乡村变迁之外的中国村庄发展的特质，更好地阐释中国经验以及提供恰当的发展建议。基于此，这一章节在阐释什么是村庄的基础上，进一步讨论为什么选择村庄，村庄转型如何界定等问题。

第一节　乡村、村庄的概念阐释

　　在概念使用上，大多国内研究表现得比较随意，常见的就是不区分地使用"乡村""农村""村庄"等几个概念，忽视概念背后的内在差异。在英文中，和农村相关的词有"village""country""countryside""rural""rurality""hamlet"，但大多数研究把分析对象定位在"rural"上，其对应的中文概念则是"农村"。不过，由于欧美发达国家农业、农民的比例日益缩小，特性逐渐模糊，把"rural"译成"农村"的做法也逐渐被放弃。如今，学界较为一致把发达国家的"rural"界定为"乡村"①。

一　什么是乡村

　　乡村社会学的核心基础就是假定乡村是一个有意义的经验单位和分

---

① 大陆学者的研究不太注重核心概念的翻译问题，这其实折射出我们的农村研究不够严谨；相比之下，台湾相关文献在核心概念上的使用则比较统一、规范。

析建构。传统乡村社会学把乡村置于与其他区域相对的位置上，认为乡村地区具有特殊的研究价值，强调乡村空间存在有独特的社会体系、社会关系、社会结构、生活方式与价值。然而，传统乡村社会学对"乡村"概念缺乏明确界定的状况，导致许多学者批评其"缺乏严谨的分析，理论基础薄弱及研究主题的不确定"①。随后一些学者开始着手弥补乡村社会学这一致命的弱点，努力改善"乡村"定义松散的局面。笔者整理了西方文献中的若干种说法，试图交代清楚"什么是乡村"的问题。

1. "乡村"的概念化

第一，传统乡村定义。英国著名乡村研究学者霍格特在整理比勒（Bealer）等人观点的基础上，提出三个独立，但又彼此相关的乡村定义，即乡村的社会文化、职业与区位定义。② 一是社会文化取向定义（socio-cultural definitions），主要强调低人口密度与高密度人口地区的社会文化差异，表现为两类地区居民在行为或态度方面的差异。也就是说，乡村居民被视为固守传统价值体系者，有虔诚宗教信仰、尊重长者、注重家庭、表现出强烈的社区意识，对社会政治变迁持怀疑态度；相对地，都市地区居民则有截然不同的价值体系。这一定义呈现出明显的标准化，而没有一点或者几乎没有学术意味，而更为重要的一点是，在现实中很难找到与标准完全吻合的乡村居民和地区。二是职业取向定义（occupational definitions）。这一定义主要基于城乡职业差异的基础，强调乡村地区第一产业主导的产业形态，特别是农业、林业。然而，这一定义却遭遇了以下两种新情况的挑战：一种情况就是大规模农场、合作农场、农业企业公司以及农民的兼职化现象，导致农民的职业类型变得特别复杂；第二种情况则是农村经济也出现了非农业为主的变迁，包括农业观光、工业以及一些高风险产业。因此，无论从农民职业趋势还

---

① Newby, H. 1980. Trend Report: Rural Sociology. *Current Sociology.* 28（1）：1 - 15; Bradley, T., Lowe, P. ed. 1985. *Locality and Rurality: Economy and Society in Rural Regions.* Norwich, England: GeoBooks.

② 以下内容是对哈尔法克里相关讨论的整理，详细参考 Hoggart, K., Buller. H. 1987. *Rural Development: A Geographical Perspective.* London and New York: Croom Helm. 另外，此部分讨论也有部分参考中文解读文献，比如戴君玲《乡村与发展概念迷思之探讨》，《农业推广文汇》2003 年第 48 辑。

是从农村经济、产业本身来看，职业取向的乡村定义已经无法解释现代乡村社会的复杂现象了。三是生态取向定义（ecological definitions）。从生态的角度出发，乡村被视为一种混乱无序的概念，[①] 因为此定义取向将乡村地区界定为"居住人口少，拥有开放的实体环境"，这些指标没有强调乡村的同质性，仅能说明由少数居住人口所构成的社会，会呈现特定的问题与现象而已。

总体来看，这三种乡村定义，分别有各自的优缺点：社会文化取向的定义，虽能有效地将乡村概念化，但却具有不易操作化的缺失；而职业取向的定义，则过于狭隘，不符合乡村产业经济变迁的事实；至于生态取向的乡村定义，则较易操作，但无法反映出乡村居民的社会文化特质。面对如此纷乱的定义，霍格特认为唯一能区分乡村地区的办法就是居住规模。

第二，方法论意义上的乡村。1993 年，哈尔法克里在《乡村研究杂志》上发表了一篇论文，[②] 专门区分了各种"乡村"概念，总结了四种定义乡村的方式[③]：第一种为描述性方式，即把乡村性作为事实，并可以用一些不同的参数和方式进行经验性描述，说明其社会空间特性。如英国和威尔士的乡村性指标体系就是经人口普查参数的统计处理结果。第二种就是社会文化方式，假定低人口密度在某些方面影响着人的行为和态度，这一方式可以避免单独定义乡村，而把社会和空间特性联系起来。这同时也表明城市和乡村之间不是简单的二元，事实上，乡村社会日益增多的城市特性会混淆任何清晰的空间和社会关系。第三种是把乡村作为区域，而且假定它为一种独特的区域类型。如果乡村区域在自己的立场上被研究的话，则必须要小心在那些通过使它们成为乡村的特征上去定义。但是，有一点很清楚，乡村地区并不都一致。比如哈尔法克里证明了工业乡村化是一种向低工资区域（可能是乡村，也可能是城市）的运动，而不是向乡村的运动。因此，乡村的区域概念本身缺乏

①　Urry, J. 1985. Capitalist Restructuring, Recomposition and the Regions. In Bradley and Lowe. eds, *Locality and Rurality*, Geobooks, London.

②　Halfacree, K. 1993. Locality and Social Representation: Space, Discourse and Alternative: Definitions of the Rural. *Journal of Rural Studies*. 9（1）：23-37.

③　此部分内容，主要是对 Ilbery, B. ed. 1998. The Geography of Rural Change. London: Longman 第 2 页 "Dimensions of rural change" 中的 "Rurality and the Rural Idyll" 内容的整理。

解释力度，同时霍格特认为这样定义的乡村是一个混乱的概念，需要很小心地使用它。① 第四种把乡村被作为一种社会表征。这一定义和乡村性讨论有关，并且人们在日常讨论中常常使用这些词和概念。这种方式的注意力转向了乡村是如何被感觉到的，这是社会建构，因为重点在于这些乡村空间的居住者是如何构建他们自己的。随着乡村地区的消费功能越来越受重视，皮尔斯（Pierce）发现乡村性的构建正在对研究问题、政策过程和乡村环境的可持续性产生重要的影响。② 反之，克洛克和米尔本（Milbourne）强调乡村性社会构建中的等级的重要性。在国家层面上，乡村被描绘成为传统的，是现代性的避难所，而在地区形象中，则因某些电视节目而得以修正。不过，在地方层面中乡村的主要意思是被协商的，个人和群体之间的差异被突出。③

在此基础上，哈尔法克里总结"寻求一个单一的、包括所有的乡村定义式不可能的也是不可行的"④。尽管如此，乡村仍旧是一个重要的分类，因为人们的行为和决策都受到乡村感觉的影响。菲利普斯（Phillips）和威廉姆斯（Williams）证明使用乡村概念可以使得城市社会研究的突出得到平衡，因为它是一个分析便利的类型。⑤ 更基本的是，乡村地区确实有很多特性，使得他们有着明显的社会特性，包括相对低的人口密度，土地的广泛使用，相对比较低的非农就业人口，离城市中心距离较远等。但是，这些并不意味着所有的乡村都是一样的，村庄的局面还是一个一致的群体。和乡村性社会类型紧密联系的一个概念是"乡村田园诗"。它描述了一个围绕乡村生活方式、社区和风景等很多方面的积极想象。但是，利特尔（Little）和奥斯丁（Austin）则很煞风景地强调田园诗本质上就是有钱人为了显示富有以及反应自身在社会中的特定权力关系。因此，"乡村田园诗"是个选择性和排他性概念，反而会导

① Hoggart, K. 1990. Let's Do Away with Rural. *Journal of Rural Studies*. 6（3）：255-257.

② Pierce, J. 1996. The Conservation Challenge in Sustaining Rural Environments. *Journal of Rural Studies* . 12（3）：215-29.

③ Cloke, M. 1992. Deprivation and Lifestyle in Rural Wales II: Rurality and the Cultural Dimension. *Journal of Rural Studies*. 8（2）：113-121.

④ Halfacree, K. 1993. Locality and Social Representation: Space, Discourse and Alternative: Definitions of the Rural. *Journal of Rural Studies*. 9（1）：23-37.

⑤ Phillips, D., Willianms, A. 1985. *Rural Britain: a Social Geography*. Oxford: Blackwell: 26-28.

致政策制定者持续忽视和乡村生活相关的问题。生活在乡村地区的人，行为表现不一致，追求不同的目标，在获得他们想要的东西时，路径是不一致的。后来一部分研究显示生活在乡村的特性的群体遭到一定的剥削和剥夺。因此，后现代的学者呼吁研究差异和被忽视的他者。

第三，阶段性的乡村定义。本斯（Bengs）在整理了 20 世纪 90 年代之后的乡村概念研究文献，在《欧洲的城乡关系》一文中①把乡村的定义分成四个阶段：第一阶段寻求特定空间和功能中的乡村性，通过非城市的特性或者乡村认同的其他重要方面，如开放空间、小规模居住、特定的行为模式特性等因素来定义乡村。第二个阶段是从政治经济学出发，乡村性概念慢慢衰退而引起的概念化。乡村区域的变化起因于非空间的国家和国际经济。研究人员开始怀疑乡村是否真正代表着那些独特的地方，一些人准备把乡村从分析类型中剔除掉。② 特别是在讨论全球化和全球—地方联系时，这类方法继续影响学术讨论。第三阶段认为乡村空间不能被单独定义。于是，他们提出在同一地理空间上重叠了一定数量彼此不同的社会空间。根据这种方法，乡村性是一种社会建构，这挽救了乡村作为一种重要的研究类别。乡村性的意义以及与机构、结构的相互关系在不同的空间中上演，这被认为是主流利益的问题，至今仍是这样。第四种阶段与解构主义的方法相关，其认为在后现代中，符号的能指和所指是分离的。因而，乡村研究的任务应该是，作为社会建构的乡村空间怎样日益与乡村日常生活的实际地理位置分离，许多学者致力于探索乡村的复杂性和矛盾心态，比如通过解构不同的"乡村文本"。

2. 乡村定义谱系

第一种谱系：实体—建构。实体乡村，建构乡村的界定主要基于乡村定义谱系，即传统意义上的乡村，被认为是一个有特定乡村功能的地方，但这也不过是乡村定义谱系中的异端而已。另一端的乡村，被认为是一种事实的社会类型或者说思想构建，关注乡村是符合被个体所体

---

① Bengs, C. 2005. *Urban-rural Relations in Europe. in*：*Collections of Inter-regional Conference on Strategies for Exhancing Rural-urban Linkages Approach to Development and Promontion of Local Economic Development*：255. http：//www. espon. eu/main/Menu_ Projects/Menu_ ESPON 2006. Projects/Menu_ ThematicProjects/urbanrural. html.

② Hoggart, K. 1990. Let's Do Away with Rural. *Journal of Rural Studies*. 6（3）：255-257.

验，把乡村性的想象整合进日常的生活。对乡村定义谱系的正式界定大多参考哈尔法克里所倡导的实体和表征两条主线。①

一是实体定义。从实体这一轴线来认定乡村，可从早期农业操作的实务经验为观察内容而肯定由农业所衍生的地理特定空间。因为实体的乡村空间直接把提供粮食产品及操作农业作为生活和社会处境，此空间是可算计和控制的，其发展是可再复制和预期，即使是农业人口所聚集的家庭和社区生活结构，也是显明、同质和既定的。以农业为实体来指涉乡村的存在具有长期的认知证据，可看到农业土地、人民和生活关系绑成一体而形塑乡村的知识基础。因此，这种方式也被认为是从乡村人口和空间的角度，维持乡村的物质层面的理解，即抓住乡村性来定义乡村。这种方式来源于乡村地区相对明显特征的存在或者缺失。换句话说，一种是更加直观的方式，又精简地定义工具项，并且可以不断地精确农村的定义。由此，麦克休（McHugh）和沃尔什（Walsh）总结了四种定义农村的方式，包括建立在多维度、直觉基础上的理论和经验的绝对定义；政策导向性的统计学上的解释性多变量解释；农村性的标准化多元指标的统计；单变量的中性定义。②

二是表征定义。从表征这一轴线来认定乡村，是以符号和文本的叙述来认识特定的乡村文化地理空间，这种表征性乡村认定正在经历一些重大的变迁：从早期的通过深入观察和记录由农业所附生的乡村的日常生活符号和社会实践认识乡村，到后期因乡村生活的工商文化表征的变迁导致其主体认定的变化，即乡村外居民的想象逐渐成为乡村认定的来源。这说明，乡村是主观上被认定，是依指涉者的文化想象来描绘形成，简言之，乡村是在想象中被认定的。乡村或者乡村性的概念每天都在使用，作为世俗的描述，精神构建可以帮助我们从"看得见"定义中调整过来。这种方法把乡村作为一个社会空间类型，并强调乡村从地区的物质方面转向了精神空间的非物质方面。也就是说，乡村成了非物

---

① Halfacree, K. 2006. Rural Space: Constructing a Three‑fold Architecture. In Cloke, P., Marsden, T. and Mooney, P., editors, *Handbook of Rural Studies*, London: Sage, 55–62. 亦有参考萧崑杉《未来乡村的论述》，《农业推广文汇》2008 年第 53 辑。

② McHugh, C. and Walsh, J. 2000. *Rural Area Typology and Proposed Methodology–WP1 National Spatial Strategy*. Report for the Department of Environment and Local Government Spatial Planning Unit. Centre for Local and Regional Studies, National University of Ireland, Maynooth.

质化的乡村，虚构的领域，但和物质有着明确的联系。这意味着一系列农村特征的激增以及强调农村研究的多变性和矛盾。

第二种谱系：物质—非物质。本斯提出了物质层面和非物质层面的定义，前者是指从农村人口和空间的角度，维持农村的物质层面的理解。这种方式来源于农村地区相对明显特征的存在或者缺失，即抓住乡村性（具体可见表3-1）。后者指非物质化的乡村，虚构的领域，但和物质有着明确的联系。乡村或者乡村性的概念每天都在使用，作为世俗的描述，精神构建可以帮助我们从"看得见"定义中调整过来。这种方法把农村作为一个社会空间类型，并从地区的物质方面转向了精神空间的非物质方面。这意味着一系列农村特征的激增——强调农村研究的多变性和矛盾。总体来看，第一种是更加直观的方式，用精简地定义工具项，可以不断地精确农村的定义。第二种方式是不确定农村可以用传统的指标来定义。在有争议的情况下，第二种方式可以更好地吸取第一种方式的经验教训。

表 3-1　　　　　　　　　　　　乡村定义的四种基本方法

概括性定义	理论内容和应用的方法	数据来源
A. 隐性定义/乡村分化（通常是政策相关的）	通常以不同制度、理论和已有经验为基础的，而非从统计出发的，一般意义上的乡村分化"类型"，尽管也可以事先用于经验调查和统计分析的： CEC（1988）——基于觉察到的、发展挑战为基础的、"标准"类型的乡村 OECD（1993）——城乡梯度分化的乡村类型，主要依据与城市中心整合程度 Marsden et al（1993）——经济、社会、政治与文化参数 von Meyer（1997）——动态的、滞后的乡村地区 Copus and Crabtree（1996）乡村的社会经济可持续性，三个特性（人口、密度、经济行为），可测量的三个维度（结构、性能、相关性）	以文献综述和已有经验分析为基础的多维分析
B. 统计取向的与政策相关的分化的乡村	通常在分类/区域中作为一种分析模式处理，不过以某些以定义前的理论性标准为基础至上的一种变量的选择： 集群分析（cluster analysis），（e. g. Williams et al 1996-社会经济剖面 socioeconomic profile） 主要成分分析 principal components analysis（PCA）（e. g. Malinen et al. 1995- socio-economic profile；Haase 1998 -deprivation；Hannan and Commins 1993 - social ecology of rural areas） 首要成分分析与集群分析混合 PCA and cluster analysis combined（e. g. Walsh，1980- agricultural regions；Lafferty et al 1999 -agricultural regions；Cawley 1986 - rural deprivation） 个体行为的碎片空间测图 detailed spatial mapping of individual behaviors（e. g. Cooke et al. 2000- deprivation analysis）	多变量—大多数是人口普查—为基础的变量

续表

概括性定义	理论内容和应用的方法	数据来源
C. 统计取向的乡村性指标	通常的一种以主观和乡村性相关的预定义标准为基础的地区分类： 首要成分分析（principal components analysis），（e. g. Cloke 1977 and 1978；Cloke and Edwards 1986；Harrington and O'Donoghue 1998；Mitchell and Doyle 1996） 卡方分析（chi-square analysis），（e. g. Hodge et al. 1996） 集群分析（cluster analysis），（e. g. Robinson 1990；Mitchell and Doyle，1996）	多变量—大多数是人口普查—为基础的变量
D. 中立的乡村区划	通常是初期阶段的一种更加详细的分析： 人口比重（e. g. Craig，1985） 人口密度的分界点（e. g. OECD，1995；Walford and Hockey 1991；Commins and Keane，1995） 重力模式（gravity model），（e. g. Copus and Crabtree，1996）	通常是单变量的（常以人口中不同人口的密度分布或者某些可及性/距离为测量标准）

资料来源：转译自本斯《欧洲的城乡关系》文，具体可参见：Bengs, C. 2004. Urban-rural relations in Europe. Espon 2006 Program；Project. 1. 1. 2. Firal Report.

3. 乡村网络模式

2006 年，哈尔法克里借助于列斐伏尔的空间"概念三合一"[1]，进一步把乡村的物质和表征两种定义方式衔接起来，提出了所谓乡村网络的三重模式：空间实践、空间的表征以及表征的空间。[2] 该理论大大改善了乡村实体—表征、物质—非物质二元概念讨论让人不满意的状况，乡村性的三重面孔被很好地组合起来，从而避免了乡村研究陷入从具体的文化或者地理特征去定义乡村的困境中去。[3] 这三个符合农村区域、意义性行为和促进社会经济再生的潮流，符合农村的形式表达，在专业叙述上表明了空间的正式概念以及农村的日常生活，符合直接生动的空间多变映像和象征。在三个部分中，哈尔法克里分析了农村的世俗讨论，人们每天生活的社会性表示。因此，在"三合一"的帮助下，乡村网络可以成立。这种网络通过日常地理活动把所有的要素集中起来而产生。

---

[1] 作者凭借《空间的生产》一书，成为目前空间研究的主要代表人物。具体可参见 Lefebvre, H. 1991. *The Production of Space*. Blackwell, Oxford.

[2] Halfacree, K. 2006. Rural Space：Constructing a Three-fold Architecture. In Cloke, P., Marsden, T. and Mooney, P., editors, *Handbook of Rural Studies*, London：Sage，55–62.

[3] 《乡村研究杂志》杂志新主编伍兹（Woods）在 2012 年的文献回顾中，对哈尔法克里的文章作出了很高的评价。具体参见 Woods, M. 2012. New Directions in Rural Studies? *Journal of Rural Studies*，Vol. 28，No. 1，pp. 1–5.

　　更为重要的意义是，乡村网络化的定义模式是对人类居住模式进行了概念化抽象。正如哈尔法克里所说的："农村必然会成为任何人类居住新概念的必要组成部分，但不是作为城市的对立面，而是和其他一起，作为一个维度。"如果这样子做，把农村作为剩余的概念同样会被驳倒—农村并不一定会逐渐地转变成为（现代）的城市。同样，把作为一种类型的农村的"本质"的追究，也应该避免。农村在不同的时间、不同的地方或许就是不同的。继续保持分类体系上城市和农村的二元论，在应用上可能是一个好的方法，但原则是要避免两极概念。城市和农村作为生动的网络，不是彼此的镜子，而是一个体系的组成部分。①

　　英国文化中的乡村和乡村田园诗概念仍旧有着变迁的力量，不过，大多数时候被学术研究所忽视。沃特莫尔（Whatmore）曾指出，这是一个"不受约束的和难以处理的乡村世界，乡村性的有说服力的观念和经验是个日常的信号。是为不同的理论追求提供了港湾，这里乡村经常被重复性的视为一个我们分析性的想象的虚构的东西而不予考虑"②。不过乡村、乡村田园诗充斥着我们国家的文化，这点不用怀疑，而且，外行的讨论对强化研究对象在学术话语中的作用还是非常重要的。

　　一些研究呼吁把外行的话语，对乡村生活世界的解释合并到已建立的分析研究中。在呼吁乡村社区需要更加人文主义的研究基础上，一些学者日益感觉到乡村研究需要采取社会文化地理学的发展，比如恢复"他者"群体的地理学。马斯登强调社会的重要性，为了理解影响这些地方的复杂的政治、经济和社会变迁，需要跟踪"具体位置的行动者"③。其他人则建议对乡村研究采取更加激进的范围、目的和路径的重新定义，比如莫尔蒙（Mormont）提出行动者的构建应该在乡村社会学的恰当定义中处于核心地位。④ 类似的还有哈尔法克里的观点，他认

---

　　① Halfacree, K. 2005. Rethinking "Rurality".In：Champion, Tony & Graeme Hugo. Eds. *New Forms of Urbanization. Beyond the Urban-Rural Dichotomy*. Ashgate, Aldershot. pp. 285-305.

　　② Whatmore, S., Marsden, T. 1995. eds. *Gender and Rurality*. London：Fulton：110-113.

　　③ Marsden, T. eds. 1993. *Constructing the countryside*, London：UCL Press：35.

　　④ Mormont, M. 1990. Who is rural? or, how to be rural：towards a sociology of the rural. In Marsden, T., Lowe, P., Whatmore, S. eds. 1990. *Rural restructuring：global processes and their responses*. London：Fulton：78.

为应该把乡村定义的争论从学术话语领域转移到外行的话语中去，认为既然这个概念明确存在于社会，而学术研究毫无进展，他怀疑直到现在，乡村是否一直是一个学术界建立的不恰当的理论定义而产生的后果，即"无形的，只是机灵的"①。

不过，这种经由文化研究的概念和方式产生的乡村观念会导致和小规模居住以及风景的物理性事实相关的政治经济学、社会关系和文化实践的特定交叉。只不过，所谓"外行的话语"并没有在近期的农村变迁研究中得到足够的重视。人们如何界定他们的农村是有很多问题的。或许，乡村的地方化的构建本身就是复杂和多层面的，因为乡村文化构建国家的、地区的层面，往往与具体的乡村地方体验有关系，这些讨论导致乡村性本质的自反性交流。也就是说，这种地方差异会在非专业话语中展示他们自己，特别是在乡村性的文化构建之间的矛盾。主流文化实践中的乡村田园诗的构建会有助于隐瞒乡村地区的问题。

在结论中，哈尔法克里推论后现代乡村的到来，乡村变成了一个符号，先于把乡村作为一个物质空间，因而将会根本性的挑战已经建立在空间基础上的乡村定义。默多克和普拉特把这些称之为"后农村的"②，回应了之前研究认为需要对已有的乡村研究路径加入新的要素。这种方式主要关注乡村的学术话语如何采用明显的现代方式，这样可以把乡村与其余的部分有效地分离开来，以及如何通过这样的话语表达中的权力，参与到乡村的非自反性的构建。如果这种忽视他者的话语被认为是令人满意的结构，那么后现代的社会学就必须产生。这种方式会把注意力限定在权力上，即特定的行动者把他们的乡村性强加在其他人身上。至此，乡村逐步被看成是从属于乡村社会产品的一个物质空间，即使在培养"城市"或者其他地方中，"乡村"还是有很多不同的方式。

二 什么是村庄

近现代社会史为村庄研究提供了浩瀚的文献资料，对于"什么是村

---

① Halfacree, K. 1993. Locality and Social Representation: Space, Discourse and Alternative: Definitions of the Rural. *Journal of Rural Studies*. 9（1）：23-37.

② Murdoch, J., Pratt, A. 1993. Rural Studies: Modernism, Postmodernism and the Post-rural. *Journal of Rural Studies*. 20（2）：131-151.

庄"的内涵性阐释大致分成村落共同体、国家行政组织、国家治理单元三个阶段。

1. 村落共同体

学界对1959年前中国村庄的理解，① 大多参考费孝通的《江村经济：中国农民的生活》一书。该书以太湖边的一个村庄为观察对象，对中国乡村社会做人类学论述，不仅是人类学实地调查和理论工作发展中的一个里程碑，② 也是迄今为止诸多中国农村研究的重要范本之一。作者认为中国的"村庄是一个社区，其特征是，农户集聚在一个紧凑的居住区内，与其他相似的单位隔开相当一段距离（在中国有些地区，农户散居，情况并非如此），它是一个由各种形式的社会活动组成的群体，具有其特定的名称，而且是一个为人们所公认的事实上的社会的单位"③；"这样的村子，是没有法定地位的。因为与这种功能性的地域性群体并存的有一个行政体制，它是强加于村的组织之上的"④；"把村庄作为一个研究单位，这并不是说村庄就是一个自给自足的单位……甚至可以说，在上半个世纪中，中国人民已经进入了世界的共同体中"⑤。日本学者清水盛光、平野义太郎等人依据"满铁"的《中国农村惯行调查》资料，认为传统中国村庄是一个具有内在权力结构、宗族组织和信仰合一的共同体。⑥ 著名历史学家黄宗智把村庄置于内外关系维度中，发现中国的村庄有如下特点：在不同程度上形成自给自足的经济单位；村庄不仅划出居住的边界，也在某种程度上划出生产与消费的界

----

① 关于中国传统村庄的性质，学界还是有很多讨论，其中关于20世纪之前的村庄性质的讨论，可以参考旗田巍的《旧中国村落共同体性质的考察：村庄的土地与村民》，他证明19世纪的村庄是无组织的，直到20世纪以前村庄没有一个明确的村界，而直到青苗会的出现，才改变了这一状况。至于对于20世纪以后的村庄的讨论，可参考马若孟《中国农民经济》，江苏人民出版社1999年版，第65—66页。

② 马林诺夫斯基对此书的评价。参见费孝通《江村经济：中国农民的生活》，商务印书馆2001年版，序言。

③ 费孝通：《江村经济：中国农民的生活》，商务印书馆2001版，第25页。

④ 费孝通：《江村经济：中国农民的生活》，商务印书馆2001版，第105页。

⑤ 费孝通：《江村经济：中国农民的生活》，商务印书馆2001版，第25页。

⑥ 与福武直和戒能孝通一样，两位学者也对20世纪30—50年代《中国农村惯行调查》的原始数据分析，但却得出了截然不同的结论。后者认为传统中国村落本身并不是共同体，而仅仅是一种松散的聚合，一个分散而又不平等的社会。关于这一问题，也可以参考李国庆《关于中国村落共同体的论战——以"戒能—平野论战"为核心》，《社会学研究》2005年第6期。

限；村庄是一个闭塞的，或许也是紧密的共同体"①。

这些研究总体上同意从滕尼斯的"共同体"概念出发来定义中国传统"村庄"，这至少包含以下几层意思：第一，共同体主要是建立在自然的基础之上的群体（家庭、宗族）里实现的，此外，它也可能在小的、历史形成的联合体（村庄）中实现。第二，共同体是建立在有关人员的本能的中意或者习惯制约的适应或者和思想有关的共同的记忆之上的。血缘共同体、地缘共同体和宗教共同体等作为共同体的基本形式，它们不仅仅是它们的各个组成部分加起来的总和，而是有机地浑然生长在一起的整体。第三，"共同体是一种持久的和真正的共同生活"，是"一种原始的或者天然状态的人的意志的完善的统一体"②。

简言之，把村庄作为一种共同体的论断实质是要说明：第一，村庄是由一定地域范围内的特定人口组成的聚居区；第二，村庄内的各种要素之间会形成一定的关系，是一个被承认的社会单位；第三，村庄作为一个相对独立的单位，发挥着事实上的共同体功能，但这不意味着村庄是一个完全封闭的社会组织，它与外界仍旧保持着各种各样的联系。③可以说，作为一个村落共同体，村庄是一个具有相对明确的地理、社会成员边界，发挥着共同体功能的社会基本单位。

2. 行政单位

对于中国村庄何时成为一级正式行政单位，一种说法是 20 世纪 20 年代末以后的事，另一种说法是基于近代史对华北村落的研究，认为村庄自治状态被打破是在 30 年代末。④ 主要是伴随乡村政权体系的逐渐完

① 黄宗智：《长江三角洲小农家庭与乡村发展》，中华书局 2000 年版，第 21 页。
② ［德］滕尼斯：《共同体与社会：纯粹社会学的基本概念》，林英远译，商务印书馆 1999 年版，第 58 页。
③ 一直以来，乡村研究者都特别注重中国村庄与国家政权之间的存在的复杂关系。对此，学界的意见就有分歧：一种观点认为村社完全在国家政权与士绅阶级的摆布之下，另一说认为近代以前的村社基本处于国家政权所及范围之外，是由"互惠"关系促成的"道德团体"。参见黄宗智《长江三角洲小农家庭与乡村发展》，中华书局 2000 年版，第 158 页。
④ 马若孟讨论了 1938 年建立的保甲制对村庄组织化的影响，认为地方政府利用保甲这个组织收集人口统计数据、报告村民的活动、动员村庄自卫、安排村庄公共生产及生活等，这意味着村庄行政组织化的开始。参见［美］马若孟《中国农民经济：河北和山东的农民发展，1890—1949》，史建云译，江苏人民出版社 1999 年版，第 66 页。

善，国家政权以保甲制的方式渗入并分解传统的村庄共同体社会，使村庄成为最基层的行政单位。① 把村庄纳入行政体制，以地域为单位进行控制，是现代化国家加强对人们征税和行为管理的基本措施。当然，这么做最重要的目的是加强对农村资源的吸取能力。乡村两级的行政设置一直延续到新政权建立，此后虽然为新政权所取代，但乡村作为行政单位的功能却仍旧保留着。1949 年新中国成立之后，村落正式进入国家的正式组织网络，这意味着一方面，村庄作为一级行政单位，具有了法定的地位；另一方面，村落共同体被赋予了全新的含义。从"村落共同体"到"国家行政组织"的组织变迁过程大致可概括为：（1）传统的村落共同体在经历了土改运动、农业合作化，人民公社时期这两个阶段，发生了从自然聚落到行政组织的演变。（2）这种演变的机理大致为：通过行政建制、土改运动以及合作化运动这三大项村落改造工程，一方面国家权力不断向下延伸，另一方面则表现为村落共同体被纳入国家网络的正式社会组织；村级组织建立，涉及村庄的党政、治安、权益等各个领域的组织化变迁；组织化的资源管理，包括土地、人力、财政、甚至产品等的分配和利用；村庄的单位化变体，推动农村的经济组织、基层政权组织和社会组织职能集中统一。（3）在行政组织化过程中，村落共同体出现了新的特点：新建了村党组织和村行政组织；村庄日益成为社区、工作场所、个人社会身份证的集成；新经济共同体的出现；国家政策和村集体行动的组织者等等。②

经历了这场国家视角的改造之后，村庄仅仅作为村落共同体的存在及其运行，已经失去了理论上的可能性和实际上的合法性。村落从"自然村"过渡到了"行政村"，这不仅意味着村庄称谓上的变化，更重要是强调村庄的新内涵。第一，村庄成为国家的行政区划，这不仅意味着村庄有了合法的名称、地理标识，在行政版图上具有了合法的地位，而且更重要是成为国家行政管理的对象，是地理规划、人口统计、税收管理以及服务供给等行政活动的基本单位。第二，行政村的运行得到国家

---

① 王福明：《乡与村的社会结构》，载从翰香主编《近代冀鲁豫乡村》，中国社会科学出版社 1995 年版，第 5—10 页。

② 对村庄性质的这一变迁，国内学者毛丹教授以尖山下村为观察对象做了翔实的阐释，此内容是对其主要观点的整理。参见毛丹《一个村落共同体的变迁——关于尖山下村的单位化的观察与阐释》，学林出版社 2000 年版，第 22—57 页。

行政的正式承认和保护，也即政府成为村庄生产、生活、安全的保卫者。政府需保护农民在村庄中的生产、就业等经济行为；需要为村庄提供基础性的公共服务，包括道路交通、水电气、信息网络等；需维持基本公共生活秩序，包括防止犯罪、救济弱小、对抗自然灾害等。第三，国家通过设计相关制度来保障行政村作为一个社会经济、社会实体的自我运行。国家通常会通过人口登记、土地分配、村庄组织化等方式使村庄成为一种事实上生产和经济共同体。第四，村庄日益成为一种政治共同体，村庄组织作为政府基层组织的角色，起着承上启下的作用，即自上而下的宣传党的意识形态、传达政府机关的政策指令、推动和协助各项活动的开展；自下而上地搜集信息，反馈意见。村庄成为事实上的国家行政管理单位，扮演着基层政治共同体角色，发挥着政治管理的功能。

在经历这场巨变后，村庄遭遇了一些非常复杂但又十分重要的问题，比如在国家权力下移至村庄的进程中，共同体意义上的村庄是消失殆尽还是依旧存在并发挥着自身的功能呢？如果村落共同体依旧存在，那么它在什么意义上存在？它与村庄的"行政"角色之间有没有重叠？基于章节的安排，我们这里先暂且搁着。[①]

3. 国家治理单元

改革开放之后，中国村庄又开始进入新一轮变迁，且这轮变迁比以前的任何阶段都要复杂和深刻。目前，学者们从村庄与市场、国家、城市社会等几大关系的视角来看，村庄正经历着复杂的变迁过程。其中，多数学者共同关注到了一个十分重要问题：市场化和城市化对村庄的持续冲击，客观上会要求人口、土地、金钱等资源从共同体中分离出去，这对村庄的性质和功能产生什么样的影响？

大致来看，对改革开放之后村庄性质和功能变迁的判断，主要分成

---

① 张鸣教授对这一系列问题感到非常困惑，他提问的方式是：中国农村从清末民初到新中国成立，发生了翻天覆地的变化，政治的格局从乡绅主导的乡村自治变成了国家政权支撑的干部统制，发达的民间社会组织是怎样被推挤出局？乡村的文化结构又出现了哪些变化？原来的地方精英是怎样把自己推到了不得不退出历史舞台的境地？在边缘和中心权力转换的过程中，国家政权扮演了什么角色？农村的文化意识形态转换是怎样实现的？为什么会实现？参见张鸣《乡村社会权力和文化结构的变迁（1903—1953）》，广西人民出版社2001年版。

两个阶段，对每一阶段村庄的性质有两类不同的意见。第一个阶段是从 1979 年到 1998 年期间，形成较为一致的判断是：人民公社时期形成的行政村庄的角色和功能，或者说村庄的性质没有发生根本改变。对于人民公社制度解体之后的过渡性格局，是村落出现了自发单位化倾向①，不过，单位化的村落仍旧属于"半行政化"的村庄。所谓半行政化是指村庄根据"村组法"应享有自治权，而地方政府则常常习惯沿用行政化时期的办法干预村庄的生长、生活和公共事务，村庄也在一定程度上仍习惯地接受干预。不过，受政府财力、村组法规定等限制，村庄与农民的实际自治权在扩张，另一方面村庄公共供给方面受政府支持的力度也相应在下降。② 进入 90 年代中后期，伴随着企业改制、国家农村战略的调整，这种单位化（半行政化）现象趋于消解，村庄在性质、制度形态、国家政策以及战略意图上均出现了实质性的改变。

　　第二个阶段是指 20 世纪 90 年代末至今的这段时期，学术界主流的讨论是围绕村民自治制度，对乡村政治展开研究。较为乐观的意见认为，在国家制度、社会精英和乡村启蒙的合力推动下，村庄正在日益朝着基层自治共同体的方向发展。与此相对的则是较悲观的态度，认为村落作为自治的社区共同体的前景仍然具有不确定性，原因在于：就村庄与市场关系来看，市场在本性上不会放弃对村庄社会的冲击，而村落共同体在什么程度上以及什么范围能够幸存，这取决于国家和社会的态度；就村庄与国家的关系来看，农民、农村始终处于关系的偏弱端，而且，由于行政村的撤并的权力掌握在政府手中，村落作为自治的社区政治共同体有没有将来，还有待于国家对于村庄存在的必要性做出清晰的总体定位；自治社区政治共同体究竟基于社群主义还是个人主义的选择不明晰，它究竟能否成长为公民社会的重要基础和重要部分，也存在不确定性。③ 当下，对于被普遍接受行政村所扮演的角色，王晓毅认为刚开始是国家为了管理的目的而建构出来的，但是在被建构出来以后，村庄组织形成了自己的利益，他们的行

① 毛丹：《一个村落共同体的变迁——关于尖山下村的单位化的观察与阐释》，学林出版社 2000 年版，第 73 页。
② 毛丹：《村落共同体的当代命运：四个观察维度》，《社会学研究》2010 年第 1 期。
③ 毛丹：《村落共同体的当代命运：四个观察维度》，《社会学研究》2010 年第 1 期。

为既不是作为政府的基层行使权力，也不代表村民的利益。他们在两种体制中间寻找自己的生存和利益空间。但是随着村庄组织越来越趋于行政化，他们的组织形式、制度和收入越来越依赖政府，他们高高地处于农民社会之上。可以说，行政村既不能成为农民社区合作组织，也不能成为真正的村民自治组织，它们介于政府与农民之间，一方面垄断社区的资源，另外一方面又成为国家资源进入农村的主要渠道，利用这个位置，他们借助农民力量，同时也借助政府的力量，成为农民与国家之间的第三方。①

　　基于种种对村庄转型性质的认识，不少学者认为，转型中国基层治理需要重构村落政治，国家应帮助建立村落政治共同体。比如刘伟提出国家有不可推卸的责任帮助部分村落重建政治共同体，将村落内部的力量整合起来，同时供给现代国家的治理资源，并在现代国家的框架下调整、引导村落的自生力量，从而真正实现多元村落与现代国家的一体化，也实现在此新的结构关系上村落转型与国家治理的有机统一。② 针对国家政权开始收缩，组织权威出现削减，全能主义国家开始撤出乡村领域这些现象，从村落公共事务的治理逻辑来看，全能主义国家后撤所形成的"国家法团主义"模式呈现为国家基层政权内卷化与村落自生秩序弱化的双重危机。因此，找回村落共同体，在新的治理技术下使得村落与国家有效衔接，是解决转型中国村落治理面临的棘手难题的有效路径。③

　　把村庄作为国家治理单元，这种村庄性质的确立意味着：首先，村庄作为一个自治社区的实质性确立，包括制度及其治理体系等合理建立；其次，村庄被纳入国家治理格局，体现在：一方面，村庄治理主体的多元化，另一方面强调国家在村庄规划、公共服务和基本福利供给等方面的主体地位；最后，重建村落共同体，更重要地是强调村庄在市场体系、公民社会中存在的重要意义。

---

① 王晓毅：《村庄的建构与解构》，中国社会学网，2006 年 7 月 5 日。

② 刘伟：《难以产出的村落政治——对村民群体性活动的中观透视》，中国社会科学出版社 2009 年版，第 53—303 页。

③ 张敏：《找回村落共同体：转型中国村落公共事务》，《中国农村研究》2010 年下卷。

三　乡村、村庄的区别与联系

发达国家的乡村作为一种非都市的社会形态和文化上重要的建构类型，与中国的村庄作为村落共同体、行政单位、国家治理单元的历史变迁有着非常大的差别。首先，乡村强调文化意义上不同于都市的生活区，而村庄在中国，更强调其作为基层社会单位所能发挥的人口管理、税收、福利供给等方面的实际意义。其次，乡村是个边界开放、自由流动的社会空间，并日益与实际地理位置分离，是个相对模糊的单位；而中国的村庄则其社会成员相对固定，且强调地理空间对于其成员的特殊意义。再次，后乡村研究忽视了对真实的村庄的研究，过于注重建构意义的乡村类型，这不仅与我国实际不符，也容易丧失对村庄内在发展的观察力。最后，乡村转型研究是在发达国家城乡一体化背景下形成的，这与我们的城乡二元依旧严峻甚至纵向加深的国情完全不一样。因此，我们不仅在概念使用上要小心翼翼，而且得特别注意中国村庄所处的特殊环境、发挥的特殊功能。

比较中西方学界的村庄、乡村概念化过程，同时也注意到二者均强调几个方面的问题：首先，20世纪90年代出现的乡村研究"后乡村"转向，即强调乡村的建构、文化意义，这有助于更好地把握乡村的存在，发现乡村的意义，而这也逐渐被国内学者所意识到。而且乡村定义的三重模式研究则很好地提醒我们注意全球化时代乡村的复杂性。其次，村庄和乡村一样，应该具有多重含义，这有助于明确村庄存在的多重意义，即不仅局限在传统意义上的为城市提供产品，而是现代意义上的环境、自然景观以及食品安全等。最后，乡村定义讨论和研究非常强调建构一种非二元的城乡关系，用一种新的城乡紧密链接来取代传统的粗糙城乡链接。

第二节　为什么选择村庄

选择适宜的研究单位是研究中国农村不能回避的基础性问题，否则研究很容易陷入"主体模糊"或"忽视某些重要情况"的境况。一个多世纪以来，对于中国农村研究该选择哪个基本单位充满着争议，至少可以分成村落派、区域派、集镇派和农户派（或县派）。① 本书选择以村庄作为基本的研究单位不仅基于村庄研究模式在理论、方法论上的意义，更在于村庄在人们日常生活中的实质意义。

一　村庄研究模式

20 世纪至今，村庄研究是中国社会科学一种非常主流的模式。在整理已有文献基础上，我们把村庄研究模式的形成与发展分成以下几个阶段：

首先，村庄研究的初步形成。20 世纪上半期中国村庄研究经历了从回应需求到逐步成型的发展，也就是说，一开始的村庄研究主要从社会需求出发来讨论村庄是什么以及该如何对待村庄的问题，具有明显的时代烙印。"欲认识中国、必先认识中国的农村"，在这一逻辑下 20 世纪西方经验科学才逐渐把"村庄"作为一个重要的认识单位纳入其视野。比如明恩傅来中国传教期间，就发现中国的问题出在村庄，"中国乡村是这个帝国的缩影"②。美国学者葛学溥带着学生三次去广东凤凰村调查，全面描述了一个村落的人口、经济、政治、教育、婚姻、家庭、宗教信仰等，得出家族在村庄的重要意义，不仅是所有价值判断的

---

① 秦鸣主张村落派、区域派、集镇派和农户派，而狄金华则主张村落派、基层市场共同体派、乡（镇）派和县派。在前三派的归纳和观点梳理上，二者意见基本一致。第一种认为村落是研究乡土中国的基本的单位，主要代表人物是费孝通；第二种是在村落研究基础上发展起来的区域研究，把研究视野限定在一个地区，如黄宗智的长江三角洲与华北平原研究；第三种把"集镇"或"乡镇"作为基本书单位，主要代表人物是美国学者施坚雅（G. Willian Skinner），这一学派注重解读乡村市场网络、经济形态以及国家权力在乡村的运作等问题，注重的是"大传统"，即是经济社会学、政治社会学和历史社会学的传统。不同的是第四派，秦鸣的说法是农户派，即是把"农户"作为基本单位，这一派在 20 世纪 80 年代初露端倪，但没有取得大的进展，直到 21 世纪初最近两年徐勇教授等人提出"重识农户"，认为"三农研究的事实原点是 2.5 亿个农户。农户长期是中国农村最基本的生产、生活、交往，以及政治责任单位。"对于中国农村来说，其历史传统既不是以个人为基点，也不是集体式的归宿。即使经历公社化，还得回到农户这一基本起点。狄金华则主要从杨雪冬的观点出发，把县作为一个分析单位，对其做中观分析。这一视角强调了历史上"县"的实际意义，也提出了"县"在中国现行政治体制中的实质性国家单位的意义。参见秦鸣《中国乡村研究的基本单位及方法论述评》，《正来学堂》2007 年 11 月 22 日；狄金华《中国农村田野研究单位的选择——兼论中国农村研究的分析范式》，《中国农村观察》2009 年第 6 期。

② ［美］明恩溥：《中国乡村生活》，陈午晴、唐军译，时事出版社 1998 年版，第 3 页。

基础和标准，而且村庄所有其他制度都围绕家族主义这一核心展开。①
与此同时，面对日益严峻的民族生存危机，20世纪20年代开始中国知
识界展开了大量的村庄研究，以期能实现救亡图存、实现自我发展的目
的。从知识界"以农立国"还是"以工立国"争论延伸出来的，20年
代以晏阳初和梁漱溟的通过教育实现改造乡村、实现乡村复兴为代表，
开展了一场轰轰烈烈的乡村建设运动为出发点。燕大社会学系的研究者
在各地展开广泛的田野调查，先后形成了杨庆堃《山东的集市系统》、李
景汉《定县社会概况调查》、徐雍舜《河北农村社区的诉讼》等一系列研
究成果。这个阶段的研究刚刚开始把村庄作为一个重要的认识单位，并没
有形成中国村庄研究的概念，并对此做理论上的提炼和抽象。不过，这种
透过村庄来认识中国视角的转变为后来的研究奠定了重要基础。

其次，村庄研究模式的确立。把村庄研究确立为一种研究模式，其
重要的推动力来自于在西方人类学社区研究、社会学结构功能主义理论
的输入，两大类经典的村庄研究形成：一是中国人类学的学者从村庄田
野调查入手，形成了一批有影响力的作品，比如费孝通的《江村经济：
中国农民的生活》、林耀华的《义序的宗族研究》、杨懋春的《一个中
国的村庄：山东抬头》等；二是日本南满洲铁道株式组织对华北村落展
开大规模调查，形成了《中国农村惯行调查》资料。

国内人类学者从结构功能主义的角度出发把村庄看成是一个自足运
转的系统，一个社区。村庄内各个部分之间都是有机构成、相互关联
的，既各自承担相应地功能，又能整合为一个整体。费孝通以开弦弓村
为例，从日常生活的吃、穿、住、用、行到家庭构成、亲属制度、财产
继承、乡村工业等各个层面对中国村庄展开了全景式的描述，并以同心
圆结构等概念为支撑，精致地展示了村庄内部系统是如何互相依存、维
持运转的过程。林耀华从结构—功能方法入手，分析了中国的宗族组织
及其社会功能，其所谓的"宗族乡村"成为国内村庄社区研究模式的
典型。杨懋春以自己生长的村庄为研究对象，被认为是最成功的乡村研
究之一，代表着社区研究的某种趋势，即本土社会学和人类学研究时代

---

① ［美］丹尼尔·哈里森·葛学溥：《华南的乡村生活：广东凤凰村的家族主义社会学研
究》，周大鸣译，知识产权出版社2012年版。

的出现。《一个中国村庄》以家庭成员的相互关系为出发点，扩大到村庄内家庭之间的关系，最后再到村庄之间的关系，描绘了一个村落社区的整体面貌。尽管研究重点仍在家庭和村庄内关系，但已经关注到村庄与外部世界的联系问题，这一点对村庄研究模式的确立非常重要。

1935—1952 年间，日本南满洲铁道株式会社调查部以华北的村庄为对象展开多次调查，在此基础上形成了《中国农村惯行调查》报告。尽管这些研究的本意是为日本占领中国后该如何管理和组织中国社会服务的，但它也成为至今为止研究中国村庄最重要的史料之一，为中国村庄研究模式奠定了重要基础。日本学者对中国村庄的判断是具有共同体性质的、人与人之间分享一致的利益和文化情感。在清水盛光看来，中国大部分的村庄是以血缘和地缘结合为基础的一个个小王国，具有强烈的共同体性质；在平野义太郎看来，中国农村存在着乡土共同体，常常以寺庙祭祀为中心组织共同生活，强调整体的乡土生活原则，主张共同体在农业经济活动、安全防卫、娱乐生活以及共同的意识规范等方面具有的共同体意义。

由此，中国村庄研究确立了自己的重要地位，一方面与来自于英美社会学和人类学界的社区研究建立了联系，并直接融入了经典的社区研究阵营，另一方面与德国知识界，主要是滕尼斯意义上的共同体知识建立了联结，确立了村落共同体研究的重要范式。

再次，村庄研究模式的质疑与反思。无论是村落社区还是村落共同体因其缺乏一定的历史主义视野以及缺乏与宏观分析之间的一种互动而遭遇了来自知识界的质疑。对村庄研究质疑之声首先来自于形式主义学者[1]的观点，比如 20 世纪 60 年代人类学家弗里德曼提出了这样的疑问，在历史悠久的中国能否采用马林诺夫斯基在《太平洋民族志》中开创的那种小社区方法来进行研究，即单个村庄研究的代表性问题，对一个小地方的描述能否反映中国这样的大社会。当然，他的结论是：村庄功能的整体性还不足以说明具有深厚历史传统大国的特点，社区不是社会的缩影。在解构村庄社区研究范式的基础上，弗里德曼创造性地提出了自己的宗族分析范式。类似的观点还有，施坚雅在四川盆地实地研究的

---

[1] 黄宗智在波兰尼的分类上，把农村研究分成三个传统：形式主义、实体主义和马克思主义。

基础上也提出了以集镇为单位的市场体系的分析范式，认为集镇而非村庄是研究中国农村社会生活更为合适的基本单位。而日本学者戒能通孝重新梳理了满铁调研报告的基础，另辟蹊径地提出中国不存在村落共同体，因为其没有明确的地理边界，没有形成稳固的地域集团，村内阶级分化比较严重，村内合作意识差，村民之间缺乏有机联系，主张要"结社社会"或"生活共同体"来替代村庄共同体的概念。可以说，村庄研究的代表性问题始终是无法回避的，质疑之声也持续不断，但也恰恰是这种"质疑"与"抗争"破除了村庄研究所暗含的"城市—农村""国家—社会""本土—他者"等二元论，让作为场域的村庄真实地再现出来，从而为宏观社会的呈现奠定了基础。①

最后，村庄研究模式的完善。社会人类学学科的发展，进一步强调村庄社区研究对社区分析范式的拓展作用，通过深入描述的方法展现了中国农村生活的丰富性、复杂性，为更好地理解农村生活的自身逻辑提供了有效的分析视角和分析工具。同时，不少学者对该研究模式做了进一步的完善。一条路径是强调把村庄研究放进国家与社会关系框架下，破除把村庄仅仅看成是"封闭、自足实体"的倾向；一条路径则是注重考查村庄的社会文化变迁，强调村庄研究的时间感、空间感。如王铭铭的"小地方与大社会"研究，强调把社区史作为叙述框架，展示一个村庄的社区历程以及其与国家之间的关系；② 林聚任提出把村庄研究置于"场域建构主义"的策略之下，由于"村落、村落之外、村落中的社会事实、村民以及研究者和研究文本都具有建构性，在每一项具体的村落研究之中，它们都会遭遇，并共同促成了研究成果的诞生"③。近年的研究提出了"超越村庄"的诸多路径，其中较为典型的就是村庄类型学意义的归纳研究和比较研究，通过逐步增加不同类型的村庄，

---

① 林聚任、刘翠霞：《走近村落、超越村落——中国村落研究的理论与方法反思》，《南京大学社会学系建系二十周年庆祝大会暨"中国社会与中国研究"国际学术研讨会论文集》，2008 年。

② 王铭铭：《社区的历程：溪村汉人社会家族的个案研究》，天津人民出版社 1996 年版，第 38 页。

③ 林聚任、刘翠霞：《走近村落、超越村落——中国村落研究的理论与方法反思》，《南京大学社会学系建系二十周年庆祝大会暨"中国社会与中国研究"国际学术研讨会论文集》，2008 年。

以求接近整体，得出具有普遍解释力的结论。① 不过，村庄类型学研究与其说是超越，不如说仍是对村庄研究模式的理论完善。

二　村庄的实质意义

就如费孝通所强调的"无论处于什么原因，中国乡土社区的单位是村落，从三家村起可以到几千户的大村"②。以至于 20 世纪以来，把村庄作为研究中国农村社会的基本单位一直是社会科学研究的主流取向。直到今天，无论从经济安排、社会交往、福利划定、身份确认、文化认同等功能上，村庄仍旧作为一个实体单位存在，并发挥着极其重要的意义。

1. 村庄仍旧是非常重要的生产和经营单位

历史上，农民聚村而居的主要原因是基于农业生产和经营的需要。首先，每家所耕种的面积小，即所谓小农经营，所以农民常常选择聚在一起住，而且住宅和农地不会距离得过分远；其次，如果需要建立相应地农业设施，比如水利，他们就会有合作的需要，那么，集居在一起住的话，合作起来比较方便；再次，为了安全，人多了容易保卫；最后，土地平等继承的原则下，兄弟分别继承祖上的遗业，使人口在一地方一代一代地积起来，成为相当大的村落。③ 可以说，最初意义上的村庄是农业生产和经营的基础。

如今，中国的村庄事实上仍旧担当着组织人们生产、生活，进行就业、分配资源的重要实体单位。究其原因，村庄的经济单位功能，是由土地政策的集体所有、行政村的安排以及共同体的传统所共同导致的。当然，村庄作为经济共同体的安排，至少出现了两种发展趋势：第一，作为传统道义经济的主体，村庄内依旧存续的互惠机制促使村庄在面临强烈的市场力量的持续冲击，仍旧可以发挥着一种安全经济学的效用，发挥着实质性的互惠互利功能。第二，作为集体经济的发展主体，村庄在新时期可以摇身成为一个盈利公司，并坦然地作为集体财产的法人，

① 邓大才：《如何超越村庄：研究单位的扩展和反思》，《中国农村观察》2010 年第3 期。

② 费孝通：《乡土中国　生育制度》，北京大学出版社 1998 年版，第 9 页。

③ 费孝通：《乡土中国　生育制度》，北京大学出版社 1998 年版，第 27 页。

经营集体土地、分配集体收益、供给集体性公共物品。

2. 村庄仍旧是一个社会关系的集合体

早期的村落共同体研究，主要是在村落的意义上界定"社区"，强调其地域、成员关系，共同的纽带，明确的文化边界，无一例外的把村庄看成是某种独立的社会文化单位。而恰恰因为村庄的这种相对封闭性和独立性，才使得村庄成为基本单位展开对中国农村的研究具备了逻辑基础①。因此，传统的乡村社会研究大多围绕着对村落共同体的特性、内部运行机制做孤立的描述，或者说，通过描述乡村生活的个性来呈现不同人群的生活，并在此基础上对整个社会的变迁做出判断。对村庄做"社区性"分析，其重要意义在于通过对具体村庄的深入、持久的社区分析，可以详尽地了解研究对象的生活图景和社会变迁风貌，也是理论研究的解释性意义之所在。在此基础上，我们重新回顾中国村庄研究，可以获得：（1）传统的村落研究抓住了中国村庄的基本特性，使大众更好地了解村庄的基本性质。社区或共同体的本质特征之一就是共同的认同和归属，并由此形成了边界清晰的群体，而中国的村庄目前是边界相对清晰的共同体；（2）村庄社区研究的意义在于把复杂的、零碎的乡村生活片段放置在共同体的框架内，这更能够交代清楚中国农村的基本情况；（3）村庄研究的成功在于村庄之外，这一点在 70 年代之后的个案研究中被不断地强调。村庄作为一个小型的社会共同体，它的变迁是整个社会转型的缩影。

村庄作为一种社会关系的集合体，首先，体现着内部人、事、物之间的关系。一般的村庄都存在一定程度的交换关系、雇佣关系与权力关系，着眼于这些关系，便会得出村庄是一个分化了的社会的缩影②。其次，作为市场关系的承载者，也同时体现着市场系统内各要素的排列重组现象。现代化发展的一个明显趋势，就是不断地把村庄拉入到由劳动力、资本、土地三大要素编织起来的市场网络，一方面，使得村庄日益成为市场体系的一部分，另一方面，村庄以自身的方式呈现着更广的市场关系。再次，研究者们发现，随着整个民族国家目标的逐步实施，中

---

① 狄金华：《中国农村田野研究单位的选择——兼论中国农村研究的分析范式》，《中国农村观察》2009 年第 6 期。

② 黄宗智：《长江三角洲小农家庭与乡村发展》，中华书局 2000 年版，第 21 页。

国各类村庄的历史都记录着国家权力向乡村不断渗透的过程。也就是说，在一个村落的小地方，同样可以感受到国家的权力运作。[①] 为了说明农村中国家与社会之间的关系，强调必须对"村庄"这一研究单位给予足够的重视，因为"村庄是处于国家和社会交叉部分的一种特有的组织单位，农民在这个地方生活和工作，收成在这里收割和分割，农民在这里获得收入和分配的物品，国家也在这里征购粮食"[②]。正是在村庄这一基本单位上，国家和社会相遇了，这也就意味着村庄这一研究单位在理解国家与社会的关系上具有得天独厚的优势。这样的研究思路，使村落研究的意义又重新得到确定。研究者们重新将研究的视角拉回到村落的有限区域之内，通过细致的研究来把握国家权力与民间生活的相互影响，即国家的规范是如何影响村庄的发展及村民的生活的，国家的指示与规则又是如何被规避、扭曲和被漠视的。村庄是如何完成这些关系表征的呢？主要通过特定的制度安排来划分社会成员的身份，比如户口和村籍。这一方面规定村庄成员的社会交往，比如外嫁女因为没有村籍，就无法参加村委会的选举；另一方面，这些身份又会诱导村民以村庄集体成员的身份和意识做出行动；安全保障，村庄能发挥社会安全网的功能，包括社区成员的社会性资源、社会支持系统和社区保护。比如中国农民一直把所谓的非农就业称之为副业，这显然是相对于主业而言，原因在于其主要的社会交往资源还是以农业为主展开的，同时即使失去了副业也没有关系，他们仍旧可以退回到安全地带。最后，情感上的满足与认同感的形成。村庄作为社区的主要功能在于满足社会成员情感交流的需要，以及在此基础上生长出来的认同感。如今，流动在城市的一个个以"村庄成员"为纽带的共同体，充分说明村庄不仅是一个地域性的空间，也可以脱域化，是一个可以在城市被建构的单位，这无疑凸显了村庄作为社会关系集合体的深层次含义。

　　3. 村庄仍旧是国家基层治理的重要单位

　　目前，中国的村庄主要是一个行政村的概念，这意味着，首先，村

---

　　① 赵旭东：《权力与公正——乡土社会的纠纷解决与权威多元》，天津古籍出版社 2003年版，第 59 页。

　　② 孙立平：《"过程—事件分析"与当代中国国家—农民关系的实践形态》，载于清华大学社会学系编：《清华社会学评论》（特辑），鹭江出版社 2000 年版，第 188 页。

庄作为政治共同体单位，人们以此为单位进行民主选举、民主管理、民主监督的体验，学习如何作为一个政治人，参与公共事务的治理。其次，村庄组织承接了大量政府部门下派的任务，其角色往往成为国家在基层的代理人。尤其是我国村级组织与党支部组织的共存，承担着大量意识形态宣传、国家政策下达的任务，这也是目前村民自治制度的一项重大挑战。再次，作为最基层的村庄，其地方性公共事务的运作应以法律为底线，以政府供给的公共服务做保障的。但由于我国社会经济发展的高度不平衡，法律与地方习惯之间的冲突，村庄公共服务供给的不足等原因，村庄必然成为有限资源的分配、调节者。甚至不少的村庄在国家缺位的背景下直接承担起地方公共物品和公共服务的供给者角色。最后，国家改造农村社会的基本单位（国民革命时期、新中国成立之后的历史阶段中）。一般来说，国家的社会改造工程不会也不可能直接面对社会个体，而通常选择合适的社会单位作为对象。从历史上看，国家对改造农村社会的过程中，或者自觉与不自觉地选择以自然村为基本单位，比如在民国初年，人民公社时期，村民自治时期。当然，村庄作为不同于城市的一种居住形态，也是一种独特类型的文化实体，其特有的农业景观、人文景观是整个社会的有机组成部分。从这个角度来看，村庄天然是人类居住遗产的保护者，也是一个体现文化多样性的功能单位，完全可以成为国家和社会共同治理的单位。

第三节　什么是村庄转型

　　20 世纪 90 年代以来，国内乡村研究主要集中于乡村治理、乡村政治等问题，对村庄变迁做了一些基于国内本土经验的说明，但这类研究并不令人满意。迄今为止，很难说，我们已经找到了解决中国农村问题的有效路径。海外学者的乡村研究，主要建立在西方国家的事实和经验基础上，是西化了的"乡村"转型研究。如何能建立其二者之间的实质性的联系和沟通，则首先需要对中国村庄转型的理论化做一个综合性分析。

一　何谓转型

　　近 30 年来，我国频繁使用的转型概念有社会转型期、社会转型、经济转型、政治转型、国家转型、市场转型、文化转型、企业转型、农民转型等。自从 20 世纪 80 年代末郑杭生教授开始讨论转型中的中国社会、社会转型、转型社会、转型度、转型势等一系列概念之后，许多社会科学研究者，不假思索地开始大量使用社会转型期或者社会转型的概念。一般来说，这些概念主要把社会转型看成社会从传统型向现代型的转变，或者说从传统型社会向现代型社会转变的过程，具体包括从农业的、乡村的、封闭或半封闭的传统社会向工业的、城镇的、开放的现代社会的转型过程。社会转型强调的社会结构的转型，与社会现代化几乎是同义的概念。①

　　实际上，把"转型"笼统视为社会经济结构、文化形态、价值观念等发生的转变，这种转型的定义是比较粗糙的，和"改变""变化"之间没有形成有效区分。因此，更多人强调所谓转型是指事物的结构形态、运转模型和人们观念的根本性转变过程。而且不同转型主体的状态及其与客观环境的适应程度，决定了转型内容和方向的多样性。转型是主动求新求变的过程，是一个创新的过程。可见，转型也是个多维的概念，既可以指结构变动、也可以指体制转型、形态转型，是一种类型转化，是一个过程，具有明确的目标导向，是个未完成性的概念。因此，"转型"更多的是意味着要突破一元独大、二元对立的观念束缚，强调多元化、多样性。

　　西方乡村转型说法，起于全球化经济生产分工的调整，许多国家境内的乡村社区发生了"失农业"现象，从而造成许多原农业区（即乡村）面临没有产业的命运。② 转型理论常常和福特主义—后福特主义，现代主义—后现代主义以及凯恩斯主义—新自由主义国家的转变有关系。不过，正如我们之前提醒的，转型讨论不能陷入从一种主义到另一种主义的泥潭中，因为每一主义的具体内容本身都是有争议的。转型并不是社会标准的彻底改造，换句话说，不能不健康地使用了"转型"一词，尤其在谈到社会变迁的时候太过松散。因此，当社会从一种状态

① 郑杭生：《改革开放三十年：社会发展理论和社会转型理论》，《中国社会科学》2009年第 2 期。
② 谢宏昌：《全球化涵构中的乡村性》，台湾大学举办的台湾乡村社会学会年会《全球冲击与乡村调适研讨会论文集》，2003 年 5 月，第 15—35 页。

到另一种状态变迁的过程中，转型应该包含社会结构和实践中主要性质的变化，而不仅仅是量上的变化。这个概念的使用应该限制在各种相关的、多维的特征的转化，否则，我们有太多的描述符号，比如工业化、地方政府重组、选举交易以及消费主义增长。为了区分开来，在我们看来，转型不是一个部分对其他部分产生的倍数效应。转型包含的是生活各个方面的根本性再调整，其中变迁的过程是因果相关的。我们不能设定一个定量的障碍，在使用这个定义是必须通过，而是我们不得不依赖大家普遍同意的给变迁的本质贴上"转型"标签。

二　何谓村庄转型

西方国家的转型研究主要基于政治经济学的视角，其代表性的观点就是哈尔法克里从生产主义到后生产主义的乡村转型。所谓后生产主义乡村，既包括乡村消费功能增长、多功能主义乡村，也包括地方化的乡村等这些潜在的未来乡村形态，是个多元、开放和未完成的概念。从发达国家乡村转型研究来看，多数研究都强调所谓乡村转型是指因资本积累的地理学变迁而产生的社会空间结构的横向瓦解和重新组合，是对传统乡村研究解释性结构框架的一种弥补。乡村转型研究较为强调：弱化传统城乡二元的空间标准；重视资本主义生产转型与市民社会之间的关系，强调对社会分层体系的影响；强调把全球—地方关系的本质和特殊性放在地方性的社会、经济和政治行为中来解释，并进一步理论化。

事实上，中国的村庄处于更为矛盾、复杂、似乎让人难以把握的现代社会政治环境之中。正如黄宗智强调的传统中国村庄多面性，即村庄既不纯粹是形式主义推想中的面向市场的单位，也不纯粹是马克思主义理论中的阶级对立的单位。它同时是一个散沙似的街坊、分层化了的社团和闭塞的共同体。[1] 也就是说，中国村庄与发达国家的乡村在研究的起点上就不一样，其目标定位和路径选择必然会出现很大的不同。因此，我们的村庄转型研究不可以也不可能直接套用西方乡村转型的概念，而必须从中国村庄自身是什么、处在什么样的阶段、宏观的制度背景和影响因素有哪些出发才能有一个较为清晰的判断。

---

① 黄宗智：《华北的小农经济与社会变迁》，中华书局 2000 年版，第 21 页。

　　国内学者强调任何转型都有一个原点的问题，转型中必须重视对原点结构的路径依赖，① 村庄"从哪里转到哪里"的答案必须从村庄是什么，处在哪个阶段等原问题开始。在承认现代中国村庄的多面性基础上，认为它既是以行政村的方式作为国家基层治理单位，也仍然是集体经济（有可能是农业的，也有可能是非农业的）的重要组织者，同时也是一种社会共同体，发挥着社会成员身份界定、情感认同等诸多的功能。最后，它还是很多人愿意或者不得不选择生活、居住的地方，是整个社会居住体系的重要组成部分。正如我们在前面两章中强调的需从三个维度综合性地来把握村庄转型，即类似与马斯登强调的经济变迁、社会文化重组和国家角色的再调整或毛丹教授所说的村庄与市场、村庄与国家、村庄与城市社会的三大维度下，村庄会出现不同层面的性质上根本转变。

　　1. 从经济变迁的维度来看，村庄会出现从农业集体经济组织转向某种不确定的社区经济组织

　　基于我国村庄基本制度安排（尤其是土地集体所有制度，这一点在撤村建居过程中仍旧得以延续），村庄不仅是名义上的集体经济单位，更重要的是，村庄是法律上和实际上的集体土地所有者。随着人民公社制度的解体，村庄安排集体经济活动的权力逐渐消解，但村级组织仍然是事实上最重要的土地资源的控制者之一，常常掌握村庄土地调整、福利分配等实际的调控权。② 村庄作为重要的经济组织，一方面有可能延续了传统农业互助单位的角色，发挥着农业合作组织的经济和安全保障的功能，发展成为各种各样的农业经济合作社，另一方面村庄以集体之名参加市场经济活动，发展各种非农产业，村集体摇身一变成为各种非农产业的经营主体，如各种企业、公司、旅游经营者。至于这种转型是如何实现？可能会出现哪些情况？如何描述？各种转型体可能面临的问题有哪些？后面我们将继续关注。

---

　　① 夏东民：《社会转型原点结构理论模型的构建》，《苏州大学学报》（社会科学版）2006 年第 2 期。

　　② 前几年，我们就已经开始注意到村级组织在农村土地调控中事实上掌握着重要的权力（参见毛丹、王萍《村级组织的农地调控权》，《社会学研究》2004 年第 6 期。）。如今，随着农村土地流转现象的不断增加，村级组织的农地调控权问题日益凸显，尤其是城市化改造中，村级组织常常以集体名义把土地流转出来，从而损害了农民的土地承包权，诸如此类的案例常见于各类报道。

2. 从社会文化重组的角度来看，村庄将会从传统的地域型社区向现代的功能型社区转变

一直来，中国传统村庄毫无疑问主要是一种地域型共同体，即农民以一定的地域作为基础，彼此之间有着经常的互动，并分享着共同的文化和情感。除此以外，近代以来的村庄变迁仍旧延续着它作为社会学意义上的社区的相关要素和功能，这主要表现在：首先，村庄仍旧具有相当明确地地域和成员边界，这主要基于行政村意义上的土地权利和户籍限制，导致村民自觉和不自觉形成以村庄为边界的社会交往圈子和心理认同的空间。其次，村庄成员因为有着共同的记忆、仪式等文化符号，又不断强化其作为情感共同体的一员，遵循着互惠互助的交往原则，形成以共同体为基础的生存空间。再次，村庄依旧是大多数人情感上的重要寄托之地，故乡的存在不仅是一种实体，更是一种情感上的共同体。正因为村庄的这种功能性存在，大量的游离于城市社会和农村社会之间的农民工群体，把村庄作为重要的精神寄托以及自己在城市竞争失败、退休之后的重要选择。从这个意义上讲，村庄是人类居住体系的一部分，是一部人选择的居住共同体。作为居住共同体，强调的是其因居住地、生活方式不同而产生的文化类型上的差异，强调的是村庄作为人的一种居住共同体，与城市之间是一种对等的关系，即农村与城市的差异仅仅是居住模式的不同，而非本质上的差异。犹如法团主义认为一个社会系统里面，人们根据自己的社会特性，比如职业、社会阶层等，被归入相应地社会组织之内一样，村庄就是人类的社会系统的一部分。

3. 从国家角色的再调整来看，村庄会从国家的治理基层单位向国家与社会共同治理单位的转变

中国的村庄首先是行政村，这个定义：一方面强调村庄作为政治单位，具有的特定地理、经济、社会以及行政管理的意义，发挥着其作为人口统计、政治选举、资源分配、身份确定等资源管理和分配的重要作用；另一方面，随着 20 世纪 80 年代之后村民自治制度的推行，村庄被作为自治共同体与行政村叠加在一起，日益成为农村社区自治共同体+国家基层治理单元的运行方式。而这种方式，有可能趋向于村庄作为一个自治单位，努力推动自我发展，并与国家权力部门建立有效的连接；也有可能趋向被灰色势力绑架的、游离于正式权力部门和自治单位之间

的灰色地带，亦有可能发展成为一个乡村公共社会单位，① 与国家形成良性互动合作关系，推动村庄成为国家与社会合作共治的基本单位。

简言之，中国的村庄正在经历一场大转型，从农业型社区到农村居住型社区的转型。从经济变迁的维度来看，村庄会出现从农业集体经济组织转向某种不确定的社区经济组织；从社会文化重组的角度来看，村庄将会从传统的地域型社区向现代的功能型社区转变；从国家角色的再调整来看，村庄会从国家治理基层的单位向国家与社会共同治理单位的转变。而且，转型的过程会出现多种可能，既有"去农业化"的社区转型，也有"再农业化"的社区转型；既有"去社区化"的社区转型，也有"社区再造"的转型；既有危机发生的可能，也有新乡村运动的反向保护机制的存在，而这些，均可以在当前中国村庄转型过程中被观察、被捕捉到。

三 村庄转型的影响机制

对村庄转型内涵的讨论，目的是强调村庄研究的三个方面：首先，用转型框架来分析村庄，意味着承认村庄存在的意义，并明确村庄是个有未来的地方。村庄的未来在于村庄作为一个地域和功能意义上的社区，将在事实上发挥着为部分人口提供居住的重要功能。其次，村庄转型说明村庄性质上的转变，从一种组织形态到另一组织形态的转变。传统意义上的村庄，常常和农业捆绑在一起，以农业社区的形态出现。进入现代化之后，村庄的性质既可以由农业来表征、也可以由居住形态来表征，甚至以国家行政来表征，这是中国村庄转型研究的重要基础。最后，村庄转型意味着淡化现代化理论或发展理论假定的城乡二元标准，即农村向城市转型的非必然性，或者说即使大部分的村庄有可能都转型为城市区域，也仍会有部分的村庄继续以"行政村""农村居住社区"的性质或者形态存续下去。而且，这些村庄将会发挥着非常重要和积极的意义。

有必要再次强调的一点，那就是：在市场经济、城市化和国家力量再调整的共同作用下，村庄转型的影响机制会表现得异常复杂，既有正

---

① 正如毛丹教授所说的，村庄进入善治，成为良好的基层治理单位与乡村公民社会单位，是村庄继续运转的保障条件之一。

向的经济推拉力量，社会推拉力量，还有更难评估的反向推拉力量。推拉理论首先是人口学用来分析人口流动的原因，流入地的有利于改善生活条件的因素就是拉力，而流出地不利的生活条件就是推力，宏观的社会人口流动就是这两股力量前拉后推共同决定的。如今，这种推拉力正向作用及反向作用均可以用于村庄转型的影响机制分析，具体来看，经济性的推拉力量主要表现为刘易斯假定的为缓解农村人地之间的矛盾，因转移剩余劳动力而产生的推力，以及资本主义和现代部门解决劳动力不足而产生的拉力。社会性的推拉力量主要源自于韦伯关于家共同体解体的解释："在文化发展过程中，促使紧密一体的家权力趋向衰微的内在动因与外在动因不断增加"。自内而起的解体动因在于：能力与需求的开始与分化，而这与经济手段量增加相关联。随着生活可能性的多样化，个人愈来愈不能忍受共同体先前所硬性规定的、未分化的生活形态，从而愈来愈倾向于以一己之力形塑自己的生活，并且自由享受单凭个人能力所创造出来的成果。外在的解体因素则来自于竞争性社会组织的介入。[①]

这些正向的推拉力量似乎倾向于消解村庄，而恰恰在这一过程中，反向的抑制村庄分解的推拉力量表现在：其一，存在着把个人推向村落共同体的力量。除了农村居民可能有乡土归属感，可能通过合作社进入市场，以及特定国家在政治上选择村庄为基层治理单位并支持村庄自治，等等，小农个体在城市里和市场上的经常受挫也会压迫他们转而依赖传统的村落共同体互助。东欧、中欧前社会主义国家市场化的研究已经发现是市场化发展在促进社会不断分化的同时，也会促使发展农民转而更加依赖于社区内的非正式社会互助网络，去应对混乱的经济以及社会保障系统的缺失，个人与家庭因此都更加依赖邻居互助，结果更加紧固了社区纽带，而疏离了社会纽带。其二，还存在着出于经济的、政治的，甚至是文化和人道的力量和目的，试图平衡城乡发展，努力振兴乡村地区的农业经济和社区共同体，改变传统乡村精英把持权力的格局，增强乡村大众的权力，并使村落社会学研究共同体链接社会以形成社会结合体的拉力。例如从 20 世纪后半期起，拉美和非洲的地权运动，亚

---

① 毛丹：《村落共同体的当代命运：四个观察维度》，《社会学研究》2010 年第 1 期。

洲的小农组织，北美和欧洲的改革活动与社区激活，欧洲、北美与澳洲的激进农场主团体，乡村认同运动与乡村社区发展运动（包括本土居民运动、回到土地自愿者和环境维护者对乡村调整的抗议等），都为积极进入乡村社会重建的新乡村社会运动的动员创造了空间。虽然这些运动在乡村社区与社会的关系目标上存在着某些不同的取向，但是要求小农的土地权利，保护农业的传统方式并反对新自由主义土地改革、经济自由化和农产品跨国企业行为。①

村庄转型的正向、反向推拉力量，或者直接说村庄的"双向运动"机制的并不是强调正向运动的激进或者反向运动的浪漫。这一分析框架的意义不在于正向运动或是反向运动究竟是谁输谁赢，如此简单、乐观的预言般的判断。相反，把它引入到村庄转型的讨论，目的是要避免简单化讨论，并以此寻求新的启发。

---

① 毛丹：《村落共同体的当代命运：四个观察维度》，《社会学研究》2010 年第 1 期。

第四章

村庄转型的动力机制之一：去农业化

毫无疑问，传统村庄和农业是相互捆绑、相互指涉的，但工业革命与经济社会的巨变，导致了这种深信不疑的关系类型出现了裂变，即村庄逐渐失去了以农业为基础的空间指涉，以至于乡村的"去农业化"被认为是发达国家乡村转型的重要内涵。从本质上讲，"去农业化"是市场机制和国家管控机制共同作用于乡村的结果，而作为发展中大国的我们当然也不例外。考察我国的村庄转型，一方面，我们关注到中国村庄经济"去农业化"变迁是如何发生的？怎样推拉着村庄转型？村庄可能的发展趋势是什么？另一方面，需要充分的评估我国村庄在"去农业化"进程中出现的"意外"情况或者说"反例"，该如何解释？"反例"对村庄转型来说又意味着什么呢？

第一节　村庄"去农业化"研究

一　发达国家乡村"去农业化"研究[①]

就发达国家经验来看，农村经济变迁主要表现为生产主义农业的衰落。二战后到 20 世纪 70 年代末是英国农业的生产主义时期，即支持农业与政府的合作，也就是说，农业在乡村中的主导地位被认为是合适的，农业也正在被改造和扩展成为粮食生产取向的产业。[②] 乡村的其他制度可能并不直接和农业有关，但农业在村庄中的支配地位一直以来被

---

① 关于发达国家乡村转型经验的详述，参见导论部分。

② Marsden, T. et al. 1993. Constructing the Countryside, London：UCL Press. 35–38.

英国的乡村所接受。不过，这种以农业为中心的乡村发展其实在战后就开始面临着一些挑战，比如农业新技术革命，反城市化以及城乡之间在第二产业和第三产业就业中的转换。[①] 这些新发展导致：生产取向的农业就业人口大幅度减少，农业在乡村发展中的重要性不断衰减，代替的是乡村的消费取向使用，从而引发了"乡村还是一个仍旧由农业主导的地区吗？"日益成为一个复杂、难以回答的问题。

直到 70 年代末期，农业对村庄的支配地位彻底被打破了，原因在于生产主义乡村时代遭遇了以下因素的挑战，包括大西洋粮食体系的经济和其他矛盾；后"寂静的春天"时代，人们更多地关注农业活动的负面环境影响；受到搬入乡村地区的服务阶层的影响，[②] 人们开始质疑农民作为村庄守护者的角色，以及给他们财政和其他的支持是否必要。上述挑战产生的直接后果，便是 80 年代全球农民都经历的一场"国际农场危机"[③]，表现为保护性政策下的生产过剩，全球粮食价格的下降，农业社区的高负债和萧条等。这场危机更深远的影响是，它意味着英国自 1955 年以来的农业在乡村和乡村社会中的支配地位即将结束。紧接着，后生产主义发出信号，促使人们开始寻求理解乡村的新方式。

90 年代开始，农业的工业化和资本主义化导致了农业企业生产农场投入、服务农民或者流通、分配、零售食品和纤维制品的激增。这方面就业的增加间接和农业抵制在农产工作衰落的程度相关。但是，农业在农村地区的衰落，或者说农业在乡村经济中的重要性毫无疑问是下降的。[④] 以西班牙为例，整个 20 世纪，特别是后半个世纪，绝大部分农村社区出现了明显的人口外流和减少现象，只有很少的社区有职业变迁和

---

① Halfacree, H. 1999, A New Space or Spatial Effacement? Alternative Futures for the Post-productivist Countryside, In Walford, N. 1995. Reshaping the Countryside: Perceptions and Processes of Rural Change. London: Cambridge.

② 对于服务阶层对乡村的影响，主要参考：Cloke, P., Goodwin, M. 1992. Conceptualizing Countryside Change: From Post-Fordism to Rural Structured Coherence. *Transactions of the Institute of British Geographers.* 17 (5), 321-336.

③ Goodman, D., Redclift, M. 1991. *Refashioning Nature: Food, Ecology and Culture.* London: Routledge.

④ 至于下降到什么程度，以及是否有必要重新定义农业-农村经济的链接关系，这些问题有待于进一步的讨论，威尔逊仅提出有必要弥补这个研究缺口。具体参考：Wilson, J. 1995. Rural Restructuring and Agriculture-Rural Economy Linkages: A New Zealand Study. *Journal of Rural Studies.* 11 (5): 517-531.

人口增长的出现。① 就北美经验来看，常常被宣称农村社会的变迁已经
导致农业与更广的农村社区经济、社会性的"去耦"化（decoupling），
包括对薄弱的农业经济基础的低公共关注，农业自愿主义者的衰落，农
业消费者日益关注食品质量，密集的牲畜设施的选址问题，农场在追求
利润面前积极或消极抵制环境政策。

　　可以说，如今发达国家的"农村"不再等同于"农业"。从欧洲农
村经济的变迁研究来看，涉及"去农业化"发展的若干方面包括：第
一，从就业角度看，农业重要性的不断下降。如中欧地区，农村地区的
典型特点就是大量选择性的就业的出现，弱化非农场的农场经济；② 第
二，农场多样化和品质农业食品的重要性日益上升。而多样化是一个对
农业依赖性的下降的过程，常常被认为有助于农村的发展；③ 第三，服
务业、制造业以及高科技领域的就业持续上升；第四，乡村空间的新使
用者的出现，包括零售、旅游、休闲和环境保护。在某些地区人口流出
的同时，新的群体特别是服务阶层移入乡村地区带来的再人口化；第
五，"拥有者"和"不拥有者"之间生活质量的日益分化。除此之外，
乡村地区也包含着某些更深层次的变化，例如环境主义作为强有力的伦
理和政治力量的出现，乡村空间的新使用以及对土地和自然风景的新社
会需求，公众支持的本质变迁以及国际自由贸易的增加。④

　　可以说，二战以来西方发达国家的乡村研究无一例外地关注到了农
村经济的巨大变迁，特别是涉及了农村经济的三个结构性变迁，包括农
场经济的衰落，制造业和服务就业比例的增加，消费功能的增加。⑤ 与
乡村经济"去农业化"同时出现的，则是所谓乡村经济的多样化。对

　　① Collantes, F. 2007. The Decline of Agrarian Societies in the European Countryside: A Case Study of Spain in the Twentieth Century. *Agricultural History.* 81 (1): 76-97.

　　② Davis, J. 2001. *Conceptual Issues in Analysing the Rural Non-farm Economy in Transition Economies.* Natural Resources Institute, Chatham, Report No. 2635.

　　③ Chaplina, H., Davidova, S., Gorton, M. 2005. Agricultural Adjustment and the Diversification of Farm Households and Corporate Farms in Central Europe. *Journal of Rural Studies.* 20 (1): 61-77.

　　④ Bengs, C. 2005. *Urban-rural Relations in Europe.* in: Collections of Inter-regional Conference on Strategies for Exhancing Rural-urban Linkages Approach to Development and Promontion of Local Economic Development: 255.

　　⑤ 转引自 Tigges, M., Ziebarth, A., Farnham, J. 1998. Social Relationships in Locality and Livelihood: The Em-beddedness of Rural Economic Restructuring, *Journal of Rural Studies.* 15 (2): 203-219.

此，不少学者认为所谓的多样化经济，不过是农民减少依赖于农业生产的一种重要的战略选择。① 其实，乡村多样化战略带来的更为重要的一个趋势则是市场力量在乡村发展中的主导作用，它一方面使得作为弱质产业的农业逐渐被市场所边缘化，另一方面也推动乡村转型，成为人类居住体系中的一种新居住形态，发挥着新功能。

二　中国农村"非农化"研究②

正如温铁军所言，"三农"问题的实质是迷信城市化、市场化和农业现代化发展中逐渐导致的农村经济三大要素（土地、劳动力、资金）净流出，长期流出。③ 整理20世纪90年代以来国内农村研究文献，发现农村经济"非农化"研究非常主流，④ 而且多数研究均强调从农村劳动力、土地利用和配置、农业资本等几大方面来观察。⑤ 可以说，与发达国家研究相比，国内农村"非农化"变迁研究大致集中在三大问题上，即农村劳动力非农化、农村土地非农化以及农业非生产化。

1. 农村劳动力非农化

近20年来，如何实现农村劳动力转移一直是国内农村研究的重要主题⑥之一。面对农村人地矛盾产生的推力以及城市化对农村劳动力巨

---

① McNally, S. 2001. Farm Diversification in England and Wales–what can We Learn From the Farm Business Survey? *Journal of Rural Studies*. 17（2）：257–257.

② 大多数中国农村经济研究都以改革开放为起点，强调农村经济变迁的几大方面，包括农村经济变迁的国家调控背景，涉及农村土地制度、农业经营体制、农村税收制度改革等，这些往往被视为农村经济发展的动力机制；农村经济结构的调整，涉及农业生产结构调整、农村非农产业（工业化）发展、服务（零售）产业的发展、经济合作社、农业就业结构等，即农村经济变迁的结构要素；农村经济的市场化变迁，包括资本市场、劳动市场、土地市场、金融市场的建立与完善，这是发达国家农村现代化的选择，同样也被视为中国农村现代化的必由之路。

③ 温铁军在多次演讲、多篇文章中谈到的"三农"问题的本质，也被学界所认可。当然，基于三大要素的不断流失，农村也逐渐被置于没有未来，没有前途的预设中去。

④ 就国内农村经济研究的主要杂志——《中国农村经济》，其刊发论文的"非农化"偏好就很明显。具体到每一要素的描述时，笔者试图把相关的论文做个归整。

⑤ 这一观察视角源自马若孟的《中国农民经济》一书。不过，本书选择以"户"为研究单位的，与本章的"村庄"研究单位有着很大的不同，因此，我们强调从村庄视角来看，农村经济变迁主要从农村劳动力、农村土地以及农业三方面来概括。

⑥ 基于笔者精力以及论文篇幅所限，没有对文献做详细梳理。国内比较权威的研究有白南生、何宇鹏：《回乡，还是进城？——中国农民外出劳动力回流研究》，载李培林主编《农民工——中国进城农民工的经济社会分析》，社会科学文献出版社2003年版；蔡昉：《劳动力迁

大需求的拉力的共同作用，农村劳动力从流出地大规模转移出去是中国现代化的主流趋势。与此同时，不少学者强调中国农村劳动力流动与其他国家相比，有自己的特殊性，即既有流出又有回流的过程，呈现为一种"钟摆现象"，农民年轻时外出打工挣钱，年纪大了就回农村务农、务工或经商。尽管如此，中国劳动力大规模地从农村、从农业转移出来仍是不争的事实。单从改革开放以来农村就业结构来看，农、林、牧、渔业中就业的农村劳动力比重，从 1978 年的 92.5% 下降到 2008 年的 65.8%；其中除了有接近 1 亿农村劳动力是从本乡镇转移到非农产业就业外，更有大批农村劳动力外出务工经商，到 2008 年 6 月底外出农村劳动力已超过 1.5 亿人。[①]

（接上页）移的两个过程及其制度障碍》，《社会学研究》2001 年第 5 期；李路路：《向城市移民：一个不可逆转的过程》，载李培林主编《农民工——中国进城农民工的经济社会分析》，社会科学文献出版社 2003 年版；李强：《影响中国城乡流动人口的推力与拉力因素分析》，《中国社会科学》2003 年第 1 期；王奋宇、李路路等：《中国城市劳动力流动：从业模式、职业流动、新移民》，北京出版社 2001 年版；曾旭晖、秦伟：《在城农民工留城倾向影响因素分析——基于"河南省 298 个农户的调查"》，《人口与经济》2003 年第 3 期；章铮，《进城定居还是回乡发展？——民工迁移决策的生命周期分析》，《中国农村经济》2006 年第 7 期；周大鸣：《渴望生存——农民工流动的人类学考察》，中山大学出版社 2005 年版；朱信凯、陶怀颖：《农民工直接问卷调查情况分析》，载国务院研究室课题组《中国农民工调研报告》，中国言实出版社 2006 年版；蔡昉、王美艳：《农村劳动力剩余及其相关事实的重新考察——一个反设事实法的应用》，《中国农村经济》2007 年第 10 期；马晓河、马建蕾：《中国农村劳动力到底剩余多少？》，《中国农村经济》2007 年第 12 期；句芳等：《中原地区农户非农劳动时间影响因素分析——基于河南省 298 个农户的调查》，《中国农村经济》2008 年第 3 期；孙晓明、刘晓昀等：《中国农村劳动力非农就业》，中国农业出版社 2005 年版；盛来运：《中国农村劳动力外出的影响因素分析》，《中国农村观察》2007 年第 3 期；李强、龙文进：《农民工留城与返乡意愿的影响因素分析》，《中国农村经济》2009 年第 2 期；朱明芬：《农民工家庭人口迁徙模式及影响因素分析》，《中国农村经济》2009 年第 2 期；展进涛、陈超：《劳动力转移对农户农业技术选择的影响——基于全国农户微观数据的分析》，《中国农村经济》2009 年第 3 期；欧阳峣、张杰飞：《发展中大国农村剩余劳动力转移动因——一个理论模型及来自中国的经验证据》，《中国农村经济》2010 年第 9 期；李旻、赵连阁：《农村劳动力流动对农业劳动力老龄化形成的影响——基于辽宁省的实证分析》，《中国农村经济》2010 年第 9 期；刘晓昀：《农村劳动力流动对农村居民健康的影响》，《中国农村经济》2010 年第 9 期。

① 作为中央农村工作领导小组办公室主任，陈锡文一直关注中国农村经济变迁，曾对新中国成立以来的农村经济变迁做了比较全面的概括。除了农村就业结构深刻变化之外，他还强调了农村经济其他两个方面变迁：首先是农业生产结构更趋合理。农、林、牧、渔在农业总产值中的比重，由 1978 年的 80%、3.55%、15.98%、1.58%，转变为 2008 年的 58.35%、3.71%、35.59%、8.97%。其次是农村非农产业快速发展。乡镇企业从无到有，2008 年的增加值达到 8.5 万亿元，相当于当年国内生产总值的近 28%。具体参见陈锡文《我国农业农村的 60 年沧桑巨变》，《求是》2009 第 19 期。

可以说，农村劳动力从传统农业部门向非农业部门转移、从农村向城镇流动，既是经济发展到一定阶段的需要，也促进了国民经济的增长，是世界各国现代化发展过程中必然会出现的现象。因此，对于农村劳动力转移对国民经济增长贡献的计算和证明则是一个较为常见的研究主题。一方面，不少学者都证明了农村劳动力转移与国家经济增长是一种正相关的关系。据许召元、李善同对中国30个省份间劳动力转移的研究证明，农村劳动力转移贡献了0.22—0.66个百分点的 GDP 增长率。① 而贾伟、辛贤则进一步证明了农村劳动力转移不仅增加了 GDP，同时拉大了各产业增加值之间的差距；农村劳动力从农业部门转移到工业部门使农业产品产量下降，而工业产品产量上升，农业产品价格上涨，工业部门、服务业产品价格下降，但是，随着农村劳动力转移数目的增加，各产业部门产品价格变动幅度在下降。② 另一方面，大量的文献研究发现农村劳动力流动对缩小地区差距以及改善收入不平等发挥了重要的作用。市场条件下，劳动力总是从边际劳动生产率低的地区流向高的地区，有助于提高劳动力资源的利用率，缩小地区间的劳动报酬差距和人均 GDP 差距。③ 从20世纪80年代和90年代中国跨地区劳动力流动对缩小地区差距的贡献来看，主要表现在两个方面：首先，中西部低收入地区的劳动力外流，缓和这些地区农村人口对土地的压力和就业压力，由于劳动边际报酬递减规律的作用，这些地区的劳动生产率会随着劳动力数量的减少而提高，从而提高人均收入水平；其次，劳动力流动还为中西部地区带来了大量的汇款，这对提供那些相对贫困、外流劳动力多的区域来说，提高收入的作用尤为明显。④

与此同时，不少研究关注到大规模转移农村劳动力的进程遭遇了到一些复杂的挑战。首先，伴随着中国东部沿海省份工业化发展的加速，2003年开始出现了所谓的"民工荒"现象。究其原因，不少研究者认为这与

① 许召元、李善同：《区域间劳动力迁移对地区差异的影响》，《经济学季刊》2008年第8卷第1期。
② 贾伟、辛贤：《农村劳动力转移对国民经济增长的贡献》，《中国农村经济》2010年第3期。
③ 姚枝仲、周素芳：《劳动力流动与地区差距》，《世界经济》2003年第4期。
④ 王小鲁、樊纲：《中国地区差距的变动趋势和影响因素》，《经济研究》2004年第1期。

年轻劳动力由无限供给变成了有限供给，越过了农村劳动力转移的第一个刘易斯转折点直接相关。① 当然也因为某些体制安排，导致中国年轻劳动力已经出现严重短缺。其次，中西部乡镇企业比较薄弱的地区，仍有1亿多富余农村劳动力，且以中年以上的劳动力为主，多以农业剩余劳动时间的形式存在，其转移就业成为难题。② 再次，从农村家庭成员的经济行为来看，如今农村家庭青年劳动力，尤其是男劳动力，大规模外出打工，成为家庭主要收入来源。农业已经变为整个家庭的副业，呈现出复杂的"兼业化""女性化"和"老龄化"趋势。此外，农村劳动力转移和重组过程的更为深远的社会影响，比如村庄空心化、治理危机、农民工市民化等，这些问题均是当前中国农业以及农村发展中突出的问题。如何评估这些挑战会对农村经济变迁乃至农村整体转型会带来什么样的影响，这将是一个不得不面对的课题。③

2. 农村土地的非农化④

长期以来，"农民非农化"与"农地非农化"被认为是工业化与城镇化的必然趋势。⑤ 换句话说，农村劳动力大规模转移必然导致农村土

---

① 崔传义：《进入新阶段的农村劳动力转移》，《中国农村经济》2007年第6期。

② 崔传义：《进入新阶段的农村劳动力转移》，《中国农村经济》2007年第6期。

③ 另外的一些复杂因素也逐渐被学界所关注，比如国际金融危机对中国农村劳动力转移带来的影响。资料可以参考中国农村经济2009年第9期"金融危机"专栏中几篇文章：盛来运、王冉、阎芳：《国际金融危机对农民工流动就业的影响》，《中国农村经济》2009年第9期；王德文等：《金融危机对贫困地区农村劳动力转移的影响》，《中国农村经济》2009年第9期；石智雷、杨云彦：《金融危机影响下女性农民工回流分析——基于对湖北省的调查》，《中国农村经济》2009年第9期。

④ 农村土地非农化研究有闵捷等《农地城市流转微观特征分析——武汉市城郊区问卷调查》，《中国农村经济》2007年第1期；黄庆杰、王新：《农村集体建设用地流转的现状、问题与对策——以北京市为例》，《中国农村经济》2007年第1期；钱忠好等：《农民土地产权认知、土地征用意愿与征地制度改革：基于江西省鹰潭市的实证研究》；钱忠好：《非农就业是否必然导致农地流转——基于家庭内部分工的理论分析及其对中国农户兼业化的解释》，《中国农村经济》2008年第10期；李效顺、曲福田等：《中国建设用地增量时空配置分析——基于耕地资源损失计量反演下的考察》，《中国农村经济》2009年第4期；包宗顺等：《农村土地流转的区域差异与影响因素——以江苏省为例》，《中国农村经济》2009年第4期；谭荣、曲福田：《中国农地非农化与农地资源保护：从两难到双赢》，《管理世界》2006年第12期；陈江龙、曲福田、陈雯：《农地非农化效率的空间差异及其对土地利用政策调整的启示》，《管理世界》2004年第8期；刘平辉、叶长盛：《农业用地转化为建设用地的内在机制及驱动力研究》，《中国土地科学》2007年第6期；张宏斌、贾生华：《土地非农化调控机制分析》，《经济研究》2001年第12期。

⑤ 简新华、张国胜：《论中国农民"非农化"与"农地非农化"的协调》，《求是学刊》2007年第6期。

地使用性质的变迁，主要表现为土地从农业用途向非农建设用途的转变，这一过程既包括农地的城市流转，也包括农地转为农村建设用地及集体企业用地。[①]

改革开放以来，土地的非耕种化、城市化是国内农村经济改革中的主流思路。[②] 据统计，1986—2002 年，全国每年约有 16.85 万公顷的农用地转变成非农用地。[③] 另据韩俊推测，若按现在的经济发展进度，2000—2030 年 30 年城市化将占用耕地达到 5550 万亩以上，失地和部分失地的农民将超过 7800 万人。[④] 尽管事实上中国的耕地面积远远不够，[⑤] 也不断有类似 "农地应当适度非农化"[⑥] 的警告，但是我国的农地非农化速度仍旧保持着高速的增长。于是，不少研究着力于分析农地非农化的动力机制，强调人口、经济发展、基础设施建设以及城市化等因素的推动作用[⑦]，较为综合性的研究则强调土地非农化是由内在的自发流转机制和人为加速的流转机制共同决定的。具体来说，内在的自发流转机制包括城市的离心力机制、乡村的梯度克服与向心力机制、环境竞争机制、区位替代机制；人为的加速流转机制包括利益驱动机制、价

---

① 韩冰华：《现代化进程中农地非农化问题刍议》，《湖北社会科学》2005 年第 2 期。

② 比较权威的研究作品包括：曲福田、陈江龙、陈会广：《经济发展与中国土地非农化》，商务印书馆 2007 年版；钟水映、李魁：《中国工业化和城市化过程中的农地非农化》，山东人民出版社 2009 年版；曲福田、谭荣：《中国土地非农化的可持续治理》，科学出版社 2010 年版；靳相木：《解析征地制度改革的主流思路》，《中国农村经济》2008 年第 2 期。

③ 穆向丽、孙国兴、张安录：《农户农用地征用意愿的影响因素实证分析——基于湖北省 302 个农户的调查》，《中国农村经济》2009 年第 8 期。

④ 韩俊：《土地农民集体所有应界定为按份共有制》，《政策瞭望》2003 年第 12 期。

⑤ 陈锡文：《当前农业与农村经济形势与 "三农" 面临的挑战》，《中国农村经济》2010 年第 1 期。

⑥ 周立群、张红星：《农地适度非农化：寻求合理的实现机制》，《学术月刊》2011 年第 2 期。

⑦ 第一，人口增加以及城市化进程的推动，导致对住宅、公共设施建设用地的需求大大增加。根据第六次全国人口普查数据来看，我国全国总人口为 1339725852 人，与 2000 年第五次全国人口普查相比，十年增加 7390 万人，增长 5.85%，年平均增长 0.57%；居住在城镇的人口为 66557 万人，占总人口的 59.68%，居住在乡村的人口为 67515 万人，占 50.32%。第二，经济发展带来的土地非农化。据研究表明，耕地面积减少程度与经济增长的速度和经济发展水平之间有着明显的相关关系，经济增长速度愈快、经济发展水平愈高的地区其耕地的减少程度愈高，反之亦然。第三，基础设施建设的加大也将不断推动农地非农化的进程。其中，交通基础设施的建设占用农用地的份额是非常明显的。此外，通信、水利、能源以及国防设施等建设都会占用农用地。

格激化机制、制度诱导机制以及投机分割机制。① 这些研究有意无意要说明的就是农地非农化在工业化、城市化、现代化的目标设计下是一种必然的选择。

1995 年，美国世界观察研究所所长莱斯特·布朗发出的"20 世纪谁来养活中国"② 引发国内农村研究的"农地非农化"与"粮食安全问题"大讨论，这也导致人们开始对大规模的"农地非农化"发展持谨慎的态度。对此，部分主流经济学家认为布朗的粮食危机不过是个悲观消极的预言，③ 中国的农地非农化与粮食安全之间并不矛盾。相反，应该放松农地非农化的管制，促进经济增长，提高城市化水平，减轻农村土地的压力。进一步的研究则通过计算 1989—2000 年以及预测 2000—2030 年中国农地非农化对粮食安全影响，结论认为农地非农利用的直接经济效益要远远高于其他农用土地，农地非农利用对于经济发展的推动作用要大于其他土地利用方式。④ 这与国际经验证明的经济发展水平越高的国家，解决粮食安全的能力越强的逻辑⑤是一致的。也就是说，从经济发展与粮食安全的角度来看，农地非农化不仅促进了经济发展，而且还间接地对粮食安全有一定的正面影响。⑥ 与此相反，部分研究者则警告，目前我国 91.35% 的土地被征用前均用于种植粮食作物和经济作物，⑦ 而且发生在经济相对发达的沿海和东部地区农地非农化，其所占用的耕地一般具有相对较高的肥力和复种指数。⑧ 土地非农化是一种单向、不可逆的过程，土地一旦非农化，其土壤结构、养分构成等都会

---

① 张安录：《城乡生态经济交错区农地城市流转机制与制度创新》，《中国农村经济》1999 年第 7 期。

② Brown, R. 1995. Who Will Feed China? World Watch. September/October.

③ 如著名经济学家盖尔·约翰逊，茅于轼等均持类似看法。可以参见 D. 盖尔·约翰逊《经济发展中的农业、农村、农民问题》，林毅夫、赵耀辉编译，商务印书馆 2004 年版，第 67 页。

④ 陈江龙、曲福田：《农地非农化与粮食安全：理论与实证分析》，《南京农业大学学报》2006 年第 2 期。

⑤ ［日］速水佑次郎：《发展经济学——从贫困到富裕》，李周译，社会科学文献出版社 2003 年版，第 157—182 页。

⑥ 茅于轼：《不要再被"粮食危机论"所误导》，《西部大开发》2004 年第 Z1 期。

⑦ 李燕琼、嘉蓉梅：《城市化过程中土地征用与管理问题的理性反思——对我国东、中、西部 1538 个失地农户的调查分析》，《经济学家》2006 年第 5 期。

⑧ 谭荣、曲福田：《中国农地非农化与农地资源保护：从两难到双赢》，《管理世界》2006 年第 12 期。

遭到不同程度的破坏，在短期内是无法恢复的。^① 因而，为保证我国的粮食安全，必须将保护耕地资源提高到国家经济安全的战略高度，实施世界上最严格的土地管理制度。^②

除此之外，大量研究则关注到了大规模农地非农化引发的一系列政治社会问题，特别是农民土地权利的保护以及失地农民的市民化问题。有研究认为由于我国政府特别是地方政府侵害土地权益的利益驱动以及土地征用的公共利益界定、征地补充标准制定困难等原因，不少农民的土地权益遭受侵害。^③ 同时，社会学家以特有的视角关注到由于土地权利缺失而产生的"失地农民"^④ 群体及其引发的社会问题。比如，本世纪初开始陈映芳教授就对上海市郊的失地农民展开调研，发现征地农民不仅面临着就业难的现实困境，而且还呈现出非市民待遇以及市民意识等一系列转型的困境。^⑤ 从实际情况来看，由于我国长期以来存在的城乡二元社会结构以及城乡隔离政策，导致农民在市民化过程必然面临角色转型^⑥、群体分化^⑦、策略转化^⑧以及文化认同^⑨等诸多方面的蜕变。当然，这将是一个漫长、曲折的社会转型工程。

---

① 高雅：《我国城市化进程中的土地非农化问题研究》，硕士学位论文，郑州大学，2005年，第2页。

② 李岳云：《工业化、城市化与粮食安全》，《现代经济探讨》2007年第1期。

③ 钱忠好等人不断强调，在农地非农化过程中，必须明确界定公共利益，规范政府土地征用行为，进一步提供土地征用补偿标准，完善土地征用补偿机制；赋予农民国民待遇，完善社会保障体系。同时，建立有效约束机制，避免政府暴力潜能等有助于规范政府土地征用行为，切实保障农民土地权益。具体参见钱忠好《现行土地征用制度的理性反思》，《南京社会科学》2005年第1期。

④ "失地农民"是近年来逐渐"流行"的概括，对此比较全面的梳理可以参考黄建伟《失地农民的概念问题研究》，《调研世界》2009年第3期。

⑤ 陈映芳：《征地农民的市民化——上海市的调查》，《华东师范大学学报》（哲学社会科学版）2003年第3期。

⑥ 文军：《农民市民化：从农民到市民的角色转型》，《华东师范大学学报》（哲学社会科学版）2004年第3期。

⑦ 笔者曾谈到撤村建居带来的社会变迁会在两个层面上体现：第一是农村社区到城市的转变，第二是农民到市民的转变。其中转变中存在着社区类型的差异，比如城市边缘的形成型社区、近郊的发展型社区、城区的成熟型社区以及市中心的完成型社区；居民职业的分化大致有社区管理者阶层、第二三产业劳动者以及单纯食利者阶层。具体参见王萍《撤村建居过程中的群体分化问题》，《浙江社会科学》2008年第2期。

⑧ 毛丹、王燕锋：《J市民为什么不愿做市民——城郊农民的安全经济学》，《社会学研究》2006年第6期。

⑨ 陈映芳：《"农民工"：制度安排与身份认同》，《社会学研究》2005年第3期。

3. 农业的非生产化①

对于农业在社会生活中承载的功能以及人们从事农业生产的动机研究一直以来是农业、农民研究的核心。② 随着农业不再是农村地区的主要就业产业，其他的经济与社区部门就对农业及其整个农村地区产生了新的需求。而农业正在使自己满足于更加复杂、分化的需求，以及更加本地化的市场和规制化框架。③ 农业慢慢地从农业发展的"生产"阶段分离出来，进入了所谓的农业"非生产"阶段。这种变迁主要是指农业作为一个生产部门，其促进粮食生产效率最大化的定位慢慢开始遭遇修正，欧美学者把这称为农业的"后生产转型"④。国内对此还没有形成系统的研究，但越来越多的人开始注意到农业作为一种生活休闲方式，一个消费取向的产品，一种文化类型的角色和功能。对此，笔者姑且用"农业的非生产化"趋势来概括，⑤ 具体表现在以下几个方面。

第一，农业日益成为一种兼职行为。⑥ 不少研究分析证实，中国农户的兼业化现象已经非常普遍。根据国家统计局农村社会经济调查总队1987年的抽样调查显示，中国的纯农户（指仅从事农业生产）占全国农户的比重是23.5%，而兼业户的总比例则已经达到76.6%。⑦ 到了1998年，全国农业普查办公室的调查资料则显示，纯农户的比例上升为

① 这一表述主要参考西方的生产主义与后生产主义农业讨论范式。从中国农业发展的实际情况来看，农业主要还是一个提供农产品的，以生产利润为导向的产业。这里所说的非生产化，主要是基于逐渐凸显的对农业角色、功能以及意义的非传统生产的看法，这区别与生产主义/后生产主义农业转型的判断。

② 斯科特的生存伦理，恰亚诺夫的社会化小农，波普金的理性小农等都涉及农民从事农业经济行动的逻辑，需进一步讨论。

③ Marsden, T. 1999. Rural Futures: The Consumption Countryside and its Regulation. *Sociologia Ruralis*. 39 (5): 501-520.

④ Ilberty, B., Bowler, R. 1998. From Agricultural Productivism to Post-productivism. In: Ilbery, B. et al. *The Geography of Rural Change*. Longman, Harlow.

⑤ 一方面，非农业化的表述区别于农业的后生产主义转型表述，另一方面，"非农业化"仅仅是一种趋势，而非一种已经成型的状态。

⑥ 国外农业兼职行为的研究也很普遍。比如，日本的第二种兼业农户现象，30%是自给型农户，几乎没有农业收入，而其余70%的农户，农业收入也不过占其总收入的10%。"富裕的农村"则是靠农业外收入来支撑的。参见 ［日］山口重克主编《市场经济：历史·思想·现在》，张季风译，社会科学文献出版社2007年版，第179页。

⑦ 余维祥：《论我国农户的兼业化经营》，《农业经济》1999年第6期。

59.26%，东部为 58.56%，中部为 63.56%，西部为 70.68%；兼业户的情况更为复杂，其中"Ⅰ兼户"的比例为 18.25%，东部为 17.9%，中部为 18.95%，西部为 17.91%；"Ⅱ兼户"的比例为 12.79%，东部为 17.78%，中部为 11.26%，西部为 6.95%，全国兼业户的总比例为 31.03%；非农户的比例，全国为 9.7%，东部为 15.86%，中部为 6.2%，西部为 5.56%[①]。2002 年，国家统计局农村社会经济调查总队公布的《中国农村住户调查年鉴》中计算的农村居民纯收入构成来看，中国农户兼业化的发展非常迅速。数据显示：1983—2001 年期间，农户第一产业纯收入在农村居民纯收入中的比重由 68.65% 持续下降为 57.61%；第二、三产业纯收入比重由 5.85% 持续上升到 15.08%；工资性收入比重由 18.57% 上升到 32.62%，这种收入构成的变化无疑说明中国农户兼业化程度在不断提高。尤其是到 2000 年，第一产业纯收入在农村居民纯收入中的比重已低于 50%。[②] 仅从经济欠发达的河南省情况来看，1986 年，河南省农户兼业化程度为 55.7%，到 2002 年增长到 62.3%。[③] 这一数据在 2007 年初对河南省 550 个农户的调查，在兼业户中，农业兼业户仅有 58 户，占比为 13.12%，非农业兼业户则有 385 户，占比高达 86.88%。[④] 上述纵向和横向的比较数据可以说明，中国大多数农户同时依赖小家庭农场的种植和外出打工来维持生活，形成了一个以"半工半耕"农户为主要社会成员的社会形态。[⑤]

　　对上述现象，较多研究强调从宏观农业、农村发展的状况来讨论农业兼业化的动因及其影响。归纳起来看，国内许多学者认为农户兼业化的动因主要在于：（1）人多地少的客观现实，加上农业增长方式由劳动力集约向资本、技术集约转变，农业剩余劳动力日益增加，农业的劳动边际生产率低；（2）工业和服务业发展迅速，提高了农业劳动的机

---

　　① 温思美、赵德余：《我国农户经营的非专业化倾向及其根源》，《学术研究》2002 年第 10 期。

　　② 向国成、韩绍凤：《农业兼业化：基于分工视角的分析》，《中国农村经济》2005 年第 8 期。

　　③ 李小健、乔家君：《欠发达地区农户的兼业演变及农户经济发展研究——基于河南省 1000 农户的调查分析》，《中州学刊》2003 年第 5 期。

　　④ 句芳、高明华、张正河：《我国农户兼业时间影响因素探析—基于河南省农户调查的实证研究》，《农业技术经济》2008 年第 1 期。

　　⑤ 黄宗智：《中国的隐性农业革命》，法律出版社 2010 年版，第 85 页。

会成本；（3）从我国实际来看，均分性的土地具有社会保障功能，并且随着经济发展，土地的价值也在提高，导致了农民并不会完全放弃农业，对土地的转让比较谨慎。① 此外，部分研究强调从微观层面来研究农业兼业化中的农户行为动机。这其中，较多的以理性经济人假设为基础，认为我国农户兼业是农民在特定环境约束下的一种理性选择的结果。② 不过，对于 20 世纪 90 年代末以来，仍有不少农民明知"种粮不赚钱"却坚持种粮等农业活动，所谓理性经济人的理论解释力显然不够。于是，较为朴素的讨论把农民这一逻辑解释为"糊口与养老"③。也就说，无论是青年农民，还是老年农民，他们从事农业行为的目的都不是为了粮食生产最大化，获取高额农业利润。反之，他们从事农业是一种生活惯习，甚至是获取某种社会功能。对此，较为严谨的社会科学学理性分析，主要从恰亚诺夫、斯科特等人的农民理论出发，把工业化、城市化进程中农民从事（保留）农业行为的动机解释为"安全第一"的生存伦理。④

第二，农业作为一种文化商品的消费趋势。20 世纪 90 年代以后我国开始逐渐出现"观光农业"⑤ "农业旅游"⑥ "乡村旅游"⑦ 等新型农

---

① 向国成、韩绍凤：《农化兼业化：基于分工视角的分析》，《中国农村经济》2005 年第 8 期。

② 尚欣、郭庆海：《基于理性经济人视角下我国兼业农户行为分析》，《吉林农业大学学报》2010 年第 5 期。

③ 罗金莲：《当下农民种粮的二元动机》，http：//www.zgxcfx.com/Article_ Show.asp? ArticleID=52353。在作者看来，年轻农民，粮食种植只是生产的附属，或是出于习惯或是出于便利的生产环境而种粮。而对于农村老年人来讲，种粮是唯一技能，不种无法养老。种粮是责任，通过交换来养老。种粮是自愿，减轻子女养老负担。

④ 对此讨论可以进一步参考毛丹、王燕锋《J 市民为什么不愿做市民——城郊农民的安全经济学》，《社会学研究》2006 年第 6 期。

⑤ Hopkins, J. 1998. Signs of the Post-Rural：Marketing Myths of a Symbolic Countryside. *Human Geography*. 80（2）：65-81.

⑥ 我国国家旅游局 2002 年颁布的《全国工农业旅游示范点检查标准》中，将农业旅游界定为：以农业生产过程、农村风貌、农民劳动生活场景为主要吸引物的旅游活动，这显然与乡村旅游的重合较多。

⑦ 国内对乡村旅游的关注是比较晚的，90 年代才开始有相关的研究出现。2006 年，中国农村经济杂志开始关注乡村旅游，比如：操建华：《旅游业对农村和农民的影响——贵州省荔波县、云南省昆明市团结乡和云南省石林县案例分析》，《中国农村经济》2006 年第 10 期；万先进、邱映贵：《乡村旅游初探》，《中国农村经济》2006 年第 11 期；刁宗广：《中国乡村休闲旅游的兴起、发展和建议刍议》，《中国农村经济》2006 年第 11 期；郎富平、杨眉：《社

业与农村发展形态。近年来，这一趋势发展速度很快，并且常常被作为乡村现代转型的主要内容与形态。

就观光农业发展来看，目前全国各种类型农业园区就有 3000 多个，遍布全国 31 个省区市。① 从类型上说，有观赏型、品尝型、购物型、参与型、娱乐型、疗养型、度假型、科普型、会战型、节庆型等十余种。② 这些农业园区的经营主体非常多元，有个体农民、村集体、企业、科研院所、大学或者事业单位、政府等。大多研究强调从旅游经济学的视角来讨论这种发展趋势，直接把观光农业定位为以农业为基础、以旅游为手段、以城市为市场、以参与为特点、文化为内涵的新型生态旅游业，③ 是一种以农业为依托，农业和旅游业相结合的一种交叉型的新兴产业。它是农业发展的新途径，是旅游业发展的新领域。④ 因此，观光农业同时具有农业和旅游业的双重属性，包括农业生产的本身特性，可以提供满足人们物质需要的农产品。当然，所谓观光农业或者乡村旅游最重要的目的并不是体现农业本身，而在农业生产之外的功能，包括观赏、娱乐、参与、文化以及市场和效益。据此，发展观光农业与乡村旅游的重要意义就在于既能发展农业生产、维护生态环境、扩大乡村的游乐功能，又能达到提高农业效益与繁荣农村经济的目的。⑤ 诸如"农业旅游""生态旅游""绿色旅游"等表述也基本上是从"农业"为旅游产品为特征的，这种发展的本质是把农业作为一种商品，并用来供城市居民来消费。在这里，农业存在的目的不是为了生产某种产品，

（接上页）区居民对乡村旅游的态度感知分析》，《中国农村经济》2006 年第 11 期；《城郊乡村旅游地居民对旅游开发的感知和态度分析——以武汉市东西湖区石榴村为例》，《中国农村经济》2007 年第 7 期；汪德根等：《基于职业类型的城市居民乡村旅游需求差异分析——以苏州市为例》，《中国农村经济》2008 年第 1 期；吕君、刘丽梅：《草原旅游发展中社区居民环境意识水平的调查分析》，《中国农村经济》2008 年第 1 期；李星群：《广西乡村旅游经营实体特征与经营效应分析》，《中国农村经济》2008 年第 1 期；熊剑平等：《城郊农村居民对乡村旅游感知影响因素的实证分析——以武汉市黄陂区明清古街为例》，《中国农村经济》2008 年第 1 期。

① 孙艺惠、杨存栋、陈田等：《我国观光农业发展现状及发展趋势》，《经济地理》2007 年第 5 期。
② 杜姗姗、蔡建明、陈奕捷：《北京市观光农业园发展类型的探讨》，《中国农业大学学报》2012 年第 1 期。
③ 潘贤丽：《观光农业概论》，中国林业出版社 2009 年版，第 90 页。
④ 丁忠明、孙敬水：《我国观光农业发展问题研究》，《中国农村经济》2000 年第 12 期。
⑤ 丁忠明、孙敬水：《我国观光农业发展问题研究》，《中国农村经济》2000 年第 12 期。

发挥初级生产部门的功能，而是作为一种可以消费的产品，发挥着乡村服务业的功能。对此，肯定性的看法认为它是农业多功能开发的一种路径，是增强农业发展，乃至带动乡村经济的重要手段；批评性的看法则认为，目前的观光农业、农业旅游等发展形式，其本质是把农业成为一种可以"秀"的文化类型，这会使农业自身发展丧失它的生命力。

　　乡村旅游则是近年更多使用的一个概念，或常常被认为是农村发展的一种新路径，发展形态大致有20世纪80年代的"农家乐"、90年代的"农村娱乐"以及当前日益流行的"乡村度假"①。不过，国内乡村旅游研究是90年代后才开始的，重点在介绍国外的乡村旅游，界定乡村旅游的概念、结合案例研究乡村旅游的发展战略以及乡村旅游的理论探讨。②与国外乡村旅游的后现代看法，即强调乡村旅游是指通过特定地区的市场化，给居民、参观者、投资者以及发明家提供乡村认同的符号，并使之价值化③的看法相比，国内乡村旅游理论研究仍是处于比较薄弱的领域。

　　综合来看，无论是发达国家，还是改革开放以来的中国，农村经济变迁无不透露出市场专制主义的逻辑，使劳动力、土地和货币成为虚拟商品，即所谓的波兰尼"第一次大转型"④。更通俗地讲，国内外农村发展经验不约而同地显示，农村经济的市场化变迁主要呈现为工业化以及城市化对农村劳动力、土地和资本这三大要素的需求，具体展现为工业资本对农业的渗透，导致农业工业化、商品化；对农村土地的侵占，导致村庄非农化、农民非农化发展；市场条件下，农村人口的向外迁移，导致农业就业人口的不断下降，即农村"去人口化"以及进一步的"空心化"。基于此，多数乡村转型研究就会自觉不自觉地把研究基

---

①　操建华：《旅游业对农村和农民的影响——贵州省荔波县、云南省昆明市团结乡和云南省石林县的案例分析》，《中国农村经济》2006年第10期。

②　可以参考万先进、邱映贵《乡村旅游初探》（《中国农村经济》2006年第11期），该文中对乡村旅游国内现状作了介绍。

③　Bascom, J. 2001. "Energizing" Rural Space: The Representation of Countryside Culture an Economic Development Strategy. *Journal of Cultural Geogratphy*. 19（1）：53-73.

④　［英］卡尔·波兰尼：《大转型：我国时代的政治与经济起源》，冯钢等译，浙江人民出版社2007年版，第98页。

于这样的逻辑起点，那就是：村庄的"去农业化"，或者农业与村庄（乡村）① 日益剥离是个不争的事实，而且这种看法日益融入到乡村发展的前景预测、战略规划以及实施策略中去。

如今，中国民众已经形成普遍的认识，认为"唯有在更高度的城镇化解决了人口压力之后才有可能根本改变农业生产和农民收入"，"连农村人自己也已经相当普遍地把农业看作是没有出路的绝境，千方百计地想让自己的下一代跳出农业和农村"②，这既被认为是中国现代化的必经之路，也成为愈演愈烈的"三农"问题的主要根源。尽管如此，这种简单地判断需进一步阐释两个问题：一是从理论研究角度来看，需清晰说明"去农业化"村庄变迁的路径判断怎么发生、理论上如何说明以及可能导致的后果等命题，这是当前中国农村研究亟须补证的领域。二是从经验层面看，正如笔者在文献回顾中提醒的，乡村发展的"去农业化"理论预判会对乡村研究产生复杂的影响，需要谨慎地对待这一说法，评估其出现的各种"意外"情况。

第二节　村庄"去农业化"变迁

一　农业与村庄关系的变迁

一直以来，农业与村庄的关系似乎是一个不用过多说明的问题。因为农业一直是区分乡村特性的重要指标，是村庄最重要的景观部分，村庄的核心就是农业经济的存在。也即对于农村来说，农业是初始的、第一性的东西，没有农业也就没有农村。③ 但是，近30年的发展经验不断提醒我们：农业与村庄的关系并不是如此简单明晰，可以用一句话讲清楚的问题。对这个看似基本的问题，在经验上会遭遇这么几个刺激：第一，农业对部分村庄来说可以不是第一性的，甚至是几近消失的产业，

---

① 有些文献强调农村与乡村是有区别的，农村是一个以从事农业生产为主的聚居地，而乡村则主要是从事农业、人口分布较城镇来说具有分散特点的地方。

② 黄宗智：《中国农业面临的历史性契机》，《读书》2006年第10期。

③ 许经勇：《用发展的观点认识农业、农村与农村经济》，《江西社会科学》2000年第4期。

比如工业化的村庄、旅游型村庄、都市里的村庄。第二，农业并不一定与村庄重叠，比如都市农业区、市民农业。第三，国家对待农业与农村态度的矛盾性，即一方面从 GDP 角度出发，国家重点发展的是非农产业，或直接鼓励农村走非农化道路；另一方面农业作为基础产业，在粮食安全、社会稳定等方面扮演着无比重要的角色。因而可以说，农业与村庄的关系这个古老的问题已经成为一个现代社会"经常性的困惑"，是必须要加以解释的命题。

从理论视角来看，波兰尼关于市场的"嵌入"与"脱嵌"，以及市场、市场经济、市场社会等概念的阐释及大转型的政治与经济起源分析，能有助于我们更好的理解农业与村庄之间的复杂关系变迁。在 19 世纪之前的前资本主义阶段，市场及其经济只是社会系统的一个有机组成部分，是"嵌入"在整体社会关系之中的，波兰尼甚至认为"直到中世纪结束之时，市场都不曾在经济体系中扮演过重要角色"①。不过自 19 世纪以后，随着自由放任、自发调节的市场经济体系的逐步建立，长期稳定的社会结构也逐渐被打破了，这一过程体现被波兰尼形容为"脱嵌"的市场如脱缰的野马，开始脱离乃至凌驾于社会之上，村庄当然也不例外。这一从"嵌入"到"脱嵌"的过程中，关键在于市场与社会的关系发生了根本的变化，即当市场"嵌入"在社会之中时，零星的市场尽管存在，却是从属于社会的。然而随着市场从社会中"脱嵌"，社会的运转反而受市场的支配，社会也就演变成了"市场社会"，并呈现混乱甚至解体的危险。市场由"嵌入"到"脱嵌"的过程，也是市场、市场经济、市场社会的演化过程。从波兰尼的理论出发，我们可以看到，进入近代之后，每一个村庄几乎都被卷入了市场经济的洪流中，产生的直接后果那就是类似于市场与社会、农业与村庄关系也经历了互嵌、脱嵌的过程。

1. 农业则是一种与众不同的产业，是一种特殊的经济类型②

村庄是人类聚落发展中的一种低级形式，人们主要以农业为主，所

---

① ［英］卡尔·波兰尼：《大转型：我国时代的政治与经济起源》，冯钢等译，浙江人民出版社 2007 年版，第 118 页。

② 李成贵：《中国农业政策：理论框架与应用分析》，社会科学文献出版社 2007 年版，第 20 页。

以又称为农村。可以说，在很长的历史时期，农业与村庄的关系非常密切，甚或常常有人把农村简单看成是纯粹经营农业的地方，认为农村就等同于农业，农村人就是从事农业劳动的农民。这个时期农业和村庄是互为嵌入的，村庄的性质表现为生产性和生活性的重合，即村庄就是农业生产，因为只有村庄才可以为农业生产提供条件，从自给自足到互惠互利都需要村庄作为保障；农业就是村庄，农业生产和农村生活是重合的，生活就是围绕农业生产展开的，村庄同时是生活性的，是熟人社会关系中的，村庄熟人社会关系为村民提供了进行生产生活的社会支持。因此，在这种农业与村庄紧密相连的关系基础上形成的共同体还表现在：农业尽管作为一种产业，担负着提供粮食的重任，但该阶段的农业生产主要并不是遵循市场经济的效率、利润原则，而是以生存共同体的互惠、互助为核心。农业与村庄的互嵌或者说农业村庄则说明了，农业作为一种经济行为，既以村庄作为一种地域基础，同时也把村庄生活编织进生产领域，使得村庄的生产和生活行为交织在一起。

2. 农业商品化之后，村庄与农业互嵌格局逐步解体

农业与村庄互嵌具体表现在：农业生产的目的主要是为了满足外部庞大的市场需求，其生产和销售行为逐步脱离村庄。农业逐步市场化，这意味着农业可以从村庄中"脱嵌"出来，这一过程表现在农业产业化和专业化的市场发展，导致一部分农村劳动力开始从农业中解放出来，不必再与农业捆绑在一起，而是可以自由地迁移到非农产业和城市中；农业市场化需要农业技术为支撑，进行集约式发展，这意味着在同样的土地面积上，农业产量是过去的几倍、几十倍，这就大大降低了农产品的价格。于是，农村土地闲置、农业经济活动的零散，甚至农业成为女性和老人就业的主战场，从而使得村庄成为一个"被遗弃的世界"。村庄不再是为农业生产提供便利的生产性单位，也不再扮演着熟人社会的角色，换句话说，村庄不再是可以为居民提供生产生活的社会支持单位。村庄与农业互为需要的关系慢慢消解了，农业成为工业生产中的一个部门，从这意义上讲，村庄转型的本质甚至可以简化为村庄的"去农业化"。具体来说，农业与村庄脱嵌式发展，既呈现为农业沦为一种村庄人的日常生活的补充性生活方式，比如城市型村庄，这类村庄本身已经在城市规划区，村庄几乎没有耕地，村庄人已经不是农业人，

基层政府实际上是把它当成城市来建设。不过这些逐步被纳入市民序列的村庄人，仍旧在小区里或者周边种菜，阳台上养鸡；再如我国不少城郊村或超级村庄，农业并没有完全退出，而是与工业经济比重相比，农业的比重很微弱，但是农业在社区经济中却发挥着重要的平衡作用。[1]

3. 从改革开放之后中国村庄变迁的经验来看，村庄转型是从传统农业社区向现代居住社区的转变，是一个社会的内在多样化的进步过程，也是一个功能不断分化的过程

在此过程中，社会行动慢慢地从地域化情景中"提取"出来，并跨越广阔的时间—空间距离去重新组织社会关系，这就是吉登斯所谓的"脱域化"发展。[2] 也就是说，随着劳动力、土地以及农业产业的整体"城市取向"，人们的农业生产行为、消费行为慢慢地与村庄分离开来。一方面，农业生产行为与农业商业行为的分离。大多数人的农业生产行为主要在村庄实现，但除了少部分维持生存的农产品生产之外，大部分的商品化农业的销售、消费行为均在村庄之外；另一方面，即使是在村庄生活的人，其消费行为也逐渐与村庄脱离开来，这也是农业与村庄脱嵌的另一深刻内涵。

从中西、国内国外的发展经验来看，农业与农村的分离是现代化进程中主流的、不可阻挡的趋势。这些趋势不仅在发达国家乡村变迁中展现的淋漓尽致，而且近 20 年类似中国的发展中国家农村也开始加入这一行列。这种变迁导致了一系列的"现代追问"：农业是否是农村？农村什么时候是农村？[3] 村庄在什么意义上是农村？

二　村庄"去农业化"的两大趋势

根据上述讨论，我们把与现代化同步发生的主流趋势概括为村庄的"去农业化"。进一步分析的话，"去农业化"进程还可以分为两类：一类是农业的"去中心化"发展，包括农业产业的边缘化，包括农业就业比例，农业整体收入，农业对家庭经济的贡献比例都在下降；农业政

---

① 折晓叶、陈婴婴：《社区的实践——超级村庄的发展历程》，浙江人民出版社 2000 年版，第 91 页。

② ［英］安东尼·吉登斯：《现代性的后果》，田禾译，译林出版社 2000 年版，第 56 页。

③ Friedland, H. 2002. Agriculture and Rurality: Beginning the "Final Separation"?. *Rural Sociology*. 67（3）：350-371.

策的工业偏好与城市偏好；农业政治意识形态的影响趋减。另一类型是，与"去农业化"几乎同时出现的则是农村经济的"后农业式"发展，包括村庄工业化发展、零售、服务业发展，即农业的后生产性。对诸如此类的替代性乡村发展模式，已有研究往往简单地概括为乡村工业化、乡村城市化、乡村商品化，同时也包括乡村空心化、乡村边缘化等说辞。在此，笔者尝试从实践层面来展示村庄去农业化的具体表现和特点，即农业去中心化和"后农业"村庄式的发展。

1. 农业去中心化

在农业社会向工业社会的转变过程中，生成了世界的中心—边缘结构。[①] 进一步说，在工业化时代以后，农业总是处于市场经济的边缘。[②] 这不仅表现在整个经济系统中，农业所占份额的大幅度减少，更为重要的是，传统的农业与农村关系经历了一场复杂的巨变，如今的"农村"不再等同于"农业"。或者更干脆的说，农业在农村的中心地位已经改变了，农业在农村经济社会结构中已经逐渐"去中心化"。概括起来看，支撑起"农业去中心化"的相关要素有农业产业的衰败与边缘化、农业政策的工业偏好与城市偏好以及农业政治意识形态的日趋式微。

第一，农业产业的衰败与边缘化。资本主义农业变迁的主要表现就是农业产业转型，主要是指从传统农业到现代农业的转变。现代农业的追求是用工业化方式、新技术来改变传统农业生产投入大、周期长、自然风险大等弊端，发展高效、集约型的农业产业。农业的工业化趋势，即农业产品不再受到自然条件的约束，甚至可以脱离自然条件，成为工业化的产品。发达国家农业现代化主要内容是劳动生产率和单位工作日收入的改进，[③] 这使得极少的农业人口得以养活全体人口，这也使农业摆脱了仅够维持生存线的生产地位。这些变化长期被视为"乡村发展"的核心。[④] 中国农业现代化的步伐也在不断加速中，尽管农业革命的动

---

① 张康之：《论全球化运动中的"去中心化"》，《理论探讨》2012 年第 2 期。

② ［日］山口重克主编：《市场经济：历史·思想·现在》，张季风译，社会科学文献出版社 2007 年版，第 171 页。

③ 发达国家农业现代化的模式也有不同，黄宗智概括为主要的两种类型，英国的古典模式和东亚模式或绿色革命。前者是通过畜力使用来节省劳动力和提高劳均产出，后者是依赖化肥和科学选种。具体参见黄宗智《中国的隐性农业革命》，法律出版社 2010 年版，第 12 页。

④ 黄宗智：《长江三角洲小农家庭与乡村发展》，中华书局 2000 年版，第 12 页。

力、方式与进程与发达国家的不同，[①] 但这场农业革命对农村转型产生了复杂的影响，一方面，实现了粮食增产增收，但另一方面却直接导致了农业日益危险化。简言之，从全球范围来看，农业现代化进程中普遍存在一个趋势，即随着农业生产效率和农产品产量的提高，农业非但没有出现兴盛的局面，相反，各国现代化进程无不展示农业产业日趋衰败的景象。这种衰败表现在农业三大要素资源的持续流失以及由此导致更深层次的村庄经济结构变化，如农业老龄化和女性化。

一是农业衰败的直观呈现就是农业就业人口、农村土地、资本这三大要素持续不断的流失。总体来看，随着农业现代化、规模化及其集约化发展，导致农业产量大大增加，农业规模大幅减少，这直接导致农业就业人口比例的下降。当然，这不仅包括农业直接就业人口的减少，而且间接的就业，包括与农业有关的零售、服务，农业辅助产业。而且，工业化发展过程中并非单一的劳动力从农村流出，而是包括农村土地、资本在内的农业生产三要素都流出，并进而导致农业的衰败。这也就意味着，留在农村继续从事农业生产的农民难以从农业生产中获取更多的收益。[②] 由于农业整体收入不断下降，以农业为基础的乡村发生了巨大改变，产生了没有农业的村庄、一个农场企业就是一个村庄、农业消费型发展等各种复杂的情况。

不仅如此，从微观来看，农业对家庭经济的贡献比例都在下降。越来越多的经验说明，农村家庭经济收入构成中农业比例的下降，而来自其他产业的比例则逐步上升，例如国内外相当多研究注意到家庭外出人口汇款行为及其对农村经济的影响；[③] 农业家庭在农业花费上日益降低，比如农民在化肥、农药和农业机械上的花费在家庭支出中的份额日益减少；我国出现的更为复杂的情况则是，留在农业或者保持农业生产的农民多数不再是为了农业利润，而是为了避免城市工作的不稳定而做

[①] 与发达国家的农业革命不同，中国表现为隐性农业革命，其动力主要来自食品消费变化所导致的农业结构转型，是源自非农经济发展带来的收入上升的变化。具体参见黄宗智《中国的隐性农业革命》，法律出版社 2010 年版，第 10 页。

[②] 温铁军、杨殿闯：《中国工业化资本原始积累的负外部性及化解机制研究》，《毛泽东邓小平理论研究》2010 年第 8 期。

[③] Hill，B. 1999. Farm Household Incomes：Perceptions and Statistics. *Journal of Rural Studies.* 15（3）：355-358.

出的退路性选择，因此普遍地对农业生产不用心。例如那些城市打工机会较多的农村，基本上是根据城市打工的机会成本来做出农业的生产抉择：譬如，因玉米劳动投入较低而选择耕种玉米，凭此达到接近于进城打工的每劳动日的收入，而放弃其他的经营可能。在这种种植模式之下，农业只不过是一种辅助性的活动，等于是打工的副业，自然不会很用心耕种，更不会积极创新经营。[①] 而且这种情况是当前的"半工半耕"制度下相当普遍的现象。

　　二是农业就业人口的边缘化，集中体现为农业的老龄化、女性化等发展形态。本世纪初以来，我国农业人口大量流出，向城镇集聚逐渐产生了一些副产品，即老人农业[②]与女性农业。2011年中国农业部产业政策与法规司司长张红宇在重庆举行的"中国农村经济论坛"上谈到，目前中国从事农业生产的劳动力平均年龄在50岁以上，其中上海等经济发达地区务农农民年龄已接近60岁，"老人农业"现象已成为困扰中国农业发展的现实难题。[③] 2012中国农村经济论坛国务院发展研究中心在20多个城市的一项调查显示，"80后""90后"新生代农民工没有从事过农业生产的比例高达85%，外出务工农民工愿意回农村定居的仅占8.9%。由此来看，所谓"老人农业"，指农业劳动力以老人为主，因为大量青壮年农民进城务工经商，土地大多由他们年老的父母耕种。[④] 对此，一部分人认为当前普遍存在的"老人种田"的合理性在于，老人种田维持了低廉的粮食价格、低廉的养老成本，以及低廉的劳动力再生产成本，在微观层面上维持了低成本与较高质量的农村家庭生活，在宏观层面上支撑起中国制造业优势。[⑤] 但大部分人都悲观地认为这种状况很难

---

① 黄宗智：《中国农业面临的历史性契机》，《读书》2006年第10期。

② 从国际经验来看，"老人农业"是一个普遍现象。例如日本在销售农产品的农户中，65岁以上就业者在其骨干农业劳动力中所占的比重在1990年为27%。而到2002年已跃升至53%。参考 [日] 山口重克主编《市场经济：历史·思想·现在》，张季风译，社会科学文献出版社2007年版，第183页；加拿大的经验，参考：Paquetteand, S., Domon, G. 1999. Agricultural Trajectories (1961-1991), Resulting Agricultural Profiles and Current Sociodemographic Profiles of Rural Communities in Southern Quebec (Canada)：A Typological Outline. *Journal of Rural Studies*. 15 (3)：279-295.

③ 《"老人农业"现象成困扰中国农业发展现实难题》，新华网，2011年7月11日。

④ 程必定：《中国的两类"三农"问题及新农村建设的一种思路》，《中国农村经济》2011年第8期。

⑤ 桂华：《中国农业生产现状及其发展选择》，《中国市场》2011年第33期。

推动农业的可持续发展，并进而影响到整个宏观经济发展。

　　农村劳动力非农转移的另一个结构性特点是，男性率先从农业中流动出去，大量女性滞留在农村。女性成为事实上农村常住人口的多数，主要在家从事农业生产，催生了一种新现象，即农业女性化。① 据 2006 年第二次全国农业普查数据显示，农村农户中农业从业人员总数为 35256.5 万人，其中女性高达 18205.1 万人，比例为 53.16%。全国 31 个省（市、区）中，女性农业从业人员数量超过男性的有 25 个，占总数的 77.5%。② 农业女性化的原因被认为是农业比较效益低，土地、户籍制度结构的约束和限制③等诸多因素导致的。而且这种现象是对农业常态分布的过分偏离，会对农业技术的推广和应用、农村经济社会的可持续发展造成潜在问题。

　　这两类情况则说明农村家庭城市打工经济的兴起在微观层面上改变了农业在家庭经济中的位置，并影响到农业发展本身。而这是否真的如黄宗智所认为的，说明中国家庭作为一个基本经济单位的强韧生命力，以及其所包含的、不同于资本主义经济的逻辑。廉价的妇女化和老龄化农业生产，要比雇工经营的资本主义规模化农场更具有市场竞争力？④

　　第二，农业政策的工业偏好与城市偏好。普遍认为中国农村改革主要是由政府推动的，甚或可以说，在农村经济变迁中，市场绝不是单独起作用，在很多时候，政府仍然在经济活动中起主导作用。⑤ 可以说，任何一国农业的盛衰，都可以在有关政策安排中找到根本性原因。⑥ 农业政策本质上体现着国家对待农业、农村的态度，比如 20 世纪 50 年代欧盟的共同农业政策（CAP）在农业工业化中发挥着重要的作用，但在追

---

　　① 张凤华：《乡村转型、角色变迁与女性崛起——我国农村女性角色变迁的制度环境分析》，《华中师范大学学报》（人文社会科学版）2006 年第 5 期。

　　② 国务院第二次全国农业普查领导小组办公室：《中国第二次全国农业普查资料汇编》（综合卷），中国统计出版社 2010 年版。

　　③ 刘筱红、姚德超：《农业女性化现象及其形成机制分析》，《湖南科技大学学报》（社会科学版）2012 年第 4 期。

　　④ 黄宗智：《中国过去和现在的基本经济单位：家庭还是个人》，《人民论坛·学术前沿》2012 年第 1 期。

　　⑤ 王晓毅：《国家、市场与村庄——对村庄集体经济的一种解释》，载中国社会科学院、农村发展研究所组织与制度研究室《大变革中的乡土中国——农村组织与制度变迁问题研究》，社会科学文献出版社 1999 年版，第 58 页。

　　⑥ 李成贵：《中国农业政策：理论框架与应用分析》，社会科学文献出版社 2007 年版，第 37 页。

求农业效率的同时出现了多功能农业的追求，① 这意味着农业至少可以成为回归到区域经济的食品供应链中。80 年代面对国际农场危机，欧盟和美国继续对农业实行较高的保护，而澳大利亚和新西兰则选择让农民直接暴露在全球市场威力中。② 总体来看，80 年代以来我国政府在经济发展中实现了向经济调控、规制者角色转换，直接干预经济活动。而近 10 年来我国农业政策总体上偏向资本主义式企业（龙头企业），但同时也透出相当实在的社会公正倾向。③ 但是，由于我国农业政策的择定扭曲，必然产生持续性的偏差问题。④

一是工业化模式下农业的角色和功能。传统时期，农业在国家发展中的重要地位不言而喻，而进入现代之后，农业在国家中的角色和地位则表现得非常复杂。一方面，农业作为一个传统产业，其对经济发展、人们就业以及福利供给方面的贡献日益下降；另一方面，农业作为一个基础产业，其在人类生存、生态保护、社会安全以及政治稳定方面的作用却不可忽视。作为农业大国背景的社会主义国家，除了强调农业所发挥的提供资源等传统的功能之外，尤为重视农业所发挥的安置就业、稳定社会的政治功能。这一点在很多国家的农业规制中均可发现，比如日本在 20 世纪 70 年代以后尽管大米供给已经过剩，但迫于农民在政治上的影响力，粮食管理制度成为了出于政治需要而稳定维持高米价的机制。⑤ 从我国现有农业政策来看，则是集中体现了国家干预特征，它强调对农业支持和保护力度提高的重要性，重视利用国家资源建设现代农业，采用宏观调控政策实现农业生产的协调和农场品市场的稳定。与此同时，在农民增收政策中，政府则强调市场就业、非农收入比重和水平提高对于农民增收的重要性。⑥ 也就是说，

---

① 对此，主要论述者是 Ilberty, B. 1998. From Agricultural Productivism to Post‑productivism. In：Ilbery, B. et al. *The Geography of Rural Change*. Longman. Harlow.

② Share, P., Campbell, H. and Lawrence, G. 1991. *The Vertical and Horizontal Restructuring of Rural Regions*：*Australia and New Zealand*. In Family Farming：Australia and New Zealand, pp. 1–23, Alston, M. et al. Keypapers No. 2, Centre for Rural Social Research, Wagga Wagga, Australia.

③ 黄宗智：《中国隐性农业革命》，法律出版社 2010 年版，第 23 页。

④ 李成贵：《中国农业政策：理论框架与应用分析》，社会科学文献出版社 2007 年版，第 15—16 页。

⑤ ［日］山口重克：《市场经济：历史·思想·现在》，张季风译，社会科学文献出版社 2007 年版，第 179 页。

⑥ 郁建兴、高翔：《农业农村发展中的政府与市场、社会：一个分析框架》，《中国社会科学》2009 年第 6 期。

在适当允许市场力量进入农业生产过程以外，目前国家干预仍然是我国农业政策的主要特征，而在农民收入增加这块，则强调市场机制的重要性。这种情况说明，在现代市场经济环境下政府主导调控农业产业发展是因为农业作为一种基础产业，经济效率与政治安全同等重要。

尽管从各种说法上看，对农业重要性的强调已经到了言尽其辞，无以复加的程度，但基于农产品的供求状况容易受自然力的影响，农产品特别是主要农产品的需求价格弹性很小以及需求收入弹性小等诸多产业自身因素，当然更为重要的是我国改革以后的一系列政策安排，通常表现为"剪刀差"政策，即政府通过扭曲生产要素价格和产品价格，创造一种不利于农业、农村和农民的政策环境，获取农业剩余以补贴工业化。① 长期使农业处于持续被挤榨的处境中，与工业化过程中的结构转换和农业自我发展的要求明显不足叠加在一起……。②

二是城市中心主义下的边缘化农村（农业）发展策略。西方经济理念对城市偏好政策的形成原因的解释主要有两种范式：第一种是从国家实行工业化战略的目标和途径出发来解释，第二种认为农业之所以在发展过程中受到歧视，是因为城市阶层在政治上具有过大的影响力。③ 工业化发展改变了城乡之间平衡的关系状态，一方面，城乡二元异质性逐渐明显，二元结构固化成型；另一方面农村（农业）逐渐沦为城市经济、社会、政治的附属品抑或边缘地带。而且在相对固化的二元结构下城乡居民对政策安排的约束权数或影响力相差悬殊，市民作为已经从特定的政策安排中获益的集团，必然会以其政治资源的控制力和较强的行动能力千方百计抑制政府矫正农村政策偏差的冲动，从而使得相关政策的调控继续保持在以城市为中心的规则框架内，构不成实质性的变革。在这种城市经济、社会中心主义政策作用下，农村的边缘化发展则是一种必然的结果，而事实上的农业政策目标就成为了保护非农阶层和非农集团的利益。④

第三，农业政治意识形态的影响趋减。一直以来，意识形态在乡村

① 蔡昉：《城乡收入差距与制度变革的临界点》，《中国社会科学》2003 年第 4 期。
② 李成贵：《中国农业政策：理论框架与应用分析》，社会科学文献出版社 2007 年版，第 151 页。
③ 蔡昉：《城乡收入差距与制度变革的临界点》，《中国社会科学》2003 年第 5 期。
④ 邓大才：《试论农业政策的非农偏好及矫正思路》，《成都行政学院学报》2000 年第 5 期。

社会地理学的研究中没有被认真地对待。① 意识形态是指一种观念体系，其合法化文化中已有的结构性不公正，通常是社会特权群体发展出来并保持的。② 意识形态的物质基础以及它的变动性，导致在资本主义中，社会关系的再生，导致空间和社会结构意义上的不平等。农业经济发展对意识形态会发生重要的影响，比如小农自然经济时期，对土地、农业的依赖会形成意识形态上的保守、封闭及其自私等；对家庭、家族的依赖导致一个"传统指导型"社会；对男性家长的依赖，会形成社会人群的依附心理；在特殊的人民公社时期，农业生产同时也是一种意识形态活动。③

通常，农业意识形态的变迁主要表现在：对农业职业的认同感、农村精英的衡量标准、农民在公共事务决策中的话语权等。④ 自现代以来，我国大众传媒在农民、农村形象塑造上，一直处于落后、蒙昧，需要被启蒙的对象；在价值取向上，乡村话语作为现代文明的对立面而出现。由于农民与农村的"他者化""失语"，乡村话语始终无法在社会中正确地建立起来并传播其意义，更别说在整个社会话语系统中占有优势。⑤ 改革开放之后，市场社会主要从金钱、消费的角度来看待农业职业，也就是说如果农业不赚钱或者赚得很少，那么这个产业就不是社会主流的选择；同样的，如何衡量农村社会的精英，也以非农业的工商业收入为主要指标体系，"老板""生意人"是农村精英的同义词；现代化话语分析在解释社会生活构建中以及对意识形态分析来说，都很重要。在农村政策和村庄公共事务决策中，拥有话语权的人绝非地道的农民，而是一些拥有政治资源、经济资源较多的"准农民"或者干脆直接就是"非农民"。在这个意义上，村庄俨然成为一个被市场控制、驾

---

① 普拉特认为经济重构和政治动员、资本主义社会的结构与再生，资本关系不会孤立地沉溺，必然是社会性的，因而假定有一个社会再生的空间去支持和维持资本的流通。进一步参见：Pratt, C. 1996. Discourses of Rurality: Loose Talk or Social Struggle?. *Journal of Rural Studies*. 12（1）：69-78.

② Langton, P., Kammerer, D. 2005. *Practicing Sociology in the Community*, Pearson：53.

③ 作者把农业集体化称之为"意识形态经济"。具体参见熊培云《一个村庄里的中国》，新星出版社 2011 年版，第 30—35 页。

④ Marsden, T. et al. 1993. *Constructing the Countryside*, London：UCL Press. 123-138.

⑤ 贺艳：《传媒中的"他者"：浅析乡村话语边缘化现象》，《云南行政学院学报》2010年第 3 期。

驭的社会，面临着解体崩溃的危险。

2."后农业"村庄的发展趋势

和默多克一样，本书强调农村变迁研究的网络维度，即从纵向、横向交织的网络式维度来思考农村经济、社会变迁问题。[1] 这要求：一方面，把农村放置在全球—地方的关系上，综合地来把握其变迁的趋势。我们会发现粮食价格体系的全球波动，大量农产品的出口与部分农产品的进口同时存在，农业新技术的推广、应用和传统农业方式复兴等复杂的问题。另一方面，把农村放置在国家—社会关系上，把握农村变迁中的国家规制、社会自我运动力量的作用机制，可以发现农村发展的多样化路径选择。更重要的是，这些不同类型的村庄发展彼此之间还有某些关联，具有内在链接性。

整理英文文献时浮现的一个明显现象便是，国外乡村性的讨论有多个版本，包括农业的、工业化经济发展的、社会剥夺者的保护、荒野保护区。这些表述意味着不同的社会关系模式移植在乡村的使用上，比如葛兰西解释了 20 世纪法西斯的意大利，是如何把国家主义和乡村主义用于政治学的修辞；豪金斯（Howkins）发现了英国乡村田园诗的政治性重新发现；韦纳（Weiner）讨论了英国和美国的乡村田园诗文化和经济意义，是作为与工业化进程相反的进程而被动员的。[2] 可以说，经济体制变迁对每个群体的影响是不一样的，差异也是必然的。本书强调农村去农业化变迁趋势带来的社会结构性变化，而零零碎碎的讨论将被概括为村庄的"后农业"发展。

第一，"后农业"村庄的内涵。"后农业"发展是一个较为笼统的概念，主要表示农业与村庄分离之后的一种过渡状态，其表现形式是多样化的乡村发展路径。这种说法隐含地强调一种趋势，那就是农村经济、社会景观中农业的衰退，取而代之出现的则是农村工业化，零售、服务业发展甚或商品化等不同于传统农业景观的发展趋势。

20 世纪 90 年代之后，发达国家乡村研究的生产主义—后生产主义

---

① Murdoch, J. 2000. Networks—a New Paradigm of Rural Development?. *Journal of Rural Studies*. 16 (5)：507-519.

② G. J. Lewis, G., Maund, D. 1976. The Urbanization of the Countryside：A Framework for Analysis. *Human Geography*. 58，(1)：17-27.

研究范式主要从农业的生产—后生产概念中引申出来。所谓农业的"后生产"，埃文斯等人在整理相关研究基础上认为"后生产"有五个主要特征：从重视农产品的数量到重视农产品的质量；农业多样性的增加与非农就业的增加；通过对农业环境的关注降低单位投入并提高农业可持续性耕作；农业生产形式的多样化；政府支持下的环境规制与重构。① 威尔逊等人总结出农业后生产阶段的六个指标，即从注重农业政策调整到重视乡村发展；重视有机农业技术；反都市中产阶级价值观与环境态度的兴起；环境非政府组织得以参与决策的制定；从事多元经营；由农业生产转为对地方的消费（把农业活动看作生活消费方式）。② 伊伯利（Ilbery）等认为后生产主义的特征为降低土地利用强度、分散化农地利用及农业的多样化。③ 而哈尔法克里推论后现代乡村的到来，把乡村变成了一个符号，而且符号乡村要先于作为一个物质空间的乡村。默多克和普拉特把这些称之为"后农村的"，他们的方式主要关注乡村的学术话语如何采用明显的现代方式，这样他们把乡村从其余的部分分离开来，通过这样的话语表达中的权力，如何参与乡村的非自反性的构建。他们认为如果这种忽视他者的话语被认为是"令人满意的结构，那么后现代的社会学就必须产生"。这种方式会把注意力限定在权力上，即特定的行动者把他们的乡村性强加在其他人身上。像哈尔法克里一样，他们也把乡村看成是从属于乡村的社会产品的一个物质的空间，即使指出在培养"城市"或者其他地方中，"乡村"还有不同的方式。

比较来看，我们所提的"后农业"村庄概念内涵要大大超出"后生产"农业概念，强调是村庄经济"去农业"变迁带来的一系列后果，从类型上讲一定是多样的，既包括欧洲所谓的现代生活压力下的农村、衰退的农村、边缘化的农村，或者我国更为直接的工业村庄、城郊村、空心村、旅游型村庄类型等。

第二，典型类型。国内外对村庄类型的研究一直以来都比较流行，

---

① Evans, N., Morris, C., Winter, M. 2002. Conceptualizing Agriculture：A Critique of Post-productivism as the New Orthodoxy. *Progress in Human Geography*. 26（3）：313-332.

② Wilson, G., Rigg, J. 2003. Post-productivist Agri-cultural Regimes and the South：Discordant Concepts. *Progress in Human Geography*. 27（5）：605-631.

③ Ilbery, B., Bowler, I. 1998. From Agricultural Productivism to Post-productivism. *The Geography of Rural Change*. London：Longman：57-85.

如综述中区分的实体乡村和建构乡村以及用"分化的村庄"参数来定
义、发展出来的某些理想的典型类型，如家长制村庄、竞争性村庄、保
护性村庄和代理人村庄。欧洲的乡村地区主要有三种类型：现代生活压
力下的农村地区，主要指离城市中心比较近、人口密度比较高，经济环
境比较好，特别是农村经济的多样化突出。这些地方的农业比较现代、
集约。受到"现代回到自然运动"的影响比较大，土地往往用于第一
或者第二居住地，用作旅游或者休闲活动；衰退的农村，这类型的村庄
农业活动相对比较多，且往往有自然和结构的缺陷。人口持续的从农村
到城市转移，未充分就业，家庭收入低和公共私人服务的持续衰落；边
缘性的农村地区，主要表现为村庄去人口化和经济脆弱性，经济多样化
非常有限，基础设施发展缺乏，建造昂贵。① 对比来看，国内对村庄类
型的讨论集中以一些指标体系来做划分，比如以非农化的方式与水平可
以把中国村庄分成城村、镇村、工业村和农业村。② 以地方（place）作
为界定村庄的主要类型时，可以发现村庄既可能是一个传统的地方，一
个行政的地方，一个集体的地方。③ 以村庄行动者为依据，村庄可分成
宗族型、户族型、小亲族型和个体家庭型。④

　　我们无意建构一种新的村庄类型学研究，而是强调农村经济变迁带
来农村社会的复杂化，特别是市场入侵之后，村庄已经无力解决其公共
物品的供给问题，包括基础设施、文化教育、社会保障、社会秩序与安
全等。这说明农村与村庄日益脱嵌，则必然推动村庄变迁与转型。而这
反过来则突出了村庄共同体在市场入侵之后，是无能为力还是主动回
应，对此我们在最后部分的讨论中会涉及。这场正向的市场化运动中，
因农业与村庄剥离性发展导致的，可以观察到的发展类型有部分村庄现
代化程度颇高，如苏南模式、温州模式，走向了乡村工业化的道路；部

---

　　① Bengs，C.2005.*urban-rural relations in Europe*.in：Collections of Inter-regional Conference
on Strategies for Enhancing Rural-urban Linkages Approach to Development and Promontion of Local E-
conomic Development：255 http：//www.espon.eu/main/Menu_ Projects/Menu_ ESPON 2006.Pro-
jects/Menu_ ThematicProjects/urbanrural.html.
　　② 卢福营、刘成斌等：《非农化与农村社会分层——十个村庄的实证研究》，中国经济出
版社 2005 年版，第6—7页。
　　③ 王斯福、赵旭东、孙美娟：《什么是村落?》，《中国农业大学学报》（社会科学版）
2007 年第 1 期。
　　④ 罗兴佐：《社会行动单位与村庄类型划分》，《甘肃理论学刊》2001 年第 1 期。

分村庄则由于农业人口、资金的外流，日益成为空心村；部分村庄则通过农业商品化，发展村庄休闲产业，成为旅游型村庄。

首先，工业化村庄或者说非农社会经济区的特点是村庄内农业几近消失，经济来源完全以工业收入为主，而且这类村庄往往被赋予很强的社会主义特色，具有强大的集体经济。对于工业扎根村庄并且成长为一种新的非农社会经济结构的研究，最有代表性的作品就是折晓叶、陈婴婴的《社区的实践——"超级村庄"的发展历程》。作者把在村庄发展起来的工业以及非农经济概括为一种"社区经济"。这种特殊的经济类型说明：一是非农经济在村庄的成长，需要有深厚的乡土社会基础，也就是说这种经济类型不是一种纯粹的经济现象。二是社区经济具有相对的独立性，有自己内部的经济调节机制，具有农村居民自治的性质并仍以村社区为其基本的利益边界。① 该类型的"后农业村庄"充分说明了：一是明确了现代化进程中村社区的未来前景远没有人们曾经设想的那么暗淡，或者说至少承认现代化进程中农村是有存在的意义，是有未来的。二是"超级村庄"研究显示的是中国农村发展的某些倾向，提醒我们注意一些问题，比如乡土社会内源性发展的可能性及其意义、"能人"的作用问题、乡村重建社区共同体的可能性和必要性、多种所有制下解决问题的趋同性、社区实践中的合作问题、新的地方中心—非行政性镇的可能性以及"有增长无发展"的难题。

其次，消费型村庄是因农业景观的保护，进一步商品化而产生的一种村庄类型。在后生产乡村中，大多数资本积累都是通过乡村地区的商品化来实现的，也就是乡村环境的开发是为了满足或者创造当前的需求或者消费。② 有意思的是，商品化同样也可用于乡村边缘性的开发，即因为远离城市的边缘性自然风景、人文景观而使得乡村成为一种可以买卖的商品，比如欧洲大量的乡村因为他们的边缘地位而成为有吸引力的地区，这意味着与相关的边缘性行为可以在这些乡村经历中集中体现。

---

① 折晓叶、陈婴婴：《社区的实践——"超级村庄"的发展历程》，浙江人民出版社2000年版，第76页。

② Bengs, C.2005.*Urban-rural Relations in Europe*.in：Collections of Inter-regional Conference on Strategies for Enhancing Rural-urban Linkages Approach to Development and Promontion of Local Economic Development：255. http：//www.espon.eu/main/Menu_ Projects/Menu_ ESPON 2006.Projects/Menu_ ThematicProjects/urbanrural.html.

有意思的是这些地区因为早期的没有城市化（偏远的位置、高海拔和没有耕地），现在反而可以转变成资产。这种村庄发展的类型偏离了经典经济学们对农村现代化的想象力，创造性地把村庄的"传统""落后""农业"等转变为村庄消费转型的卖点，从而来推动村庄实现自我价值，自我发展。

再次，空心村特指我国城市化进程出现的一种非常独特的村庄类型。对此，从直观的土地利用情况看，空心村就是村庄面积盲目扩大，新住宅多向村外发展，村庄内部出现了大面积的空闲宅基地的一种特殊结构布局的村庄。当然，主要归结与国家宏观调控的土地利用规划与地方经济发展出现的"剪刀差"，从而导致的一种特殊的土地利用状况。① 这种村庄形态也是农村现代化的过程中，由于农业经济和就业结构的转变，从而造成的村庄内部建设用地闲置，是一种异化的聚落空间形态。② 简言之，农村空心化是指城乡转型发展进程中农村人口非农化引起"人走屋空"，以及宅基地普遍"建新不拆旧"，新建住宅向外围扩展，导致村庄用地规模扩大、原宅基地闲置废弃加剧的一种不良演化过程。③ 村庄空心化，一方面说明宏观工业经济发展和城市化对农村劳动力要素的抽取，导致村庄内部人力资源的流失；另一方面，围绕传统农业生产聚集起来的村庄功能逐步丧失，由于劳动力流失、土地的闲置，农业不再发挥着凝集村庄人口的功能。从这个意义上讲，村庄空心化的关键在于"失农业"之后，村庄的居住功能日益凋零，外部的，尤其是政府的村庄发展规划、公共服务供给等缺失，加之村庄内部的，尤其是传统的社区成员凝集机制的丢失。

当然，不少研究者强调季节性村庄（即农民主要从事非农工作，但

---

① 张昭：《关于河北省空心村治理的理论探讨》，《河北师范大学学报》（自然科学版）1998 年第 5 期。

② 张军英：《空心村改造的规划设计探索——以安徽省巢湖地区空心村改造为例》，《建筑学报》1999 年第 11 期。与此类似的看法有空心村是在我国特有的城市化过程中发生的，它是一个复杂的社会经济过程在村庄的物质形态中的表现，因此，空心村是在城市化滞后于非农化的条件下，由迅速发展的村庄建设与落后的规划管理体制的矛盾所引起的村庄外围粗放发展而内部衰败的空间形态的分异现象。进一步参见薛力《城市化背景下的"空心村"现象及其对策探讨——以江苏省为例》，《城市规划》2001 年第 6 期。

③ 刘彦随等：《中国农村空心化的地理学研究与整治实践》，《地理学报》2009 年第 10 期。

季节性的回到农村从事短期性的农业劳动）以及准通勤村庄（即农民主要在中心镇或者小城市工作，仍居住村庄，每天乘车往返于家庭与工作单位之间）等诸多复杂的村庄类型也均被纳入"后农业村庄"的类型。不过，限于篇幅和能力，笔者在此就不展开论述。

　　农业去中心化以及多样化的村庄发展类型的出现均说明传统的农业与村庄关系正在发生巨变，或者说农业与村庄的关系问题已经慢慢发展成为一个"现代困惑"。当然，我们的工作不能停留在对"后农业"趋势以及典型类型的描述层面，而是需进一步评估这种看似不可阻挡的洪流对村庄转型带来的复杂影响以及可能出现的后果。

第三节　"去农业化"与村庄转型的机理

　　农村经济变迁对村庄的影响一直是国内农村研究的焦点问题。[1] 尽管我们的基本看法是村庄发展不仅是经济的发展，村庄研究也不仅仅是村庄经济的研究，但不置可否，村庄经济的发育能力对农村地区社会健康的作用非常大。[2] 那么，改革开放以来农村经济的"非农化"变迁，尤其是"去农业化"变迁究竟是怎样推拉着村庄转型呢？当然，单纯以西方发达国家的经验或者仅以中国村庄内部独特性，或者仅仅强调市场化或国家调控来讨论这个问题，显然是不合适的。仍须从全球化农业体系的调整、国家管控村庄方式的改变和村庄内部经济、社会结构的变

---

　　① 对此问题的讨论，早期作品有薛暮桥的《旧中国农村经济》，分析中国 20 世纪 30 年代农村危机的原因以及新趋势；费孝通的《江村经济》以一个村庄为观察对象，说明了中国正在变化着的乡村经济的动力和问题；黄宗智的《华北的小农经济与社会变迁》；当代的研究作品主要有《当代中国的村庄经济与村落文化丛书》共 8 本，由陈吉元和［德］何梦笔主编，胡必亮、王晓毅等执笔，山西经济出版社出版。该丛书的内容从三个层次上展开：第一，以村庄为案例，分别考察了《中国村落的制度变迁与权利分配》（胡必亮著）、《中国村落的商业传统与企业发展》（李静著）、《中国乡村的企业组织与社区发展》（胡必亮、胡顺延著）、《中国村庄的经济增长与社会转型》（王晓毅、张军、姚梅著）和《中国乡村的民营企业与家族经济》（王晓毅、朱成堡著）；第二，以乡镇企业为对象，从理论上对《中国的乡镇企业与乡村发展》（胡必亮、郑红亮）进行全方位的专题研究；第三，从总体上对《当代中国的村庄经济与村落文化》（陈吉元、胡必亮主编），《网络、文化与中国农村经济发展》（何梦笔著）作了更为系统的理论探讨。进一步参考李周《传统的创新与中国的崛起》，《经济研究》1997 年第 4 期。

　　② Castle, N. 1993. Rural Diversity: An American Asset Annals of the American Academy of Political and Social Science. *Rural America: Blueprint for Tomorrow.* (Sep.,) 529: 12-21.

迁，三者相互作用的视角下来考虑。

一　"去农业化"与村庄结构转型

从理想分类来看，村庄"去农业化"转变的方式有两种：第一，以自由化市场，或"看不见的手"为基本机制；第二，以某种行政控制或"看得见的手"为基本方式。而大多时候，村庄"去农业化"既是市场机制作用于村庄经济的结果，也是国家力量管控村庄发展的结果。一句话，所谓农村"去农业化"是市场机制和国家机制共同作用下的产物。在这个判断的基础上，我们接着来讨论：村庄的"去农业化"趋势，究竟怎么影响村庄内部结构的变化？可能出现的后果有哪些？我们的出发点是：乡村地区的转型不能仅仅通过工作、产业和职业机构的变迁和平均工资（当然，这些因素很重要），要理解乡村社区的持久性，要把非经济的因素整合进乡村转型研究中去。从结构功能主义范式来看，社会是一个适应性的社会结构，而功能则是维持社会体系的一种方式。而一个村庄就是小型社会，同样完整地构筑其内在的结构，展示着某种功能。

1. 村庄社会结构分化

所谓社会结构分化是指社会系统结构中原来承担多种功能的某一社会单位发展成为承担单一功能的多个单位，以及诸社会单位由地位相同变为地位相异的现象。在这里，所谓社会单位既指社会个体、社会群体，也指社会机构。或者说，结构分化是指一种过程，从一个社会角色或组织分化为两个或两个以上能充分有效地在新的历史条件下发挥功能的角色和组织。这些新的社会单位在结构上互不相同，但在功能方面却结合成一个整体，能像分化前的那个整体单位那样发挥功能。[1]

农民之间的社会地位差异不具有静态和永恒的特点，农民之间的社会结构是不断变化的。近代以来，中国商业化的农业和家庭手工业，以及人口递增和流动，已经在小农经济内推动了一个延续不断的社会分化过程。[2] 改革开放后，由于家庭联产承包责任制的推行，经济作物的比较优势，农村市场的重新开放，传统和自然因素，农业过密化等因素的

---

① ［美］斯梅尔瑟：《经济社会学》，方明等译，华夏出版社 1989 年版，第 169 页。

② 黄宗智：《华北的小农经济与社会变迁》，中华书局 2000 年版，第 123 页。

共同作用下，我国农村经济结构产生了显著的变化。而农业结构的变革利于农村社会的内生性因素的作用，因而对乡村社会的发展产生深远的影响，导致了农村社会分化，① 从而进一步引发了村庄内部新的不平等。

正如艾利思所言，农民并不是农民社区内同样的、同一的、具有同等地位和前景的所有农业家庭的组合。相反，农民社会"在任何时候总是具有多方面的内部层次"② 。随着农村经济商品化或市场化日益深入，农民分化更是成为一个不争的事实。③ 我们的兴趣在于改革开放以后我国农民的持续分化是怎么发生的，即农民分化的动力机制与发生路径。在此，我们强调农村人口流动以及国家农村政策调控是两个非常重要的作用力。

第一，市场经济下人口自由流动是村庄变迁的重要动力之一。根据人口迁移论的观点，人口流动的规律基本上表现为农村人口流向城市，④ 农业

① 国内近年的关于农业与乡村的研究：赵海林、蔡安宁：《农业结构变革与乡村社会发展——关于 G 镇的实证研究》，《安徽农业科学》2007 年第 32 期。

② ［英］弗兰克·艾利思：《农民经济学》，胡景北译，上海人民出版社 2006 年版，第 7 页。

③ 国内研究中陆学艺的观点最有名，将农村社会划分为九大阶层：农业劳动者、农民工、雇工、农村知识分子、个体劳动者、个体工商户、私营企业主乡、镇企业管理者、农村管理者阶层；陈柏峰以赣南车头镇脐橙种植及乡村市场化发展为观察对象，把村庄人口分化分成七个阶层：村庄富豪阶层、村庄富裕阶层、规模种植阶层、小农兼业阶层、外出务工阶层、乡村务工阶层、村庄贫弱阶层；杨华根据土地的耕种及家庭收入情况，把农村的社会阶层分化界定出四大阶层：中上阶层、中间阶层、中下阶层、贫弱底层。如果从村庄人口与农业的关系上看，一部分农民通过农产品市场化而日益成为农业产品的销售者，日益与传统的农业职业剥离，成为连接城市与乡村的中间力量；一种是兼职农民，平日在外打工，从事非农工作，收获季节回家从事农业劳动；一种纯农业从业人员，把农业作为其生产、生活的主要来源。

④ 最早对人口迁移进行研究的学者是英国的雷文斯坦（Ravenstien），于 1880 年发表的一篇题为"人口迁移之规律"的论文中，提出了七条规律，主要是：①人口的迁移主要是短距离的，方向是朝工商业发达的城市的；②流动的人口首先迁居到城镇的周围地带，然后又迁居到城镇里面；③全国各地的流动都是相似的，即农村人口向城市集中；④每一次大的人口迁移也带来了作为补偿的反向流动；⑤长距离的流动基本上是向大城市的流动；⑥城市居民与农村居民相比，流动率要低得多；⑦女性流动率要高于男性。在研究人口流动的原因方面，人口学上最重要的宏观理论是"推拉理论"。首先提出这一理论的是巴格内（D. J. Bagnone），他认为，人口流动的目的是改善生活条件，流入地的那些有利于改善生活条件的因素就成为拉力，而流出地的不利的生活条件就是推力，即人口流动就由这两股力量前拉后推所决定。在巴格内之后，迈德尔（G. Mydal）、索瓦尼（Sovani）、贝斯（Base）、特里瓦撒（Trew artha）都作了一些修正。国际劳工局也在一些研究报告中验证了巴格内的理论。李（E. S. Lee）在《移民人口学之理论》一文中，在巴格内理论的基础上，认为流出地和流入地实际上都既有拉力又有推力，

部门流向资本主义部门（工商业）。[①] 至于流动的原因，既有经济也有政治的原因，还有气候与地理原因、婚姻、住房等。[②] 20 世纪 90 年代之后中国农民的大规模流动也基本上呈现了这些特点。但是，与其他国家人口流动不同，中国农民的流动并没有对城市社会结构产生很大的影响。相反，由农村经济推动和城市工业部门拉动共同作用下的这场大规模人口流动，对中国众多的村庄社会结构产生了巨大的影响。

一是职业分化与阶层分化。改革开放之后，中国农民分化主要是以市场为机制，以职业为基础的农民分化。由于环境条件、个体禀赋等方面的差异，不同群体对社会资源的获取能力不同，导致人们在社会经济地位上出现差异。当然，我们也不可忽视户籍制度对于农民社会地位的获得发挥的重要影响，客观上发挥着抑制过度分化的可能性。换句话说，当代我国农村人口流动对于农民分化的影响来说，兼具普遍性和特殊性。所谓的普遍性就是说我国改革开放后的农村人口流动是市场条件下自发形成的一种社会现象，因而，当人口的职业、经济收入、权力和声望等要素发生变化时，就会重构农村社会的阶层结构，出现农村精英阶层、农村中产阶层、农村底层的分化；而特殊性又在于我国人口流动的二元化，即存在户口变动的正式流动与未发生户口变动的非正式流动，而且，人户分离的非正式流动是大多数农村人口情愿或不情愿选择的主要流动模式。因此，这种流动主要带来的是农民的职业流动和职业分化，或者更准确地说，农民分化主要是其内部发生的，是农民本身的分化。[③]

二是本地农民与外地农民的分化。这个现象是由于村庄之间的人口流动及村庄"再人口化"而产生的。20 世纪 50 年代，英国学者文斯

（接上页）同时又补充了第三个因素：中间障碍因素。中间障碍因素主要包括距离远近、物质障碍、语言文化的差异，以及移民本人对于以上这些因素的价值判断。简言之，人口流动是这三个因素综合作用的结果。

① 著名经济学家刘易斯提出发展中国家劳动力转移的"二元经济模型"，相关讨论可以参见其 1955 年发表的《劳动无限供给条件下的经济发展》一文。

② 对人口迁移原因做出全面归纳的学者还有赫尔（D. M. Heer）。他将其分为五方面：a. 经济原因。人口的迁移大部分是向经济发达的地区、国家的迁移。b. 政治原因。如政治避难引起的迁居。c. 气候与地理原因。流入地和流出地的气候和地理条件都会成为人们迁居的原因。d. 婚姻会导致人们的迁居。e. 住房也是美国国内迁居的原因。

③ 何朝银：《人口流动与当代中国农村社会分化》，《浙江社会科学》2006 年第 2 期。

（Vince）提出了农村稀释（rural dilution）的概念，主要是指农村人口的社会构成的变迁，即农业转型以及劳动力流出导致从事初级生产（包括必要服务）的人口减少，与此同时，流入的新要素（退休的、远距离通勤的，生活方式的流动）正在形成。20年后，刘易斯（Lewis）等人又提出再人口（repopulation）概念。"再人口"主要指郊区人口的出现，强调的是乡村原有人口的老化过程，新迁入者的到来扩张了社会结构，有可能导致老人和新人口要素之间的隔离。① 这些城市远郊新迁移人口对当地社区的影响在西方反城市化的文献中被较多地讨论。我国的情况当然与发达国家有很大不同，但有趣的是，"再人口化"的现象在我国发达地区的城市郊区也有出现。由于特有的制度安排以及文化传统，不少欠发达地区的农民不是直接流动到城市中心地带，而是流动到发达地区的农村，或者城市周边的近郊村，或者所谓的城中村；他们或从事农业或从事非农产业，但共同的特征是保留着农民身份和生活习惯；他们尽管与"农民"居住在一起，但永远是"外地农民"。90年代开始出现的所谓"超级村庄"②的案例均不同程度的展现村庄社会构成变迁过程中，因村庄社会的相对封闭性、社会排斥所导致的身份再认同、亚文化及其相对于"本地"而言的"外地农民"群体慢慢地形塑的过程。对此，折晓叶做了如下的描述："在实行集体制的村庄里，内部产权虽不像前者那样明确，但外部产权与之相同，都具有强烈的排他性，因为这是以全体村民为法人成员的共同所有权，是以村民身份为边界的。此外，在村域内还可以发现各种以社会关系为基础的生活圈子，如工作圈子、居住圈子、交往圈子甚至婚姻圈子等，也都是以亲缘或地

---

① Smatles, P. 2002 From Rural Dilution to Multifunctional Countryside: some pointers to the future from South Australia. *Australian Geographer*. 33（1）：79-95.

② 折晓叶和陈婴婴将"超级村庄"的基本特征归纳为：（1）已经形成以乡镇企业为主体的经济结构，工业产值和非农产值已占村庄全部产值的绝大多数，成为产值过亿的发达村庄；（2）已经形成稳定的可用于村政和公益事业的"村财"收入，具有初步的"准政府"的村政结构和职能，如经济的、仲裁的、村政的、福利保障的结构和职能；（3）村社区的经济组织开始采用现代公司的模式，迅速向村庄以外扩展，经济的触角已经伸向城市、海外，甚至以参股的方式渗透到大中型国营企业；（4）村社区的人口成倍增长，聚集有大量的、有的已超过村民人口总数几倍乃至几十倍的外来劳动力；（5）社区内部已经形成以职业多元化为基本特征的社会分层结构；（6）村政设施和建设发展迅速，村民的生活方式和文化价值观念已经发生了变化，新的生活方式和价值观念正在形成。在一些地方，这类村庄的发展已经有超过乡镇的趋势，正在成为周边地区新的经济和社会文化中心等等。

缘特别是地缘关系来划分的，'村里人'和'村外人'或'本地人'与'外地人'的分野，处处都很明确。这种相互间的排斥，不仅是村庄意识中的也已经是制度化了的"①。

　　第二，政府调控，尤其是土地调控是农村社会结构变迁非常重要的影响机制。20世纪80年代以后，我国政府土地政策强调农村土地关系的稳定性。1993年中央农村工作会议文件提出"增人不增地、减人不减地"，2002年出台《农村土地承包法》将其以法律形式确定下来，到2008年中央十七届三中全会强调"赋予农民更加充分而有保障的土地承包经营权，现有土地承包关系要保持稳定并长久不变"。但市场经济条件下的农村土地政策并非铁板一块，而是出现了土地"有限"市场化。①鼓励农村土地的适度流转。这一调控既是市场条件下传统农民以农业为主的经济角色、身份地位出现分化的结果，也是导致农民更大范围的职业分化、角色分化的原因之一。改革开放之后，自发地产生的、不可阻挡的、农村人口大规模流动逐渐成为当代中国一道独特的风景线。面对这场"民工潮"，政府开始逐渐启动改革农村土地承包制度，特别是2008年党的十七届三中全会讨论通过了《中共中央关于推进农村改革发展若干重大问题的决定》。该文件除了强调稳定土地承包关系的主调之外，同时提出"按照依法自愿有偿原则，允许农民以转包、出租、互换、转让、股份合作等形式流转土地承包经营权，发展多种形式的适度规模经营"的思路。这场改革被很多人称为中国的"新土改"。在类似政策的刺激下，农民分化步伐也开始加速，部分农民把承包地转给其他使用者，而投身到中国2亿"农民工"的队伍中；部分农民开始谋求在发展工商业，脱胎为农民企业家或者商业服务的经营者；部分扩大土地耕种规模，转变成真正的农业专职人员、"种粮大户"；部分则继续保留传统的生产节奏，经营着自己的一亩三分地。更为复杂的是，"村庄合并"之类的土地流转将引发更大规模的分化，这不仅表现在"村内"，而且是在"富村"和"穷村"两个发展水平十分悬殊的村庄

---

① 折晓叶：《村庄边界的多元化》，《中国社会科学》1996年第3期。

之间。① ②农村土地的非农化发展。1999 年我国开始实施《土地管理法》《基本农田保护条例》等一系列严格的土地用途转用审批制度，强调农用地非农化，必须符合土地利用总体规划和土地利用年度计划，同时要经过省级政府或者国务院的批准，某些在规划的建设用地规模范围内的用途转变，可由地市级人民政府批准。② 但是，土地政策的实施效果并不尽如人意，尤其是土地浪费、地方政府违法批地等现象层出不穷。我国土地国有制的基本国情，决定了在土地非农化配置进程中政府的主导垄断地位。也就是说，无论是城镇公共用地、商业用地、农村建设用地等农地非农化的配置权都控制在政府手里。政府从农民手中集中统一甚至是强制性征用承包用地，转让为城镇化用地。③ 征地过程中，由于农民土地权利的不完整性、平等协商民主制度的缺乏、决策监督机制的缺位等几大因素，导致：一方面，政府以低于市场价格的补偿标准征用土地，成为土地增值收益的独享者；另一方面，除征地补偿制度之外，我国城乡二元分割的户籍、就业、社会保障制度以及农民自身因素，失地农民陷入了土地使用方式非农化，但就业方式、生活方式、思想观念无法同步非农化的困境，④ 成为既不是农民（户籍意义）又不是市民（生活方式上）的"第三类人"。

从上述讨论来看，在市场机制和国家机制共同主导下，农民出现了多元的职业分化和阶层分化，有传统小农、农民工、种粮大户、农民企业家、中产农民、"市民化"农民等。这种分化又进一步促进了村庄权力结构的分化，导致村庄社会结构的转型。

2. 村庄权力结构分化

农业市场化的纵深发展以及伴随出现的农民分化，导致村庄权力结构也出现了分化，这在村级政府，即村庄内在权力组织与外来政权的主

---

① 当然，折晓叶提到这种村庄以及群体的分化因为土地和之相关的资源仍然固定在村庄，尚未形成合理流转的制度，因此，并村的可能性是有限的。进一步参考折晓叶《村庄边界的多元化》，《中国社会科学》1996 年第 3 期。

② 张宏斌：《土地非农化机制研究》，博士学位论文，浙江大学，2001 年。

③ 王定祥：《农地适度非农化进程中的政府与市场分工》，《改革》2009 年第 10 期。

④ 刘海云：《城市化进程中失地农民问题研究》，博士学位论文，河北农业大学，2006 年。

要交叉点①——尤其显而易见。市场化兴起消解了波兰尼所谓的再分配经济对于资源的绝对控制局面，从而导致那些支撑全能主义村庄政治的链条，如公社制、再分配经济、工分制等逐一被打破。"能人治村""富人治村""混混当道"等则是与村民自治制度一起出现的，非常复杂替代性的趋势，即村庄权力的"资本化""私营化"及"去公共化"。

第一，公共权威的"资本化""富人化"。对于市场经济的发展对公共权力资本和权威结构的影响，倪志伟等人的观点是：随着市场机制成为占据主导地位的资源分配机制，体制内群体（村干部）拥有的分配资源的权力会被削弱，其社会经济地位会下降，即所谓"市场转型说"②。但目前中国却发生了"占居乡村权力中心地位的老式干部逐步让位于具有新时代特征的经济精英或能人，或者原先的村干部借助于市场经济而致富，加入经济精英阶层，一起直接介入公共权力，成为与村庄权力体系密切相关的村庄政治家"③。这一现象不仅在经济发达地区的浙江④、江苏、广东等沿海发达地区村庄集中性的出现，而且在农业型地区的中西部农村也是普遍存在。⑤ 对此，卢福营等人把它概括为"富人治村""经济能人"治村；⑥ 宋婧等人把 1990 年之后以集体经济为基础的村庄公共权威经历的变迁概括为以"私营化"为表征的蜕变。具体来说，这样的公共权威私营化过程又体现为在公共权威的边界、结构和领域三方面的权力分散、精英分化、责任收缩的过程。⑦

不过，此现象能从边燕杰和罗根的"权力维持假设"中得到支持，即随着市场化发展，政治资本要素并没有消失，恰好相反，市场化改革

---

① "村级政府"的概念是村庄内部权力组织与外界政权的主要交叉点。可以进一步参见黄宗智《华北的小农经济与社会变迁》，中华书局 2000 年版，第 21 页。

② 边燕杰：《市场转型与社会分层》，三联书店 2002 年版，第 76 页。

③ 郎友兴：《改革、市场经济与村庄政治——基于一个浙江村庄政治的三十年变迁》，《浙江社会科学》2010 年第 11 期。

④ 2009 年 9 月 12 日，《环球视野》刊发的《富人治村：一个值得关注的新现象》一文提到，据浙江省民政厅统计，目前全省 2/3 以上的村由企业家、工商户、养殖户等先富起来的人担任村委会主任或村党支部书记，其中不乏资产过千万元乃至上亿元者，被称作"老板村官"。

⑤ 欧阳静：《富人治村：机制与绩效研究》，《广东社会科学》2011 年第 5 期。

⑥ 卢福营：《经济能人治村：中国乡村政治的新模式》，《学术月刊》2011 年第 10 期。

⑦ 宋婧、杨善华：《经济体制变革与村庄公共权威的蜕变——以苏南茅村为例》，《中国社会科学》2005 年第 6 期。

会使资本与权力结合的利润大大增加。① 而且可以说，作为蜕变结果的新的村庄公共权威的形成及其经营策略，不仅受制于干部的选拔培养等既有社会政治制度，更主要的是受到中国农村经济体制改革（特别是私有化过程）的影响。② 90 年代以来中央基层党建的"双培双带"工程，即农村各级党组织要坚持把党员培养成致富能手，把致富能手培养成党员，把党员致富能手培养成村组干部，使广大农村党员在带头致富和带领群众共同致富这两个方面充分发挥先锋模范作用③的推动。更主要的推动力量则是由于农村经济市场化过程中，一部分凭借经济、政治、社会、人力资本实现了由传统农业方式向工业、商业转变，以农村经济精英的身份出现。而经济上的优势地位带来其在农村社区管理、公共权力掌控方面具有更强的影响力，事实上成为社区的精英阶层。对于"富人治村"的前景，多数人表现了担忧：富人并没有成为共同富裕的带头人，而村庄却成为富人谋取私利的工具，即是说资本权力化的经济、政治风险目前很难去评估。

第二，村庄治理的"去公共化"。在城郊村等具有大量利益流动的村庄，村庄内生规范失效导致一些边缘力量起来争取利益，引致村庄社会失序。传统治理方式因其治理资源、治理手段根植于村庄社会结构与社会规范，无法应对新的治理形势。乡村两级在公权力不足的情况下，通过精英替代、制度创新以及私人治理来维系村庄社会的基本秩序，但这种秩序的达成是以公共权力、公共规则的消解为前提的，是一种去公共化的乡村治理。乡村治理的去公共化，④ 或者干脆说，私人治理，⑤在没有其他力量可以制衡的情况下，往往具有不稳定和不可预期性。比

---

① 何艳玲：《"回归社会"：中国社会建设与国家治理结构调适》，《开放时代》2013 年第 3 期。

② 何艳玲：《"回归社会"：中国社会建设与国家治理结构调适》，《开放时代》2013 年第 3 期。

③ 贺雪峰：《富人治村与"双带工程"：以浙江 F 市农村调查为例》，《中共天津市委党校学报》2011 年第 3 期。

④ 曾红萍：《去公共化的乡村治理及其后果——以利益密集型村庄为例》，《学习与实践》2013 年第 2 期。

⑤ 私人治理主要指在制度性权力不足的现实条件下，为摆平"钉子户"，完成征地工作；压制混混势力，维护社会治安；化解村庄纠纷，保证社会稳定，基层组织通过私人化的治理策略来处理乡村公共事务。

如富人既可以利用"超级权势"做好事，也可以是肆无忌惮地损害村庄公益；富人主要通过将经济实力和社会关系资源转化为政治竞争力而成为村治主体，压抑其他阶层农民的政治参与热情，形成政治社会排斥，不利于基层民主的发展。[①]

在经济变迁和国家力量推拉的共同体作用下，村庄权力结构的分化，权威的私人化和治理的去公共化变迁充分说明：传统农业社区整齐划一的社区人口组成、以农业为主的生活系统，较为一致权威的来源以及基础逐步瓦解了。这就产生了一些基本的问题，即一群分化的人如何在村庄里面实现相互链接？村庄如何以社区的方式来运转？这些问题均与村庄功能转型有关。

二 "去农业化"与村庄功能转型

鲍曼把人类社会分成两个阶段：生产者社会、消费者社会，[②] 现代社会发展的重要特征就是由生产者社会向消费者社会转变。与生产社会强调生产原则，以生产为目的不同，消费社会是人类社会物品、财富、服务极为丰富，成为富足社会的背景下，整个社会以消费为原则和目的。也就是说，消费是整个社会建构的指挥棒。不过，市场经济本身就是一种功能分化的社会，因此，建立一种同质性的时间、均质化的空间布局的社会是彻头彻尾的乌托邦。尽管村庄"去农业化"变迁过程也是处于生产社会逐步向消费社会转型的大背景下，不过这种转型给村庄造成的最重要的影响就是逐步瓦解了传统农业村庄的生产功能，并不断推拉着村庄向功能不断分化的现代居住型、消费型社区转型。由于村庄在整个社会中扮演的特殊角色，现代居住型多功能社区既包括村庄传统的生产、居住功能，也包括日益兴起的绿化、消费功能，村庄类型上的差异主要在于其核心功能的差异。

1. 村庄的生产功能

全球化和资本主义市场经济发展中出现了所谓的"去农业化"，这一趋势导致：一方面，随发达国家"去农业化"趋势增强，反而强化

---

① 刘锐：《农民阶层分化与乡村治理转型》，《中州学刊》2012 年第 6 期。

② ［英］齐格蒙特·鲍曼：《全球化——人类的后果》，郭国良等译，商务印书馆 2001 年版，第 77 页。

了中国农村作为全球农产品生产基地的重要作用；另一方面，众多村庄之间出现了分化格局，有完全"去农业化"的居住型村庄、半"去农业化"的消费型村庄、"再农业化"的生产型村庄。村庄的生产功能强调的是一直以来的村庄作为农业生产的基础，为农业提供各种生产性的帮助，包括土地、农业管理与服务以及为全社会提供必需的农产品等。随着农民的生产中心明显地转移到了经济作物上，尤其是那些主要用于出口的经济作物上，① 村庄作为农产品提供基地的特征越来越明显。目前，不仅在沿海地区的农村宣称自己是为出口而种植，而且最不商业化的地区的农民，也不只种植单一的粮食作物了，而是选择有地方特色或者附加值比较高的经济型作物。近几年比较典型的是，各地以农村合作社的方式大力发展蔬菜种植、瓜果种植、花卉种植，出现了苹果之乡、蔬菜之乡、竹子之乡等专业农业生产型村庄。

生产型村庄是指生产功能在村庄功能结构中占据核心位置，其他的居住、消费、生态等功能都相对弱化。这类村庄发展中，生产不仅是主要目的，即追求农产品的产品最大化，投入最小化，农业组织和安排以生产为目的；生产同时是一个基本原则，整个村庄社会都是按照生产来建构的。村庄居民的生活模式、社会关系、治理结构甚至价值观念均在生产过程中建构起来的，而这逐渐导致了村庄失去了生活、居住的意义，更类似于发达国家的农场。

2. 村庄的居住功能

发达国家经验提醒我们，村庄变迁中更为复杂的情况则是越来越多的人愿意选择居住在乡村，这也有助于我们反思现代村庄的功能是什么。正如"回到土地运动"所言，土地是用来生产和居住的，尤其是离城镇或城市中心比较近的村庄，农业逐渐消失，生产功能日益不明显，但居住功能却凸显出来。以我国的城郊村来看，首先，村庄居民可以在城镇和城市中心获得日益增多的就业机会，但他们不愿意离开自己居住的社区，或者无法在城市中心购买新住所，所以把村庄作为重要的居住地。其次，日益增多的新城市居民，比如新毕业的大学生，刚来城市工作的年轻人因为市中心房租贵等原因，愿意选择居住在近郊村庄，

---

① ［美］米格代尔：《强社会与弱国家：第三世界的国家社会关系及国家能力》，朱海雷等译，江苏人民出版社 2009 年版，第 88 页。

通勤着去工作。再次，大量的外来农民工也因房租问题和生活习惯问题，更愿意租住在城市郊区的村庄中；以相对偏远的村庄来看，由于土地的保障功能和一部分人口不可能流动，仍将村庄作为最重要的居住地。在这个意义上，政府也将必要的公共服务设施，如道路，通信、水电和公共服务功能，如治安、救助、帮扶、低保等延伸到村庄，村庄能够完成为一定的人口提供居住空间的功能。

村庄的居住功能意味着村庄不仅是作为一种物质空间，还是一种居住空间。这意味着村庄不仅给居民提供了住的房子、生活必须的设施，而且还能使不同类型的、分化的人群可以相安无事的在这个空间里面生活着。比如城郊村的问题是会遭遇不同居住者对村庄的竞争性要求以及产生的冲突，新来者的行为规范、愿望与期待会对原有的社区规范和价值体系产生史无前例的影响。因此，居住型村庄通常得发展出一种独特的治理机制整合村庄社会，维持其功能的正常运转。

3. 村庄的消费功能

市场经济对村庄的挤压式发展总体上倾向于把农业发展和村庄剥离开来。不过，其中有一种相对复杂的情况则是不少村庄与农业保持着密切的关系，但并不展示农业的生产功能，而是把农业以及村庄作为一种可供人们消费的商品。村庄的发展情况逐渐依赖于市场体系和消费者的行为，成为一个待价而沽的商品。这意味着：一方面，村庄可否发展，发展成什么程度等均由消费者，特别是城市消费者来决定；另一方面，商品遵循交换与盈利原则，这意味着村庄存在的价值或者说价格由市场交换下的利润为衡量标准，即卖得出去，有价格和利润空间，村庄才有价值，反之亦然。

村庄的消费功能，强调村庄农业景观的城市消费特征，或者简单地说，村庄的重要功能就是给城市居民提供农业景观，满足其消费的目的。这一过程既包括消费者对不同于城市生活的乡村生活本身的一种消费，也包括消费者通过体验乡村生活来满足内心的那种乡村怀旧之情。这类村庄非常容易受到消费主义文化的影响，比如是消费主义调动起了农民的消费欲望，但依靠农业收入却无法让这种欲望得到满足，从而产生强烈的自卑感和不适。这不仅无助于通过乡村旅游、农业观光达到提升农民收入、提高社会对农业文化的认同感，而且还会导致农业及其村庄失去自我，因为消费农村、乡村旅游的流行化体现的是消费者主体性的发展，关注日常消费中的自身利益。换句话说，消费村庄常常不仅导致村庄生活的异化，不是一种真正地农村社会的展示，而是为了满足消费者需求的一种表演。也就是说，这种农业村庄的生活展示不仅没有增加农村的魅力，反而降低了地方环境和文化的功能。而且，出售村庄生活还存在巨大的道德风险，那就是一切东西都可以用价格来标识，成为待价而沽的商品。

可见，去农业化发展带来了村庄的多功能化，或者说村庄从单一的农业社区逐渐发展为多功能的居住型社区，体现了村庄转型的复杂性。不过特别让我们感到兴奋的是，从中国经验来看，还提供了一种与"去农业化"不同的发展趋势，即小农农业与村庄的再链接方式。这种发展路径与所谓的"再农业化"生产型村庄不同，它是一个集生产、生活于一体的农业村庄共同体。

第五章

新农业村庄转型的个案研究

前一章节我们论述了 20 世纪以来在市场机制和国家机制共同作用下，全球乡村都出现了明显的"去农业化"趋势。然而，进入 21 世纪以来中国经验中呈现的，与"去农业化"几乎同步的小农经济持续存在及农业村庄所发挥的极为重要的社会贡献，似乎可以证明：农业、农村的发展与工业化、城市化的现代化发展可以不矛盾，或更干脆地说，农村与城市完全可以实现互补式、协调式发展。事实上，农业村庄的新发展及其功能发挥，使得整个社会乃至国家战略不得不重新审视村庄的前景及其存在的价值。在理论上讲，建立在农业基础上的村庄，仍然显示了村庄和地理空间、社区概念的密切关系，意味着农业和村庄之间的一种社会协同关系，或者更乐观地讲，说明市场与村庄间可以建立一种有效衔接，从而展示出不同的发展图景。

第一节 中国式农业转型与村庄变迁

一 "新农业"及其影响

1. "新农业"概念

通常我们所说的"新农业"，主要是指 21 世纪以来，尤其是 2005 年以来国家倡导建设社会主义新农村战略，各地发展起来的所谓与新农村相适应的新型农业。后来不少学者对此展开进一步解释，强调这个概念的主要内涵与国外研究者提出的"后现代农业"必须建立在伦理和环境的可持续性理论①上趋于一致。因此，从特点上看，多数研究强调新农业的"新"主要在于：一方面，强调新农业采用环境友好型的生产方式，以保证农业发展的可持续性，其中包括运用现代科技手段来促进农业发展，不仅包括应用于农产品的生产阶段的农艺技术，还包括运用于育种、育苗阶段和物流阶段的生物技术、信息技术等，比如现代化信息技术主要运用于田间管理、农产品流通等；流通市场化，这不仅包括农产品的流通，也包括一些关键的生产要素的流通。另一方面，新农业的生产单位组织形式上更趋于机构化、大型化。相对于过去以家庭为主要单位的分户经营的生产模式，新农业生产模式则运用现代化的管理科学加以组织管理，以公司、集团为单位，进行农业的生产、流通、运营。

与农业研究单纯重视技术应用与大生产导向的认知相比，黄宗智等人的观点更深刻。所谓新农业，主要是高值农产品——诸如拱棚/温室蔬菜、水果和肉鱼养殖，而且其绝大多数的农场是较小型的，不到15亩的农场。而最核心的一点就是，在新农业发展中，农民的生产决策不再由积累资本和扩大再生产的资本主义逻辑所主宰，而是由生计和消费所主宰。它绝对不是一个完全市场化的经济，而是一个国家行政大规模干预的经济。甚至可以说，中国粮食经济其实更多的是一个高度行政化的小农经济，所展示的是旧计划经济的延续，多于改革性的全面市场化和资本主义化。它其实更应该被理解为一个主要是国家管理下的小农经济体系，一个主要以小家庭农场为主体的粮食经济。② 简言之，新农业远远没有像旧农业那样程度的国家行政干预和管理，新农业基本是放任的市场经济，国家主要依赖市场经济及其动力来对待新农业。简单地说，黄宗智所言的"新农业"就是发展了经济作物的农业，或面向国内外市场的市场化了的农业。③

当然，也有不少学者注意到，新农业导致的去过密化必然出现利益

---

　　① ［澳］大卫·弗罗伊登博格：《走向后现代农业》，《马克思主义与现实》2008年第5期。

　　② 黄宗智：《中国农业发展三大模式：行政、放任和合作的利与弊》，《开放时代》2017年第1期。

　　③ 曾凡木：《熟人社会关系的再造——新农业村庄内经济活动的新嵌入》，《学习与实践》2013年第2期。

外向化，因为传统农业难以承担这个去过密化的过程，新农业的利润主要来自第二、三产业的发展。因此，新农业的发展有一个重要前提，即中国经济的迅速增长，尤其是第二、三产业的发展和农业在国民经济中份额的下降。新农业的出现与发展使农村领域已难以消化其所生产的产品的价值，所谓"高附加值"之"高"必向外求得，这必然使利益取向更加外向化，农民对外部市场的动向更加敏感。[①] 因此，对农民来说，市场既是机会也是压力，参与市场会带来更高的生活水平或更丰富的消费。但同时，不利的价格走向或者不平等的市场力量也会使参与市场的农民处于破产威胁之下。[②] 因此，农民和市场的关系是一个连续的压力区间，它从承担风险并获得参与市场的好处，延伸到为生存而保留非市场的生存基础。

2. "新农业"发展对乡村的影响

可以说，所谓"新农业"主要指农村经济市场化之后的农业新形态，我们无意去描述农业产业的发展，而是将重点集中在农业新经济变迁对村庄转型会产生哪些影响。整理文献来看，已有研究主要集中于农村商品化经济对乡村的影响，学界大致有三类看法：形式主义、实体主义和马克思主义。[③] 形式主义的"二元经济论"认为，世界资本主义冲击下，中国经济分化为城市"现代经济部门"和腹地"传统经济"，两大体系分道扬镳，极少互相渗透。也就是说，近代中国的农村，实际上没有受到帝国主义和近代城市经济多大的影响。[④] 实体主义派主要代表斯科特对这个问题做了以下描述："脱离人与人之间直接联系的资本主

---

① 曾凡木：《熟人社会关系的再造——新农业村庄内经济活动的新嵌入》，《学习与实践》2013年第2期。

② ［英］弗兰克·艾利思：《农民经济学》，胡景北译，上海人民出版社2006年版，第6页。

③ 根据黄宗智的划分，近代经济社会史研究中关于小农经济的讨论大抵有三个传统：以舒尔茨、波普金为代表的形式主义学派，以恰亚诺夫、波兰尼、斯科特为代表的实体主义学派、马克思主义学派。它们均从小农的特性出发讨论农村经济的行为动机，区别是形式主义者的基本立场是小农是一个权衡长、短期利益之后，为追求最大利益而作出合理生产抉择的人；实体主义者强调小农经济行为的主导动机，是"避免风险""安全第一"，在同一共同体中，尊重人都有维持生计的基本权利的道德观念，以及"主客"间的"互惠"关系等；马克思主义者认为小农是租税的交缴者、受剥削的耕作者，其生产的剩余用来维持统治阶级和国家机器的生存。参考黄宗智《华北的小农经济与社会变迁》，中华书局2000年版，第1—7页。

④ 黄宗智：《华北的小农经济与社会变迁》，中华书局2000年版，第19页。

义市场经济一旦侵入农村，前资本主义的互惠性道义经济便会遭到破坏；此外，资本主义殖民地国家机器向农村榨取更多的剩余，也会瓦解闭塞自主的前资本主义自然村"。马克思主义者则不同意形式主义的看法，认为资本主义经济形成了两层的剥削系统：受害国内，城市榨取农村的剩余产品和原料；在国际之间，先进国家榨取后进国家的经济的剩余。"宗主国"与"附属国"，又或"中心"与"边陲"地区之间的关系是剥削和被剥削的关系。① 对此，黄宗智认为二元经济论者严重低估了农业加速商品化对中国农村的影响，附属论者忽视了中国小农经济在结构和变动的方向上，基本上延续着过去的趋势，而道义经济的论述则过分夸大了道义观念在过去生产关系中所起的作用。

　　30多年的农村改革，具有意义的一个现象就是：随着农村经济多样化而来的是农业生产的反过密化，而不是广泛设想的市场化农业生产，② 即所谓的"隐性农业革命"，实现了中国农业从"旧农业"到"新农业"的转型。③ "旧农业"是指传统的八成粮食、一成蔬菜、一成肉食消费结构下的农业产业格局，新农业是指粮食+蔬菜—禽—鱼+菜—果消费结构下的农业格局。这种农业结构的变迁导致了劳动力的全就业，更多地生产高值产品。④ 中国的小家庭农场在新农业中展示了很大的活力，完全出乎那些认为现代农业必须是具备规模经济效益的大农场的专家们的意料。这些非常有活力的，因中国隐性农业革命而产生的小农场，证实了小规模家庭农场其实十分适合于劳动与资本双密集的新型农业生产。⑤ 当然，这其中的秘密在于工业主业+农业副业在农村家庭的紧密结合，促使今天中国经济结构与斯密和马克思在西方所看到的和所预期的截然不同，农业主体没有成为雇工经营的规模化大农场。同时，城镇工业没有变成完全脱离农业的个体化工人所组成的工厂生产。相反，约有一半的劳动力来自与农业紧密结合的"农民工"。

　　不少经验研究表明，改革开放以来，伴随着农业从旧到新的转型，不仅解决了传统农业劳动力过密化或者内卷化的问题，而且小农家庭经

---

① 黄宗智：《华北的小农经济与社会变迁》，中华书局2000年版，第20页。
② 黄宗智：《长江三角洲小农家庭与乡村发展》，中华书局2000年版，第16页。
③ 黄宗智：《中国的隐性农业革命》，法律出版社2010年版，第10页。
④ 黄宗智：《中国的隐性农业革命》，法律出版社2010年版，第10—12页。
⑤ 黄宗智：《中国的隐性农业革命》，法律出版社2010年版，第17页。

营的模式更加稳固，农户小资产者所有者身份不断加强，村庄社会也发生了深刻的变化：村庄治理从以行政性事务为主转变为以向农户提供经济性服务为主。① 乡土中国之所以能够承接经济危机的制度成本，依托的并不是资本动作的逻辑，反而是传统兼业化小农家庭和多功能村庄因内部人力、土地和资金的多样化组合，我们称为"农户理性"和"村社理性"。它不仅在当代能够内部化处理外部性市场风险，而且在历史上本来就是能够化解自然和经济双重风险的内在机制。② 内部的合作化趋势和村庄治理的经济性转型也增加了村庄集体的凝聚力。③ 可以说，过去 30 年中国农村的变迁一定程度上证明了小农农业在中国存在的合理性。那么，这就需要我们重新审视农业与村庄的关系，重新思考城市化是解决三农问题的根本出路这类意见的合理性。这种说法不但轻视了发展主义的社会及环境恶果，而且错过了现代化格局中蓬勃发展而不是渐被淹没的"小农生产"的潜力。这一点，不仅上述中国的小农农业的经验可以有所触动，近年来发达国家"社区农业"的兴起也对依赖直接生产者的小规模、自组织的农业生产在地方特色产品、社区互助网络、绿色生态生活、社区公共福利等方面发挥的作用。④ 那么，新农业的发展在哪些要素上可以和村庄社会建立联结呢？联结的过程和作用机制有哪些呢？对此，我们首先从理论上建立要素分析框架，然后再以浙江省一个特色农产品村庄成功转型的案例加以进一步剖析，以整体性地展示新农业如何推动村庄转型。

二　新农业发展与村庄社会的联结要素

可以说，新农业是伴随着市场经济和公民社会的兴起而发展起来的，国家和市场对农民社区进行了合理介入，乡村地区的边界日益开

---

① 高原：《市场经济中的小农农业和村庄：微观实践与理论意义》，《开放时代》2011 年第 12 期。

② 温铁军：《农村是中国经济资本化进程稳定器》，《第一财经日报》2012 年 1 月 7 日。

③ 高原：《市场经济中的小农农业和村庄：微观实践与理论意义》，《开放时代》2011 年第 12 期。

④ 朱启臻：《关于农业社会学的几点思考》，《中国农业大学学报》（社会科学版）2009 年第 1 期。

放，这必将加快中国农村社区的现代转型。[1] 基于此，我们要探究是新农业的发展与保持村庄社会联结要素条件、作用机制。接下来我们拟从土地集体所有的社会界定、村庄的社区行动机制、公共政策的调控作用和农业安全的社会需求四个要素入手，为下一步的案例和实践研究建立一个初步的分析框架。

1. 土地集体所有与村庄边界

可以说，几乎所有研究者都注意到了土地在农民社会中的作用，远远不止于有其价格的另一种生产要素，土地是农户抵御生活风险的长久保证，是农户在村庄和社区内社会地位的一种表现，[2] 或者干脆认为经济功能仅仅是许多至关重要的功能中的其中一种，土地本身就是政治性的。土地为人类的生活提供稳定性，为人们提供栖息之所，是人类生理安全的条件。土地也是风景和季节，设想人的生命中没有土地，就如想象他出生时没有手脚一样荒唐。因此，将土地与人分离，并以此满足不动产市场需求的方式来组织社会，这正是市场经济乌托邦理念中不可或缺的一部分。[3]

自 1982 年中央一号文件肯定农户家庭承包经营责任制以来，中共中央、国务院一而再再而三地强调稳定土地承包关系，不允许轻易变更，"现有土地承包关系要保持稳定并长久不变"的政策在实际运作中被视为政治大事，也给农村社会带来的深刻的影响。土地集体所有制度是我国社会主义体制下的特殊性安排，尽管因其产权主体模糊而带来的批评声不断，[4] 但土地集体所有制度经济性后果使得家庭农业成为可能，因此也被认为是符合传统和实际情况的一种制度设计。与土地集体

---

[1] 夏周青：《中国农村社区从传统到现代的嬗变——以国家与社会关系为考察视角》，《武汉理工大学学报》（社会科学版）2010 年第 5 期。

[2] ［英］弗兰克·艾利思：《农民经济学》，胡景北译，上海人民出版社 2006 年版，第 9 页。

[3] ［英］卡尔·波兰尼：《大转型：我们时代的政治与经济起源》，冯钢等译，浙江人民出版社 2007 年版。

[4] 中国社科院农村发展研究所研究员党国英认为农村土地实行集体所有，家庭联产承包是我国社会主义体制特有的一种安排，因其没有解决农民的土地财产权问题，因此可以被形象称之为"半截子产权"。这种半截性导致：第一，农民在农业土地使用中的所谓承包权不稳定；第二，农业用地在转变为非农业用地时，农民几乎没有议价的权利，导致大量土地交易徇私舞弊，养肥了一些开发商和一些腐败分子，让国家和农民双双吃亏。由此不得不让人产生

所有制强烈的村庄经济、政治效应相比，而最隐蔽的，当然也是最重要的社会性效应往往被忽视，就是它在村庄成员的地域、人口、组织边界确定中的基础性地位。对于"村庄边界"，折晓叶等人提出从两个层面上来定义：一是村庄与外界之间的疆域性界线，如以亲缘和地缘关系为基础的地域共同体的范围，以土地所属为依据的村界，以及行政关系制约下的村组织行政的界线等；二是村庄主要事务和活动的非疆域性边缘，如村庄的经济组织、市场经济网络、人际关系网络和社会生活圈子所涉及的范围等。① 因此可以说，土地是村庄最清晰的边界，它不仅是地域边界，而且是集体所有权下的经济关系的边界。当然，由于土地流转所带来的对村庄边界的冲击与影响之前已有论述，在此不多做赘述。但是，我们发现伴随着乡村工业化的不是所有村庄的萎缩和消亡，而是相当数量的村社区超前发展，它们的社区结构不断膨胀和完善，村政功能更加强化。② 这除了传统村落文化的作用之外，土地集体所有制度的作用不可低估。因为这种特有的安排与村政权的权力构建来说，会形成一种有力的互相支持局面。我们基于浙江临安西部山区的四个案例，充分说明人民公社制度解体之后，村级组织成为农村土地调控权非常重要的掌握者，③ 而这种隐蔽的权力机制，可能成为高度依赖土地及其农业的村庄运行的重要基础。

　　2. 市场化与社区行动

　　新市场体系给人们的经济、社会生活带来了很多影响，而市场化改革对农村造成的影响比城市要大得多。那么，我们要讨论的问题是市场化对农民的社区行动造成了什么样的影响？是提升了社区行动的一致

（接上页）疑问，现实中是谁在担任集体土地所有权的行使主体呢？为何出现土地使用者和土地所有者均处于利益受损者的境况呢？我国法律规定，村集体经济组织可由村民委员会替代形式土地所有权，对"村内集体经济组织"可由村民小组替代形式土地所有权 。现实是，家庭联产承包制的推行导致村民小组作为一个经济单位的组织和功能大大弱化，难以承担起村内集体经济组织的职责。因此，各地方实践中，集体经济组织的角色往往由村委会来代为行使，这就导致作为村民自治组织的村民委员会具有了公私双重角色：一方面，它是国家权力在乡村社会最低层级的代表人或代理人，当面对国家时，其以弱者的身份出现；另一方面，它也是集体土地所有权主体的代表人或代理人，当面对农户时，其又以强者的身份出现 。

　　① 折晓叶：《村庄边界的多元化》，《中国社会科学》1996 年第 3 期。
　　② 折晓叶：《村庄边界的多元化》，《中国社会科学》1996 年第 3 期。
　　③ 毛丹、王萍：《村级组织的农地调控权》，《社会学研究》2004 年第 6 期。

性，还是导致社区行动的衰落？或者两种情况同时存在？已有研究注意到市场化变迁对不平等和贫困的影响，但没有特别注意到这些变化对人们社区行动的影响。从梳理学术史来看，市场化是提升还是减少社区卷入是社会科学的一个古老话题。如亚当·斯密古典经济学的基本前提就是经济行为应该会提供人们之间的合作水平，因为他们必须在市场更多的依靠彼此的生产、加工、买卖物品，从而学会合作。① 尽管涂尔干在劳动分工和个人契约关系的讨论上与斯密一样，但他的看法与自由经济不同，他认为要避免社会失范，必须要把工人和所有者的自私利益淹没进"职业团体"中去，在竞争性群体间形成"道德联系"。对此，帕森斯在其《社会行动的结构》中也详细说明了这一观点。大卫（David）调查了俄罗斯农村家庭（1995—1999）在后社会主义时期的社区卷入（involvement）变迁，显示出市场增长与社区卷入二者更为复杂的关系，即尽管市场关系增加与社区社会参与整体减少有关，但一些家庭（有着较广网络、更多销售行为的家庭），面对断裂的经济和社会支持体系时所发展出来的非正式社会网络的发展使得个人和家庭越来越依靠他们的邻里，因而变得进一步的整合进社区生活的社会网络。②

改革开放之后中国的情况显示，农户与社区的互动关系既有制度化的内容，也包括非制度化的内容。随着农业税的取消，户籍制度的放松等制度影响力的弱化，村庄居民对社区卷入既有古典经济学假设的情况，即随着市场化带来的村庄土地、人口、资本的外流，以及政府救助网络的高密度发展，依赖传统邻里网络、社区网络来完成他们的生产、生活所需的活动日益减少，人们越来越少地卷入他们居住的社区中。不过，自由主义忽视了中国基本的社会单位——村庄社区的重要性，包括其根深蒂固的社区成员观念，其对土著与外来者的区分，在本村人员间广泛运用拟亲属关系，由社区自身来处理成员间的纠纷的惯习和机制，在有的地区所形成的社区亲邻间的生产互助，或自卫组织，或社区的灌溉、排涝合作，或修建寺庙等惯习。③ 因此，随着市场行为的增加，仍

---

① Brien, D. 2005. Marketization and Community in Post-Soviet Russian Villages. *Rural Sociology*. 70（2）：188-207.

② Brien, D. 2005. Marketization and Community in Post-Soviet Russian Villages. *Rural Sociology*. 70（2）：188-207.

③ 可以进一步参考黄宗智的研究，1992，2000，2006。

有类似俄罗斯在后社会主义之后的经验，因为土地集体所有、集体经济组织的发展以及超级村庄的出现，农民反而转向村庄共同体，居民之间相互依赖的程度不断增加，参与社区活动的积极性、空间都大大增加，而这无疑是催生农业村庄共同体复兴的重要力量。比如越来越多村庄中出现了所谓的"中农"阶层，他们是一群结合非农就业与种植业的，在村庄中达到"中等"收入的农民，而且他们也是最关心村庄事务的阶层，不仅是经济上的中坚人物，也是社区里的中坚人物。① 再如，随着互联网技术的日益发展，"互联网+农业"催生了农村社区的一个新群体：农村网商，他们的成长与扩散主要源自熟人社会关系网络信息几乎是全对称的，容易形成较为一致的"集体意识"这一优势。据不少研究资料显示：国内首批成长起来的 20 个"淘宝村"无不是通过亲属邻里之间的"涟漪效应"进行传播和扩散的。②

　　3. 公共政策与农民行动

　　尽管政府之外的私人经济部门调解着农村社会的生产、分配、财富和机会这些重要问题，但关于村庄土地、农业发展、农民户籍等诸如此类的公共政策确确实实地在接近农村社区的居民，并确保他们在生产全社会所需要的产品中扮演着无比重要的角色。农业的社会过程以及村庄农民的农业生产行为，除了受到农业传统、现代投入、市场环境、地方社会等对农民影响之外，国家也试图通过其"在场"形式及其各种载体的改变，实现对村庄农业、农民农业生产行为、村庄公共生活的监管和控制。上面我们讨论的农村土地集体所有就是中国特色的政策工具，除了为农业村庄的存续提供了很重要的边界确定和发展基石之外，也是一个对农业、农村、农民行为产生极大影响的国家"在场"载体。近年来的国家农村农业政策主要体现在生产组织方式由集体转变为农民及其家庭，农民从事农业生产由"强制"到"鼓励"，由对农业产品的索取到农业成本的补贴，在土地政策上由"集中"到"平均"再到"适

① 黄宗智：《中国农业发展三大模式：行政、放任和合作的利与弊》，《开放时代》2017年第 1 期。

② 陈然：《地方自觉与乡土重构："淘宝村"现象的社会学分析》，《华中农业大学学报》（社会科学版）2016 年第 3 期。

度集中"的变化等。① 农民的农业生产行为与国家的宏观政策安排之间是一种互相影响、互相建构的关系过程,这一过程不仅仅是一个经济过程,同时还是一个社会结构化的过程。②

那么,农村个体行动与国家公共政策安排之间的关系可以如何理解呢?对此叶敬忠等人以粮食安全为例进行了概括:农民的个体理性与国家的集体理性之间既连续又不连续的关系。进一步来看,二者之间关系的连续性存在于国家和农民对粮食安全目标的追求是一致的,而不连续则体现在国家的粮食安全必须通过农民的农业生产行为得以实现,国家为了确保粮食安全出台了众多政策和制度,但在其激励之下,农民积极从事农业生产、提高粮食产量并不一定能使农民增加收入、使农民致富。因为农民为了满足其粮食安全以及其他社会行为的需求,必须选择适当的生计策略,而粮食生产仅是其中可供选择的一种策略,也被认为是收益率较低的一种策略。也就是说,如果不考虑农民进行粮食生产的社会因素,那么,无论国家的粮食安全多么重要,农民完全有可能放弃粮食生产转而投入投资回报率大的经济行为,或者将更大的精力投入到投资回报率大的经济行为中。③ 总言之,任何一项政策的调整,即使达不到目标也会给农村社会的生存策略和社会控制模式带来意料之外的重大影响,比如近十年来,对农村发展影响最大的一项政府战略性安排——新农村建设。作为新时期最重要的一项公共政策,既强调包括农业生产发展、农民生活宽裕,也包括村庄自然环境、人文环境的发展,把村庄真正地纳入具有与城市同等地位的居住共同体体系中,对农业村庄共同体的复兴和村庄社区治理转型起到了非常重要的作用,这部分内容待后面章节再细细论述。

4. 农业安全的社会需求

几乎所有的研究者都强调可持续发展农业的重要性,而发展安全的、再生性农业需要构建良好的社会—经济因素,这些既包括整个社会

---

① 付会洋:《农业的政治过程:国家竞争及国家主导发展下的农业变迁》,《中国农业大学博士论文》2017年6月。

② 叶敬忠、安苗:《农业生产与粮食安全的社会学思考》,《农业经济问题》2009年第6期。

③ 叶敬忠、安苗:《农业生产与粮食安全的社会学思考》,《农业经济问题》2009年第6期。

承认并尊重农业的崇高地位和职业特性，而且还得保证农民公平接受教育和医疗服务，这是农业可持续性的基础。对于农业经营的分散化，只要相互联系得好，小型的农业也是很好的。① 但事实是，一方面小农农业之于全球粮食安全的重要性似乎越来越被肯定，但另一方面全球农业自由贸易对于小农的排斥和伤害依然丝毫未减。不少研究资料显示，自1990 年以来，全球约 75% 的农作物多样性已从农田里消失，因此，如何更好地利用农作物多样性来促进更多的营养膳食，增强农业社区的生计和更有抗灾能力及可持续的农业系统，引起越来越多国家和人们的关注，"食物主权"运动就是在这样的背景下引发的。② 目前国际上较为流行的食物主权运动具体有"农民之路""无地农民运动""有机农夫市集""社区支持农业""慢食运动"和其他的小农生态农业实践项目等。③ 这些运动所主张的主权所涵盖的范围很广，不仅包括人民和主权国家有足够的粮食储备或粮食生产能力以保证自我消费和应急的权利，也包括消费者获得健康安全的食物权利、生产者决定采取何种生产方式的权利，以及与食物的生产、分配、消费等相关的环境权、知情权、抗争权等。

农业和农村的多功能性意在说明农业在提供农业产品、农业景观以及生态绿化方面的多重作用。农业安全不仅指涉农产品数量安全，如今更突出的是其质量安全。科学技术和现代农业的快速发展，带来了社会风险强度的迅速增加，尤其是各种人工技术在农业产品大量使用可能存在的风险。基于生命安全的考虑，人们开始反思已有农业行为的安全问题，如近些年日益流行的生态农业、有机农业、社区农业、后现代农业等，均是人们在反思农业安全基础上追求的新农业形态。建立什么样的农业发展模式可以加强人们对农产品的信任，探讨影响农产品安全的社会环境、文化心理等因素，为构建安全的农业生产体系和制度提供理论依据就自然成为农业社会学和村庄研究的重要任务。这其中，在农业和

---

① ［澳］大卫·弗罗伊登博格：《走向后现代农业》，《马克思主义与现实》2008 年第5 期。

② 付会洋：《农业的政治过程：国家竞争及国家主导发展下的农业变迁》，博士学位论文，中国农业大学，2017 年 6 月。

③ 付会洋：《农业的政治过程：国家竞争及国家主导发展下的农业变迁》，博士学位论文，中国农业大学，2017 年 6 月。

村庄之间建立起有效的链接成为一个重要的选择和发展方向。接下来我们将在简单梳理新农业村庄发展的基础上，重点对"互联网+农村"发展的"淘宝村"案例展开进一步分析，展示新农业村庄的转型机制与发展路径。

第二节　新农业村庄的实践与案例

一　新农业村庄的发展

国内学术界对新农业村庄的研究主要围绕专业村展开，有数据显示截至 2015 年底，全国各类专业村达到 5.8 万个，专业村农民人均可支配收入 13287 元，比全国农民人均可支配收入高出 16.3%。[①] 专业村的发展不仅有利于农村剩余劳动力的转移和农业区域的结构调整，而且进一步推动了新农村建设，[②] 因而被认为是一条非常好的推动农村发展的路径。对于专业村的界定，李小建认为，专业村是指一农村大部分农户商品性的生产一种或多种相互关联的生产或服务活动，而且该产值构成这个村社会的总体。[③] 陈建胜认为，专业村就是社会化大分工中所形成的一个个相互关联的行业或专业的连接点。从定义来看，专业村是指在一个村子内部或者相邻几个村落，大部分村民从事某种相同或相似的经济活动，逐渐形成具有一定知名度的某一种产品或行业。对外部社会的人们而言，这些村子就像是一个个参与到社会化大分工之中的共同体，他们从事着相同产品的生产、加工、销售，形成的往往不是村落内某个产品的知名度或者品牌，而是以村落命名的产品或行业。[④]

随着"互联网+行动"的深入，专业村面临的农产品销售等诸多市场化问题在电商技术的支持下探索了一条新路径，借助互联网，农户与

---

① 农业部副部长在全国一村一品经验交流会上的讲话，http://www.caein.com/index.php/Index/Showcontent/index/bh/014002/id/108380。

② 乔家君、杨家伟：《中国专业村研究的新近进展》，《人文地理》2013 年第 5 期。

③ 黄映晖、史亚军、李立伟、唐衡：《北京郊区"一村一品"发展特点、问题和对策分析》，《三农问题研究》2008 年第 8 期。

④ 陈建胜：《分工·市场·合作——基于浙江专业村发展路径研究》，《中外企业家》2007 年第 12 期。

外部市场的链接有了新渠道，逐步形成了一种崭新的村庄形态——"淘宝村"。根据技术部门的要求，如阿里研究院的权威规定，淘宝村的认定标准主要有以下三个：一是经营场所在农村地区，主要以行政村为单元；二是全村电子商务交易额要累计达到 1000 万元/年以上；三是本村活跃网店数量需达到 100 家以上，或者活跃网店数量达到当地家庭户数的 10%以上。① 不过，研究者则较为普遍地使用以下的概念：淘宝村是一种大量网商聚集在某个村落，以淘宝为主要交易平台，以淘宝电商生态系统为依托，形成规模和协同效应的网络商业群聚现象。② 另一部分学者则依据"淘宝村"的缘起和特征，认为其主要是基于互联网信息技术条件下，一定规模村民群体自发形成的以网络电商为媒介进行生产、生活和交易的跨区域重组经济社会生活的"互联网村落共同体"③，强调技术对村庄作为村民生活共同体带来的影响。

我们更为关注农业新发展背景下的村庄转型新路径，农产品淘宝村则是一种典型类型。农产品淘宝村作为农产品电子商务的一种新形态，是指以农林牧渔业的初级产品或以这些初级产品为直接原料的农副食品加工业加工后的产品为第一主营产品的淘宝村。④ 农产品淘宝村属于新型的专业村，大量农户跳过中间商与消费者直接对话，从而将经营决策和收益的主动权握在自己手中。因此，从另一个角度看，农产品淘宝村则为新农业村庄研究提供了新的素材。随着淘宝村的"井喷"式发展，不少研究者开始从社会学视角来观察新农业村庄的产生和发展，将其放到全球化和现代化的语境下进行考察，剖析"淘宝村"的社会变迁意义，把它称为"一场网络全球化背景下传统乡村转型的地方自觉运动"。"淘宝村"的快速发展，既表明了传统乡村社会寻求变迁的内生性动力，又意味着互联网技术正在以前所未有的影响力重构乡村的经济

① 阿里研究院：《中国淘宝村研究报告》，2014 年。
② 阿里研究院：《中国淘宝村研究报告》，2014 年。
③ 陈然：《地方自觉与乡土重构："淘宝村"现象的社会学分析》，《华中农业大学学报》（社会科学版）2016 年第 3 期。
④ 曾亿武等：《农产品淘宝村形成机理：一个多案例研究》，《农业经济问题》2016 年第 4 期。

社会结构。①

　　作者以浙江西部一个农产品淘宝村为案例，从市场（产业基础、淘宝平台、市场需求）、社会（新农人、治理机制）、国家（政府角色、政策制度）三位一体的分析框架入手，来分析这类村庄的形成机理和转型机制。从个案研究基础上，呈现村庄转型的发生机理，即村庄从农业型社区到居住型社区的转型，从经济变迁的角度上看，村庄呈现为一种新的社区经济组织；从社会文化重组角度看，村庄逐步成为现代的功能型社区；从国家角色的再调整上看，村庄逐步成为国家与社会共同治理的基层社会单元。

二　白牛村个案②

　　白牛村是坐落于临安市昌化镇西面、02 省道边上的小山村，距昌化城镇 4 公里，交通比较方便，东临联盟村，西与九龙村为邻。白牛村是原白牛乡驻地，由白牛、高犁、沥溪三个自然村合并而成，耕地 1341 亩，山林 14600 亩，属于典型的内陆山村。截至 2014 年底，白牛村农户总数为 551 户，总人口 1541 人，分为 16 个小组，年人均收入 2.26 万元，村集体经济固定收入 30 万元。在新农村建设的大背景下，白牛村村容村貌整洁，生活环境优美，村里先后投入了 250 万元资金，完成了全村 90% 道路硬化，高犁自然村的道路由原来的 5 米拓宽至现在 7 米、灯光工程、环境绿化、自来水接入、村民住宅彩化及河道建设等实事工程基本落实。村庄大力发展农业专业化道路，大力种植经济作物——山核桃，村庄逐步发展成为一个典型的农产品特色村。面对山核桃销售市场存在的各种问题，2007 年白牛村农民自发实现草根创业，逐步走上了农产品电子商务发展之路，成为远近闻名的"淘宝村"。

　　1. 白牛村的"淘宝村"转型之路

　　电子商务 2007 年开始在白牛村出现，当时网店的主营产品以本地土特产山核桃为主，这吸引了大量对原产地农业产品（土特产）感兴

　　① 陈然：《地方自觉与乡土重构："淘宝村"现象的社会学分析》，《华中农业大学学报》（社会科学版）2016 年第 3 期。

　　② 案例主要是浙江工业大学研究生沈康同学 2016—2017 调研提供，感谢资料收集的辛苦付出。

趣的顾客，当年线上山核桃的销售额是 100 万元左右。到 2014 年底，全村近 10% 的农户家里都开起了网店，网上销售额达到了 2 亿元，其中年销售额在 2000 万以上的网商有 4 家，1000 万元以上 2000 万元以下的 2 家，大部分的网店销售规模都在 100 万元左右。其中白牛村网店山核桃的销售总额占了总销售额的 63% 以上。白牛村总人口数为 1541 人，其中从事与电商有关的人大约有 400 人，这也就是说全村超过 1/4 的村民在从事着与电子商务密切相关的行业，这些村民的大部分收入都与电子商务挂钩。"电子商务协会"副秘书长给我们讲了这样一个情况：因为家中有人从事电子商务——在网上出售自己家中种植的山核桃、笋干等特产，村里许多以前在农忙季后只是门口闲坐，晒晒太阳的老头老太，选择了"再就业"，最常见工作就是剥山核桃，一个冬天能够赚 7000—8000 元的收入，差不多是他们以前务农一整年的收入。从人均收入看，从白牛村开始发展电子商务以来，村里农民人均纯收入一直高于全市农民人均水平，并且两者之间的差距在逐年拉大。2014 年，白牛村农民人均纯收入已高出全市农民人均纯收入约 3000 元。

从白牛村这几年发展的历程来看，2012 年白牛村被临安市评为"年度农产品电子商务贡献奖、示范村"，2013 年被评为"杭州市电子商务进农村试点村"，同时 2013、2014 连续两年被阿里研究中心、中国社会科学院信息研究中心授予中国"淘宝村"的荣誉称号。2015 年 1 月 20 日，更是有国务院副总理汪洋和阿里巴巴创始人马云等一行来到白牛村调研电子商务，实地考察了白牛村的电商发展，感受到了淘宝村老百姓的生活水平提升，吸引了年轻人回到农村创业，所有人对白牛村的电子商务发展给予了很高的评价与支持。同年，白牛村被评为杭州市城市品牌体验点。

"中国农村电子商务第一村"这个称号对白牛村来说，的确不是浪得虚名。首先，白牛村专门成立了"电子商务协会"，其统计资料显示，全村共有约 560 户人家，其中从事电子商务的有 61 户，约占总户数的 11%。其次，从村里电子商务发展的水平来看，有着较高信誉的电商还不少，如"文山核桃"、"林之源天猫旗舰店"（炒货）、"盛记"（炒货）、"山里福娃"（炒货）、"逸口香"（炒货）等都是白牛村电商的代表。再次，从电子商务发展的软硬件设施看，村委会办公楼的旁边有一幢二层楼房，是白牛村"电子商务协会"所在地，一楼的一边为游览者开设了一个"白牛村电子商务发展历史与成就"展览馆；另一边则是"农村淘宝"——一台电脑、一块大屏幕、一位技术人员的所在地，为村民提供了"网上代买"、"网上代卖"、"网上缴费"、"创业支持"（培育村网店及村民创业）、"生活便利"（快递代收发，汽车火车飞机票预订、酒店预订等）等便民服务。二楼则是会议室，供"电子商务协会"召开会议、接待访客使用。在软件方面则是白牛村比普通村庄有了更多的配套设施与公共服务，比如浙江农信在白牛村设立了金融服务点，专门为白牛村想要从事电商而又资金紧缺的人提供一个融资、贷款的平台；白牛村是"临安第一个光网村"，电信 4G 信号覆盖，百兆光纤入户，助力白牛村的电子商务和农村信息化建设；政府提供了诸多配套服务，如镇政府出资为白牛村"电子商务协会"网站提供美工、摄影等服务，为白牛村电商开展电子商务技术培训班，推动村庄与浙江农林大学合作，为其学生提供实习平台，同时也更好地为提高村民的互联网技术应用水平提供了智力支持。

2. 淘宝村转型的支撑条件

作为一个高附加值农产品生产的传统农业型村庄，白牛村在现代市场环境下是如何实现华丽转身的呢？转型的有利条件有哪些呢？结合访谈资料，主要有以下几方面的有利条件。

第一，特色农产品资源是核心力。临安市地处中亚热带季风区，气候温暖湿润，全年光照充足，雨量丰沛，四季分明。这样的地理、气候环境正是山核桃、竹笋等生长的天堂。中国经济林协会授予临安"中国山核桃之都"的荣誉称号，源自山核桃产业已经成为临安农村经济的一个主导产业、农民增收致富的主要渠道和新农村建设的重要内容。临安山核桃这一特色浓厚、开放度高、名声响亮的特色块状经济正是白牛村的电商之路发展的基石。首先，山核桃具有极高的营养价值，有"万岁子""长寿果""养生之宝"的美誉，充分迎合了现代人追求绿色健康食品的心理。其次，山核桃作为临安政府大力扶持的一个知名度较高的成熟特色品牌，消费者对其有较为强烈的认同感。从市场宣传来看，地处浙北天目山麓的临安是中国山核桃主产地之一，山核桃的栽培利用历史悠久，至今已有 500 多年历史，其面积和产量分别占全国 60% 和 70%

以上。在全世界 17 种山核桃中，数临安山核桃成分最高，口感最佳，素以粒圆壳薄、果仁饱满、香脆可口的优良品质享誉海内外。最后，山核桃本身较易保存与运输，适于网上销售。作为坚果的山核桃在经过加工包装后，不仅保质期较长，更是无惧运输时的颠簸。

第二，互联网经济是助推力。浙江省是电子商务的发源地，阿里巴巴等大型电子商务企业的飞速发展，推动了良好电子商务意识氛围在浙江省内的发展和扩散，并快速扩展到原本处于市场流通弱势的农村区域。随着人们购买或销售产品不再局限于传统的线下交易形式，更加青睐于新颖便利的线上交易形式的大环境变迁，白牛村村民较早地意识到了特色农产品网商的巨大发展前景。于是，白牛村村民自发地把本地特色农产品与电商产业紧密结合起来，推动农村淘宝产业的迅速发展。同时，在政府的引导与管理下，白牛村通过电子商务行业协会，加强了对电商群体的社会化管理，强化了对农产品质量、网店市场秩序等方面的协调、服务、监管，致力于打造一个资源共享、团结共助、共谋发展的公共平台。

第三，政府强支持是主导力。近年来，随着浙江省新农村建设的大力推进，各级政府通过"村村通"计划等具体项目，将农村基础设施建设，特别是道路建设视为促进农村经济增长的重要举措。以白牛村为例，尽管离主城区较远，但濒临 02 省道，更有公路横贯全村，交通十分便利。这就为淘宝的物流业发展奠定了基础，各大快递公司的物流车辆可以很方便地进村挨家挨户收取包裹。政府还通过各类政策引导行业协会发挥积极的作用，比如鼓励"电子商务协会"与电信公司建立合作机制，为白牛村提供更快更稳定的网络。快速推进中心村的建设，由原先的白牛、高犁、沥溪三个自然村合并成的现在的白牛行政村，一方面推动人口聚居，实现现有各种资源的整合利用，另一方面也积极探索农村社区治理机制的改革，积极引入多元主体合作治理的机制。

第三节　新农业村庄转型的经验与启示

一　淘宝村转型的经验

正如我们之前所说的，乡村转型主要是因资本积累的地理学变迁而产生的社会空间结构的横向瓦解和重新组合，那么，淘宝村的发展也展示了这一过程的发生。"淘宝村"是通过互联网这一"现代性"要素在村庄地理上建立起来的"实验场域"，是传统乡村内发的，主动接受和利用现代技术重新组合原有的经济社会生活的产物。在这一空间形成的初始阶段，"淘宝村"是基于村民地方自觉的有意识无组织的集体行动单位，从组织形态上看是松散的，仍然处在"机械团结"的状态。在一定意义上，"淘宝村"是现代市场经济、生活方式向乡村区域"侵入"和"接替"的结果，反过来又会促进农村社会结构的变迁与改革，① 从而可能迈向"有机团结"的状态。

1. 新农人与村庄社会的变迁

如戈夫曼认为的，所有社会学研究的问题归结起来无外乎是：个人与社会的关系问题。② 一个个农民草根网商正在推动社会变迁，更重要的是他们自身的变迁。③ 外流人口的城市社会排斥、支持性农业政策、新农村建设运动的影响、农民社会保障体系的建立等诸多原因，导致一些年轻人口的"返农化"，返乡创业年轻人又通过他们的邻里关系、朋辈群体和人际网络号召更多的年轻人到农村创业。随着农村电商的发展，又同时吸引了更多的富余劳动力的本地"再就业"。这些要素的共同作用，推动着村庄经济组织的重组、社区功能的转型和村庄治理格局的变迁。

第一，新农人的形塑。（1）大学生回乡创业。白牛村选择回乡从事电商的大学生有 13 人，他们多数是被白牛村已有的从事电商的成功人士所吸引而回。在访问一位回乡从事电商的大学生 W 时，他告诉我们他的感受："我从 2013 年开始从事电商，虽然这份工作很累，工作时间长，每天工作超过 10 个小时，但是它带给我的收入不错，比大学毕业后的实习工资高，当初回来是我自己的意思，我愿意干这行"。白牛村"电子商务协会"的副秘书长也是刚刚毕业的大学生，她毕业于杭州某高校，当谈及她的工作满意度时，她这样回答道："感觉挺好的，

---

① 陈然：《地方自觉与乡土重构："淘宝村"现象的社会学分析》，《华中农业大学学报》（社会科学版）2016 年第 3 期。

② 戈夫曼：《日常生活中的自我呈现》，黄爱华等译，浙江人民出版社 1989 年版，第 2 页。

③ 中国社会科学院信息化研究中心汪向东在第二届中国淘宝村高峰论坛上发言。

很喜欢这份工作，离家很近，所以每个月的支出很少，会有更多的工资积累下来"。

（2）外出务工人员回乡就业。新生代农民群体一方面不断地通过"社会化"将自己"现代化"，一方面又与传统割舍不断，他们的生活系统和内生情感与传统乡村保持着特殊的连接。① 和其他农村一样，前几年白牛村很多年轻人都外出就业，但这些年轻人对家乡的山核桃、笋干等特色农产品有很强烈的认同感，且有一小部分人本身也在从事临安土特产的销售。如今，在农村电子商务不断发展，可以住在自己的家里，通过网络销售自家的农产品，既能享受家乡的绿水青山和熟悉环境，避免了在城市的无根之感，又能从事和城里人一样的电子商务，可谓是两全其美。因此不少原本在远离家乡的城市打拼而无法顾及家中的人选择回到白牛村也开始从事电子商务，比如我们在村里走访时有一位老太太和我们谈及她在外工作的儿子："他现在和妻子在县城工作，打算明年回来做'淘宝'，帮家里卖卖山核桃和笋干，赚钱的同时也可以和家里人一起，这是最好的。"另一个案例是一位电商从业者，2014年回到白牛村从事电子商务，他告诉我们："我之前是在杭州萧山工作的，因为很多同龄人纷纷选择回乡创业并取得不小的收获，在这样的'潮流'影响下我也回来了……从事电子商务虽然在刚开始的时候会有风险，但是它的门槛较低，而且住在自己家里，各方面的开销少了很多，所以收入比以前更多了。我觉得我现在的状态，比之前在外面上班好多了。"

（3）留守农村的人再就业。白牛村目前常住人口主要以40岁以上的村民为主，女性稍多于男性。其中，多数劳动年龄的村民在村里的工厂工作，主要是山核桃产业有关的炒货厂、包装厂等，基本上都和电商有关的。那些已经达到退休年龄（60岁以上）的村民之前主要选择在家养老，帮忙带小孩，偶尔在自家地里干干农活等。而如今，"电子商务协会"副秘书长告诉我们："以前在冬天只是晒晒太阳的白牛村的老头老太太，因为电子商务的发展又实现了'再就业'。"淘宝店主需要一些劳动力从事产品的加工、包装，而60岁以上的老年人要求的工资

---

① 王春光：《新生代农村流动人口的社会认同与城乡融合的关系》，《社会学研究》2001年第3期。

不高，提供的工作时间也比较灵活，而且又是本村人，店主自然十分信任他们。

第二，村庄社会的变迁。正是在这批农村电商精英群体的带动下，"淘宝村"村民的经济、消费和生活观念都发生了改变，村庄潜在的"创业动力"被激活，村庄与外界市场的连接更加广泛。同时，这一切又推动着村庄的社会结构和社区样态悄然发生变化。白牛村的案例说明，最初只是个体层面的村民行动，在"邻里示范"和"社区示范"的推动下逐渐发展成为一种集体行动，被国家力量所认同，并获得更多合法性和制度支持。

（1）新社会市场的创立。我们需要"市场"这个概念，但是这个市场不应该是资本主义大市场，而是回归到市场作为满足消费者真实需求的意义上，回到能够促进城乡互动的良性的市场关系中。在这里，我们姑且称之为"社会市场"①，突出强调市场的社会导向，而非单一的盈利导向。中国广袤乡村的每个村落、地区都有它的独特性，而这种独特性恰恰是不能让资本主义大市场来统一的。所以要以尊重各个地方的经济自主性为前提，以文化多样性和物种多样性为基础，让乡村各种各样的有机食品能够进入我们的城市，丰富我们的生活，丰富我们的食物，让我们的食物更安全、更有营养，生活才能更美好，城市才能更美好，环境才能更美好，所有这一切都必须建立在与乡村的有机联系上。我们需要在这个意义上重新理解社会主义市场经济，它是社会主义的，意味着经济要为社会服务，它是市场的，意味着它是以满足人民对健康食品的需求为目的的——在这两个层面上，社会主义市场经济都不应该屈从全球资本以盈利为动机的霸权体系。②

（2）新社会结构的塑造。随着农民基本福利、权利的增加，与共同体生活的社会保障一起，日益多的村民开始重新评估农村生活、文化价值的意义，重新形成了对乡村的认同感。随着"淘宝村"作为一种乡村经济体，培育了一批新型农民，他们在销售模式上倡导农产品从"田间到餐桌"，为城市的消费者提供安全、高品质的品牌农产品。还

---

①　我们这里的市场社会与联邦德国"社会市场经济之父"的路德维希·艾哈德的观念有类似，但也有差别，强调市场带来的社会影响的一种状态，具体表述上仍有待进一步论证。

②　吕新雨：《新乡土主义，还是城市贫民窟?》，《开放时代》2010 年第 4 期。

有一些开始从事农产品深加工，主张为消费者提供各种绿色生态、高品质的农产品。他们与传统的农民不同，是可以把农业与现代城市生活联结起来，并可能成长为引领新乡村主义思潮的人。这一农村社会的新中产阶层的成长，这有利于重构乡村性，唤醒乡村的文化自信与自觉，是村庄社会重构、乡村文化重建的一种可能力量。在淘宝村的案例中，乡村传统要素如熟人社会、差序格局、生产生活一体化等，不仅没有被取代，还与网络产业的内在要求相耦合，成为驱动乡村现代化的重要力量，进而实现地方性与全球化对接，使中产农民真正成为乡村城镇化建设的主体。

（3）新型"离土不离乡"模式。"淘宝村"的出现，可以视为一种乡村城镇化的新型案例。因其依托于互联网经济和技术创新，"淘宝村"将村庄保留的传统与现代因素有效融合，充分赋予了农民在现代化中的自主权，传统乡村的生产生活方式在网店业务的影响下发生了巨大变化，与城市互动的频度、广度、深度不断加深。这场巨变与90年代工业化背景下的城镇化模式不同，"互联网+村庄"的发展不断推动了一种新的"离土不离乡"模式。这种方式意味着村民继续留在农村就业、生活，但并不是从事着传统的耕作农业，而是借着互联网和现代物流的辐射与周转，将更多成熟的现代商务业态和产业链延伸到农村，并进一步撬动了农村居民的内需，消弭了城乡差距。

2. 政府调控与村庄治理结构转型

电子商务一直被政府视为战略性新兴产业的重要组成部分，是信息化建设的重心，相关政府出台了很多支持鼓励政策，很大程度上激励了电子商务在农村的扩散与成长，如杭州市出台的《杭州市农村电子商务项目资金管理方法》明确，对在发展农村电子商务中有突出贡献的企业和行政村予以奖励。白牛草根电商开始有所发展后，就立刻引起了临安市政府的重点关注，相关部门和领导不断对白牛村电子商务的实地调研，针对村庄面临的各种困难，协调各种资源，积极予以解决，帮助其快速成长为新农村建设的典型和样板。

第一，政府调控方式和内容。在国家从战略上推动"互联网+行动"计划下，政府对"农业专业化+电子商务"的村庄发展模式给予了高度的认可。以白牛村为例，各级政府从组织引导、技能培训、资金支持、链接资源、增强服务等各个方面给予支持。具体来看：①指导成立代表白牛电商利益组织——白牛村电子商务行业协会。在政府的支持与帮助下，白牛村在2014年10月成立了电子商务行业协会，抱团后的电商协会可以代表集体与其他公司、组织进行协商，帮助白牛村的网店形成合力，改变农村电商单打独斗的弱势，为白牛村的电子商务保驾护航的同时有效避免了白牛村电商之间的内耗。②组织有关培训，提高电商从业者的职业素质。政府为白牛村电子商务行业协会与杭州闻远科技有限公司牵线搭桥，促成双方签订了战略合作协议。闻远公司将在业务培训、活动策划、店面设计等方面帮助白牛村电商进行培训学习，目标是使白牛村实现统一生产、统一包装、统一发货和统一服务的特色产业链。专业素质的提高有效提高了白牛电商的竞争力，促进了网上销售额的增长。③提供资金支持，出台相关优惠政策。政府为缺少发展资金的电商提供低息甚至无息的贷款，同时出台相关优惠政策，包括补助、奖励、税收优惠，等等，鼓励和支持更多村民和企业从事电子商务。④构建一条电商—高校的绿色通道。政府帮助白牛村电子商务产业协会与各大高校建立合作关系，使白牛村成为了大学生电子商务实训基地。借助大学生扎实的理论知识和专业技能，白牛村电商可以克服原有的缺陷，学习更适应当下的技能知识，为白牛村更好的发展添砖加瓦。⑤升级网络，创建网络高速通道。政府多次协调电信部门为白牛村的宽带进行提速、升级，原有网络宽带全部替换为光纤，为电商们提供了更快、更稳定的网络，助力电商的发展。⑥建立特色平台，形成特色产业。临安政府在淘宝等电商平台上成立了"特色中国·临安馆"，整合了临安的拳头产品，提高了知名度，为农村电商提供了一个合作共赢的平台。⑦支持电商上下游产业的发展，形成科学的产业生态链。白牛村在新农村的建设中，无论是村庄规划还是项目支持，都以电商产业为核心：一方面，政府加快农林业基地的培育建设，保证了山核桃原材料的供应；另一方面，对道路、电力、物流等电商配套设施的建设加大力度，确保电子商务发展无后顾之忧。种植、加工、包装、物流等产业的发展，使得白牛村乃至整个临安市的电子商务进一步扩大规模，占据了更多的市场份额。

第二，村庄治理结构的转型。托马斯·弗里德曼在《世界是平的》

一书里，描述互联网技术将"如压路机那样，碾平一切前进的障碍物"①。无处不在的互联网正在改变着这个世界，也将重新定义各行各业，各个区域以及彼此之间的关系。互联网经济的重要特征在开放、公众参与、普惠、脱媒、平等、公平，它可以大大弱化了空间的、地理距离的影响，削弱了经济活动信息的不对称性，强化消费者个体的主导地位。所有的这些特征对于乡村地区的发展来说，应该是利大于弊的，可以从改变单一的农业生产销售方式到内在复杂的社区行动机制和治理机构的调整。类似白牛村这样成功的"淘宝村"，已经实现产业经济创新、商业模式创新走向基层治理创新和社会发展创新的新阶段。②

"淘宝村"的转型是内源性和外源性发展共同作用的结果，主要依靠自下而上、内生型的自组织方式，与外部力量，如政府、企业、高校、服务部门之间形成了网络关系。如此这般，一方面，推动农村社会自身的发展，另一方面，外部力量与村庄内部组织之间形成了多种力量、合作治理的乡村治理模式，即所谓"政府推动、村企联动、能人带动、各方互动"的合力发展新格局。③从"淘宝村"转型来重新审视村庄治理结构的转型，多方力量共同发挥作用，形成多元主体合作共治的格局是一种必然的趋势。从现有村庄治理的体制机制来看，村委会是村庄治理的核心力量，它对于村庄基础配套设施的建设、信息化发展的推动、村庄公共空间和文化的营造具有非常重要的主体作用。各种合作经济组织，比如电子商务协会、经济合作社等在组织化的农民，以及在乡村经济发展和社会治理中的作用日趋明显，这股力量可以转变为协助村庄公共事务管理，促成公共利益实现的重要支撑力量。还有一些力量，比如宗族、妇女、老人等在乡土社会也不容忽视，如依靠祠堂等宗族场所的修缮，来恢复公共治理的场所，利用老年协会，可以更好保护和延续优秀的乡土文化。在市场化、城市化冲击下的村庄变迁中，只有依靠

---

① ［美］托马斯·弗里德曼：《世界是平的：21世纪简史》，何帆等译，湖南科学技术出版社 2006 版。

② 房冠辛：《中国"淘宝村"：走出乡村城镇化困境的可能性尝试》，《中国农村观察》2016 年第 3 期。

③ 淘宝村现象引起了很多媒体和青年学生的兴趣，对各个地方的淘宝村的分析素材多见于各类报纸和杂志，比如浙江的经验，丽水、义乌、临安淘宝村研究；山东、江苏、广州的经验也多被关注。

诸如此类的多种治理力量，才能实现村庄复兴的现代化之路。

二　新农业村庄的转型启示

"淘宝村"通过运用现代网络技术重组生产组织形式和生活方式，已经具有了哈贝马斯意义上的现代性特征，但传统与现代的碰撞不可避免出现吉登斯意义上的现代性危机。一方面，就积极意义而言，"淘宝村"在一定程度上推动了地方化改造、乡土精神的重构和城乡一体化发展；另一方面，互联网技术对传统乡村也有一个"侵入"与"接替"的过程，也必然会产生一些发展中的问题。

1. 农业转型的新挑战

新技术背景下，农业的弱质化趋势有所缓解。农业的新发展强调产业与地方自然环境的适应性，以地理特征为基础的专业化和特色化，总体上会带来不同类型村庄的经济差异化、互补性。

根据农业部等 8 部委联合印发的《"互联网+"现代农业三年行动实施方案》，到 2018 年，农业在线化、数据化取得明显进展，管理高效化和服务便捷化基本实现，生产智能化和经营网络化迈上新台阶，这并不是一个轻松[①]可以完成的任务。农村的互联网基础设施改善为前提，电商是互联网上的商务，没有互联网就没有电子商务，这是基本前提。"互联网+农村"，则不仅仅是农村电商，还有各种互联网应用。所以，以农业的互联网化为基础，如果说"互联网+农村"的核心是人的理念与行为转变，则"互联网+农业"则需要整体农业体系的互联网化。

不过，从目前来看，互联网与农业的融合不到位，"互联网+农业"的概念很多，但实效寥寥，很多东西根本不可深究，落地还早。包括各家农村电商，纷纷开始升级，内容越来越复杂，刚开始是有买有卖，现在都形成了若干板块，每个板块又有若干具体业务，但到底开展了多少值得追问，而大多数的农民的农村电商获得感还不强。农村电商生态整体残缺，农村电商的落后不是缺了哪块板的问题，而是整体性落后的问题，从互联网基础、交通物流、人才培养、产业基础、市场运营等方面全面落后，不仅要补短板，更需要打造一个互联网的"木桶"，一些地

---

① 中国电子商务研究中心：《互联网+农村电商的发展前景与建议》，2017 年 08 月 15 日。

方甚至到现在连这个"木桶"都不存在。

　　2. 新型农民的转型之路

　　"互联网+农业"的技术应以农民的广泛使用为标志，农民如果没有广泛使用，也没有成为应用的主体，绝对不是"互联网+农村"的最终状态。当互联网成为真正的群众运动后，才有资格说"互联网+农村"成功了。目前应以实施新一轮"信息进村入户"工程为契机，加快农民互联网应用习惯养成。

　　但农村的思想观念尚未完成转变，还都不愿意挑战原有的"大市场"。村民往往采用的是传统销售模式，大多数村民对互联网、电子商务如何运作了解甚少。一些经营较好的农户，不愿意将成功经验进行分享。村民们仍然对电子商务存在着不信任感，怕失败。在我们调查村民时，当问及"您是否愿意花费一定的时间和金钱成本去从事电子商务"时，一共回答问题人数为184人，其中非常愿意的有32人，占17.4%；比较愿意的有40人，占21.7%；一般的有39人，占21.2%；不太愿意的有53人，占28.8%；不清楚的有20人，占10.9%。这说明即使在"中国电子商务第一村"也还没有实现村民市场观念的转变，他们没有做好挑战传统"大市场"的准备。

　　3. 村庄治理的新使命

　　由于国家和地方政府规划的"缺位"，"淘宝村"和"淘宝镇"在长期发展规划、土地利用、就业制度、人才引进和基础服务设施等方面处在相对滞后的状态。与政府的缺位相对应，企业却表现出对"淘宝村"建设的极大热情，积极通过"资本下乡"和"技术下乡"来抢占农村广阔的市场。这让我们看到了希望，但同时也看到了隐忧。喜的是企业大量的资本和技术投入可以有效缓解政府的财政压力，甚至成为推动"淘宝村"深入发展的主要资本力量。忧的是在资本利润的导向下企业的资金更愿意流向发展基础较好的村落，从而导致区域间发展的不平衡。虽然，国家和地方政府也相继出台了一些鼓励和优惠"淘宝村"发展的政策和资金支持，但是，这些政策设计相对滞后且是碎片化的。从整体上看，缺乏国家层面的中长期战略规划，对于"淘宝村"涉及的城镇化发展、产业结构、人口就业和社会保障等方面缺乏系统性的顶层设计思考。

"电子商务协会"的管理范围有限。"电子商务协会"是白牛村为了更好地发展电子商务而成立的，它的管理范围当然只局限于白牛村。那么，就会产生一个问题："电子商务协会"对白牛村的电子商务做出的一系列规范，对白牛村以外的电子商务是没有约束力的。比如在面对不同地区的电商之间的"价格战"时，白牛村的产品会因为比其他地区的产品高 1 元而失掉一些优势。因为"电子商务协会"对白牛村的某些产品是规定有"最低价"的，其他地区的规定与白牛村不一致的话就会造成"白牛村"的产品在价格竞争上失去优势。

城乡的数字鸿沟值得警惕。农村互联网应用整体落后，今天许多农村的孩子输在了互联网的起跑线上。城里的"00 后"是含着互联网的钥匙出生的，但是农村的孩子却不是这样。今天许多农村小学的孩子还没有上网，也没有智能手机，这种城乡孩子的网络应用差距将影响后续发展。

第四节　新农业村庄的前景

按照古典资本主义的路径，农村社会走向资本主义农场主和农业无产工人两极分化。与此不同，中国特色的路径，则是一条资本主义之外的，甚或是独特的、在资本主义和计划经济之外的"第三条道路"，一个可能赋予农民比较公平待遇的走向。① 中国农业现代化所要解决的关键问题是，既要改造"传统农业"，又要避免农业被资本异化。对此，学界有一系列的主张，如温铁军、仝志辉等人，在批评"公司+农户"为主要形式的资本化农业专业合作化道路基础上，提出要进一步加强国家介入、以发展多层次综合合作体系为目标的农民合作化的道路；② 李昌平则提倡"东亚模式"的农业生产，即要把农业从单纯的生产环节进一步扩大到金融保险、农产品加工、储藏、生产资料生产供给、技术服务、土地农转非和土地开发交易等多个环节，以此来扩大农业收

---

① 黄宗智：《中国的隐性农业革命》，法律出版社 2010 年版，第 16 页。
② 仝志辉、温铁军：《资本和部门下乡与小农户经济的组织化道路——兼对专业合作社道路提出质疑》，《开放时代》2009 年第 4 期。

益；① 黄宗智认为我国目前的农村劳动力转移与食品消费结构转型，为进一步发展兼具粮食、菜—果种植、肉—鱼饲养等，具有中国特色的小规模劳动密集型农场提供了历史契机，如果能朝这个方向努力，中国农业则可以突破内卷化困境。② 同时，要加强村庄的社会事业建设，即通过大力发展教育、医疗、卫生、社会保障等社会事业的发展，保证村民的基本生存权、发展权等公共服务。

农业村庄作为一个可持续社区需要实现以下一些条件：本地经济，自我依赖，包括本地市场、本地生产、前进口产品的本地化过程，本地经济企业之间更多的合作；农村经济的多样化；和更加小心的管理以及废弃物的循环使用相关的降低能源的使用；生物多样性的保护和扩大，对自然资源的小心管理；承诺社会公平。③ 也就是说，农业村庄的发展更需要国家运用再分配手段对农民的基本生存权、发展权等内容的"去商品化"，并通过这一过程讲市场重新嵌入到社会伦理中去，将"市场化村庄"变成"社会化农村市场"。④

在日本学者祖田修看来，农业与农村的多功能性包含着多重内涵，如经济功能方面，包括生产高效的食物、供给优良的食品、振兴地域经济，对整个国民经济做出重要贡献；在生态环境方面，它们的作用表现在保全国土的完整性、保护人类的生活环境、维持农业的可持续性；在社会文化功能上，积极的作用有加强社会交流、为居民提供福利、教育以及人性复原等功能。⑤ 从这些功能出发，村落地域是"生产空间""生态环境空间"和"生活空间"的统一体，故应当追求农业村庄的综合价值。结合我们现有的村庄发展来看，各种村庄的社会文化价值，不仅表现在其珍贵的文化遗产和历史研究价值，更为重要的则是，作为一种很多人依旧选择的居住共同体，发挥着维持人与人之间的各种社会关

---

① 李昌平：《大气候——李昌平直言"三农"》，陕西人民出版社 2009 年版，第 89 页。

② 黄宗智：《中国的隐性农业革命》，法律出版社 2010 年版，第 159 页。

③ Jeffrey, C., Bridger, A. 1999. Toward an Interactional Approach to Sustainable Community Development. *Journal of Rural Studies*. 15（4）：377-387.

④ 王绍光提出"国家社会事业发展的去商品化"这个概念，主要指通过这一过程将市场重新嵌入到社会伦理中去，讲市场社会变成社会市场。具体参见王绍光《大转型：1980 年代以来中国的双向运动》，《中国社会科学》2008 年第 1 期。

⑤ ［日］祖田修：《农学原论》，张玉林等译，中国人民大学出版社 2003 年版，第 150—155 页。

系的存在，维系着某种相对稳定的社会秩序，并且对社会越轨行为等发挥着良好地控制作用。简言之，村落教化、村庄整合对于整个国家或社会的维稳作用无可替代。正如朱启臻所说："只要农业的生产特点不变，村落就不会消失……不论村落的社会经济结构发生何种变化，我们的任务都不是促进村落的消亡，而是要不断发现村落的价值。"①

---

① 龚春明、朱启臻：《村落的终结、纠结与未来：经验反思及价值追寻》，《学术界》2012 年第 6 期。

第六章

村庄转型的动力机制之二：治理危机

在我们看来，村庄治理危机透露出国家能力建设与基层社会发展之间的断裂，即国家力量看似渗透到基层农村社会领域，但实际上二者关系存在严重的断裂。20 世纪 90 年代以来我国村庄治理危机则集中体现出国家力量对农村社会的控制能力日趋下降，表现在公共物品供给不足、村庄社会的失序发展。面对这场危机，国家在制度层面做出了积极调整，社会相应地也发生了诸多变迁：调整土地制度、取消农业税、推动新农村建设。国家制度的再调整推动了村庄社会近乎全方位的转型，表现在农民生存策略的调整、社区组织的社会控制力弱化、国家与社会力量的妥协、中间农民的崛起。在村庄与国家建立有效链接的基础上，村庄逐步实现从自治社区到共治社区的转型。

第一节　村庄治理研究

一　什么是村庄治理

1995 年，全球治理委员会在《我们的全球伙伴关系》一文中对治理做了如下界定：治理是各种公关的或私人的个人和机构管理其共同事务的诸多方式的总和，具有四个特征：治理不是一整套规则，也不是一种活动，而是一个过程；治理过程的基础不是控制，而是协调；治理既涉及公共部门，也包括私人部门；治理不是一种正式的制度，而是持续的互动。① 也是说，与统治不同，治理的公共权威主体不一定是政府，

---

① 俞可平：《治理与善治》，社会科学文献出版社 2000 年版，第 5 页。

可以是多元主体，通过合作、协商等方式实施对公共事务的管理，实现公共利益的最大化。不过，不同的治理定义所强调的内容还是有所不同，作为最小国家的管理活动的治理，它指的是国家削减公共开支，以最小成本取得最大的效益；作为新公共管理的治理，指的是将市场的激励机制和私人部门的管理手段引入政府的公共服务；作为善治的治理，它指的是强调效率、法治、责任的公共服务体系；作为社会—控制体系的治理，它指的是政府与民间、公共部门和私人部门之间的合作与互动；作为自组织网络的治理，它指的是建立在信任与互利基础上的社会协调网络。简言之，治理的基本含义是在一个既定的范围内运用公共权威维持秩序，以增进公众的利益。①

　　社会科学从"统治"到"治理"研究范式的转变，直接促使乡村发展研究越来越关注"村庄治理"主题。在乡村发展脉络中，向治理转变意味着乡村政策制定中参与力量的扩展，主要是把国家责任向私人部门和志愿者部门转移，② 治理方式的发展会逐渐模糊公共与私人部门的边界。③ 那么，国内学术界对什么是村庄治理，该如何界定的讨论主要有以下几大类：第一，"村治"论。张厚安最早对我国当代农村政治制度做了概括，提出"乡政村治"说法。其中"村治"被定义为"村民自治"，主体是村民委员会，即农村基层的群众性自治组织。④ 不过20 世纪初以来，无论从学理研究和实践操作上来讲，我国的村民自治制度似乎都进入了一个死胡同。⑤ 第二，"村政"论。郭正林提出，单纯的"村治"概念仅仅指村民自治，很难反映出事实上的村级治理行为及其制度的复杂结构，因而更主张用"村政"概念。在这个意义上，

---

① 俞可平：《治理与善治》，社会科学文献出版社 2000 年版，第 3 页。

② Goodwin, M. 1998. The Governance of Rural Areas: Some Emerging Research Issues and A-gendas. *Journal of Rural Studies*. 15（1）：5-12.

③ Stoker, G. 1998. Governance as Theory: Five Propositions. *International Social Science Journal*. 155（5）：17-28.

④ 张厚安：《中国特色的农村政治——"乡政村治"的模式》，载徐勇、徐增阳《乡土民主的成长——村民自治 20 年研究集萃》，华中师范大学出版社 2007 年版，第 500 页。

⑤ 讨论源自于《理论与改革》2011 年第 1 期在"探索与争鸣"栏目刊载的江口镇党委书记冯仁同志撰写的《村民自治走进了死胡同》（以下简称"冯文"）一文。作为对冯文的回应，中共四川省委党校新农村建设研究中心副主任彭大鹏博士撰写了《村民自治已经没有意义了吗》一文。

"村政"至少要涉及以下四个方面的内容：村庄的公共权力、村庄的权力组织及其功能、村庄的治理行为及其制度、村民的政治参与行为及其政治文化。归纳起来看，与村治强调村民自治不同，村政是指与国家宏观政治制度密切相关的村庄公共权力及其组织结构、治理行为、政治文化的总和。第三，"村级治理"论。贺雪峰等人提出村级治理是指村庄公共权力对社区公共事务的组织、管理与调控。① 吴毅则认为村级治理包含着国家权力和农村社区公共权力在乡村场域中的配置、运作、互动及其变化。② 随着研究的扩展和深入，张厚安、徐勇等老一辈研究者也开始同意采用村级治理的说法，并把它看成通过公共权力的配置与运作，对村域社会进行组织、管理和调控，从而达到一定目的的政治活动。③

　　综上来看，几种关于村庄治理的定义都以村庄作为定义预设的场域，并以该场域公共事务的组织、管理和调控作为"治理"的诠释，以期达到善治的目的。可以说，村庄治理作为一种替代性研究路径，试图来解决村庄内部发展与外生性制度之间的多样化矛盾，充分注意到村庄的良好治理结构对于构建农村基层民主和法治体系有意义。从事实上看，村级治理是管理机构和公共管理者如何通过职能管理来影响村庄这一小型社会。当然，村庄治理是一种复杂的社会政治现象，既有政府的统治、又有村民的自治；既有法定的制度，又有村规民约；既有国家的介入，又有民间的参与。④

二　村庄治理的相关讨论

　　面对日益问题化、危机化的"三农"，村庄治理该何去何从？已有研究大致提供了三种解决思路：乡贤治理、村民自治、协商民主。接下

① 贺雪峰、肖唐镖：《村治研究的分层与深化——对乡村政治研究的一项初步分析》，《江海学刊》1999 年第 3 期。

② 吴毅、贺雪峰：《村治研究论纲——对村治作为一种研究范式的尝试性揭示》，《华中师范大学学报》（人文社会科学版）2000 年第 3 期。

③ 张厚安、徐勇等：《中国农村村级治理——22 个村的调查与比较》，华中师范大学出版社 2000 年版。

④ 俞可平：《中国农村治理的历史与现状（续）——以定县、邹平和江宁为例的比较分析》，《经济社会体制比较》2004 年第 2 期。

来，笔者将对这三种思路逐一进行梳理，并做简要的分析。

1. 乡贤治理

中国传统乡村社会由德高望重的乡绅主持村庄事务，管理村庄，被称作乡贤自治。由于该模式在传统中国基层社会治理中发挥着巨大作用，一直受到众多研究者的青睐，比如梁漱溟在乡村自治实验中就主张乡贤政治，以德治村，反对法治原则。他讨论的逻辑起点是中国传统乡村社会的伦理本位，近代以来伦理本位的社会被破坏后，国家政治无力挽回已经失序的社会，所以梁漱溟主张建立乡村组织，以考虑到地方性知识的"乡约"发挥自治功能，重视乡村建设中的农民合作组织的作用。并且，试图以乡村组织为社会基础，以解决政治难题，发展经济，从而建设成功的社会。① 可见，乡贤治理模式充分说明乡村有自己的传统资源，虽然今天的乡村社会更倾向于与法治社会的契洽，但传统仍然在乡村生活中发生广泛而有效的作用，我们如何运用好传统资源来协助乡村社会治理，有效缓解当下的治理危机，这是值得探讨的问题。不过，乡贤治理基本处于传统村庄治理的类型，更多地是引起了人们的一种怀旧和追思之情，至于是否有可能是实现现代性转换，从而焕发新生，浙江省在这方面做了一些重要的探索，但限于篇幅和能力，留待进一步探讨。目前村庄治理模式的概括主要还有两类：村民自治、协商民主，其中村民自治模式的经验总结、改进对策类的相关讨论最多，协商民主模式仍被作为一种理想类型，仅作为试点工作和治理类型而被学者们涉及。

2. 村民自治

20 世纪 80 年代开始，村民自治就被作为我国村庄治理的最主要方式，获得了国内外学术界和研究者们的高度关注，好评如潮。当下，无论从政策设计还是实践操作层面，我国村庄治理方式仍然以村民自治为主展开综述。在此，笔者概括了目前学界关于村民自治的两种截然不同的讨论观点以及村民自治面临的困境和出路。

第一，肯定方、怀疑方以及代表性观点。对村民自治模式持肯定态度的学者基本上认同该模式对于中国基层民主甚至更广的政治民主发展

---

① 　梁漱溟：《乡村建设理论》，上海人民出版社 2006 年版，第 89 页。

的重要意义。

　　首先，从制度设计来看，村民选举与自治是有基本的民主因素的，因而是民主的。村民选举与自治中的"三个自我"和"四个民主"具有民主政治的基本内容，而且民主的实践会培育出民主的理念，培育出民主的习惯，不过民主的要素有一个发展的过程。① 类似的，贺雪峰强调了村民自治的监督作用以及自治实践在培养农民的民主管理能力方面所发挥的积极作用。村民在解决村庄公共事务时，若能真正地做到"三个自我"，那就能培育村民的民主管理习惯，提高他们参与村庄公共事务的积极性。同时，通过逐步熟悉民主的操作规范以及流程，可能培育村民的妥协、宽容的民主精神，独立、理性的政治品性。此外，通过村民自治，使农民监督并抵制来自上级行政机构的摊派等不廉洁行为，而这种监督和抵制有可能使民主向上扩展到乡镇、县市的希望。② 村民自治是一种开放的体制外民主，能满足普通村民、村庄精英的基层政治诉求，这会消解随着经济发展而产生的巨大的民主诉求压力，从而展示村民自治制度良好的社会整合功能，使农村保持平稳局面。③ 因此，村民自治有可能使农村成长为传统体制外的一个新生社会，使村庄有可能融入市民社会，成为整个国家走向深入民主的社会基础。

　　其次，从社会主义民主政治建设的角度来看，村民自治会促进中国民主的发展。尽管村民自治还不完善，存在诸多问题，但是，它在促进我国农村的经济、政治和社会发展方面做出了重要的贡献。随着村民自治制度不断完善，它不仅带来我国农村的进一步发展，而且还会推动整个国家的民主事业发展。通过 30 年的村民自治实践，我们已经形成一支训练有素的，能很好地指导基层民主选举和实践的，10 万人左右的队伍；已经形成一套具有中国特色、比较成熟的民主经验、技术和制度；已经培训了九亿农民，使他们成为具备民主意识、能力成熟的选民和民主主体。④ 因此，村民自治及村级民主选举有可能成为推动中国政

　　① 郎友兴：《"草根民主"的民主意义：对村民选举与自治制度的理论阐释》，载徐勇、徐增阳主编《乡土民主的成长——村民自治 20 年研究集萃》，华中师范大学出版社 2007 年版。
　　② 贺雪峰：《村民自治的功能及其合理性》，《社会主义研究》1999 年第 6 期。
　　③ 吴思红：《乡村秩序的基本逻辑》，《中国农村观察》2005 年第 5 期。
　　④ 王仲田：《中国农村的村民自治和基层民主发展》，《荆门职业技术学院学报》1999 年第 1 期。

治体制改革及国家民主化的一条风险小，震动小，渐进性但又全面、持久和深刻的自下而上的改革之路，成为中国的民主政治发展之路上的新突破点。① 从村民自治发展的民主趋势来看，村民自治本身是一种含有极大内源动力的农村政治制度，经过数十年的发展，已经形成自己的逻辑轨道，以自身的惯性运行，以不可逆的姿态向前发展。它自下而上地冲击当前的国家权力结构，而国家对政治和社会一贯试图自上而下的控制，这两者交互作用决定了中国政治民主化的进度。②

从改革开放至今的实践来看，村民自治是一项有益于农村理性发展的必要制度。随着它的推行，村民通过参与民主选举，尝试民主监督，一定程度上培育具有民主意识、民主能力。但是，对于这样的一项基层民主制度可能推动整个国家的政治民主化进程的乐观判断，我们保留自己的意见。村庄治理危机的蔓延已经说明该制度在实际运行中存在的缺陷和风险，加上宏观体制的限制，不可能出现由基层村民自治倒逼上层民主改革的。

对村民自治模式持怀疑态度的观点既有对村民自治制度本身的怀疑，也有对村民自治代表民主的怀疑。村民自治制度运行至今，其法律程序、规则详细且具体，标准化程度也比较高，但在现实中农民的基本权益保护仍然没有得到有效改善，一些侵利、侵权事件层出不穷，这至少表明该制度没有为村民建立起有效的权益保障机制。③ 从历史上来看，我国的农村社会以及农民一直缺乏民主的资源、必要的训练以及相应的能力；进入现代化之后，国家权力一直积极干预农村，并从其榨取各种国家发展所需的资源，农村不可能摆脱国家的控制及其固有的依附地位，也就不可能出现真正的民主自治；从民主发展的一般规律来看，率先发展乡村民主的路径，村民自治的实践违背了经典民主理论的发展规律。

村民自治不能与乡村民主画等号，因为村民自治本身还是一种不完善、不完整的民主。首先，村民自治制度仍然是由国家主导的。尽管人

---

① 项继权：《论中国乡村的"草根民主"》，载徐勇、徐增阳主编《乡土民主的成长——村民自治 20 年研究集萃》，华中师范大学出版社 2007 年版，第 107—128 页。

② 金太军：《关于村民自治若干关系问题的深层思考》，《开放时代》2000 年第 1 期。

③ 何包钢、王春光：《中国乡村协商民主：个案研究》，《社会学研究》2007 年第 3 期。

民公社解体之后，村民自治得以从国家法律层面得以正式确立，然而这也不过是国家看似退出对农村社区的直接管理，实际上国家只是改变了对村庄的治理方式而已。其次，地方政府，尤其是乡镇一级党政部门仍然指导、干预着村两委班子的选举、村庄公共事务的重大决策等。因此，村民仍然不能"基于个体私性表达和保障的需要，主动创建民主制度，并自觉从政治上寻求制度保障效能"①。因而，即便是一开始就高度认可与赞成村民自治模式的华中学派，也逐渐承认村民自治政治空间的有限性。他们认为，国家主导下的基层治理是意味着，国家必然会以多种方式影响或介入村庄治理过程。也就是说，村庄自主性的培育、自治性的生长都取决于国家所提供的空间和国家所发挥的作用。尽管我们承认村民自治是国家采取的，相对积极的治理基层社会的一种努力，但村民自治本身确实还有一系列问题亟待改善。②

第二，村民自治的困难以及出路。近年来，很多讨论转向村民自治在实践中到底遭遇到哪些困难以及村庄治理有没有其他的出路研究上来。与国家在立法上不断强调村民自治的重要性，不断扩展村民自治的空间相比，一些地方政府却在采取与此相反的路子。为了完成各种发展考核指标，一些地方政府及其各个部门都不断的把权力、任务触角下延到村级组织，甚至采取各种行政措施牢牢地控制村委会，把村委会变成事实上一级行政部门，完成上级政府下派的各种任务。为达到这一目的，一些地方政府往往把村两委的选举、村庄的决策决定权紧紧攥在自己的手中，导致村庄自治空间不断压缩。③

面对这一困境，不少意见主张进一步完善村民自治模式。一种观点认为从政府和社会两方面来看，既需要行政放权，又需要有现代社会组织的形成和成长。只有行政放权了，理性化社会在市场化过程中形成了，农民能自我组织起来，农村公民社会能在民主实践中培育起来，村民自治才能成长发展。而由于理性化社会的形成、农村自组织的培育和

---

① 毛丹：《乡村组织化和乡村民主——浙江萧山市尖山下村观察》，《中国社会科学季刊》1998年春季号，总第22卷。

② 张厚安等：《中国农村村级治理——22个村的调查与比较》，华中师范大学出版社2000年版。

③ 徐勇：《村民自治的成长：行政放权与社会发育——1990年代后期以来中国村民自治发展进程的反思》，《华中师范大学学报》（人文社会科学版）2005年第2期。

农村公民社会的形成都需要较长的时间，这就使得村民自治必然需要一个较长的成长过程。① 另一种看法认为村民自治的出路在于国家力量的范导。只有借助党政权力的强制和规范，村民自治的一系列程序、规则和制度才能起作用。要推进村民自治，需要解决制度无效即对村干部、村民进行民主训练，也需要改进村民自治制度。所以，要促进村民自治，推动乡村民主，需要调适国家与社会关系，消解存在于压力型体制与村民自治制度之间的张力，使得两者适配。②

面对持续的危机和村民自治的困境，另一种意见认为要在中国农村大力推进协商民主模式。只有发展协商民主，才能更多地赋予村民民主管理权、监督权和决策权，将更有助于保障农民的既得权益，提高农村民主水平。协商民主看似繁琐，但它能消除社会不平等的负面影响，给每个村民平等的讨论、协商机会和权力，能有效提高村庄决策的合法性。③

3. 协商治理

协商民主是促进乡村治理的一种重要办法。要解决乡村治理问题，需要创新乡村民主发展方略，村民自治要从单一的民主选举向民主治理转型，可以采用协商民主的方式促进乡村民主治理，培育村民的民主精神和公民性，使村民自治有效运转起来。同时，要推进地方政府的体制改革，构建一个村庄之上的如乡镇或县域的自治作为基础的地方的治理结构，使得乡村治理实现善治。④ 在中国现阶段，倡导和引入协商民主，可避免被动式政治参与的不利之处。而且，协商民主力量提出公民可基于公共利益，通过公共领域进行的自由平等的对话、讨论、协商和争辩，来缩小利益群体之间因不同的诉求而产生的隔阂，这将可以推动良好的意见表达，提升制度、法律和公共政策的合法性，提高民主治理

---

① 徐勇：《村民自治的成长：行政放权与社会发育——1990 年代后期以来中国村民自治发展进程的反思》，《华中师范大学学报》（人文社会科学版）2005 年第 2 期。

② 陈剩勇：《村民自治何去何从——对中国农村基层民主发展现状的观察和思考》，《学术界》2009 年第 1 期。

③ 何包钢、王春光：《中国乡村协商民主：个案研究》，《社会学研究》2007 年第 3 期。

④ 徐勇：《村民自治的成长：行政放权与社会发育——1990 年代后期以来中国村民自治发展进程的反思》，《华中师范大学学报》（人文社会科学版）2005 年第 2 期。

的品质。协商民主与中国传统的"和"文化在价值上相契合的。[1] 协商民主在一些地方已经引入实施，例如温岭的农村搞协商民主已经引起中国学界农村研究人员的很大关注。从现实的效果来看，协商民主是一条需要政府和农民都投入精力的看似繁复的道路，但其实践民主的理念和效果是显而易见的。我们认为提出这条出路的观点也是有可行性的，但是前提条件是当地政府愿意与农民协商，这个条件具有不确定性。

第二节　农村治理危机及其表现

一　农村治理危机的生发

改革开放以来，中央政府推行的以村民自治、农村税费改革为核心的一系列治理改革，似乎表达出一个明显的意图，即国家改变了传统的直接控制农村基层社会的方式，试图从基层社会中撤退出来，转向更为间接的治理方式。不过，事实上自 1978 年以来受城市危机转嫁代价的影响，农村先后发生了三次治理危机，[2] 而且即使是为了缓解危机而出台的农村税费改革，也没有根本缓解基层治理的困境。一方面，政府的决定性作用不单更加明显和更加强大，而且更加充分和更加完备，政府对农村治理的主导作用几乎达到了极致。[3] 另一方面，更为重要的是，在持续的治理改革中，基层政府非但没有实现自身从汲取型政权到公共服务型政府的转变，反而形成了基层治理能力不足的新问题。[4] 也就是说，随着乡村治理体制的转型，国家权力从农村基层社会有所退出，但

---

① 陈剩勇：《协商民主理论与中国》，《浙江社会科学》2005 年第 1 期。
② 第一轮危机是 20 世纪 80 年代初因家庭承包制导致农村财产关系变化与治理结构的互动演变，以及放权让利的制度性安排等原因；第二轮危机是 80 年代末 90 年代初，以村民暴力反抗税费征收为标志；第三轮危机是 90 年代末到 2005 年农业税取消之前，尽管各地不准加重农民负担的文件密集出台，客观上则是农民负担不断加重的事实，以及同时出现的乡村治理中的"经营俘获"和"庇从关系"。参考董筱丹、温铁军《宏观经济波动与农村"治理危机"——关于改革以来"三农"与"三治"问题相关性的实证分析》，《管理世界》2008 年第 9 期。
③ 俞可平：《中国农村治理的历史与现状（续）——以定县、邹平和江宁为例的比较分析》，《经济社会体制比较》2004 年第 2 期。
④ 吕德文：《简约治理与隐蔽的乡村治理——一个理论述评》，《社会科学论坛》2010 年第 8 期。

农村公共物品供给则普遍出现了困境；同时，乡村豪强、混混治理局面的出现又反映出国家对基层社会的控制能力不足。

　　国家与村庄的关系格局变迁因 20 世纪 90 年代以来分税制下乡镇政府对农民的盘剥，产生因税费负担沉重问题而引发的大规模对抗冲突事件，给农村社会带来了严重的治理性危机。此次危机随着取消农业税以及由此引发的新一轮改革，包括加大对农村的资金援助和农村基层财政体制的"村财乡管""乡财县管"而得以化解。[①] 不过，此轮改革过后，尽管基层政权行使"恶"的条件消失了，但基层治理模式却又呈现了"不作为"态势，[②] 以致于后税费时代的农村社会又陷入新一轮的以"治理缺位为轴心的危机"[③]。而且，这一场治理危机带来的新一轮的政治合法性困境至今仍在延续和加剧，比如在新农村建设中，农民负担之重甚至大大超过税费改革之前的程度。[④] 至于是否可以称为第四轮治理危机，并给村庄转型带来了哪些冲击，则是有待于进一步评估的问题。

二　村庄治理危机的表现

　　乡村社区作为社会性存在的解体，当它以危机的形式出现的时候，国家权力就会无法避免地介入，从而形成一种治理上的恶性循环，并使国家的合法性面临严峻的考验。[⑤]对于村庄治理危机的状况描述，可以从治理主体、农民政治参与、共同体重构、信仰危机等多个维度入手，[⑥] 具体呈现为：旧有的社区组织（宗族、庙会等）解体、体制内精英权威势弱、村庄公共事业建设艰难、村庄共同体意识瓦解、实性"官退"而虚性"民进"乡村自治性不强反弱[⑦]等。这些具体的危机形态，一方面被概括为农村基层政府的日益"空壳化"，无法承担相应的公共

　　① 李芝兰、吴理财：《倒逼还是反倒逼——农村税费改革前后中央与地方之间的互动》，《社会学研究》2005 年第 4 期。

　　② 彭正波：《农村社会的治理危机：四个维度的分析》，《求实》2012 年第 9 期。

　　③ 赵晓峰：《税改前后乡村治理性危机的演变逻辑——兼论乡村基层组织角色与行为的变异逻辑》，《天津行政学院学报》2009 年第 3 期。

　　④ 张英洪：《农民负担过重问题卷土重来》，《中国乡村发现》2010 年第 2 期。

　　⑤ 吕新雨：《新乡土主义，还是城市贫民窟》，《开放时代》2010 年第 4 期。

　　⑥ 彭正波：《农村社会的治理危机：四个维度的分析》，《求实》2012 年第 9 期。

　　⑦ 何晓杰：《"后农业税时代"中国乡村治理问题研究》，博士学位论文，吉林大学，2011 年。

服务职能，而日益悬浮于乡村社会之上，基层政权与农民的关系从过去的汲取型向松散的悬浮型转变。① 另一方面，诸如此类的治理危机主要由于农村基层政府在某些符合自身利益的工作上又表现出超强的行动能力，随时且强势地介入乡村社会内部，即所谓的"选择式治理"②，进一步有控制、掠夺式治理与放任、应付式治理两种形式③所致。总体来看，新一轮治理危机突出表现为村庄公共服务体系的失灵、村庄社会的失序以及进一步的伦理危机。

1. 村庄公共服务体系的失灵

公共服务体系包括公共服务的决策、公共财政投入、公共服务的监督体系等，是个综合性的概念。目前我国农村的公共服务体系运行不仅表现在总量失衡上，即农村公共物品供给不足，公共服务极度匮乏，更为突出的表现在公共物品供给难以满足农村居民的需要。公共服务供给以政府为导向，而不是以需求为导向，从而导致供求内容不匹配；供给方式的不恰当，政府把公共服务大量推向市场，但农户对市场化供给的评价不高；供给机制过于单一，难以满足居民日益多元的服务需求；供给中的重建设轻管护和重县城轻乡村的结构性失衡。④ 对此，直观的解释聚焦在税费改革因忽视治理逻辑而至少在以下两方面促成了此轮村庄治理危机：一是从财政上看，税费改革、取消农业税使得乡村基层组织收入来源大大削减，断了他们的"奶源"，也打击了他们做事情的动力，削弱了他们为民服务的能力；二是行政上看，因税费改革"倒逼"的乡镇综合配套改革在给乡镇政权"消肿减肥"的同时，也削弱了他们可以动员的力量，从而削弱了其执政能力。⑤ 此外，伴随着农业税取

---

　　① 周飞舟：《从汲取型政权到"悬浮型"政权——税费改革对国家与农民关系之影响》，《社会学研究》2006 年第 3 期。

　　② 郑凤田：《基层选择性治理偏差》，《民主与法制时报》2012 年 3 月 5 日。

　　③ 所谓选择性治理，就是以农村基层政府为本位，对那些于己有利的事就去管、去做，对那些与己不利或者吃力不讨好的事就尽量不去管、不去做，有选择性地展开行政作为。（进一步参见吴理财《应注意农村基层的选择性治理》，《学习时报》2009 年 1 月 12 日；赵守飞、汪雷：《农村基层治理：问题、原因及对策》，《兰州学刊》2010 年第 3 期等。）

　　④ 林万龙：《中国农村公共服务供求的结构性失衡：表现及成因》，《管理世界》2007 年第 9 期。

　　⑤ 田先红、杨华：《税改后农村治理危机酝酿深层次的社会不稳定因素》，《调研世界》2009 年第 3 期。

消，基层政府主要遵循"公司化"逻辑来经营社会公共事务，热衷于参与经济发展，如招商引资、面子工程、政绩工程，忽略或淡化对基层社会的服务与管理，① 从而导致农村公共服务体系的失灵。

当然，我们肯定税费改革与村庄公共服务体系失灵之间的相关性，但同时仍需注意到与其他因素的综合作用。首先，自上而下的压力型决策机制。② 通常来看，我国农村公共产品决策主要是通过行政命令自上而下来推动的。这种决策机制容易导致政府从自身出发来决定公共物品的供给，即政府有什么，就供给什么，而不是根据居民需要什么来供给什么。其次，城市偏好的发展战略。在城市化和现代化战略的驱动下，地方政府公共服务资金更多投向了县级机构，而不是更有必要的农村社会，即在城市偏好的战略下，基层政府缺乏相应的动力和资源去给农村社会提供公共服务。再次，政府财政上移的影响。自1995年我国实行中央与地方的"分税制"以后，基层政府的财政收入大幅度减少。尤其是农村税费改革，取消农业税之后，政府间财政体制明显地呈现为财权上移趋势。这种财政上移造成的基层政府自身财力的紧张以及对上级补助的依赖性，使得农村公共服务体系的运作缺乏应有的财力保障。③ 最后，也是更为重要的一点，即由于财政枯竭以及相应地权力萎缩，导致基层政府权力的"悬浮"效应，④ 基层治理的逻辑演变为"不出事""不作为"。

简言之，取消农业税和行政精简后的基层组织虽然存在，但却没有履行管理农村公共事务、向农村提供必要的公共产品的职责，基本处于"不作为"。乡镇基层政权的运转正遵循着"不出事逻辑"，即遇事不讲原则的策略主义和有问题消极不作为的"捂盖子"之举，这使乡村基层社会的基本准则和底线被不断侵蚀，基本秩序难以维系。⑤

---

① 刘锐：《基层治理：在危机中面向未来》，《中国农业大学学报》（社会科学版）2011年第2期。
② 贾康、孙洁：《农村公共产品与服务提供机制的研究》，《管理世界》2006年第12期。
③ 林万龙：《中国农村公共服务供求的结构性失衡：表现及成因》，《管理世界》2007年第9期。
④ 周飞舟：《从汲取型政权到"悬浮型"政权——税费改革对国家与农民关系之影响》，《社会学研究》2006年第3期。
⑤ 贺雪峰、刘岳：《基层治理中的"不出事逻辑"》，《学术研究》2010年第6期。

　　2. 村庄社会的失序化

　　与基层政府公司化、农村公共服务供给凋敝、基层民主制度的外生性困境等问题同时出现的，另一种危机形态就是农村社会的"失序化"发展。农村社会的"失序化"是指农村原有的秩序结构出现解组，不仅以自治为名的村庄管理名存实亡，村庄公共事务瘫痪，"一事一议"形同虚设，集体债务化解无望，而且在村庄组织控制力减弱的同时，出现了黑恶势力侵入农村基层政权的冲击，村庄陷入混乱、失序、失控的发展境地。更为严重的是，治理危机进一步导致了伦理危机，传统道德规范的丧失，意识形态的空壳化，村庄社会生态的恶化。

　　第一，村庄治理体系的低效运行。现有的村庄治理模式较有代表性的是村民自治和协商民主两大类，而村民自治是最主流的治理方式。其主要通过村庄的自我选举、自我管理、自我服务、自我监督来实现村庄的有效运转，是一项有益于农村民主发展的必要条件，一度成为国内外学术研究的兴奋点和焦点。然而，这种外生性的民主制度直接地自上而下降临在村庄身上，无异于给它套上一件民主外衣，其有效运行却缺乏有力的内生力量和机制的支撑。因此，与制度设计的民主目标和价值预期相比，其实际运行的效率则是比较低；乡村社会及农民自身缺乏民主的资源和能力；国家建设和现代化理论则认为在现代化过程中，国家权力会积极深入并干预乡村社会以吸取资源，因此乡村社会不可能摆脱国家的控制及其依附地位，乡村社会不可能出现真正的民主自治。① 随着村民自治运行的困境，协商民主作为基层治理方式的替代版或升级版，也引起了政策部门和理论界的高度关注。不过因制度设计的理论背景以及与中国大政治制度的匹配性、衔接性问题，一直处于地方政府的试点阶段，没有大规模得以推行。

　　第二，乡村秩序的"灰色化""豪强化"②。村庄变迁加速，村庄治理低效等问题的叠加效应，导致村庄社会在转型过程中出现了"灰色

---

① 项继权：《论中国乡村的"草根民主"》，载徐勇、徐增阳主编《乡土民主的成长——村民自治 20 年研究集萃》，华中师范大学出版社 2007 年版，第 107—128 页。
② 储卉娟：《从暴力犯罪看乡村秩序及其"豪强化"危险：国家法/民间法视角反思》，《社会》2012 年第 3 期。

化"现象。① 所谓"灰色"是指农村"混混"、黑恶势力日益发展壮大，并逐渐影响、支配了村庄秩序。"灰色"说明这种情况是令人失望和不安的，但也透露出主流社会对这类现象模糊、暧昧的看法。实践中，乡村混混已经成为某些村庄经济、社会、政治秩序的主导者，甚至一些场合下成为村级治理和村庄生活中起实际作用的力量。在已有的案例呈现中，我们均能发现"混混"在村庄经济、社会、政治中的主导性。② 随着传统村民关联度极强的村庄日益解体，村庄日益呈现为一种关联度极低的原子化村庄。一旦原子化的村民缺乏一个强有力的乡村组织系统可以深入到村庄中处理纠纷，也就是说正式的资源无法有效地到达村庄并发挥作用。此时，正式资源的"缺位"就会为以暴力为基础的"灰色力量"的成长提供机会，凭借"人多拳头硬"，"混混"开始在村庄冲突中居于有利位置，也因此又鼓励了"混混"开始寻求更多的好处。在某些农村地区，"混混"还拥有极大的政治能量，他们甚至能够左右选举，进而达到控制村庄的目的。③ 如一项针对浙江齐镇村委会选举过程的研究指出，制度规则与选举程序本身的缺陷、监督机制的缺乏以及选民的消极选举心理等因素共同作用，最终导致"混混"赢得了村庄选举。④ 对此，大多研究强调市场化带来的社会失范及治理危机，我们基本同意这类观点，但也指出这是农村市场化进程中的一种社会现象，与原有基于农村伦理之上的价值观念衰落，而城市文明价值观念尚未形成有着重要的关联度。

其实，乡村豪强的出现折射出国家权力在村庄的能力不足。随着乡村治理体制的转型，国家权力从农村基层社会有所退出，公共品供给出现困境，这构成了20世纪90年代以后"三农危机"的一部分，是乡村治理困境核心问题之一。村庄公共供给的缺失困境，恰恰成为乡村"混

① 陈柏峰：《乡村混混与农村社会灰色化——两湖平原（1980—2008）》，博士学位论文，华中科技大学，2008年。

② 陈柏峰：《两湖平原的乡村混混群体：结构与分层——以湖北G镇为例》，《青年研究》2010年第1期。

③ 章伟：《行走在边缘：社会变迁中的灰色青少年群体》，《中国青年研究》2008年第9期。

④ 吴萍、卢福营：《"混混"何以当选——以浙江省齐镇村委会选举为例分析》，《中国选举与治理网》。http://www. chinaelectiom. org/NewsInfo. asp? NewslD226259。

混"的存在和发展基础。而"好混混"的悖论则反映了国家权力不足状况的继续和深化。① 也就是说，市场化侵入农村与国家权威的部分褪色，导致"混混"成为村庄公共品的提供者，成为村落里"最有面子的人"，改变了熟人社会内部的人际关系交往规则，开始替代村干部和村集体成为村庄秩序的主导者，成为村级治理和村庄生活中起着实际作用的隐蔽性力量。②

第三，村庄的伦理危机。村庄不仅仅是一个生产、居住、交往的功能性共同体，同时也是一个具备自身规范和准则的伦理性共同体。改革开放以来乡村社会的急剧变迁，导致传统的伦理性共同体运行的基础慢慢瓦解，同时新的社会规范、伦理观念并未一致形成，明显滞后，从而导致村庄伦理性危机的出现。这种伦理性危机表现在村庄日常生活中的伦理标准的缺失，很多事情开始说不清楚，并且不同人群对生活的体验和看法出现了明显的分歧甚至是断裂。③ 对此，概括来看有家庭伦理方面、公共伦理方面与环境伦理方面的危机。家庭伦理危机主要表现在传统家庭所提倡的尊老爱幼美德的缺失与婚恋观的异变；公共伦理危机主要表现在社会主义所强调的集体观念淡化、个人主义盛行、个人利益至上、邻里关系的日趋冷漠；环境伦理危机主要表现在生态意识淡薄与公共卫生意识低下。④

对此，申瑞峰等人认为村庄正在从治理性危机到伦理性危机的转变这一判断，笔者并不是完全认同，而是把伦理性危机看成是村庄治理危机的其中一种形态或者更为深入发展的一种状况。伦理危机的出现意味着村庄治理文化资源的缺失，村庄共同体价值的消解，而这一趋势对村庄转型的影响是巨大的。

乡村治理研究是以理解乡村秩序如何维系，乡村社会如何发展为主要任务的问题导向的多学科综合研究。⑤ 在这一意义上，村庄治理危机正是从国家如何对待村庄，村庄治理逻辑是什么以及村庄内部秩序如何

① 陈柏峰：《村庄公共品供给中的好混混》，《青年研究》2011年第3期。
② 赵晓峰：《找回村庄》，《学术界》2012年第6期。
③ 申瑞峰：《中国农村出现伦理性危机》，《中国老区建设》2007年第7期。
④ 申端峰：《从治理性危机到伦理性危机——华中科技大学中国乡村治理研究中心"硕博论坛"综述》，《华中科技大学学报》（社会科学版）2007年第2期。
⑤ 贺雪峰等：《乡村治理研究的现状与前瞻》，《学习与实践》2007年第8期。

瓦解等问题入手来分析危机产生的原因和背景。

1. 村庄治理的内卷化

对于 20 世纪 90 年代以后乡村治理危机产生的原因，多数学者归纳为农村基层治理陷入了"内卷化"。其实，"内卷化"一词早期主要是被用来形容"一种内卷型或无发展的增长"的经济状况，① 将这一概念引入政治过程和问题是美国学者杜赞奇。他在对 20 世纪前半期中国国家政权的扩张及其现代化过程进行充分翔实的调研基础上，提出了"国家政权的内卷化"这一概念。所谓"国家政权内卷化"有双重含义：第一，国家政权内卷化最充分表现是在财政方面，国家财政每增加一分，都伴随着非正式机构收入的增加，而国家对这些机构缺乏控制力，即国家财政收入的增加与地方上的无政府状态是同步增长的。第二，"国家政权内卷化"是指国家机构不是靠提高旧有或新增（此处指人际或其他行政资源）机构的效益，而是靠复制或扩大旧有的国家或社会体系（如中国旧有的盈利型经济体制）来扩大其行政职能。② 国家政权建设并没有有效改造传统中国的基层治理体制，却破坏了权力的文化网络，并最终使得国家政权建设为国家经纪体制内卷化。杜赞奇认为，国家政权的扩张应建立在提高效益的基础上，否则其扩张便会成为格尔茨所描述的那种"内卷化"没有实际发展的增长，经济与社会发展出现停滞的趋势。③ 与一个世纪前的情景类似，21 世纪初我国农村基层政权组织也出现了严重的"内卷"趋势，即农业税取消和新农村建设改革举措，并没有提高基层政权组织的公共服务能力，反而逐步衰退，基层政权的掠夺性、盈利性和自利性动机逐步增强。

对于"内卷化"现象在农村社会的表现，学者们展示了很高的热情进行描述。比如张小军认为乡村内卷化表现为：农业上的"二元结构负担"和村庄的"金权政治"的不断"精致"与"制度化"，使得国家

---

① 国内对黄宗智《华北小农》中译本中，译者将"involution"翻译为"内卷"和"内卷化"。在《长江三角洲小农》中则改译为"过密化"，其他一些出处中既有"内卷化"，也有"过密化"。

② 何宏光：《杜赞奇的国家政权"内卷化"研究》，《中国社会科学院报》2009 年 6 月 9 日。

③ ［美］杜赞奇：《文化、权力与国家——1900—1952 年的华北农村》，王福明译，江苏人民出版社 2003 年版，第 157—159 页。

与村民共同陷入了类似"习性"和"场域"的内卷中，① 这直接表现在社会占有农民劳动成果的速度大大快于农民收入增长的速度。② 同时，这又主要源自新中国成立以来，地方政权在内卷化中形成了一个不成文的准则，就是"惠赐少数、排斥多数"③。农村基层政权的内卷化，即各级政府对农民经济资源的索取能力不断增强的同时，中央政府却不能对地方政府特别是基层政权进行有效的政治管制。这种"内卷化"问题的根本性就在于"惠及 9 亿农民的新农村建设而 9 亿农民集体失语"④，从而引发了大规模农民上访的群体性事件。

可见，对于目前的基层政权内卷化，一类研究特指运行于科层制和压力型体制下的乡镇政府内卷化，即一方面乡镇政府的社会服务和社会管理功能弱化，行政角色单一化、形式化；另一方面其自利动机逐步增强，成为一个游离于乡村社会的准自利组织。⑤ 而且乡镇政权的"内卷化"发展会造成至少三方面的消极影响：第一，国家层面的权威性、合法性流失，自上而下的任务指令变成"政治作秀"；第二，基层政府不能有效化解基层矛盾，农民上访和群体性事件滋生扩展，基层干部不被信任，越来越无为和无能；第三，农民的权利意识和政治参与愿望没有制度化渠道疏导，对基层政府的不满和猜忌增加。由于基层治理的内卷化，导致国家与农村社会之间的链接出现断裂，上传下达的制度化通道和良性互动机制的缺失，这必然造成村庄治理危机。

另一类强调的是"村民自治"的内卷化，主要是指 20 世纪 80 年代以来村民自治制度以自治的名义，实际上更深刻、更全面地复制了政府的科层特征，因此事实上距离自治的组织目标越来越远。村民自治制度必须接受的两组互相竞争的组织原则——"党和政府的领导"原则和"村民自治"原则，致使村民自治组织在实践中就可能会产生一种内在

① 张小军：《理解中国乡村内卷化的机制》，《二十一世纪》（网络版）1998 年 2 月号（总第 45 期）。

② 崔效辉：《参与式理论与"乡村建设"——参与式理论中的本质来源与贡献》，《二十一世纪》（网络版）2003 年 2 月号（总第 11 期）。

③ 崔效辉：《论 20 世纪中国地方国家政权的内卷化》，《公共管理高层论坛》2006 年第 1 期。

④ 曹海东、邓瑾等：《新农村建设：农民集体失语》，《南方周末》2007 年 7 月 5 日。

⑤ 马良灿：《内卷化基层政权组织与乡村治理》，《贵州大学学报》2010 年第 2 期。

的紧张，导致自治组织的行政化。具体说，作为村民自治组织的委员会可能考虑更多的不是如何管理本村村务，而是忙于完成乡镇政府布置和落实的各种行政管理任务。① 在农村基层组织的变革过程中，国家虽然赋予了村委会自治的地位，但这些自治要素无法形成与既定制度格局的平衡。因此，当发生涉及村民切身利益的事件时，可能导致国家行政力量加紧向农村的渗透和控制，从而影响真正意义上的村民自治和民主化进程。②

2. 村庄治理的逻辑

自清末以后，传统的乡绅自治传统逐渐被打破，国家权力慢慢地渗透到乡村社会中去，到人民公社时期达到了顶峰。尽管90年代以后村民自治的推行，国家权力一度从乡村社会退出，但所谓"官退民进"的乐观估计并没有发生。虽然，当下的中国乡村治理所面临的并非经典意义上的国家政权建设问题，但确实是国家权力如何有效进入乡村社会的问题。③ 也就是说，现行的村庄治理逻辑主要还是自上而下的国家治理，不过该逻辑在基层社会治理中的呈现方式更为复杂。概括起来看，学界对自上而下的国家治理逻辑在村庄治理的呈现形态有"简约治理""运动式治理""选择式治理"等诸多的表述。黄宗智在分析中国古代的司法实践、税务管理及行政实践等领域的地方行政运行过程基础上，提出可以用"简约治理"和"简约主义"来概括这种利用半正式行政的治理方法、大量使用准官员以及政府机构仅在纠纷发生时才介入的方法的近代国家政权建设的过程。而且作者强调尽管经历了20世纪官僚化的"国家建设"，古代中国和民国的简约治理传统仍然有相当部分被保留了下来，21世纪初的中国乡村治理仍然需要将占有一定地位的半正式行政以及利用准官员和纠纷解决治理方式，纳入我们的思考之中。④

---

① 景跃进：《当代中国农村"两委关系"的微观解析与宏观透视》，中央文献出版社2004年版。

② 贺东航：《中国村民自治制度的"内卷化"现象的思考》，《经济社会体制比较》2007年第6期。

③ 这一问题既包括国家如何对接农民，又涵盖国家怎样用自身的一套制度规则来改造地方、规约农民和监控基层代理人。进一步参见田先红《乡村政治研究三十年》，《长春市委党校学报》2011年第1期。

④ 黄宗智：《集权的简约治理——中国以准官员和纠纷解决为主的半正式基层行政》，《开放时代》2008年第2期。

　　与黄宗智类似，有学者从中国历史上的国家治理经验入手发现，政府常常偏好性地使用"运动式治理"来应付常规治理体系的危机。① 这种治理逻辑是以政治合法性为依托，依靠执政党强大的意识形态宣传和严密的组织网络渗透，以发动群众为手段，以实现社会资源的集中和国家政治动员为目标，从而实现有效的国家治理。长期以来，这种治理方式已经成为政府部门落实公共政策时的一种常态化的管理模式。在此基础上，有学者进一步提出"选择式治理"概念，并被用来描述当下农村基层政府热衷于招商引资、大上项目、上大项目，而公共服务项目，如环境污染治理、教育投资、道路建设等公益性项目治理意愿差，工作成效差的治理趋势，是一种偏差性治理方式。② 这种选择式治理，是以政府为本位的治理，直接导致了农村社会公共服务供给的偏差错位，一方面农民对公共品的真正需求难以传递到上级政府，另一方面政府提供的公共服务和项目并不是农民需要的，服务效果差，群众满意度低。

　　当然，不可忽视的一点就是，随着社会冲突的加剧和农村治理危机的凸显，自下而上的"参与式治理"逐渐被提到讨论议程上来。随着市场经济发展与基层政权的内卷化，社会整体对底层群体的排斥和剥夺使得底层群体会自发地产生直接与社会抗衡的心态和行为。近年来我国农村不断出现的群体性突发事件就是这种农村底层群众自发地、直接地与国家和社会对抗的表现。不管是农村各类群体间的纠纷型事件和农民针对基层政府和基层干部的政治型事件，③ 均是"一种应得权利和供给、政治和经济、公民权利和经济增长的对抗"④，是农村社会失序的重要信号，反映了农村社会利益冲突激发状况及广大农民对国家政权的认同性下降，对农村社会稳定影响巨大。⑤ 对此，学者们大多认为农村突发群体性事件的原因是转型社会中的参与性危机，在诸如土地等问题

---

　　① 周雪光：《运动式治理机制——中国国家治理的制度逻辑再思考》，《开放时代》2012年第9期。

　　② 郑凤田：《基层选择性治理偏差》，《民主与法制时报》2012年3月5日。

　　③ 于建嵘：《我国农村群体性突发事件研究》，《山东科技大学学报》（社会科学版）2002年第4期。

　　④ ［德］拉尔夫·达仁道夫：《现代社会冲突——自由政治随感》，林荣远译，中国社会科学出版社2000年版，第135页。

　　⑤ 于建嵘：《我国农村群体性突发事件研究》，《山东科技大学学报》（社会科学版）2002年第4期。

上，农民政治参与渠道不畅通、协商对话机制的缺乏。不过，如何建立农村基层社会的参与式治理机制，真正地把参与治理的逻辑导入到国家治理体系中，仍然是有待于进一步讨论的领域。

第三节　治理危机对村庄转型的影响机理

我们的基本判断是，村庄治理危机是由于国家力量的调整和村庄内部社会结构的变化共同作用所导致的。那么，这场危机会给村庄转型带来哪些影响呢？危机挑战了哪些重大制度？危机在重塑农村社会时扮演了何种重要角色？这些问题的答案，我们需在国家与村庄关系的重构中去寻找。

一　"国家—社会"分析框架

把村庄治理置于国家—社会的分析范式，大致会有四类不同的关系类型①：第一类，弱国家、弱社会、弱关联型，即国家无力直接管理农村社会，也无力形成有效的调控农村生产、生活的能力，而农村尽管有比较自由的安排生产生活的空间，但因缺乏公共供给保障，村庄自主能力较差。同时，二者之间缺乏良性互动，联系松散。第二类，弱国家、弱社会、强关联型，即国家通过梳理社会，并按照现代方式重组农村社会结构，致力于直接管理村庄，但因其无法按照市场方式有效配置资源，并无力提供与城市均等的公共产品、社会保障，导致农村经济低效，村庄自组织能力下降。这种关系中，国家看似具有强大的强制力，但在农村社会提取和运用资源、深入社会并调节社会关系的能力均比较弱，因此，常常出现农民使用各种"弱者的武器"，这又进一步导致国家更趋向于用更强大的手段去控制社会，故为强关联。第三类，强国家、强社会、弱关联型，即国家在自身能力不足的情况下，放弃了对农村的直接管理，而是允许村庄自治，并通过特有的制度安排保持对村庄的有效控制和强大的影响力，而村庄在市场自由和社区自治的空间下得

---

①　在此，我们援引毛丹教授的观点，并没有把国家与农村社会的关系，并不直接等同于国家与社会的四种关系，即强国家—强社会，强国家—弱社会，弱国家—强社会，弱国家—弱社会。进一步参见毛丹《浙江村庄的大转型》，《浙江社会科学》2008年第10期。

以自我发展。国家和农村社会力量均得以增长，并以村民自治制度为连接框架，故为弱关联。第四类，强国家、强社会、强关联型，即国家在统筹解决城乡问题的框架下，开始把村庄作为和城市社区一样的居住共同体，为农村居民提供趋近于均等市民待遇的社会保障以及公共服务。同时，明确其作为自治共同体在基层治理中所发挥的积极作用，并逐步引导农村社会公共领域的成长。国家与社会趋向于开始对村庄实行共治善治，故为强关联。

村庄治理危机发生在我们的国家与村庄关系正在从第二类向第三类转变并趋向于第四类的过程中。① 人民公社制度的解体标志着国家意识到即使全面控制农村的经济、政治和社会，也不能实现增强其国家能力的目标。所谓国家能力包括深入社会的能力、调解社会关系、提取资源，以及以特定方式配置或运用资源的四大能力，而强国家是能够完成这些任务的国家，而弱国家则处在能力光谱的低端。因此，国家慢慢地从农村社会撤退出来，逐步放弃对单个村庄进行直接、全面管理的冲动。在经济上，恢复以家庭为农业生产和基本核算单位，并积极引导农村市场经济的发展，追求村庄经济自主性；在政治上，允许农村实行社区自治，增强村庄自主发展的能力。与此同时，国家通过特定的政策安排，如征收农业税、规划行政村，以及相对严格的户籍、模糊的土地集体所有等，有效控制着农村社会的发展。通过这种隐蔽机制，国家对农村社会的控制能力大大增强，实现了从弱国家到强国家的转型。②

在国家实现从弱到强的转变同时，改革开放和村民自治的双重效应叠加，无疑是大大增强了农村经济自主性和社会自我发展能力，从而为实现向强社会的转变创造了条件。但是，在实践中，我国众多的农村却处于危机四伏的状态，这究竟是什么原因呢？我们的看法是，随着农村社会的逐步成长，国家与农村社会并没有形成有效地互相链接关系，处于一种弱关联，甚至有出现断裂的可能性。这种弱关联，或者断裂，集中表现就是国家的正式规则在农村得不到有效发挥，即国家对农村社会的控制能力不足。国家的社会控制意味着民众社会行为的自身意愿、其

---

① 毛丹：《浙江村庄的大转型》，《浙江社会科学》2008 年第 10 期。
② 笔者基本同意毛丹教授的人民公社是一种典型的弱国家、弱社会、强关联制度的观点。

他社会组织所寻求的行为都符合国家规则的要求。社会控制是权力，更精确的说是迈克尔·曼提出的基础性权力。一般来说，社会控制往往是高度碎片化的，存在于各种社会组织，如国家、种族群体、特定社会阶级的组织、村庄以及任何施加游戏规则的群体、组织。因此，个人的实际策略是拼凑起来的，主要基于物质激励、暴力组织施加的威胁和实际负担，以及各种组织所操控的社会生活该如何安排的符号、观念。①

在米格代尔看来，第三世界社会远离大都市的地方，比如农村社会中，"真实政治"主要指国家获取强势地位的愿望能否占上风，国家与其他组织的相互妥协，以及在每个需要达成的妥协中尽量达成最有利的交易的办法。也就是说，如果国家有着高度的社会控制力，对农村社会来说，国家能够摆脱各种社会组织的影响，获得按其自身偏好来决定社会该采取什么规则的自主性；他们能建立复杂的、协调良好的官僚机构来实现这些偏好；他们还能垄断社会中对暴力的使用，确保其他社会群体无力阻挡实施国家统治的行为。② 但是，国家的能力，尤其是其实行的社会政策、动员公众的能力和社会结构十分相关。在传统社会，国家领导人在追求国家强势地位时，面对来自酋长、地主、老板、富农、部落首领通过其各种社会组织的抵制难以逾越的障碍时，往往显得无能为力。③ 在我国现在的农村，国家在追求自身强大的社会控制能力时，往往遭遇到同样力量的阻碍。

二　治理危机与制度变迁

关于制度变迁的标准观点是由新古典经济学家阐释的。在新古典主义的表述中，制度变迁是边际性的，也就是说，当特定参数或环境条件变化时—譬如说，具有不同能力的人的出现或因为人口数量和人类知识的不同而改变的资本存量的出现—导致对规则的相应的改变。不过，在米格代尔看来，19 世纪亚非拉社会的急剧变迁和危机的经验，意味着在重大制度

---

① ［美］米格代尔：《强社会与弱国家：第三世界的国家社会关系及国家能力》，朱海雷等译，江苏人民出版社 2009 年版，第 25—30 页。
② ［美］米格代尔：《强社会与弱国家：第三世界的国家社会关系及国家能力》，朱海雷等译，江苏人民出版社 2009 年版，第 33 页。
③ ［美］米格代尔：《强社会与弱国家：第三世界的国家社会关系及国家能力》，朱海雷等译，江苏人民出版社 2009 年版，第 35 页。

变迁的传统新古典解释之外，存在另一种解释视角。强大的势力的集中会促成急剧的制度解体，在新的土地使用、税收政策和交通模式的刺激下，和19世纪后期资本主义的强大动力一起发生。然而，巨大的社会危机意味着这些规则的大部分同时变得与多数民众无关，此处的制度变迁模式不是一条边际变化的曲线，而是一个历史断裂的形象。① 我们把目光投向改革开放至今的农村社会剧变和村庄治理危机，与市场化、城市化同步发生的制度变迁有土地、税收和新农村建设。下面，我们逐一来分析它们是如何带来危机，并又如何能推动村庄转型的发生。

1. 土地制度的调整

土地权利的调整会导致农村社会发生广泛的、革命性的变化，这一点在世界各国现代化历程中均为充分说明。20世纪80年代初实行农村土地家庭联产承包责任制，到90年代开始国家处于保护耕地目标，稳定了土地承包经营权的基础，但同时允许土地适当流转等，土地政策为改革开放之后整个国家的发展奠定了重要基础。它既为工业和城市部门所需要大量便宜的劳动力提供了可能，又同时为小农农业得以存续奠定了最重要的制度基础，关于这一点我们已经在第三章中有论述。如今，特别值得注意的一个问题就是，因农村土地集体所有这项制度的天然法律缺陷以及极大的自由操控空间，一方面有可能成为农村社会发生危机的重要根源，另一方面又导致村庄从农业集体组织转向某种不明确的社区经济组织。

按照现行土地政策，农村土地的所有权归集体所有，而使用权归农户所有，即所谓双层经营制度。这其中，一直以来就有一个很大的问题未解决，即集体所有怎么实现？尽管可以从社会学意义上，把集体置于与国家、与周边村社组织关系中比较容易来把握，但集体所有如何在成员内得以实现，则就非常复杂。② 集体有哪些人组成？谁被涵盖了？谁又被排除在外呢？这些问题很难一下子解释清楚，因为这一方面是缺乏明确、清晰的法律，另一方面是集体成员身份和权利的界定则牵涉到了

---

① ［美］米格代尔：《强社会与弱国家：第三世界的国家社会关系及国家能力》，朱海雷等译，江苏人民出版社2009年版，第95页。

② 申静、林汉生：《集体产权在中国乡村生活中的实践逻辑——社会学视角下的产权建构过程》，《社会学研究》2005年第1期。

村庄内外边界的划定以及村庄内部不同群体的协商和斗争。① 这一点，在社区组织和集体经济组织发生变动时，尤为明显。首先，因为农民个体不可能宣称其个人对土地有着某种所有权，而这恰恰成为农民丧失土地权的重要根源。一方面，90 年代之后地方政府以土地集体所有之名，把大量分散的土地用于城市化建设；另一方面，地方政府日益依赖于这种"土地财政"，从而导致土地逐渐从农村、农民手中剥离出来，导致了"失地农民""无地村庄"这类矛盾现象的出现，而这已经成为基层社会危机、群体性事件的重要来源。为什么地方政府可以争相以所有者的名义来侵蚀农户对土地使用和收益权呢？原因就在于土地集体所有制度的残缺。② 其次，农村集体所有是公有制经济下的一种抽象表述，村委会在实际中成为了土地发包者，具有了调控权。③ 那么，村委会到底是集体财产的所有者，还是代理人？④ 在这种模式的集体概念下，一旦成员发生变动，其成员权利该如何来界定和保障？在村庄转型中，这些要素的不同使用组合和使用方式，会产生什么样的效果呢？我们现有的案例说明，如珠三角地区的村庄，在市场经济的冲击下，村庄并未消亡，反而以强大的社区经济共同体方式重生了。⑤ 究其原因，可能就不得不归功于"村集体"在村庄内在聚合力和自主性方面的巨大能量。同时，"外嫁女"的权利界定和保障问题反映了城市化冲击下的村庄成员权以及集体产权划定的复杂性、重要性。更重要的是，"外嫁女"又印证了我之前讨论涉及的市场化和村民自治制度叠加，容易引发村庄内部成员的不平等。⑥

---

① 柏兰芝：《集体的重构：珠江三角洲地区农村产权制度的演变 ——以"外嫁女"争议为例》，《开放时代》2013 年第 3 期。

② 刘守英：《农地集体所有制的结构与变迁》，载张曙光编《中国制度变迁的案例研究》第二集，中国财政经济出版社 2011 年版。

③ 毛丹、王萍：《村级组织的农地调控权》，《社会学研究》2004 年第 6 期。

④ 陈剑波：《农地制度：所有权问题还是委托—代理问题》，《经济研究》2006 年第7 期。

⑤ 这些观点的讨论可以进一步参考折晓叶：《村庄边界的多元化——经济边界开放与社会边界封闭的冲突与共生》，《中国社会科学》1996 年第 3 期；折晓叶：《村庄的再造——一个超级村庄的变迁》，中国社会科学出版社 1997 年版；李培林：《村落的终结——羊城村的故事》，商务印书馆 2004 年版；蓝宇蕴：《都市里的村庄——一个"新村社共同体"的实地研究》，三联书店 2005 年版。

⑥ 柏兰芝：《集体的重构：珠江三角洲地区农村产权制度的演变 ——以"外嫁女"争议为例》，《开放时代》2013 年第 3 期。

　　当然，土地政策也有另一面。比如在"增人不增地、减人不减地"的稳定土地权利基础上，"允许土地适当流转"的政策设计又使得"中产农民"的形成与壮大成为可能。由于农村人口大量流入城市带来的土地闲置问题冲击，土地微调主要体现在土地流转的政策规定，不涉及流转带来的法律、操作等具体问题，而是提高土地流转对农村社会结构的影响。伴随着土地流转，农村中间阶层日益壮大，并且在村庄治理中发挥着日益重要的作用，关于这一问题的具体论述，稍后我们将具体展开。

　　2. 取消农业税

　　中国千百年的历史不断说明，农民交税是一个天经地义的事情，政权和大多数人也视其为合理的问题。[①] 不过，正如斯科特在讨论东南亚情况时谈到的："没有任何一个其他因素比税收更能激怒农民。"[②] 一样，向农民征税在历史上无数次地成为社会变革的重要导火索，20世纪90年代至今的村庄治理危机也不例外。可以说，农业税不单是一个经济学的概念，更重要的是它作为一种国家治理农村社会的手段，发挥着极为重要的调解功能。2002年开始国家开展取消农业税试点工作，一直到2006年正式取消农业税。可以说，农业税是危机背景下国家制度的重要变迁，是国家与农村社会关系做出重新调整的重要内容。那么，农业税取消对国家与村庄的关系带来什么样的影响呢？

　　国家取消农业税，村庄的日常运行逐步"去政治化"[③]，从而带来了国家与村庄关系的重新调整。首先，村庄作为征税对象的政治性实体大大削弱，国家不需要行政村作为一个相对独立的政治主体来承担税赋责任。其次，取消农业税之后，村庄公共服务的供给出现了内外交困的局面，即基层政府因资源汲取来源减少而出现公共物品供给能力下降，村庄内生的公共物品供给制度，如"一事一议"失败，倒逼着国家承担起向农村输送更多的资源，如道路、卫生、教育、医疗等。不过，国家向乡村转移资源也不再采用传统的依靠村庄的方法，而是要不直接面

---

　　① 有媒体曾经报导过取消农业税之后，一老农感觉不好意思，因为自己不向国家纳税。

　　② ［美］詹姆斯·C. 斯科特：《农民的道义经济学：东南亚的反叛与生存》，程立显等译，译林出版社2001年版，第91页。

　　③ 贺雪峰：《乡村的去政治化及其后果——关于取消农业税后国家与农民关系的一个初步讨论》，《哈尔滨工业大学学报》（社会科学版）2012年第1期。

对农户，比如各种补贴，要不直接通过职能部门来提供各种公共品。这样子绕过村庄的做法，使得村庄作为一个分配责任和义务的政治体的角色和功能逐渐消逝了。最后，国家加强对农村的公共产品供给和公共服务体系建设，客观上扩大了村庄公共行为的空间，引导了村庄公共领域的成长。对于农村是否形成公民社会，限于能力，我们不展开讨论。不过，仍然可以判断的是村庄公共领域的成长推动着改革之初确立起的作为国家治理单元的村庄角色逐渐出现转型，趋向于一个作为国家与社会合作共治的单位。

最近值得注意的一项研究是，后农业税时期危机持续发生的背景下，一种新的村庄治理新方式——"项目进村"日益成型。项目制的一个基本要义，是在推行国家发展战略和调动地方资源的双重目标下，中央政府对地方政府进行非科层化的竞争性授权，而不是行政指令性授权。由于项目制在申报立项中引入了招标投标等竞争性的机制，使得下级政府有可能利用这一空间"对集权框架和科层逻辑有所修正，从中加入更多各自的意图和利益，获得更多的自主权力"，有可能充分利用地方治理经验，借由项目融合、捆绑和转化所形成的发展战略规划，形成一种自下而上的反控制逻辑。[1] 与此同时，我们看到项目的持续输入过程，也是一个持续改变基层社会结构的过程，特别是在公共项目转化成为开发项目的过程中，所有结构转型的风险和压力都极有可能落在那些最基本的社会单位上，从而使基层民众成为系统风险的最终承担者。[2]

3. 新农村建设

新农村建设是国家继农业税调整之后的又一重要战略的调整，也是对这场农村治理危机作出的最直接地回应。党的十六届五中全会对新农村建设做了全面概括，即"生产发展、生活宽裕、乡风文明、村容整洁、管理民主"的20字方针，强调农村经济、社会、政治、生态、文明等全面发展。该项农村制度变迁与学界在研究范式强调从"村庄终结"到"村庄转型"转变相呼应，指明了建设社会主义新农村的目标定位。而且，更重要的是该项政策确立了农村发展的重要战略意义，一

---

① 折晓叶、陈婴婴：《项目制的分级运作机制和治理逻辑——对"项目进村"案例的社会学分析》，《中国社会科学》2011 年第 5 期。

② 渠敬东：《项目制——一种新的国家治理体制》，《中国社会科学》2012 年第 5 期。

定程度上缓解了"农村危机论"带来的社会焦虑和悲观情绪；明确村庄作为一部分人在未来很长时间仍将选择居住的共同体的前景，把农村明确纳入到和城市一样的人类居住共同体一部分。

农村社区化建设作为目前新农村建设非常重要的一项举措，核心的问题在于"新农村社区"的区域划定和功能发挥上。对于村庄的边界，较为一致的看法是"村组织"是村庄行政边界、土地是村庄自然边界。① 如今，自上而下的新农村社区化建设首先集中在村社区范围的划定上，实践中常常表现为"一村一社区"，或者"几村一社区"，这就有可能引发村庄在转型过程中需突破原有的地域边界和组织边界，重新组合成为一种在政治、行政功能更具有实际意义的村社区。政府以村社区为重要的治理单位，划定公共服务供给的内容和边界。② 这意味着：一方面，村社区成为继行政村之后的"行政社区"，是国家实现对基层社会进行管理的重要对象；另一方面，村社区与传统的村庄共同体相比，更少了地域意义上的共同体色彩，而是强调其在身份建构、社会交往中的功能性发挥。在这个意义上，村庄逐步发生着从一种传统地域性社区向现代功能型社区转型。

在诺斯等人看来，"制度"就是一种"规范人的行为的规则"，而稳定的规则告诉人们能干什么，不能干什么，给人们行为划定了边界，从而为人类行为提供稳定的预期。土地、税收、农村治理制度调整给村庄及其村民带来了深远的影响。

三　村庄社会变迁与治理转型

伴随着土地、农业税、新农村建设这三大政策的调整，给村庄的社会生活带来了根本性的、快速的、近乎全方位的转型。对此，费孝通的判断是，国家力量进入我国农村社会，打破了传统社会的关系网络和伦理，这是现代化的必然。但关键的问题是在打破之后，它没有建立一种现代制度网络，从而使得乡土社会呈现失序状态。③ 因此，村庄治理危

---

① 折晓叶曾把村庄边界分为村界（土地）、行政边界（村组织）、人口边界（户籍）和经济边界（集体）等。

② 民政部通常强调农村社区的规模以 2000 户为标准，以此作为公共服务覆盖范围，比如建立社区服务中心、养老服务中心以及文化服务中心等。

③ 费孝通：《乡土中国，乡土重建》，北京联合出版公司 2018 年版，第 67 页。

机的实质是地方性社会组织的削弱和解体，传统社会控制的衰败，而新的社会组织正在形塑中，新的社会控制机制尚未成型。从现实来看，一方面，生活模式的突然破坏，给人们很短的时间来改变其生活的策略，微调是远远不够的。对于农民来说，这场变迁充满了危机，是他们生命中困难的、不安全的转折点，是放弃一套生产策略而寻求另一套生存策略的过程。另一方面，危机时代同样包含他们互动的制度的突然的、剧烈的变迁，而这些制度只不过是人们与他们互动而建立起的一套规则和角色。

1. 生存策略的改变

对农民生存策略研究一直是个非常有魅力的主题，因为它是村庄社会运行的重要基础。已有的精彩讨论主要围绕着"斯科特—波普金论题"，即"理性小农"还是"道义小农"的争论展开。在这里，我们可以借用波兰尼的三种经济整合模式①对这些策略进行概念化。现代的西方社会，要获得舒适生活所需的社会经济资源并不是那么直接，而要依靠在经济系统内的家庭的整合才能生产出这些资源。波兰尼提出了经济整合模式的概念，把这个获得的问题理论化。比如从家庭的视角，就可以很好地洞察三种经济整合模式。首先，所有的酬劳行为，用货币作为交换工具的话，对应的就是市场交换。其次，经济整合另一个方式就是再分配。现在西方福利国家把市场和社会捆绑起来的就是重新分配。市场交换产生的不平等部分的被国家重新分配所弥补。再分配意味着每个人都有益于资源的储存，然后通过一致的规则再分配。这意味着一种集中分配体制和一个掌权组织。这一体系同时还包括对社会的非商品化的、无形的服务而不是市场的酬劳决定的。就是说，社会可以建立对这些非商品化生产者的一种报酬体系。一个例子就是农业环境措施，把公共财政再分配给农民，使其生产积极的外表环境，如宜人的风景或生物多样性。最后，互惠意味着每一个参与者都有能力生产资源，假定成员之间有个均衡的社会网络。这个交换过程需要网络成员相互的信任，成员和网络之间持久的联系。因此，最明显的网络就是延伸的家庭，小规模的网络和其他有限的社区。

---

① ［英］卡尔·波兰尼：《大转型：我国时代的政治与经济起源》，冯钢等译，浙江人民出版社 2007 年版，第 51 页。

在现代化进程中，市场经济和国家权力日益介入农村，农民的传统生存逻辑也开始发生改变。所谓生存策略，是指满足人们世俗需要及物质和精神渴求的方法。奖励、惩罚和符号的组合是人们构建与其日常生活状况相关的生存策略的基本要素。传统农村家庭、工作和农业等基本生活条件都发生了极大的变化，甚至不复存在了，那么人们的生存策略也会发生巨大的变化。当然，大多数时候农民依旧展示其精于计算的一方面，在市场冲击下也会表现为一群讲究道义、互惠互助的人。换句话说，多样化被认为是处理农场家庭收入问题的多种有用的策略中的一种。[①] 这些策略中最理想的发展的情况考虑到这些要素，如家庭消费，年龄和教育程度、但是社会资本和社会网络的强度，农民交往的开放程度，对信息的追求和知识的来源，以及对农民职业的态度都是发展在农场或者离开农场的复杂性的关键因素。因此，任何针对在农场多样化的发展的政策通常被整合进国家的农场发展计划，不仅包括财政支持，还要包括一系列为农民提供可获得的专家信息和提升必要技术的机会。换句话说，针对农场多样化的政策不仅需要注意农民和市场的整合，也要考虑互惠和再分配的原则。事实上，正如调查显示，社会网络的巩固和培育以及政府支持的容易获得都是农场多样化的必要保证。忽略这三个经济整合的平衡会产生农民两极化的风险：慢性贫困（输者）和长期经济整合的（赢者）。促使农民在一个更强的社会网络中肩并肩的，不需要国家干预的来解决他们自己的问题以及预防商业失败。在这意义上，政策鼓励农场的多样化，同时也要给西方城市化社会中的农业提供更好的未来。因此，危机下解决村庄治理的关键问题在于：是哪些个人和群体在一个急剧变革的时期创造了新的生存策略？谁能提供适合处于农业商业化剧痛中的农民的生存策略？谁能抓住新环境提供的机会并重建社会控制？

2. 社区组织的社会控制力弱化

社会控制就是社会组织运用社会力量对人们的行动实行制约和限制，使之既定的社会规范保持一致的社会过程。社会控制是建立在既定的社会规范之上的，并主要表现为外在力量的施加，但它并不排除个人

---

① Meert, H. 2005. Farm Household Survival Strategies and Diversification on Marginal Farms. *Journal of Rural Studies* 21（1）：81-97.

内在约束力的发挥。① 没有社会控制，国家无力动员社会，取得高度自主性、规制社会关系以及在地方层面适当配置资源所需的人力和物力资源。有效的社会控制首先取决于对资源和仪式的管理。此外，社会控制还需利用有效符号，赋予社会关系以意义。我们可以看到，农村人口的大量外流、土地管理制、公共权威的衰落等因素，导致农村为了城市、为了出口而生产，这为农村旧的社会组织及其行使的社会控制敲响了丧钟。村庄社会内部的结构变化，导致原有的社会控制方式逐渐失效。比如传统村庄内部的裁制机制，随着和外界交流的扩大，新的参照群体的出现或者移居外地而变得不再有力。原有的社区性奖赏，如收割粮食的互助小组的好处，在许多人失去土地或者转而生产经济作物之后，变得毫无意义。旧的调解方式，如通过村长来调解争议，随着和外界那些不认识也不尊重村长的人的交往的日益增长，开始变得没有意义。②

对中国来说，村庄的地域性差异较大，社区组织的类型、社会控制机制也不同。比如南方地区，尤其是华南地区的村庄宗族曾是村庄治理非常重要的社会基础。因此，改革开放之后的农村现代化进程中，宗族力量逐渐衰落，其发挥的社区组织社会控制力也不断的下降。在很多村庄个案研究中，我们均可以发现旧有社会控制的衰落，新的替代性社会机制生长的不同步性，即社会控制的碎片化、社会中规则制定的多元化。这会反过来极大地限制国家治理能力，包括渗透和规制社会关系、分配资源以及从其社会中提取更多资源的能力。③

3. 国家和社会力量的妥协

在追求国家强制地位时，往往会遇到巨大的障碍，那就是社会环境中持续存在国家和其他社会组织争夺社会生活该如何组织的结构性冲突，④ 尤其是底层社会中。目前，我国的村庄治理其实就处于这么一个冲突环境。不可否认，国家是整个社会中最强势的组织，但其领导人并

---

① ［美］波普诺：《社会学》，李强译，中国人民大学出版社 2007 年版，第 208 页。
② ［美］米格代尔：《强社会与弱国家：第三世界的国家社会关系及国家能力》，朱海雷等译，江苏人民出版社 2009 年版，第 88 页。
③ ［美］米格代尔：《强社会与弱国家：第三世界的国家社会关系及国家能力》，朱海雷等译，江苏人民出版社 2009 年版，第 89 页。
④ ［美］米格代尔：《强社会与弱国家：第三世界的国家社会关系及国家能力》，朱海雷等译，江苏人民出版社 2009 年版，第 35 页。

未能使其成为主导,强势得足以管理社会中多数民众生活的具体细节。① 在相对封闭的农村,地方精英的存在,以及维持群体内部和外部经济联系时并不需要借助国家的参与,这些因素导致了国家对社会只能造成有限的渗透,② 表现在国家村庄治理的有效性不足。那么,国家与村庄的互动会产生什么样的实际效果呢?我们发现,最常见的情况就是国家与村庄社会力量之间会在某个利益平衡点上达成妥协。日益流行的合作式治理模式,在于调和政府和各个社会组织之间的动机与资源,强调彼此之间的沟通和互动,使得互惠、网络和制度的效用得以最大发挥,而这种良性的关系并未在国家与农村社会之间有效形成。③

当然,国家与村庄力量之间的妥协,尤其是混混治村则折射了现行村庄治理机制的有效性不足问题,一方面,农村社会快速的变化引发,旧的社会控制,比如宗族、农业税、人民公社等社会基础日渐式微,日益碎片化。另一方面农民新的生存策略正在形成中,村民自治的组织方式及其作用有限,协商政治缺乏必要的训练和保障。在此基础上,外生性的村民自治制度直接嫁接在村庄之上,虽然赋予了村庄一定的权威和资源,但制度与社会之间的适应性必然是一个漫长的过程。由此可以说,村庄治理危机是破碎的社会模式与国家设计的行政安排之间互动的一种表现,说明国家投入到农村的人力物力不足以建立起一套有效的社会控制的规则和程序,对村庄的治理必须要依赖本地的领导者。近年来,不断呼吁农村社会管理,是指公共权力对社会主体的运行进行规范和管理,对其可能产生的各种外部效应加以消解或者控制。④

4. 中间农民的崛起

国家与社会关系的再调整必然会引发村庄社会结构的变迁,其中农村社会分层常常被视为一个有效的观察维度。从国内外已有研究来看,村庄分化主要集中在外来者与本地人、精英与大众等类型划分上。这一

---

① [美]米格代尔:《强社会与弱国家:第三世界的国家社会关系及国家能力》,朱海雷等译,江苏人民出版社 2009 年版,第 36 页。

② [美]米格代尔:《强社会与弱国家:第三世界的国家社会关系及国家能力》,朱海雷等译,江苏人民出版社 2009 年版,第 52 页。

③ 王萍:《印度城市社区的合作式治理机制及其问题》,《浙江学刊》2008 年第 5 期。

④ 何艳玲:《"回归社会":中国社会建设与国家治理结构调适》,《开放时代》2013 年第 3 期。

点，在第三章中我们也有所涉及。在此，我们主要来评估在国家政策、市场经济和治理危机的综合作用下，村庄社会的中间群体做出了什么样的回应。也就是说，农村的中间群体发展如何？危机对其影响是大还是小？以及如何影响乡村治理及乡村基层政权的政治合法性？

正如米格代尔所说的，一个横冲直撞的市场并不会如许多变革理论所说的那样简单地粉碎传统社会旧的、过时的结构，也并不必然为一群未分化的经济"行动者"提供获取资源的平等或比较平等的机会。[①] 在急剧变化的时代，社会内部的差异带来了谁可以提供资本，利用各种渠道，运用其他资源来抓住快速扩张的市场带来的新机会的差异。诸如社会阶级、种族、宗教、性别、资本的既有分配，以及运气等基本因素在每个个案中都强烈地碰撞，相互作用，影响市场的运作并最终决定谁能制定有约束力的规则、建立有效的社会控制和新的生存策略。对此，近期农村研究给我们提供了中国经验的兴奋点，那就是"随着中国农村市场化发展，绝大多数农民从专业种植产业及乡村市场化发展中受益，并形成了占主体地位的农村中间阶层"[②]。农业生产所需资源，以及更为重要的，配置这些资源的能力（这些都是形成各种新的生存策略的基石），在一群农村中产阶级手中逐渐积累起来。一般来说，中农群体主要居住在村庄，以家庭为主经营着一定规模的土地，主要的利益获得和社会交往均在村庄。由于其农业生产经验比较丰富、熟悉农村生活、保持良好的人际关系、对村庄公共建设比较关注，并积极参与，因此往往在村庄内保持较高的社会威望，在村庄社会秩序的维护中能发挥积极的作用。

有学者比较了"富人治村"和"中农治村"两种村治类型，指出因为两大类群体在气质类型、治村目标和方式上的不同，导致了村治绩效的差异。[③] 相比而言，富人因其主要利益和社会关系与村庄相脱离，对农业生产、村庄内部运行、农民需求缺乏理解，很难真正有效地回应农民的利益诉求和村庄发展的需要；而中农治村尽管也存在某些弊端，

① ［美］米格代尔：《强社会与弱国家：第三世界的国家社会关系及国家能力》，朱海雷等译，江苏人民出版社2009年版，第105页。

② 陈柏峰：《中国农村的市场化与中间阶层：赣南车头镇调查》，《开放时代》2012年第3期。

③ 刘锐：《农民阶层分化与乡村治理转型》，《中州学刊》2012年第6期。

比较保守、消极，难以带领村民快速的富裕起来，但他们既可以作为发展现代农业的主体，也是既有土地制度和市场经济体制的坚定支持者，更是中国快速转型过程中保持村庄社会稳定的基础，[①] 与乡村治理的目标要求趋近，从而可以作为新农村建设的主要依靠力量。可以说，学界在评估农村中间阶层的出现及其意义，基本上都呈现较为乐观的态度。比如黄宗智认为政治意义上的中间阶层，为中国之可能走上其他的道路提供了社会基础。[②]

---

① 刘锐：《农民阶层分化与乡村治理转型》，《中州学刊》2012 年第 6 期。
② 黄宗智：《中国隐性农业革命》，法律出版社 2010 年版，第 18 页；亦可以参考杨华《中农阶层：当前农村社会的中间阶层——"中国隐性农业革命"的社会学命题》，《开放时代》2012 年第 3 期。

第七章

政府规制与村庄转型的个案研究

面对日益严峻的社会和环境的压力，尚存的村庄何去何从，被喻为今日中国十字路口的选择。[①] 已有经验似乎提供简单化了，非此即彼地两种选择方向：一是主流的城市化、现代化；二是稍显另类的乡村建设、乡土中国。那么，究竟可不可以、有没有可能通过推动村庄建设，实现乡土中国与城市化、现代化的协调、融合发展的新格局呢？20 世纪 90 年代以来知识界、政策界、民间社会逐渐形成了一波"新农村运动"，散播了一种新乡村发展理念，并引发了全社会对村庄现代命运的反思。在新乡土主义思潮、新农村建设、环境保护抗争等系列运动的背后，不约而同地触发了国家与村庄关系的深度思考，究竟国家在村庄转型中该扮演什么角色？

第一节　新农村运动的兴起

"新农村运动"在国内学界的使用，主要是介绍 20 世纪 70 年代以来韩国开展的新农村运动以及对我国社会主义新农村建设的启示。[②] 国内第一个提出"新农村运动"概念的学者是林毅夫教授，他主要从拉动内需的角度，提出要在全国范围内发起一场推动农村基础设施建设为目的的新农村运动；[③] 随后，孙自铎研究员对林毅夫教授的"新农村运

[①] 吕新雨：《乡村与革命——中国新自由主义批判三书》，华东师范大学出版社 2003 年版，第 2 页。

[②] 金河哲、金华、朴宽哲：《论韩国"新农村运动"》，《延边大学农学学报》1998 年第 1 期。

[③] 林毅夫：《新农村运动与启动内需》，《中国物资流通》1999 年第 10 期。

动"观点提出了质疑，认为以新农村运动来解决制造业供给过剩的主张是行不通的。① 不过，陆学艺研究员觉得林毅夫教授的建议很有价值，认为他看到了中国发展问题的实质，并提出了解决问题的路径。在此基础上，陆学艺进一步认为日本、韩国和台湾地区，在工业化、城市化达到一定水平以后，都开展过新农村建设运动，因此，新世纪开始要在全国开展以加快小城镇建设为中心的新农村建设运动。②

一 新农村运动的主要内容及其表现

2000 年前后出现了中国近代史上的第二波乡村运动，③ 我们姑且称为"新农村运动"，既有别于民国初期的第一波乡村运动，也与韩国等新村运动有所区别。所谓的新乡村建设运动，既包括正向的、政府主导的新农村建设运动，也包括由"三农"危机衍生出来的反向的社会运动、底层民众的抗争运动，知识精英主张的新乡土主义等。

1. 政府主导的新农村建设运动

2006 年开始，在中央新农村建设政策的驱动下，各地掀起了一股新农村建设的浪潮。地方政府从农村基础设施建设入手，加大对村庄的道路、通信、水电等各项事业的改造，并把相应地公共服务延伸到基层社会。在整个过程中，政府实际上起主导作用的领域包括村庄的规划设计、选择示范村庄、决定村庄整治的项目、发放村庄建设的资金补贴、下派干部指导村庄工作等等。这一内容，在前一章节以及本章的第二部分已经有所涉及，故此不具体展开讨论。

对于政府主导新农建设运动，不少学者表示了担心。政府主导的新农村建设运动，有可能上演着国家造福农村的一些政策在落实的过程中反而会变成地方政府和官员对乡村社会利益的盘剥和巧取豪夺，从而损害农民的根本利益。事实上，也确实有一些不好的情况在发生，比如新农村建设示范点选择通常只考虑区位条件好的村庄，忽视了其他区域的村庄，导致了非公平性；对城中村、城郊村、偏远村庄投入同等的资

① 孙自铎:《对以新农村运动解决制造业供给过剩的主张说"不"》,《中国农村经济》2002 年第 8 期。
② 陆学艺:《农村发展新阶段的新形势和新任务》,《中国农村经济》2000 年第 6 期。
③ 潘家恩、杜洁:《中国乡村建设研究述评》,《重庆社会科学》2013 年第 3 期。

金、公共服务，带来了非公平性；形象工程的存在，带来了资源浪费和不合理配置，具有非效率性；建设项目往往停留在村庄整治层面，对农民的有效技能培训、创业信贷、人力资本积累等方面的问题触及不深①；新农村建设注重基础设施、建设新项目，而不考虑居住在村庄村民的发展和社会交往需求，导致了底层群众的不满意，甚至公开上访等。

2. 知识精英力推的新农村运动

与 20 世纪 20 和 30 年代的乡村建设运动相呼应的是，本世纪初以知识分子和青年为先导的新一轮乡村建设运动又开始兴起。比较著名的乡村建设实践有著名"三农"学者温铁军以人大的乡村建设中心为载体，在全国各地搞乡村建设实验，内容涉及农民合作、生态文化、城乡互助等。这场新乡村建设主要以建立社会本位，没有城乡差别的农业国家为目标，重新以乡村建设为基础来倡导新的乡土主义。从这一意义来看，知识精英提倡的新乡土主义实质上是"百年中国"的问题意识与脉络梳理前后连接并呼应的，是不同形式的"百年乡村破坏史"与新世纪的"三农问题"的内在产物。从实践来看，这场由知识精英主导的新乡村建设是在"三农"被动承接"负外部性"及内在的传统社会结构、文化价值双重危机影响下，知识分子探求与农民联合起来，力图突破外部环境和各种资源的约束，寻找非西方发展模式、非资本主义、非主流现代化的努力。

总体来看，与政府主导的新农村建设不同，精英们所推动的新乡村建设运动强调建设性态度并主张以改良为方式。同时，质疑并试图反抗改革以来实行的那种，高成本及转嫁代价的"激进"发展模式、"二元对立"影响下"去农村化"的简单化思维。在社会整体性危机不断加剧的条件下，努力尝试、探索并实现来自"三农"的自我保护与貌似"另类"的乡村建设实践，同时挑战主流逻辑下的各种偏见与成见，从而走出对"激进"现代化发展的路径依赖，从而缓解"农民权益受损、农村治理危机、农业不可持续"的负面影响，打开被主流视野所遮蔽的

①　温锐、陈胜祥：《政府主导与农民主体的互动——以江西新农村建设调查分析为例》，《中国农村经济》2007 年第 1 期。

角度与行动空间。①

3. 底层民众的抗争运动

面对国内日益增多的民众群体抗争活动，多数学者并未直接或简单地套用来自西方学界的"集体行动"或"社会运动"概念，而是试图提出适宜本土国情的概念，比如"利益表达""维权抗争""机会主义抗争""服从性抗争""依理抗争""依势抗争""以气抗争""依法抗争""反行为""非制度化参与""体制外参与"等。这些概念从不同维度描述了民众抗争行动，显示了底层抗争活动的自在特质，多元性以及复杂性。② 简单地说，目前我国底层民众抗争行为并不是反政权和反体制的，是认同现行体制和制度下的服从性抗争，是一种自在的抗争活动。

结合国内外研究，20 世纪 90 年代以来的农民抗争运动可以分成三个阶段，即 1992 年以前的抗争运动，农民主要在斯科特"弱者武器"意义上的"日常抵抗"，主要以个人为行动单位，利用的是隐蔽的策略，不与权威发生正面冲突，是一种"机会主义"式的抗争，属于抗争运动的早期阶段；1992—1998 年这段时间的农民反抗运动，主要表现为"依法抗争"或"合法的反抗"，即农民能够运用国家正式的法律、政策来反抗一些不合理的地方政府以及管理者的行为，属于抗争运动的形成阶段；1998 年以后，农民的抗争运动进入到了"以法抗争"，即以有着明确政治信仰的农民利益代言人为核心，并以各种方式建立起相对稳定的社会动员网络，直接挑战"他们"所谓的对立面（通常是县乡政府）。至此，农民抗争运动发展成为一种旨在明确、宣布农民社会群体的抽象"合法权益"或"公民权利"的政治性抗争。③ 进入新世纪，农民抗争运动内在发展也出现了许多变化，比如抗争目标从税负问题转移到了土地问题，从实际利益侵害问题扩展到潜在的利益侵害问题；抗争动力从以理性主义为主、以机会主义为主到以各种政治、经济

---

① 潘家恩、杜洁：《中国乡村建设研究述评》，《重庆社会科学》2013 年第 3 期。

② 肖唐镖：《当代中国的"群体性事件"：概念、类型与性质辨析》，《人文杂志》2012 年第 4 期。

③ 于建嵘：《抗争性政治：中国政治社会学基础问题》，人民出版社 2010 年版，第 57—58 页。

动机混合；在抗争机制上，组织方式快捷化、抗争手段多样化、资源动员开放化、抗争边界离散化。[①] 2000 年随着现代工业不断进入农村社会，环境污染、PX 项目、垃圾焚烧等邻避设施建设引发的环境抗争事件成为农民抗争的重要内容。社会的原子化和逐利心理、社会转型加速期的社会矛盾和怨恨心理以及地方政府的维稳心理的共同作用，导致了农民形成了一种混合型抗争，旨在维权、谋利、正名、泄愤和凑热闹等多重目标。[②]

与前面两种运动不同，底层民众的抗争性运动作为新乡村运动的有机组成部分，是在一种反抗现代性背景下形成。不过，它一旦形成，就在整个国家现代化转型中扮演着重要的角色。这一点，在波兰、匈牙利以及捷克共和国中新社会运动曾在后共产主义转型发挥积极角色的案例中也可以得到证明。[③]

二　新农村运动对村庄转型的意义

在近年来引起学界普遍关注的《大转型》中，波兰尼提出了所谓"双向运动"（double movement）概念。他认为，以激进与乌托邦为特点但表现各异的"正向运动"狂飙突进，但其相应的"社会自我保护运动"也同样宽广的存在着。而且，若不是保护主义的反向运动阻滞了这个自我毁灭机制的运行，人类社会可能早就烟消云散了。[④] 如此相对的"双向运动"不仅限于在经济意义上让市场和经济"脱嵌—嵌回"于社会，同样有助于我们更好的理解现代化、城市化和工业化下的村庄处境。如果我们把政府主导的新农村建设视为"正向运动"，那么在实践中则遭遇到了来自知识精英的新乡土主义，来自乡村底层的各种形式的自我保护，即所谓的"反向运动"。波兰尼以欧洲史为例证明，实际

---

① 应星：《"气"与抗争政治：当代中国乡村社会稳定问题研究》，社会科学文献出版社 2011 年版，第 220—222 页。

② 陈涛、谢家彪：《混合型抗争——当前农民环境抗争的一个解释框架》，《社会学研究》2016 年第 3 期。

③ Gorlach, K. 2008. Agriculture, Communities and New Social Movements: East European Ruralities in the Process of Restructuring. *Journal of Rural Studies*. 25 (2): 161–171.

④ ［英］卡尔·波兰尼：《大转型：我国时代的政治与经济起源》，冯钢等译，浙江人民出版社 2007 年版，第 66 页。

上正是保护主义的"反向运动"成功地使欧洲乡村稳定下来，也成功地削弱了那个时代的灾祸朝城市蔓延。[①]

简言之，我们的乡土中国也正在遭遇类似的"双向运动"，即主流的、激进的"正向运动"，在不断产生出"三农"危机这样的极端表现形式，也遭遇来自"三农"的自我保护。[②] 当然，这种"反向运动"不会机械地以"作用与反作用"的方式出现，也不可过于浪漫地把"自我保护"基于完全积极的意义上去理解。双向运动机制的意义不在于正向运动或是反向运动谁输谁赢，这么简单、乐观的预言般的判断。把它引入村庄转型的讨论，目的是要避免简单化讨论，并以此寻求新的启发。

事实上，20世纪后半期在全球各地出现了重建乡村地区、保护农民权利和乡村活力的"新乡村社会运动"，虽然赢得了重大进展，但是也遇到了各种问题。结合我国正在兴起的这场新乡村运动，研究者们必须重新审视以下一系列复杂论题：新乡村运动在村庄转型的角色是什么？新乡村社会运动之间的关系如何来构建？是什么因素赋予了新乡村运动构成及其以地理特征为主的动员？"乡土性"在规制社会运动的性质、对象与修辞方面承担了什么角色？这些问题有待于我们进一步去回答。

第二节　环境抗争中的 BH 村个案[③]

一　BH 村概况

嘉兴市王店镇地处杭嘉湖平原、沪苏杭三角地带的中心位置，是新兴的交通枢纽型工贸重镇，被列为浙江省中心镇。东临上海、西靠杭州、南濒杭州湾、北依苏州，是长江三角洲的黄金腹地，也是上海经济龙头的理想延伸地，作为浙北名镇，王店是一块蕴藏着巨大开发潜力的

① ［英］卡尔·波兰尼：《大转型：我国时代的政治与经济起源》，冯钢等译，浙江人民出版社2007年版，第158页。
② 潘家恩、温铁军：《"作新民"的乡土遭遇——以历史及当代平民教育实践为例》，《中国人民大学教育学刊》2011年第3期。
③ 此案例调研是浙江工业大学蒋许芳同学在2015—2016期间完成，感谢她的辛苦付出。

投资热土，具有得天独厚的区位交通优势。BH 村就位于王店镇中部，兼具王店镇的优势与自身特点，东与庄安村相连，南与王店镇区相连，西临长水塘，北与红联村相接壤，村子西部紧挨着嘉海公路和王店国际吊顶城，沪杭高速公路和沪杭铁路也贯穿整个村子，交通十分便利，经济区位条件优越，投资环境较好。

　　全村面积 4.92 平方公里，共有 23 个生产小组。2014 年常住人口数 2680，年末总户数为 570 户，户籍人口数为 2144，其中，男性 1038 人，女性 1106 人。农村住户数为 775 户，其中外来住户 198 户，其中外来人口 550 人，实有劳动力 1605 人。2014 年村级经常性收入 38.4 万元，其中经营收入是 16.6 万元，农民人均纯收入为 22018 元。在嘉兴，村级经营性收入 30 万元是判断村庄集体经济收入的分界线，低于 30 万/年属于经济薄弱村，BH 村则处于其列。针对经济薄弱村，2015 年镇里有一个扶贫计划投入 2800 万元经济薄弱村抱团发展项目，涉及 10 个经济薄弱村，建造农贸市场等基础设施。

表 7-1　　　　　2011—2014 年 BH 村经济总收入行业划分表　　单位：万元

	农业	林业	牧业	渔业	工业	建筑	运输	商饮	服务	其他
2011	355.3	0	672.5	36.4	10948.2	205.2	208.5	115.4	281.6	81.83
2012	376.6	0	712.9	38.59	11544.6	217.5	220.5	121.4	334.6	76.85
2014	421.9	0	749.9	48.05	12415.6	236.8	238	134	320.8	72.28

　　从镇里统计数据来看，近年来 BH 村经济发展较快，产业结构不断优化，尤其是工业经济总收入从 2011 年的 10948.2 万元上升到 2014 年的 12415.6 万元（参考表 7-1），实现了快速增长，工业发展速度明显增加。从实地调研中也可以看到村庄里大大小小的企业林立，农村工业化的特征非常明显。工业经济的发展也成为了外来人口较多、村里外出务工人员相对较少的一个重要原因。近 10 年来，本村获得了众多的荣誉称号，最引人注目的是环境保护与卫生方面的荣誉，不管是“文明村”“卫生村”“生态村”还是“优美庭院”无不彰显着村庄环境保护和村容建设的显著成果，这说明 BH 村庄本身良好的自然环境和优美的绿化，这些荣誉是对村庄环保建设的肯定，更是该村村民对农村生产、生活的认同的重要基础。然而，由于 BH 村所具有的优越的地理位置、

良好的投资环境使得农村工业化进程逐步加快，工业发展本身所具有的"副作用"——环境污染问题却越来越突出，原有良好的村容环境、村企关系正面临着前所未有的挑战。近10年来的工业化之路隐藏累积的各种问题日渐凸显，村民逐步意识到：企业越来越多，环境越来越差，幸福感越来越低。

二 "外资企业进村"的喜与忧

14年前，超大型的中外合资企业（T公司）入驻BH村第5村民小组的土地，这是BH村工业化进程中的一个重要里程碑，如今却也成为了环境污染的一个"典型"，成为村民保护村庄行动的重要矛头。对于外资企业进村的发展历程我们走访了各个相关部门，简单做了梳理。

1. 外资企业进村

T公司本来选择在江苏落地，2001年在镇政府主动招商引资进来BH村，据说在招商引资过程中，人情关系是重要的因素。当时公司中的一位股东是当地人，与镇政府某位领导比较熟络，常有往来。当然，公司入驻BH村，也享受了相关的优惠政策，尤其是T公司规模较大，不管是镇里、区市省还是国家的，主要符合国家相关的产业政策和扶持政策，从企业的设备投资、科技创新、品牌等各方面都给予了优惠。T公司于2001年落户，2003年开始投产，2003年刚起步的时候一亿元都不到，近年来公司逐步做大做强，从原先主要从事纺织，到现在有三家企业，即新材料、高新染整、嘉华尼龙。

"当时T公司入驻的时候我记得政府是给予了'三免两减半'政策的，所谓的'三免两减半'政策具体是指外商投资企业可享受从获利年度起2年免征、3年减半征收企业所得税的待遇。对设在中西部地区的国家鼓励的外商投资企业，在5年的减免税期满后，还可延长3年减半征收所得税。对外商投资设立的先进技术型企业，可享受3年免税、6年减半征收企业所得税待遇；对出口型企业，除享受上述两免三减所得税优惠外，只要企业年出口额占企业总销售额的70%以上，均可享受减半征收企业所得税的优惠；对外商投资企业在投资总额内采购国产设备，如该类进口设备属进口免税目录范围，可按规定抵免企业所得税"。（内部资料：副镇长访谈）

"一开始就是纺织这一块，但因为这个行业的产业链是从纺织到印染，嘉华反而是在上游的，是纺织的前道，嘉华的产品到纺织再到印染，最后产品再运出去给服装厂做面料，自身的产业链比较完善，产品都是和国内国际的知名品牌合作配套的，像迪卡侬、阿迪达斯、波士顿、李宁等，主要的强项是运动服面料。T 公司在我们镇上是最大的企业，2014 年的产值超过 20 亿元，T 公司入驻时涉及土地征用这一块，企业服务中心主任表示这种情况非常正常，并不是专门为了 T 公司而征用土地的，而是整个工业经济发展必然需要可用空间和土地资源"。（内部资料：企业服务中心主任访谈）

2. T 公司给 BH 村带来的积极影响

第一，提供就业岗位，增加工资收入。不同的公司为村民提供了种类繁多的就业岗位，带动村民尤其是下岗村民的就业。据统计，2011 年，BH 村共有 47 人在 T 公司工作，到 2014 年已增至 101 人，分布各个年龄段，人均收入在 2500 元左右。

"T 公司入驻提供的大量工作岗位减轻了从事农业劳动的负担，增加了经济收入，一定程度上提高了生活的水平。有些部门工作时间的特殊性，除夕和过年都需要坚守工作岗位，而外地员工都回家过年了，而且本地人风俗和企业相适应，员工可以加班，本地员工与附近村民交流、打交道比较方便，因此像能源安全与环境保护部门的 100 多名员工基本全部都是本地员工。这在一定程度上，为本地员工创造了更多的机会。"（内部资料：T 公司能源安全环境保护处李先生）

村镇建设办主任还认为农民变成工人后增加收入对于推动农村的城镇化也具有十分重要的意义，当遇到拆迁征地问题，会减少对土地的依赖，而依赖土地会对拆迁和村民安置造成很大阻碍，这个问题不解决征迁问题永远解决不好。（内部访谈资料：村镇建设办主任张先生）

T 公司能源与环保处处长李先生还表示，"工资收入的增加将在一定程度上给地方经济注入很大的活力，T 公司每年所有员工的薪水数额达到一亿多，这肯定在很大程度上拉动消费。"（内部资料：T 公司能源安全环境保护处李先生）

第二，带动房屋出租，增加财产性收入。企业发展创造大量的工作岗位，为大量外来务工人员提供了众多的就业机会，尤其是近几年随着企业员工队伍规模的扩大，外来员工数量快速增加，但因为企业宿舍数量有限以及居住条件不符等各种原因的限制，很多外来员工都会在企业附近的村庄租房子作为安身之地，房屋虽然大多较为廉价，但村庄空闲的房屋以出租的形式增加了村民的财产性收入，提高了收入水平。

相关人员认为 T 公司入驻后实现合理化利用这一块土地，使得单位土地的产出在很大程度上得以提高，以前农民每亩地产出 1000 元，现在每亩地每年的产值可达到几十万元，将资源集中利用以后产生了更大的效益。（内部资料：T 公司能源安全环境保护处李先生）

第三，生活设施为村民创造便利。T 公司每年的纳税数额超过 5000 万元，成为当地重要的纳税大户，因此政府对村庄及其周边的基础设施投资力度也不断增加，比如公交车更加便捷，价格和班次上都有体现。T 公司生活小区内的设施一应俱全——运动场所、公共浴室、开水房等为 BH 村村民带来了极大的便利。

"虽然并没有明确对外通告说对村民开放，但是村民来使用我们即使没有明确公告，但村民进入使用也肯定不会被禁止，这是我们企业能做到的最大限度了，也只能做到这个程度了。尤其在冬天，为村民们的洗澡、打热开水提供了很大的便利，当然也为村民运动健身提供了不错的场所和设施。"（内部资料：T 公司能源安全环境保护处李先生）

第四，改变思想观念、带动创业。在工业化进程中，企业的入驻，会逐渐改变农民的思想观念，种地农民的原来的思想比较保守、老旧，而现在通过与外来务工人员交流，感受企业发展速度和先进技术，会受到耳濡目染的影响，引导其思想慢慢改进，变得更加开放，在这样的基础之上会萌发自己创业等想法，目前村庄很多村民都在家里建小厂房办集成吊顶，村民合伙在公司周围经营小饭店、小便利店等都是最好的例子。

3. T 公司给 BH 村带来的消极影响

随着 T 公司生产规模的扩大、纺织、染整、尼龙的产品特性、自建的发电厂和始终没有转变粗放型的发展方式所带来的越来越严重的环境污染，这个问题成为了 BH 村民最难以忍受的心头病。

第一，废气如云烟，天空常阴霾。天空里常出现的浓烟不仅严重地破坏了村子的整体环境，而且严重威胁村民们的健康。由于 T 公司基本位于整个村子的中间偏东位置，所以东南风所带来的影响是巨大的。况且大多产品使用化纤材料，所产生的废气的气味难闻且剧烈刺鼻，如果常年吸入该毒气，必将对身体健康产生极大的影响。

第二，噪声动天，扰村民清梦，破坏睡眠质量。24小时不休的生产运作方式，以及热电厂所产生的机器的噪声也困扰着村民，众多村民抱怨，常因为噪声而失眠，严重影响了睡眠质量。村民坦言因为睡不好，白天的工作效率下降，精神不佳。

第三，污水成为罪恶的庄稼杀手和毒害因子。由于沿着路种植的蔬菜和庄稼是紧挨着工厂的高墙，因此污水流经小水沟就会直接渗入种植地，蔬菜尽管可以种植，但其质量却实在令人担忧。不少年纪大的村民利用仅剩的一方土地通过种植蔬菜，一是降低生活成本，二是想在自己地上种点绿色无污染蔬菜。但自从越来越多的企业进入村子后，尽管还有地可以种植蔬菜，但种出来的可能都是有毒的菜，自己都不敢吃。

4. 环境抗争事件的爆发

不管是动天的噪声，还是难闻的气体、监测超标的污水，逐渐累积的环境污染问题已经成为村民的一块心病，也是村庄管理中面临的最严峻问题。2015年夏天的一次村民抗争事件表明村庄被污染的严重社会后果。

"这绝对是一次偶然事件，事情的起因是这样的，当时T公司的围墙旁边有一块空地，空地旁边专门放置了一个小水池，这个水池的作用是专门让员工在里面清洗机器设备的。但是，当时由于天气比较炎热，我们的员工想在阴凉处清洗机器就偷了点小懒，直接用吸管将水槽中的水接到旁边的水桶里面进行清洗，因为机器是用来纺纱的，那清洗完之后的那桶水肯定是包含纺纱用的浆料的，而且是白色的，员工没有想太多就顺手把水倒在了旁边的空地上。可是谁也没有想到，废水就这样顺着围墙底部的空隙渗透到外面的水沟里了。百姓发现这个情况后就说我们企业偷排漏排污水。这次偶然事件确实是我们企业的小问题，是员工工作不严谨所造成的。但是因为这一桶水量非常少，其实倒到哪里都不会出现什么问题，但是正好当时村里正好在谈拆迁这个事情，拆迁这个事情很多年了一直没有得到解决，政府不让村民在这块土地上造房子，百姓心里很难受的，想改善居住环境，百姓就开始抓住这个事情向政府反映，就此把矛头指向了我们公司。后来村里几个中年女村民就跑到公司来找我们讨要解释和说法，来闹来吵，我们企业很重视。当时，为了方便起见，公司就安排一名基层管理的女员工接待他们，带他们进公司看具体情况。其实带领参观之后，村民其实是了解了这个情况的，毕竟一桶水才 200 升，肯定不会有太大的影响，虽然当时应村民要求进行污水检测，机器上白色的油迹存在水中检测结果是显示超标的，但这个绝对是偶然事件。平时都是在槽里面清洗，废水直接排放到污水管道的。"

　　"但是正要带他们去的时候，这个女员工可能说了几句难听的话，村民就推了她一把说自己去看就可以了，不需要公司人员带领。保安在远处看到这个情形误以为是发生什么事了，就跑上去帮女员工，也推了村民一把。村民就说保安打人，马上电话联系了他儿子。然后这件事情越闹越大，聚集的人越来越多。后来已经有社会上的力量介入其中了，想通过这样的方法让企业屈服。当时政府安抚村民的情绪，向村民解释，另外并没有采取其他行动，跟我们企业也不存在单独的交流。当时围堵的村民人很多，公司门口几乎被堵死，但是企业是不跟他们交流的。我们向王店镇政府提出了一点要求，政府必须要能保障我们员工的正常上下班通道。这个情况其实当天晚上就说的很清楚了，是误会，保安也不是故意推人后来也认错道歉了，村民不肯罢休，直到凌晨 1、2点才逐渐散去……"（内部访谈资料：T 公司安全能源环保处的处长 L先生）。

三　村企关系恶化的原因与过程分析

　　在农村工业化的进程中，环境污染不仅危害了村民的身体健康、扰乱了村庄的有序治理、造成村企关系的不断恶化。从企业、政府、村民等几方的访谈资料整理来看，这个过程主要包括如下方面。

　　1. 企业营利性本质阻碍其真正落实保护环境行动

　　T 公司和所有的营利性企业一样，其成立和发展的根本目的都是营利。因此，在公司运营中，企业主要以营利赚钱为目标。从与企业服务中心的相关人员的访谈中了解到，他们认为企业只要负责发展好，正常缴纳税收就行了。企业不仅是发展经济、缴纳税收的大军成员，更是应该具有社会责任感的社会公民，在发展的同时做好环境保护，这不仅是职责和义务，更是企业将来实现长远发展的基础和依托。对于企业而言，如果为了发展竭泽而渔，以牺牲周边村庄的环境为代价，必将对长远发展造成威胁。

2. 政府政绩与经济发展观错位是村企关系恶化的根本原因

受社会氛围影响，在"GDP 崇拜观"作用下，政府关注的重点是经济总量的增长，对经济质量的变化较为漠视，乡镇及村干部忙于"招商引资"，生态环境保护早已置之脑后。经济指标已经成为政府施政的首要出发点，政府为了发展地方经济会采取各种措施、制定各种优惠政策吸引外来投资。对于农村地区而言，本身发展较城市欠缺，政府会为了推动工业化、发展经济而减少对环境管理的限制和要求，相比于城市而言并没有重视。在企业入驻所带来的提供大量岗位促进就业、增加政府税收收入等众多客观的益处面前，政府理所当然的选择企业入驻农村。虽然，企业入驻和牺牲环境并不能直接画上等号，但是在目前经济发展指标与地方官员政绩考核存在密切关系性的情况之下，基层政府会从地区经济与政治利益的出发来安排自己的经济与政治行为，更进一步促使地方政府官员在环境规制与经济发展问题上的理性选择①而环境保护问题只能"容后再议"。

在与王店镇村镇建设办主任的访谈中，明显地感受到政府在这一问题上的态度："企业入驻不管是对于村庄规模、布局、村庄发展等方面是不会有影响的，并不存在直接冲突，这只是从当前发展过渡到长远发展的过程。企业入驻能解决农民的就业问题，使农民收入增加了，促进当地经济发展。如果为了保护农村现状，组织企业进来，那农村就永远发展不了，经济停滞不前"。

在谈到企业是否会影响和污染农村环境时，他表示没有任何的污染是不可能的，但只要控制在合理的容量范围之内就没有问题。还有一个观点可能代表部分基层干部的态度，他认为从古至今农村里从未出现过将污水收集进行集中处理的情况，所以任污水流到河里，依靠自然吸纳这是非常合理的。他将工业产生的废水污染与农民养殖产生的污染直接作比，说明企业的污染其实很正常；将不引进企业直接等同于回到原始

---

① 孙晓伟：《论我国农村工业化过程中环境污染的成因及治理的路径选择》，《农业现代化研究》2012 年第 2 期。

社会的状态，维持原状；将保护环境、保护土地与促进企业发展直接对立，以显示目前政府推动工业化，将企业招商引资引进农村这是现实需要，是必然的事情，必须在发展经济和保护环境之间做出选择。如果不这样做，经济发展将无从谈起，人民生活水平的提高也不可能。虽然他说到，无限的发展可能最后连吃饭都会成为一个问题，而对于企业入驻所带来的环境污染问题则认为是预料之中的。

农村工业化进程中，首先，也许企业的入驻和发展确实是不可避免的，但是并不是所有的农村都必须要遵循同样的发展模式，政府应该根据不同村庄所具有的特点，因村而异制定发展规划，而依葫芦画样、一刀切的发展模式只会带来发展的变形和扭曲。其次，政府官员的思想观念出现一定的偏差。即使出现污染和环境问题不可能杜绝，但是关键是政府需要做好预防和应对。不管是招商引资时通过"纸上协议"引导，还是通过严格的监管和惩罚措施，政府需要以积极的心态积极有效地应对，而不是出现问题只能任其发展，难以有所作为，将其归因于发展经济必然要付出的代价。

除此之外，在村企之间出现矛盾、关系恶化的时候，政府并未能进行有效地协调和沟通以及政府并未及时有效地履行自身职能。在与T公司能源安全与环境保护处处长访谈时，他认为T公司在这里投资建工厂，政府除了最起码的要给企业提供三通，水通、电通、路通之外，由于这块土地是T公司出钱向政府购买，在购买时曾向政府提出要求，首先，要求这块土地上及附近的居民全部搬迁，其次，土地周边100米距离内的居民也要拆迁。但是企业入驻的时候，拆迁工作还没完成，政府给出资金缺口的问题作为解释，向公司承诺三年之内完成拆迁，但是政府一直没有兑现。不但企业会有意见，没有拆迁的村民更加会有意见，也不理解其中的原委，所以导致了村民和企业之间产生了很大的误会。

3. 村民理性表达诉求意识和能力缺乏

就环境污染本身而言，村民是无辜的受害者，直接的利益受损者。但就村企关系的恶化而言，村民在群体性抗议围堵事件中的行为是缺乏理智的，村民合理表达自身诉求和意愿的意识和能力有待商榷。

据相关村民坦言，通过这样的围堵T公司大门来引起政府对环境污染事件的重视是不得已而为之的方法。在问题出现的早期，村民闻到T

公司排放的异味就已经向村委和镇政府反映过意见，后来也多次联系村委和政府，但是让他们失望的是，这并没有引起村委和政府的注意和重视，并没有采取任何的行动和措施，也没有与村民进行交流和沟通，在村民心理，政府和村委就是在"无视"百姓的诉求和意见。在这种情况之下，村民才迫于无奈采取了这样的方法。他们还说，媒体上也看到只有通过这样的群体性事件才能让相关部门领导重视现实，这也是没办法的办法。

　　站在村民维护自身利益、保护环境的角度而言，村民的想法和迫切需求完全理解。但是站在更加理性和客观的角度来思考问题，群体性抗争的行为是缺乏理性的，这对于真正有效地解决问题、缓解村企的矛盾纠纷，实现村企的和谐共处是没有多大作用的，甚至反而使得两者的关系进一步僵化。在工业化工程中，一方面，政府如何引导村民通过合法规范化的渠道表达利益诉求时，向政府传达意见。另一方面，当工业化发展到一定程度，政府需要重新调整自己的角色定位，对于村庄的发展和未来有更明确的规则和制度。

　　BH村近年来获得众多荣誉称号，尤其是在环境保护和生态文明方面。"文明村""卫生村""生态村"还是"优美庭院"都表明BH村在环境建设及生态保护等方面建设的突出成果，这本应成为发展良好的基础和优势。在农业化的过程中却遭遇环境污染和破坏，工业化的过程中不可避免会存在环境问题，然而，问题是否严重、是否能在最大程度上预防和避免、当问题出现时如何有效处理好村企关系这些问题都值得政府思考。在今后更高程度的工业化与经济建设进程中，政府又会做出怎样的选择？是继续走为了眼前发展不顾环境问题的老路，还是另辟蹊径，寻求更加科学化的治理之路呢？

第三节　作为治理对象的村庄

　　根据二元结构理论，刘易斯拐点会成为城乡关系逆转的转折点，因为拐点之前乡村剩余劳动力过多，从而导致城乡收入差距不断扩大，二元结构持续恶化；但到拐点之后，剩余劳动力已经基本从乡村转移出去，而进一步发展的工业化与城市化反过来导致农业的规模化、产业化经营，使城乡收入差距不断缩小，最终实现城乡之间的平衡发展。不过，从目前来看，刘易斯拐点到来就能够自动地扭转中国乡村的衰败趋势是一种盲目的乐观，因为它忽视了中国国情与发达国家之间的巨大差异，也忽略了制度转型的巨大成本。但是积贫积弱的中国乡村已经无力承担这些成本，这个节点，就需要政府的强势干预，重新设计的城乡发展制度。① 如果没有内源性发展能力的培育和外源性资源的支持，中国乡村的终结趋势就难以逆转，城乡失衡就会进一步加剧。从 BH 村案例来看，正向的新农村建设和反向的环境抗争运动共同合力，促使政府重新思考自己的角色和定位，重新调整对待村庄的态度和手段。

一　国家规制村庄：一种新的治理术

1. 工业进村与市场失灵

中国的城乡分裂是市场主导下的城乡分裂，按照孙立平的说法，这种城乡分裂是不可逆的。对于市场撕裂的城乡社区，该如何去弥合呢？国家和政府的角色就被提到了新的议事议程上来。"工业进村""资本下乡"的过程往往伴随着传统村庄的再造，因为"搞活农民""搞活土地"会使村庄面临着前所未有的流动性，土地流转和人口流动使村庄的地域边界、人口边界、产权边界、组织边界等发生了巨大的变化，对村社的经济结构、社会结构、组织体系、服务体系、社会稳定等方面影响深远。

众所周知，在现代复杂市场经济条件下，市场机制存在一些自身不可克服的困难，往往被形象地描述为"市场失灵"②。结合上述案例，我们也可以观察到"工业进村"发展中至少存在以下两个方面"失灵"：第一，外部经济问题。外部性包括正效应和负效应，是"某个经济主体生产和消费物品及服务的行为，不以市场为媒介而对其他经济主体产生的附加效应"。案例中 T 公司在从事利润最大化的经济活动时，却使村庄和农民的利益受损，对环境造成了这么大的污染，这是"工业

---

① 王文龙、万颖：《乡村的终结与新生：政府作用探讨》，《经济体制改革》2013 年第1 期。

② 不少研究者对于市场失灵的表现进行了总结，具体可以参考植草益《微观规制经济学》，中国发展出版社 1992 年版。

进村"过程中，企业市场化行为的外部不经济现象。环境问题同时也是一个社会问题，随着广大民众对环境安全的诉求越来越强烈，对环境问题的危害也越来越敏感，在近几年发生的各种群体性事件中，因环境问题引发的群体性事件数量是上升最快的。[①]

第二，公共物品供给问题。从理论上讲，由于公共物品存在"消费排除的困难性"，想要通过消费者付费形成市场价格很难形成，也就是说公共物品很难通过市场来提供。从 BH 村的案例可以看到，尽管 T 公司把一些为了员工配置的公共设施、公共空间有限的向村民开放，但对于村庄的其他公共设施来说，企业并没有任何理由提供。村庄由于集体经济薄弱，基本的生活配套比如农贸市场都是近年才建造的，因此村民逐步意识到企业进村后，给村庄公共物品的供给和改善带来的好处是极少的，而其产生的负效应却主要由村民来承担，环境非正义以及由此进一步引发的保卫村庄的环境抗争运动一触即发。从上述案例我们可以看到，在政府与农村的关系中，政府一直处于主导地位，招商引资等行为一直被政府认为是为了更好地解决农民就业问题，从而逐步解决城乡二元结构，最终促进城乡一体化，其中，对于环境决策和政策的考量基本上得不到重视，不自觉地与经济主体一起充当了环境资源的掠夺者和环境代价的转移者。

2. 保护村庄与政府规制

总体来看，在改革开放前，国家治理体现抑制农村、行政包办社会的思路。改革开放之后，一度转而相信市场包医社会，甚至参与分肥农村利益。到本世纪之交以来加大扶助农村力度并日益转向规制农村发展，被学界称为"是值得称赞的进步"[②]。规制，与统治、放任相对立，强调国家与社会良性互动的关系。它所要求的是政府代表社会性要求，一方面保护农村社区、社会组织和自治领域，确立其地位、权力、法律，并给予财力和人力智力方面的支援；另一方面在法律框架内支持农村社区自治开展规划、环境与公共设施、服务与救助、教育、睦邻与文

---

① 汝信、陆学艺、李培林：《2012 年中国社会形势分析与预测》，社会科学文献出版社 2012 年版，第 189 页。

② 毛丹：《村庄前景系乎国家愿景》，《人文杂志》2012 年第 1 期。

化等各方面建设。①

国家规制社会的出现，意味着国家与村庄的关系再调整。从总体上，可能取向与我们之前所假设的第四类型，即强国家、强社会、强关联模式。与此同时，在村庄与国家建立起有效链接的基础上，村庄也逐渐取向于国家与社会共同治理的单位，实现从自治社区到共治社区的转型。这一转型除了国家制度和村庄内部社会的重新组合产生的作用力之外，还得益于新乡村运动逐步的兴起。

上述案例中，我们可以明显地看到经济优先主义导致地方政府的环境施政出现较为严重的错位。20 世纪 90 年代以来，各级地方政府施政的重要目标就是推动 GDP 的高速增长，同时这也是考核地方政府工作的重要指标。不过，由于促进 GDP 快速增长的企业有不少都是高能耗、高污染的企业，不少地方政府为了经济发展指标，在招商引资时不得不降低对环保的要求，面对污染企业造成的环境损害，选择默认、纵容甚至合谋，从而导致了环境问题恶化以及草根民众的制度外环境抗争。②正如环境社会学者张玉林教授所认为的，政经一体化的开发机制不但导致了环境的恶化，而且带来了草根民众环境抗争事件的频发。③

与市场机制自发配置资源不同的是，政府规制提供的是"人为秩序"，提供的方式主要有提供法律制度、政策措施以及其他制度安排，我们称为"规制"。日本的知名规制经济学家植草益认为，规制"是指依据一定的规制，对构成特定社会的个人和构成经济的经济主体的活动进行限制的行为"。进一步来看，政府规制有直接和间接两种类型：一是以形成、维持竞争秩序的基础为目的，不直接介入经济主体的决策，而仅仅是制约阻碍市场机制发挥职能的行为，且以有效地发挥市场机制职能而建立更加完善的制度为目的，这往往被称为间接规制。二是具有依据由政府认可以及许可的法律手段，直接介入经济主体决策的，被称为直接规制。此外，还有以公共产品（包括公共设施和公共服务）供给为目的的公共供给政策和以引导经济主体活动为目的的公共引导政

---

① 毛丹：《村庄前景系乎国家愿景》，《人文杂志》2012 年第 1 期。

② 王全权、陈相雨：《网络赋权与环境抗争》，《江海学刊》2013 年第 4 期。

③ 张玉林：《政经一体化开发机制与中国农村的环境冲突》，《探索与争鸣》2006 年第 5 期。

策。可见，一方面，政府规制（包括间接规制和直接规制）是弥补市场机制缺陷，保证"自然秩序"顺利运行的必要条件。另一方面，政府规制（主要是直接规制）又是对市场主体自主决策权的限制。如果政府规制权力超过必要限度或公共权力被用于非公共目的，即政府失灵的话，则政府规制可能是比市场失灵更可怕的力量，甚至有可能异化。[①]

因此，政府规制也是需要在一定的法律法规的约束下进行，因此所谓政府规制法，就是在国家与社会分离背景下逐步形成的，政府得依法规制、干预和引导市场和社会。政府规制法要考察正式的法律要求与实际的法律运作之间的关联，关注规制法律和政策的实施。从这个意义上来看，从农民的互助合作需求到人民公社体制，从家庭联产承包责任制推行后农村陷于"丛林状态"下农民的"秩序"需求到村民自治制度，正是在农民自发需求、自主创造与政府规制、政策支持的良性互动中推动了制度变迁的进程。

对于制度变迁及社会变革的分析，当前主要有强制性制度变迁、诱致性制度变迁、规划性社会变迁三种解释。首先，强制性制度变迁理论强调政府在制度变迁中的地位和作用，认为制度变迁是政府自上而下推进的。在强调政府的主导作用时，更多地是把政府作为一个整体加以考察，没有关注到政府分层、分级的现实，也没有充分考虑到普通民众的作用。其次，诱致性制度变迁理论则突出普通民众在制度变迁中的地位和作用，认为制度变迁是普通民众为追求自身利益及响应外部获利机会自下而上发起的。在强调普通民众的主体作用时，未能重视政府作用。最后，与强制性制度变迁、诱致性制度变迁不同的是，规划性社会变迁是指国家勾画了整个社会及乡村社会发展的总体布局和发展方向，但在具体改革路径、方式和手段等方面给地方留下了摸索和创新的空间。在上述三种理论模式中，规划性社会变迁在强调国家的规划作用和力量的同时，更多强调社会的需求以及民众的主动性和创造精神，更符合乡村社会变迁的历史轨迹，无疑是有更强的解释力。[②]

---

① 王学杰：《论政府规制与市场机制相结合》，《四川行政学院学报》2005 年第 1 期。

② 陈世伟：《政府规制与农民创造：规划性变迁中的村社治理转型》，《求实》2012 年第 4 期。

二　多元共治的村庄治理格局

在政府与企业、政府与村庄的关系博弈中，政府究竟应该扮演怎样的角色，采取怎样的措施和行动，才能发挥出政府本应发挥的作用？处理好发展与环保的关系，防止环境污染、村民抗争性事件重蹈覆辙，这对于村庄今后的长期发展都至关重要，当然也需要企业、村委和村民的共同努力。国内外经验表明村庄的发展一定需要农民、政府和有关的社会组织整合村庄资源，发现和解决村庄问题，改善村庄环境，提高居民生活质量的过程，是塑造农村的村庄归属感、认同感和共同体意识。加强社区参与、培育互助和自治精神的过程，是增强社区成员的凝聚力、确立新型和谐人际关系的过程，也是推动农村全面进步的过程。在这一问题上，相关利益主体需要围绕着这一目标进行全面、合理的合作治理，共同参与解决，提高村民的自治程度和参与意识，改善环境，增强整个村庄的凝聚力。

2015 年，中共中央办公厅、国务院办公厅印发《关于深入推进农村社区建设试点工作的指导意见》，重点提出要畅通多元主体参与农村社区建设渠道，具体包括几类主体：一是村庄外人员参与到农村社区建设。比如建立县级以上机关党员、干部到农村社区挂职任职、驻点包户制度。建立和完善党代表、人大代表、政协委员联系农村居民、支持农村社区发展机制。鼓励驻村机关、团体、部队、企事业单位支持、参与农村社区建设。拓宽外出发展人员和退休回乡人员参与农村社区建设渠道。二是村庄内其他治理主体积极参与农村社区建设，比如农村集体经济组织以及各类经营主体的关系，保障农村集体经济组织独立开展经济活动的自主权，增强村集体经济组织支持农村社区建设的能力。推动发展新型农村合作金融组织、新型农民合作经济组织和社会组织，通过购买服务、直接资助、以奖代补、公益创投等方式，支持社区社会组织参与社区公共事务和公益事业，支持专业化社会服务组织到农村社区开展服务。

2017 年 4 月 4 日，中共中央、国务院下发《关于加强和完善城乡社区治理的意见》，这是新中国历史上第一个以党中央、国务院名义出台的关于城乡社区治理的纲领性文件。文件强调城乡社区是社会治理的基本单元，且到 2020 年，要基本形成基层党组织领导、基层政府主导的多方参与、共同治理的城乡社区治理体系，城乡社区治理体制更加完善，城乡社区治理能力显著提升，城乡社区公共服务、公共管理、公共安全得到有效保障。要达到这一目标，就需要充分发挥基层党组织领导核心作用，有效发挥基层政府主导作用，注重发挥基层群众性自治组织基础作用，统筹发挥社会力量协同作用。

可以说，多方主体参与村庄治理，则需要不同主体之间形成合作治理网络，而这是对传统政府规制的有益补充，而非替代。合作治理网络通过增加改进政府规制能力。[①] 规制的主体可以是行政主体，也可以是行业协会，可以是企业，还可以是公众（由公众来参与规制执法）。规制治理是要利用企业、行业协会和公众的知识和资源，以最有效的方式来应对复杂的、非结构化的、快速变迁的问题。[②] 以 BT 村为例，在村企关系不断恶化的背景下，村庄从传统的农业型社区到现代居住型社区，从国家治理的基层单位向国家与社会共同治理的单位转型应该如何实现呢？

从村委会层面来讲，村委会主任认为，村庄并不能对企业进行直接监管的，只能进行协调和沟通。当企业要有噪声或者排放气体时，村委会接到相关通知后要及时向村民传达通知，做好协调准备工作。村委会更应该发挥好政府和村民之间桥梁的关键作用，百姓将意见和建议反映到村里后，要及时准确地反映到镇政府，协助镇政府组织多方协商和交流，解决问题，履行好自身作为自治组织的职责和义务，要不断服务百姓、服务群众，BH 村的村长或者是村组长要对村民需求进行详细了解的基础之上进行意见的收集和反映。

从村民层面来讲，在调研访谈中不难感受到村民内部存在的问题，村镇建设办主任认为，目前拆迁造成的主要问题在于农民要求各不相同，没有统一的意见，由此导致村民就像一盘散沙，没有团结性。"如访谈对象所言：每一户人家的家庭主要需求和发展阶段不同，利益诉求不一样，以家里孩子多少和年龄大小不一样造成意愿不一为例，因此拆

---

① Jacob Torfing, Governance Networks, in David Levi—Faur（Editor）, *Oxford Handbook of Governance*, Oxford University Press, 103（2012）.

② 宋华琳：《论政府规制中的合作治理》，《政治与法律》2016 年第 8 期。

迁的时间点难以统一，家家有本难念的经，要实现团结也很困难。村庄本身可以真正实现自治，关键问题就在于是否团结一致，利益诉求是否一致"。（内部访谈资料：村镇建设办主任访谈）因此，对于村民而言，应该加强村庄内部行动一致性，培养起社区认同感。当然，更要充分、恰当利用大众传媒肩负起监督企业的责任，学会通过正确、科学、合法的途径和方式表达自身的利益诉求和意见建议。

从政府层面来讲，要实现企业与村庄的共同发展，村镇建设办主任认为正如李克强总理所说，要推进城镇化建设，在目前我国七成农民、三成居民的现状之下，我国政府应该让大多数人变成居民。由于小区相比于农村用地面积减少，但是布点集中，一个小区能抵一个村庄的人口数量，将居民集中在小区以后，基础设施投入相对减少。村庄也需要保留，要适度保留而非全部保留，保留有意义有历史文化价值和能记得住乡愁的村庄，与此同时与经济发展方向相适应。农村的土地一方面要保证耕地、另一方面提供企业发展需要的土地。当地打工家里照顾得上，而赚的钱其实差不多的。但对于外来务工人员相对成本较高——需要租房子、吃饭等。推动建立村企和谐关系的发展，政府应该为企业保证合理竞争的同时，也要对企业统一要求，对企业进行引导、规范、服务和监管。监管企业规范运作，严厉打击企业违法行为，尤其是在环保、安全生产等方面。引导企业向更有前景的方向、向国家政策鼓励的方向发展。为企业提供办理相关手续的平台等（内部资料：企业服务中心主任访谈）。当然，政府在规划和布置企业与工业园区时要保证工业区和居民区保持安全距离的，预防生产和生活相互影响（内部资料：村镇建设办主任访谈）。

从企业层面来讲，需要严格遵循绿色生产，肩负起社会公民的责任，培养和打造强烈的社会责任感，考虑村民的利益和意见，注重长远的可持续发展，在政策上杜绝偷排漏排，完善和改进应急处理方案，深入、彻底地分析原因，也要向政府作出承诺做到不扰民。如T公司人力资源部许先生表态："把相关排放物控制在国家的标准范围内，不影响附近村民，环境处理要严格按标准正常运转，购买噪声小的设备最大限度减低噪声，厂房进行合理配置，例如将离老百姓比较近的地方全部造成仓库，将生产性工作车间设置尽可能远离村庄，充分利用公司现有的土地资源。"

当村企关系因为环境污染出现问题时，能源安全和环境保护处处长认为通过企业到村庄每家每户与村民进行交流是不太现实的，任何一家企业专门到居民家里去进行沟通都是空白的。本地企业可能更容易实现，嘉兴建设的龙源公司就是一个很好的例子。其属于本村里的居民建设起来的厂，在此基础之上要实现与老百姓的沟通是非常容易的，可以进行私人性沟通，熟人社会里发展起来的关系更加容易实现和谐交流。企业应该做好自身这一块，而不能单纯依靠金钱的付给，这是行不通的。企业都是通过村委向村民传达信息，通过行政这条线进行沟通，不过，作为企业本身十分愿意帮助村民解决问题，进行沟通和交流。"只要村民提出的要求建议十分合理，我们愿意通过向村民提供需要的就业岗位，道路不通畅企业建厂房的时候顺带帮助道路建设等方式来缓解与村庄的关系。"（内部资料：T公司能源安全与环境保护处李先生访谈）

第八章

村庄转型的动力机制之三：城市化

城市化是近现代世界现代化发展的主旋律，对于中国来说也不例外。长期以来，城市化作为一种必然的社会发展趋势，其内在的诉求要不就是减少乃至终结村庄，要不就是边缘化村庄。在这种强烈的发展诉求中，村庄的命运可谓是岌岌可危。本章要讨论：在城市化背景下，村庄的命运是什么？如何描述？城市化对村庄转型的影响机制有哪些？核心问题是什么？基于中国的实际情况，在未来很长的时间内，我们都不得不用"城市化"与"农村社区建设"这两条腿来走路，而这其中的关键点应该是在城市与村庄之间建立起有效链接。

第一节　城市化及其诉求

一　何谓"城市化"

"城市化"一词源于英文 urbanization，最早提出这个概念的是马克思，他在 1859 年发表的《政治经济学批判》中，在谈及城乡分离和城市发展时，提出了"现代的历史是乡村城市化，而不像在古代那样，是城市乡村化"的论断。[①] 如今，100 多年过去了，对于城市化概念的界定仍旧在讨论，没有形成非常统一的说法。一方面，各个学科对于"城市化"的界定都有自己的侧重点，如经济学强调产业、地理学强调空间、社会学强调社会关系、人类学强调生活方式等。另一方面，各个国家政策制定者、学者们也是众说纷纭。我国 1999 年颁布实施的

---

① 顾朝林等：《中国城市化：格局·过程·机理》，科学出版社 2008 年版，第 3 页。

《城市规划基本术语标准》中，把城市化定义为人类生产和生活方式由乡村型向城市型转化的历史过程，表现为乡村人口向城市人口转化以及城市不断发展和完善的过程；《中国大百科全书·地理学卷》把城市化看成是人口向城市地域集中和乡村地域转化为城市地域的过程，《中国大百科全书·社会学卷》则强调城市化是社会经济关系、人口、生活方式等由农村型向都市型转化的过程；《日本大百科全书》把城市化看成是一个社会城市人口与农村人口相比数量绝对增大的过程；《大英百科全书》认为城市化是指人口向城镇或城市地带集中的过程。这个集中化的过程表现为两种形式：一是城镇数目的增多，二是各个城市内人口规模不断扩充；《苏联百科全书》认为城市化是城市在社会发展中日益增大的历史过程，城市化影响人口的社会结构、就业结构、统计结构、人们的文化和生活方式、生产力的分配及居住模式。[①] 而如今美国已经不用传统的城市化而用"大都市区化"来描述城市化，原因是原有的城市（city）界限与定义几乎失去意义，"城""乡"两个传统地域概念已经不能准确概括美国人口分布趋势，大都市区化更准确的概括大都市区在城市化中地位和作用，突出城市化在地域上的整体特征，把握城市发展的总体趋势。[②]

总体来看，现今多数研究者基本同意从物质和意识两个层面来定义城市化，即所谓有形的城市化和无形的城市化。这一看法最初来自于美国学者弗里德曼基于城市化作为国家或区域空间系统中的一种复杂社会过程，可以分为城市化Ⅰ和城市化Ⅱ。前者包括人口和非农业活动在规模不同的城市环境中的地域集中过程、非城市型景观转化为城市型景观的地域推进过程，是可见的、物化了的或实体性的城市化过程；后者包括城市文化、城市生活方式和价值观在农村的地域扩散过程，是抽象的、意识或精神上的城市化过程。[③] 这一思路对中国学者的影响很大。比如顾朝林把中国城市化（城镇化）定义为城镇数量的增加和城镇规模的扩大，导致人口在一定时期内向城镇聚集，同时又在聚集过程中不断地将城市的物质文明和精神文明向周围扩散，并在区域产业结构不断

①　何念如、吴煜：《中国当代城市化理论研究》，上海人民出版社 2007 年版，第 15 页。
②　王旭：《美国城市化的历史解读》，岳麓书社 2003 年版，第 89 页。
③　王旭：《美国城市化的历史解读》，岳麓书社 2003 年版，第 89 页。

演化的前提下衍生出崭新的空间形态和地理景观。[①] 秦润新认为城市化是一种产业结构由以第一产业为主逐步转变为以第二产业和第三产业为主的过程；是一个以农业人口为主逐步转向非农业人口为主的过程；是由一种自然、原始、封闭、落后的农业文明，转变为一种以现代工业和服务经济为主的，并以先进的现代化的城市基础设施和公共服务设施为标志的现代城市文明过程；是对居民从思维方式、生活方式、行为方式、价值观念、文化素养全面改善和提高的过程。[②] 基于我国城市化的历史与现状，"城市化"的概念内涵至少应该包括四个方面：一是行政疆界的变化。城市化是城市边界的不断扩展和村落范围不断缩小的过程。二是人口身份的转换。在当前户籍制度作用下，农业户口向非农户口的转换是城市化必经途径。三是经济生活的转轨。包括生产方式的非农化和消费方式的改变。四是城市文明的扩散。包括农村"日出而作日入而息"休闲生活方式的终结和城市文明价值观的赋予等。[③] 从概念外延的角度来看，城市化应包括五个层次：第一层次是乡村不断地转化为城市并最终为城市所同化；第二层次是乡村本身内部的城市化；第三层次是城市自身的发展，即"城市的城市化"；第四层次是作为不同学科领域研究对象的城市化；第五层次是最抽象的城市化，即作为城市化整体运动过程的城市化。[④]

可见，城市化定义至少包括三方面的含义：第一，城市化（urbanization），城市人口占总人口比重的增加；第二，城市增长（urban growth），城市和镇的人口增加；第三，城市生活方式（urbanism），城市生活的社会和行为特征在整个社会的扩展。[⑤] 在这基础上，对于城市内部区域的城市化问题还是有些争议，比如英国学者施梅莱斯和瑞典学者亚历山大德逊认为城市性地域（或状态）与农村性地域（或状态）之间存在一条明确的界限，城市化概念只能包括农村地域向城市地域的转变过程，不能包括城市内部的地域级差转化，即农村城市二元论。但美国的哈里斯、亚历山大，法国

---

① 顾朝林等：《中国城市地理》，商务印书馆 2002 年版，第 68 页。

② 秦润新：《农村城市化的理论与实践》，中国经济出版社 2000 年版，第 123 页。

③ 刘杰：《城乡结合部"村落终结"的难题》，《三农中国》http：//www.snzg.cn。

④ 高佩义：《中外城市化比较研究》，南开大学出版社 1991 年版。

⑤ Pacione，M. 2003. *Urban Geography*：*a Global Persective. Lodon and New York*；Routledge. 转引自顾朝林等《中国城市化：格局·过程·机理》，科学出版社 2008 年版，第 5 页。

的查博特等认为，城市内部的地域级差变化完全是城市化的一种现象。城市性地域与农村性地域在时间与空间上都是衔接的、渐变的、连续的，即农村城市连续论。[①] 当然，世界各国的城市化并不都是均衡一致的过程，相反，城市化作为一个过程，本身就意味着其是多元的、开放的过程。因此，部分研究者进一步细化，对不同类型的城市化做进一步区分：比如从地域主体差异上，有农村城市化、郊区城市化和非人文地域城市化之分；[②] 从内容与方式方法差异上，有传统城市化与新型城市化之分；依据动力机制的不同，城市化又可分成自然城市化以及行政城市化、自动城市化与强制性城市化、积极城市化与消极城市化。[③]

"城市化"概念纷争突出强调以下几点：第一，不管怎样，"城市化"概念假定的前提是人类居住体系的城市—乡村二元划分。从词源学上看，"城市化"应该指"使……具有城市属性"的意思。因而，城市化的主体主要是针对乡村而言。第二，强调城市化作为一个过程，是一个不断变化的概念。与经济发展相对的，城市化的发展形态是不断变化的，从最初的乡村城市化，到郊区化、逆城市化以及再城市化，[④] 是一个不断变迁的过程。第三，城市化是必然的，不可阻挡的趋势。众所周知，"现代化"的重要内涵就是包括工业化与城市化，而城市化更是后发现代化国家最重要追求的发展目标。甚至有不少人笃信：谁阻挡了城市化发展，谁不走城市化道路，就是死路一条。[⑤] 因此可以说，"城市化"从一开始就是有意突破村庄社区的孤立和封闭状态，[⑥] 本质上就是城市文明形成的过程。本书讨论的"城市化"主要指农村的城市化，包括农村地域向城市地域转化的过程，既包括农业人口、产业向非农人

---

①　转引自欧名豪等《城市化内涵探讨》，《南京农业大学学报》（社会科学版）2002 年第 5 期。

②　蔡俊豪、陈兴渝：《城市化本质含义的再认识》，《城市发展研究》1999 年第 5 期。

③　郑永年的强制性城市化，政府关心是土地的城市化而非人的城市化，因而可以说是强制性的土地城市化。

④　这个说法主要是荷兰城市地理学专家莱温顿·拜根提出的。

⑤　正如马克思对工业化发展趋势的判断："社会经济形态的发展是一种自然历史过程"，这是"以铁的必然性发生作用并且正在实现的趋势"，"工业较发达的国家向工业较不发达的国家所显示的，只是后者未来的景象"。[德] 马克思：《资本论》，郭大力等译，上海三联出版社 2013 年版。

⑥　[美] 刘易斯·芒福德：《城市发展史：起源、演变和前景》，宋俊岭等译，中国建筑工业出版社 2005 年版，第 103 页。

口、非农产业转化的过程，也包括农民生活方式、文化观念向城市生活方式、文明体系转变的过程，即农村城市化与农民市民化。

二　城市化的诉求

1. 现代化及城市中心主义

自 20 世纪 50 年代以来，对农业社会向工业社会转型的特征描述是发展社会学和现代化理论的主要任务。1960 年"现代日本"国际学术研讨会上确立了 8 项"现代化"基本指标，其中就包括"人口比较高度地集中于城市，整个社会越来越以城市为中心""村社和代代相传的社会群体普遍解体，导致个人有更大的社会流动性，个人在社会的行为具有更广泛和多种不同的范围"①。这一理论继而被帕森斯等理论家进一步解释，逐渐成为一种普世性学说。不过非常明显的是，现代化理论的经验基础是西方发达资本主义国家，把这种理论放到不发达世界中去，就会遭遇严重的解释困境。于是，依附理论和世界体系理论因运而生。依附理论的关注点是世界体系中发展中国家与发达国家的外部关系模式，其基本思路是：发展中国家的不发达归根到底是由于它们在世界资本主义体系中的依附地位，在试图追赶发达国家的进程中却很可能跌入依赖发达国家的陷阱，而这种水平的发展只能是一种低度发展。②"都会—卫星""核心—边缘"模型的建构，更是强调全球

---

①　这次会议共规定了 8 条指标，其他 6 条包括：使用非生物能源的程度比较高，商品流通广泛，服务设施增加；社会成员在广大的空间内相互作用，广泛参与经济和政治事务；全面推广文化知识及随之而来的个人对其周围环境传播的世俗的和越来越科学化的倾向；广大和深入的大众交流网络；政府、商业、工业等大规模社会机构的存在及这些机构中日益增多的官僚组织；在一个大的民众团体控制下，各大民众团体加强统一（即国家），这些单位之间的相互作用日益增加（即公共关系）。可以参考何健《试述发展社会学的新趋势》，《西南大学学报》（社会科学版）2008 年第 4 期。

②　依附理论的主要代表人物和观点：巴西人多斯·桑托斯是该理论的著名代表，他认为，两个或更多国家的经济之间以及这些国家的经济与世界贸易之间存在着互相依赖的关系，但是结果某些国家（统治国）能够扩展和加强自己，而另外一些国家（依附国）的扩展和自身加强则仅是前者扩展的反映，这种相互依赖关系就呈现依附的形式。桑托斯指出，发展中国家的依附地位，曾经历了三种历史类型，按照时间顺序，第一种是殖民式依附，第二种是金融与工业依附，第三种是以跨国公司为基础的科学技术与工业的依附。德国人弗兰克也是该理论的一位重要阐释者，他提出了著名的"都会—卫星"结构，弗兰克认为，不发达国家就像没有自控能力的卫星一样，其发展受制于这种结构中的卫星地位。所以他激进地主张，发展中国家只有摆脱对发达国家的过分依附，才有发展的可能。参见童星等《论发展的可能性和条件》，

化时期不发达国家与发达国家之间的国际分工、经贸往来、经济合作并不是缩小两大世界的差距，而是更有可能扩大两者的差距。在发展社会学中，这一经济学上的"不等价交换"概念的使用主要基于伊曼纽尔·沃勒斯坦的理论："边缘地区的工人所得的报酬远低于核心区工人所得的报酬，所以，用边缘区的低工资产品来和来自核心区的高工资产品进行交换的过程本质上是不等价的。核心区很容易得到来自边缘区的便宜的产品，假如核心区自己生产这些产品，由于核心区的高工资，所以，生产出来的产品的价格就远高于从边缘区购买的同样的产品。相反，边缘区如果购买来自核心区的产品，因为核心区的高工资，边缘区所付的价格就必须远高于边缘区自己生产同样产品的价格。交换的结果自然是，边缘区工人创造的剩余价值通过交换流入核心区高工资产品的生产商手中。"①

沃勒斯坦的"中心—半边缘—边缘结构"较好地解释了世界范围的国际关系不平衡，但后来的研究发现，它对理解后发现代化国家内部，特别是改革开放之后中国城市—农村的"中心—边缘"关系格局也有很多启发。长期以来，中国城乡二元格局被社会学、政治学、经济学普遍解释。城乡关系"二元"论的理论基础主要来自于对城乡收入和工农产业效率的高低差异的分析，其逻辑推演的依据是自由市场配置机理。② 尽管该理论依据有一定的合理性，但是仍未解决中国的问题：如何解释在引入市场机制之前，中国很长段历史存在"乡土中国"与"城市中国"的二元分化？而且，如果单是市场机制导致了城乡二元分化，那么只要引入市场机制，从"收入""效率"入手就能消解这种二元结构，但过去30年的改革经验却展示了"三农"问题的"市场失灵"呢？

对此，本书强调城乡关系既是自由的市场机制，也是刚性的国家制度以及柔性的社会文化机制共同作用的产物。更重要的是，在三大机制的共同作用下，城乡除了"二元"格局之外，还有更深刻的"中心—

（接上页）《社会科学研究》2004年第3期。

① ［美］伊曼纽尔·沃勒斯坦：《现代世界体系》，罗荣渠等译，高等教育出版社1998年版，第5—6页。

② 吕昭河：《二元中国解构与建构的几点认识——基于城市"中心"与乡村"外围"关系的解释》，《吉林大学社会科学学报》2007年第2期。

边缘"结构分化。可以说，改革开放以来，市场经济以及城市中心主义共同作用下，农村的边缘化发展策略和形态日益明显，具体来看有以下几方面：一是以农补工的发展策略，主要通过农产品与工业用品价格的剪刀差，即隐性的不等价交换以及征收农业税，以及显性的行政方式，来榨取农业剩余以支持工业发展。二是鼓励劳动力进城，却不接受农民市民化转变。便宜的劳动力对于城市发展来说是最重要的要素资源，城市市场对其的需求是巨大的。但与此同时，城市社会对劳动力主体并不欢迎，农民市民化的限制除了已有的二元户籍、福利制度因素之外，更为深刻的是社会阶层分化、社会排斥等结构性的因素。三是觊觎农村土地，打造城市政府的"土地财政"。城市政府用行政手段把农村土地征用为城市建设用地，进一步巩固城市中心地位。四是城市文化的中心性，表现在大众传媒的集体"无农村"意识、农民话语权的丧失，城市意识形态的强作用等。无论在政策制定者还是研究者中，不自觉或自觉地把城市化作为一种目标。梳理近30年国内农村研究文献，我们会发现很多村庄研究的落脚点在于城市化，也就是说研究村庄并不是为了村庄，而是为了城市化，或者农村研究真正关注的是城市化的进程、方式。作为"他者"的农村已经变得日益问题化，而农村研究本身也逐步成为问题，沦为边缘化的学科。

2. 两类诉求

第一，边缘化农村。"边缘"作为一个地理学概念指地域空间的沿边部分，作为一个社会学概念侧重于对社会系统中不同对象所处位置与地位的描述。"边缘化"是对社会系统局部性结构变迁和社会分化中发生的某一类社会现象、效应及趋势的整体性描述与理论表达。[①] 社会转型中过程中，因社会区位、结构性的、群体性的差序关系形成农村逐渐被边缘化。

现代化理论复活了城市中心主义，将作为"他者"的农村社会和文化书写成不合理的、"落后的"化身，书写成需要改造的对象。城市化的进程就成了把作为"他者"的农村同化成城市。"中心—边缘"城乡关系格局的长期存在无疑会加速农村的"他者化"或"边缘化"，因为

---

① 戚攻：《论社会转型中的"边缘化"》，《西南师范大学学报》（人文社会科学版）2004年第1期。

城市中心的扩张性，即处于社会体系中心地位的城市利用其优势地位极力干涉和支配处于边缘地位的农村，不断巩固和扩大自己的优势，把边缘固定化，强化它对中心的依附性。农村的依附性发展使得农村日益被作为城市中心的补充性生活空间，为其提供便宜的农产品、劳动力、土地等。换句话说，城市中心主义下中国的"三农"问题最大的问题在于农业、农村、农民的结构性边缘化。① 张厚安、徐勇、张晓山、崔红志、林光彬认为人们对"三农"问题的认识存有偏差，农村、农业和农民一直被忽视或轻视；扭曲的国民收入分配格局使得城市和工业成为发展的重点和政策倾斜的对象，相比之下，农村和农业发展不足，且被作为贡献和输出部门，难以形成有效积累；受社会等级制度的影响，农民处于相对被歧视的地位，在一些方面受到了不公平的对待。正是因为农村、农业和农民的边缘位置，造成了当今社会严重的"三农"问题。②

　　第二，终结村庄。从工业社会以来，城市形成了对乡村全方位的挤压，使得"城乡相克似乎是一种常态，特别是在早发内生型国家，城市基本都是作为某种外在的力量而强加于乡村，城市将乡村作为城市的资源供给地，通过剥夺乡村，将各种有价值资源，从物产、资金、土地到劳动力全部都抽离于乡村，最后以乡村的自然死亡来实现城市的扩张"③。因此，现代化进程中村庄的终结具有客观必然性。不过，在后发外生型现代化国家中，另外再发起了一场轰轰烈烈地以政府行政为主导的"自上而下"的村落改造运动，即通过强大的行政力量，以村庄合并、撤村建居等方式，推动村落实现由农村到城市的转变。

　　总之，在城市中心主义的逻辑下，农村的最终命运有"自然终结"和"被终结"两种趋势。所谓自然终结，是生命自然而然结束的一种方式，这是人类历史演化进程中农村演变、转型的一种自然方式，是农村城市化、农民市民化同步发生的结果。所谓被终结，是指政府或市场主体通过强制性的方式迫使农村转变，是一种国家行政方式，往往表现

---

① 马翠军：《边缘化的"三农"问题》，《读书》2004 年第 5 期。

② 付会洋：《农业的政治过程：国际竞争及国家主导发展下的农业变迁》，博士学位论文，中国农业大学，2017 年 6 月。

③ 冯川：《费孝通城乡关系理论再审视》，《中国图书评论》2010 年第 7 期。

为农村城市化与农民市民化的不同步性。作为一个区域以及社会系统的整体，城市的增加意味着村庄的减少，这是一个不可避免的进程。

正如费孝通所言："都市的兴起和乡村衰落在近百年来像是一件事情的两面"①。也就是说，现代化进程中城市与农村常常处于此消彼长的状态，即城市化的发展程度取决于农村消失的速度，农村消失的越快、越多，城市化水平也就越高，反之亦然。更为重要及复杂情况则是，现代国家常常利用手中掌控的行政权力大力助推村庄终结的速度。为此，对于现代化进程中村庄的命运研究，往往流露着一种简单且悲观的逻辑起点，即"作为现代化进程中设定的社会目标，城市数量的增加与乡村的减少实际上是作为社会进步发展的重要尺度和标记而提出的"②。不过，当"村落终结"这一带有社会进步发展意义的符号真正降临到中国时，却招致社会各界空前激烈的批判和质疑，③ 这不得不提醒我们得重新评估城市化与农村发展之间的复杂关系。其中，"弱质村庄"概念的提出则有助于我们很好地理解城市化冲击下村庄的当代命运。

第二节　村庄"去社区化"的形成机理

一　现代性与社区的衰落

现代性研究中社区丧失成为主流，腾尼斯、韦伯、奈斯比特等社会学家研究认为是中世纪制度的衰落导致了社区的丧失。中世纪行会和合作社的爆发，农业商品化以及城市自治性的下降导致现代中心国家的上升，这导致对社区的疏离。在卢梭看来，现代性是个人的疏远以及政治自治的缺失，而黑格尔把现代性看成是现代社会的在融入其制度性的伦理生活的失败，社区的意思是一个市民的、象征性的实体。鲍曼曾经对现代性做了非常形象的比喻，称其为一种"液化"的力量，这一力量使"旧有的结构、格局、依附和互动的模式统统被扔进熔炉中，以得到

---

① 费孝通：《乡土中国，乡土重建》，北京联合出版公司 2018 年版，第 255 页。
② 田毅鹏等：《城市化与村落的终结》，《吉林大学社会科学学报》2011 年第 2 期。
③ 田毅鹏等：《城市化与村落的终结》，《吉林大学社会科学学报》2011 年第 2 期。

重新铸造和形塑；这就是天生要打破边界、毁灭一切、具有侵犯色彩的现代性历史中的'砸碎旧框架、旧模型'的阶段"。这一"液化"的力量所导致的，也正是马克思在《共产党宣言》中所感叹的："一切坚固的东西都烟消云散了。"① 在某种意义上，这一所谓"流动的现代性"或许正呼应了吉登斯的"脱域"概念。而在社会实践的层面上，这一"流动的现代性"又往往依靠人口的自由迁徙和国际自由贸易体系等来得以实现。共同体是传统村庄的核心，共同体意味着村庄不仅是一个地域、行政概念，更强调其所发挥的社会系统的整合作用，可是，我们怎样才能理解这样的一种村庄如何在"脱域"或者"流动的现代性"中实现转型呢？

二 村庄的弱质化发展

正如本书所强调的，村庄变迁研究中需要综合考虑经济变迁、社会文化重组、国家角色再调整三者的共同作用。一部分问题与机制我们已在"去农业化"与村庄转型中有所涉及，在此就不再赘述。这部分中，笔者着重在两个微观层次上来关注城市化给村庄转型带来的影响：村庄运行资源的缺失与同步出现的"共同体"消解趋势，即村庄的"去社区化"发展。城市中心主义发展策略、政府行动所导致村庄资源的缺失，所带来的最大社会后果是维持传统村庄共同体的若干个要素瓦解了，这直接导致村庄的"去社区化"以及进一步的"弱质化"发展，间接地影响着城市化发展的不足以及困境。

1. 村庄运行资源的缺失

村庄运行资源主要指村庄发展所需的人力、物力、财力、制度方面的条件，即维持村庄正常运转所需的物质和制度要素。有研究者进一步认为村庄资源包括村庄物质资源、权力资源、社会关系和脸面资源，其中村庄物质资源是消费性有形资源，社会关系和脸面资源是无形的精神资源，而权力资源是工具性资源。② 笔者认为村庄正常运转所需的资源既包括各类物质资源，如基础设施、公共服务，也包括各种非物质的资源，如政策、制度、文化资源。我们的基本看法是，改革开放之后，在

---

① ［德］马克思、恩格斯：《共产党宣言》，人民出版社 2014 年版，第 254 页。
② 吴思红：《村庄资源与贿选》，《湖北行政学院学报》2012 年第 6 期。

刚性的工业化与城镇化战略下，各种资源均高度集中于城市及其城市化过程，这是"三农"问题的根本来源。

首先，村庄运行的基础资源不足。村庄作为一个基本单位，其维持运转需要一些必要的条件，包括一定的地域、人口、生产活动、社会交往、公共服务等。近代以来，主流社会追求的现代化梦想以及这一想象产生了包括政治、经济、文化、知识与评价体系在内的全方位的影响，具体到农村领域，直观地表现为农村三要素（土地、资金、劳动力）大规模流出。这些现象，上一章节已经有具体描述，这里也无须重复展开。这里我们关注这些物质资源的流失给农村带来哪些影响？是怎么发生的？我们发现，农村三大要素的持续流失既是改革开放以来我国"重城市、轻农村"发展战略的产物，反过来，它又不断强化政府的城市化战略及其城市偏好。在这种格局下，农村公共服务供给的短缺成为一个普遍且正常的现象。根据《中华人民共和国国民经济和社会发展第十二个五年规划纲要》关于公共服务体系的阐述，公共服务包括九个方面的内容：公共教育、就业服务、社会保障、医疗卫生、人口计生、住房保障、公共文化、基础设施、环境保护。而这其中，最为明显的农村公共服务短缺就是基础设施的薄弱。究其原因来看，主要在农村公共服务的政府角色"有意无意"的失灵：一方面是政府把大量的资源集中并投入到城市建设中去，"无意"中导致农村建设资源的短缺；另一方面是政府管理逻辑上的"农村消亡"预判，于是"有意的"减少或者干脆不投入这些"命不久矣"地方的基础设施。这导致的表面后果是村庄运行的基本物质资源短缺、公共服务数量与质量的不足，实质上后果则是村庄人的生产、生活、消费活动难以正常展开，村庄正常的运行受到影响。

其次，村庄治理资源的缺失。对于村庄治理资源，有学者认为诸如宗族、社会分化、面子观念、从众心理与随大流、政治认知和意识形态认同均是村治中的特殊资源，是村庄治理中发挥作用的传统资源。[①] 与此相对的，现代村庄治理资源包括村庄的经济状况、村庄的内聚力、村

---

① 尹冬华选编：《从管理到治理：中国地方治理现状》，中央编译出版社 2006 年版，第57—59 页。

庄精英群、村庄治理中的"第三种力量"①。这些资源还可以进一步划分成有形治理资源（集体经济、乡镇政府、民间组织）和无形治理资源（合法性权威、乡村典章）。② 村庄土地、资金、人口的大量流出，客观上会造成村庄治理资源的缺乏，③ 这不仅表现在村庄财政危机和公共产品供给危机上，更重要的是体现在治理主体的角色模糊、治理过程的非规范化以及治理趋势的单位化。正如梁漱溟所言："政府天生是乡村建设的妨碍"④，近代以来，现代治理结构的行政体制与分散小农和传统社区自治之间存在的矛盾，并以大幅提高"治理成本"和"干群冲突"为两大表现形式。原因在于这套照搬自西方的制度对城市或许适用，但却不适应于分散的小农村社经济，除了维持不了较高的"制度成本"外，它还将导致农村基层管理混乱，公共负债增加。⑤ 换句话说，国家政权与村民之间联系渠道堵塞的巨大障碍。⑥ 对于后税费时代的"新农村建设"政策，其同样表现在资源分配中，大多数政府主导实际上沦为部门利益主导，它们追求的并不是公共利益最大化，普遍性的"精英"俘获已经导致精英农户得益多，而多数小农被"客体化"和"边缘化"。这既不利于农民主体地位的实现，更可能因为"大农吃小农"而产生农村进一步分化等问题……还可能造成合作社发展的虚假繁荣局面。⑦ 农村治理体制使行政机构和权力拥有者对政治资源高度垄断，使他们有可能依靠村治结构来发展"村落单位"。但是由于自然环境、政治、历史因素的作用，乡村在现实上和可能性上都难以被完全地

---

① 罗兴佐：《论村庄治理资源——江西龙村村治过程分析》，《中国农村观察》2004 年第 3 期。

② 李蓉蓉、张树峰：《村庄治理资源的有效配置研究》，《当代世界与社会主义》2008 年第 1 期。

③ 乡村人口的单向度流动，即乡村人口外流，从偏远农村的人口流到城郊村。这种流动的结构性特点为年轻的、高学历、有资源的人为主，这种特点带来的最为深刻的影响就是治理精英的流失。

④ ［美］艾恺：《最后的儒家：梁漱溟与中国现代化的两难》，王宗昱等译，江苏人民出版社 2003 年版，第 284 页。

⑤ 潘家恩、杜洁：《"现代梦"的别样回声——乡村建设的资源与矛盾》，《开放时代》2011 年第 3 期。

⑥ 李瑞昌：《分散治理："半城市化"村庄的综合改革》，《复旦政治学评论》2009 年第 1 期。

⑦ "建设社会主义新农村目标、重点与政策"研究课题组，《部门和资本"下乡"与农民专业合作经济组织的发展》，《经济理论与经济管理》2009 年第 7 期。

城市化，也难以在社会互动方式上被完全整合为法理社会，这类"村落单位"只能是村庄变迁的某种典型的过渡或中间状态。①

最后，村庄文化资源的破坏。文化资源是社区的地方识别，也是文化基因，它是独特的、唯一的、无可替代的、难以复制的、具脐带联结的生活样态及生命表现。费孝通说："从基层上看去，中国社会是乡土性的……而只有当从乡土社会进入现代社会的过程中，我们在乡土社会中所养成的生活方式处处产生了流弊。陌生人所组成的现代社会是无法用乡土社会的习俗来应付的。"② 梁漱溟尝试从乡土社会和传统文化中寻求"乡村现代性"的元素和可能土壤，认为"礼俗"是建立乡土社会秩序最有文化基础，同时也是最低成本，不造成"分化"和人与人紧张关系的一种传统资源。③ 同样的，晏阳初先生也不断强调"民为邦本，本固邦宁"的传统儒家的"民本"思想，杜威的博士陶行知先生也受明代儒家王阳明"知行合一"的影响。对此，潘家恩博士把近代乡村建设思潮看成是一种希望在现代化意识形态的影响和限定下尝试寻求非主流现代化、非资本主义、非西方发展模式的建设性方案。④ 但现代化进程中，由于意识形态的"非农化"价值取向促使乡土社会基础与价值体系根本上的颠覆，以西方的个体理性替代东方村社理性，内涵性地造成最大弱势群体的农民与最无言的生态环境承担这种大转型的实际代价。⑤ 故这一实践本身及其所带出的各种相关问题都不同程度地按照现代化的内在要求以不断地再现、限定与"无害化"，存在不同层次的矛盾与"难处"：现代化与乡土社会的冲突矛盾、乡村建设与现代化的矛盾、乡村建设与乡土社会的矛盾。⑥

2. 村庄"共同体"的消解

正如费孝通所认为原本存在于乡土社会中的有营养的东西，都被新

---

① 毛丹：《村落变迁中的单位化——尝试村落研究的一种范式》，《浙江社会科学》2000年第4期。

② 费孝通：《乡土中国　生育制度》，北京大学出版社1998年版，第6—11页。

③ 梁漱溟：《乡村建设理论》，上海人民出版社2006年版，第155页。

④ 潘家恩、杜洁：《"现代梦"的别样回声——乡村建设的资源与矛盾》，《开放时代》2011年第3期。

⑤ 潘家恩、温铁军：《作新民的乡土遭遇——以历史及当代平民教育实践为例》，《中国人民大学教育学刊》2011年第3期。

⑥ 梁漱溟：《乡村建设理论》，上海人民出版社2006年版，第155页。

的资本主义的城市化及其生活形态一点一点地侵蚀干净了，这是对乡村社会的"蛀蚀"①。对此，贺雪峰从村庄社会关联的层面，描述了城市化背景下社会关联变迁过程，并将其概括为"原子化"②。在讨论费孝通提出的"熟人社会"这个描述传统乡村社会性质的概念基础上，作者从村庄地域边界与村落内部信息传递性的角度，又进一步提出了"半熟人社会"概念；③而吴重庆关注了大量农民外出务工对村庄生活、农民的社会预期、社会关系以及村落道德规范等层面的影响，提出"无主体熟人社会"概念。④ 这类研究以城市化背景下的村庄性质为着眼点，尝试提出一些具有解释力的本土社会学概念。我们在这些已有解释的基础上，进一步讨论村庄共同体消解是如何发生的。

首先，共同体边界模糊。哈维兰认为"社会成员是通过共同的身份感而团结在一起的"⑤。从社区运营者角度而言，社区的生存依赖于成员对其承诺感与主动参与，而社区凝聚力的形成和维持核心在于成员之间必须拥有某种相互连接的关系纽带，进而形成对社区强烈的情感依附和共享的社群意识。⑥ 然而，随着城市化的扩张，农村社会成员的"共同的身份感"却逐渐成为一个问题。众所周知，传统村庄的地理边界、社会边界、文化边界相对比较清楚，主要基于地缘、血缘关系上产生的社会性纽带所联结。改革开放以后，中国农村土地家庭联产承包制度以及相对严格的户籍制度，客观上建立并维持了村庄社区相对清晰的地理和社会边界。然而20世纪90年代市场经济被引介入乡村之后，人口开始大规模的流动，集体经济日益薄弱，这给原有的相对明晰的村庄边界带来极大的冲击，包括因土地调整和规划带来的村庄自然边界的日益模糊，因村庄成员身份的分化及其职业多元化而导致社会边界日趋开放，因个体利益兴起与流动性增加而导致农村居民的村庄社会联系、心理认

① 费孝通：《中国乡村社会结构与经济》，载王铭铭主编《中国人类学评论》第二辑，世界图书出版公司2007年版，第15—17页。

② 贺雪峰：《新乡土中国》，广西师范大学出版社2003年版，第5页。

③ 贺雪峰：《半熟人社会》，《开放时代》2002年第1期。

④ 吴重庆：《从熟人社会到"无主体熟人社会"》，《读书》2011年第1期。

⑤ ［美］威廉·A. 哈维兰：《文化人类学》，瞿铁鹏译，上海社会科学院出版社2006年版，第55页。

⑥ 楼天阳、陆雄文：《虚拟社区与成员心理联结机制的实证研究：基于认同与纽带视角》，《南开管理评论》2011年第2期。

同逐步下降。也就是说，传统村庄基于地缘、血缘关系的这种社会性纽带因村庄边界的模糊化而日趋消解，而基于业缘基础上的契约性纽带并未因运而生，从而带来村庄成员的"共同身份感"困惑。于是，村庄何以是村庄？社区何以是社区？村庄何以可能？社区何以可能？这些均成为问题。

其次，村庄公共交往的衰落。囿于地域、交通工具、社会分工和信息手段的单一等因素，传统村庄交往及情感交流往往是面对面的、实实在在的接触性交往。村庄的共同空间、文化活动、祭祀活动等均是人们相互交往、情感培育的重要空间和活动。可以说，村庄人是没有私密的、公开性的生活在同一共同体中，彼此之间是亲戚、熟人关系。但是，近年来越来越多的研究者发现了村庄生活"私密化"的发展趋势，表现在"闲话没有存在的空间"，"大家不愿谈论其他人的事情了"，即村庄社会交往的私人性替代了公共性。① 与此相关的解释有，阎云翔认为这说明农民隐私权的兴起，② 贺雪峰认为是村庄社会分化与村民交往方式变化所导致的，③ 而桂华在同意农民隐私意识兴起的基础上，进一步认为这是村庄人交往行为中私人性逻辑占了主导地位，是村庄社会交往公共性丧失的后果。④ 因人口外流、信息手段多样化，村庄人们的社会交往日益摆脱了地域和社区的局限。同时伴随着社会分工的进一步细化，个体身份日益多元，个人与他人及其他各类群体的社会联系大量增加，从而导致了传统村庄活动日益减少，人际互动机会的减少。当然，这也是村庄社会中交往规则从公共性到私人性变迁的结果。

再者，共同体价值的消解。传统村庄共同体的重要价值在于：一是作为一个经济共同体，是人们经济生产活动赖以生存的基础；二是作为一个利益共同体，是指人为了生产、发展，必须要从事获取利益，满足

---

① 桂华：《论村庄社会交往的变化：从闲话谈起》，《中共宁波市委党校学报》2010 年第 5 期。

② 阎云翔：《私人生活的变革：一个中国村庄里的爱情、家庭与亲密关系（1949—1999）》，上海书店出版社 2006 年版，第 79 页。

③ 贺雪峰：《农村的半熟人社会化与公共生活重建》，载黄宗智主编《中国乡村研究》第六辑，福建教育出版社 2008 年版，第 235—256 页。

④ 桂华：《论村庄社会交往的变化：从闲话谈起》，《中共宁波市委党校学报》2010 年第 5 期。

自己需要的社会活动，人在这种社会活动中与他人结成一定的社会关系；三是作为一个情感共同体，是指村庄为共同体成员提供社会交往的空间、满足成员的情感需要和安全感需要。梁漱溟、晏阳初曾论述过农村的问题，农民等同于落后、愚昧、自私，农村除了粮食供给功能之外，几乎没有什么价值，应当被抛弃。随着现代性因素的持续嵌入，村庄熟人社会的价值生产能力不断弱化。

最后，村庄自主性的丧失。村庄作为一个共同体的重要评判标准是其作为一个社会单元，可以独立自主的实现自我运转和更新。传统村落具有一定程度的自主性：自我提供公共产品，自我生产帮扶体系，自我满足消费欲望，自我维持内部秩序。[①] 不过，城市化的发展逐渐导致农村自主性的丧失，成为城市的附属，表现在：第一，农村土地、资本、劳动力的外流到城市，无疑导致农村日益成为"边缘人群"[②] 留守的地方。这种社会人口构成状况不仅导致村庄公共产品自我供给体系的断裂，而且导致村庄日益依赖城市资源，比如留守家庭主要依靠进城的家人通过汇款等方式来维持自身的生产、生活。[③] 换句话说，留在农村的人口逐渐成为依赖于城市化的或半城市化的人才能正常的生存下去。第二，至今留存的，且数量日益减少的村庄逐步成为"给城市提供便宜的食物和农业景观的地方"。毋庸置疑，现代化社会必须以农业、粮食来维持基本生存需要，在这个意义上，农村存在的必然性是不用证明且应该是关乎生存的头等大事。但现代化的困境是，农业存在不仅重要，而且是现代化的重要内涵之一，但大量农村人口及其生活方式又被天然地排斥在现代化之外。因而，时至今日的村庄存在意义就被主流社会剥离成为：为非农村的人口提供便宜的粮食作物，而传统的自我生产、自我消费功能逐渐被边缘化。第三，现代社会改造农村的动力主要来自于满足城市精英的经济需求与审美意识。文化多样性兴起的重要背景是城市生活及城市人生活方式的单一化、格式化，进而引发各种"城市病"，因而呼吁多元化的生活方式。于是就有不少人开始努力证明农村存在的

---

① 刘伟：《论村落自主性的形成机制与演变逻辑》，《复旦学报》（社会科学版）2009 年第 3 期。

② 所谓农村边缘人群，也有非常形象的 386199 部队的说法。

③ 国内外不少乡村研究均关注到外出人口汇款行为及其影响，有待于日后系统地整理。

城市重要性及文化意义。不过，可惜的是在此种现代化视野下，农村不能以它本来的面目出现，或者说村庄的运转不再是维持内部良好的社会秩序，而是要首先满足城市精英群体的文化审美意识才能有存在的空间。最明显的例证就是我国现代转型中出现的"半城市化"则是这种以城市为核心发展的最重要产物。所谓半城市化是指"土地的城市化"，而不是人的城市化。① 半城市化是一种介于回归农村与彻底城市化之间的状态，它表现为各系统之间的不衔接、社会生活和行动层面的不融合，以及在社会认同上的内卷化。②

第三节　弱质村庄及其发展趋势

可见，城市化带来了农村日益成为一个日渐弱化的区域，具体表现在社会失灵或者说对农村社会的瓦解，具体表现在社会资源的抽取，特别是村庄公共资源的丧失，原子化发展与交往行动的丧失，社区价值体系的消解以及自主性的丧失等，即村庄"去社区化"发展趋势下的"弱质村庄"的形成。③

一　弱质村庄的内涵

本书对于"弱质村庄"的讨论主要援引毛丹教授的观点。与默多克类似，毛丹教授主张从市场、国家、城市社会变迁三大关系网络中综合来考察 30 多年来的中国农村，提出了村庄正在经历从农业共同体到城乡衔接带之弱质自治社区大转型的观点，并对其具体内涵做了如下三层阐释：第一，经济共同体转型——基于农业和农民半市场化、半受非市场化保护的政策环境，以及双层经营而农户经营实际上更受政策支持的经营环境，村庄从人民公社体制下的集体大队，转向具有不确定性的社区经济共同体；第二，治理共同体转型——基于村民自治的制度安排和地方性实践突破，村庄从国家的基层治理单位，转向国家与社区共同治理的单位，乡土性公共领域得以初步生长；第三，村庄作为农民社区的

---

① 党国英：《"三农"深层关系之转变》，《中国合作经济》2011 年第 6 期。
② 王春光：《农村流动人口的"半城市化"问题研究》，《社会学研究》2006 年第 5 期。
③ 国内学界对这种趋势的概括较为常用地使用"原子化村庄"概念。

转型——从传统农业社区开始转向城乡社区衔接带的弱质端。这一说法，在相对消极的意义上讲，承认城乡、城乡社区是有差别的，这种差别可能是普遍现象，而不是发展中国家所独有的。在积极意义上，它是指经过对农村社区基础设施的大幅度改善，确立城市和村庄之间的路、讯、人、货的四畅通，达到城乡社区生活条件的基本均等；依然存在的村庄，主要是为依然存在的农业从业人员提供便利的社区条件，并且向城市中选择乡村生活的近郊、返村的人口开放；大城市、中小城市、小城镇、中心村与其他村庄等，形成一个经济上互为支持和补充、文化风格不同但是彼此平等、社区基本生活类型不同但品质差别并不悬殊的链接带，各自都是这个衔接带上不可替代的纽结点。①

从形态上来看，诸如传统村落、过渡村庄及其商品化村庄均可纳入其中，形成一个转型连续谱系。根据与城市形态的接近度，这条转型谱的一端为农业村庄，中间形态包括工业村庄及其商品化的村庄，另一端为城中村、都市村社共同体。

弱质村庄是指相对于城市而言，村庄普遍呈现出自我发展能力弱、行政调控性强、村庄前景不明确等几大特征。第一，相对于城市居住共同体、传统村落共同体而言的弱质。作为村庄人口的居住共同体，其经济、社会、文化特质在慢慢地发生变化，导致一方面，相对强大的城市居住共同体来说，自我维持内部秩序、自我满足消费的能力不断下降；另一方面，相对于传统的村落共同体来说，自我提供公共物品、自我生产帮扶的能力又不断消解。第二，政策的强调控。发生在城市扩张的边缘地区的征地、拆迁、"城中村"等涉及土地的官民冲突，主要原因在于这些村庄转型的动力机制主要是政府强力主导。此外，村庄的弱质性还体现在，为解决"三农"问题，中央提出了"城乡基本公共服务均等化"等政策，其本意在于强调城乡基本公共服务在体制上的统一性，数量上不必要求完全均等，有的农村地区的公共服务综合水平可以高于城市，有的则可低于城市，还有的公共服务农村不需要或不必要。城乡公共服务制度一体化的方向是土地市场的一体化、劳动市场的一体化以及公共财政的一体化。从这个意义

① 毛丹：《浙江村庄的大转型》，《浙江社会科学》2008 年第 10 期。

上说，解决所谓"三农"问题，主要还是靠城市扩张的办法来解决，只不过农民不需要住在城里，而是作为"城外市民"①。第三，村庄自我调控能力弱化。我国村落的诸多公共事务领域，更具有"小规模公共池塘"性质，在市场化的背景下，不仅村落公共事务成为市场的不愿光顾之地，国家的常规力量也不能有效地嵌入治理过程，村民自主性的力量也显示其致命的组织缺陷。② 特别是最近15年激进西化改革，农村政策中某些刻意的去组织化制度安排，已经被意识形态化到政治正确高度，这导致村庄原有的"村社理性"机制越来越失去其依存的组织载体，应对内外风险的能力日趋弱化。③ 简言之，农村成为市场、国家、社会力量均不能有效发挥作用的地方，几近成为"三不管"地带，村庄作为一个独立运作的社会单元逐步丧失其自我调控的能力。第四，村庄发展的不确定性。在上述几大要素和特征的共同作用下，中国尚存的诸多村庄其未来发展路径是极为不明朗的。在国家战略层面，既大力推进城镇化，又同时强调新农村建设，所谓的"两条腿走路"，似乎是自相矛盾的。既然城镇化是必然的，那么建设新农村的意义何在？这种质疑目前没有明确的回答。在实践层面，地方政府强调农村城镇化，农民市民化，武装农民进城，但真正进城之后发现，住房、医疗、教育资源不足，无法满足新城市人口的需要，所以希望土地城镇化能加快点，再加快点，而人口的城市化，特别是农民人口福利体系的城乡一体化慢一点，再慢一点。

二　弱质村庄的发展趋势

可见，弱质村庄存续及发展主要靠政府主导，那么村庄的未来可能会出现几种情况，即村庄终结、村庄弱质性存续、村庄复兴。其中，村庄终结则是一段时期内必然会发生的一种情况，但是这并不意味着所有的村庄都将选择这一路径，不少村庄仍将作为部分人选择居住的地方，继续弱质性的存续下去。不过，从国内外的经验来看，当社会发展到一

---

① 党国英：《转变中的"三农"问题》，《党政干部参考》2011年第6期。

② 张敏：《找回村落共同体：转型中国村落公共事务的治理》，《中国农村研究》2010年下卷。

③ 温铁军：《维稳大局与三农新解》，《中国乡村发现》2011年12月31日；温铁军：《农村是中国经济资本化进程稳定器》，《第一财经日报》2012年1月7日。

定阶段后，村庄存在的意义、价值就会被重新的定义、发现以及挖掘。无论是发达国家的逆城市化还是我们的新农村建设，均可以看成已经证明以及即将说明这一点。如此这般，农村复兴之路则是现代化建设的又一项重要选择。

第四节　"农村复兴"的中国背景

20世纪70年代以来，西方发达国家乡村社会出现了"惊人的复兴"，表现在：第一，尽管农村人口外流仍是主流，但人口流动的速度放缓了。特别是1975年后，人口流动的方向发生逆转，有些乡村地区的人口重新增加了，即所谓的逆城市化。第二，通信和交通的发展扩大了乡村社会的规模以及随之发生的乡村社会结构的变化：构造经济生活、社会生活和政治生活的不再是地界和辖区，而是通信和人际网络，作为这些网络中心的城镇和小城市并入乡村系统。第三，农业同质化经营后，又面临着多样化和分化的情况。第四，从事多种就业活动的家庭经营成倍增加，并占据了所有经营的一半左右，且分散在所有地区。第五，乡村社会越来越多样化，因为农业劳动者自身的多样化，农业劳动者在乡村社会中成为少数，工人为数众多，第三产业人员经常占大多数。闲暇时间和退休时间的延长引起城里人向乡村和小城市迁移，这种迁移可能是每周一次的，也可能是季节性和终身的，由此造成了第二住宅的大量增加。第六，机关、公用事业部门以及商业都集中在镇和小城市里，从而加强了它们与村庄和农村的相互依赖。第七，所有这些趋势因地方观念和"在家乡生活"的意愿而得以加强，导致社会结构的再次地方化：地方社区和小区团体的创意能力增加了。第八，现在，乡下人享有城市的一切物质条件和舒适，从这个意义上说，他们的生活方式城市化了。所谓逆流，一些异型的生活方式出现了。[①]

以上这些是《农民终结》作者在该书出版20年后写的跋里所讨论的发达国家乡村所经历的一场伟大的复兴运动。笔者在此详细地描述它是因为上述的"惊人的复兴"也逐渐片段化的呈现在改革开放30年以

---

① ［法］孟德拉斯：《农民的终结》，李培林译，社会科学文献出版社2010年版，第275—276页。

后的中国，而且出现的背景是如此的"惊人的相似"，让我们无不唏嘘历史的吊诡。

一　现实背景：城市化的问题与成为"问题"的城市化

众多周知，改革开放以后中国经历了快速城市化的阶段，这常常被国人骄傲地称为"用 30 年的时间，走过了资本主义国家 100 年的历程"，但美国学者弗里德曼却把它称为"urbanizing at breakneck speed"，即"要使颈骨折断似的、非常危险的城市化速度"。[1] 如今，我们日益感受到、且不得不面对这种快速发展模式带来的一系列弊病：城乡贫富差距过大、发展经济与文化传承关系的紧张、城市化与人们生活质量提升矛盾[2]等。不少研究已经注意到我国城市化的"问题化"趋势及其表现，比如国家公布的人口城镇化水平数据偏高，速度偏快，在舆论宣传上偏热，地方攀比比较严重。[3] 有些地区不顾区域经济发展水平和客观条件制约，热衷于搞"造城运动"，大量进城农民不能在城镇定居，不能享受市民待遇，出现"驱赶型城镇化"，[4] 土地保障和粮食安全风险增加。[5] 中国城市主义（urbanism）最关键特征，而且更有深刻社会影响的问题是城市规模的快速增长的同时，伴随着"半城市化"现象。[6] 对此，一些地理学者从土地利用、社会经济结构、过渡性地域类型角度出发，把这些已完成产业结构由农业向非农业产业转移，但是其人口与产业的空间转移与集聚仍未完成的区域概括为"半城市化"地区，把这

① Friedmann, J. 2006. Four Theses in the Study of China's Urbanization. *International Journal of Urban and Regional Research*. 30（2）：440-451.
② 姜建成：《价值诉求、目标与善治：当代中国城市化发展中人文关怀问题探析》，《哲学研究》2004 年第 11 期。
③ 周一星：《关于中国城镇化速度的思考》，《城市规划》2006 年第 30 卷增刊。
④ 陆大道、姚士谋、刘慧等：《中国区域发展报告：城镇化进程及空间扩张》，商务印书馆 2007 年版；陆大道：《我国的城镇化进程与空间扩张》，《城市规划学刊》2007 年第 4 期；姚士谋、管驰明、王书国等：《我国城市化发展的新特点及其区域空间建设策略》，《地球科学进展》2007 年第 3 期。
⑤ Chen J. 2007. Rapid Urbanization in China: A Real Challenge to Soil Protection and Food Security. *Catena*. 69（1）：1-15.
⑥ George Lin. 2007. Chinese Urbanism in Question: State, Society, and the Reproduction of Urban Spaces. *Urban Geography*. 28（1）：7-29; George Lin. 2006. Peri-urbanism in Globalizing China: A Study of New Urbanism in Dongguan. *Eurasian Geography and Economics*. 47（1）：28-53.

种"半城市化"状态称之为"半城市化"现象。① 另外一些社会学学者用"半城市化"概念来分析农村流动人口在城市的社会融合问题，即指一种介于回归农村与彻底城市化之间的状态，它表现为各系统之间的不衔接、社会生活和行动层面的不融合，以及在社会认同上的"内卷化"②。

对于上述种种问题，整个社会做出了自己的回应：一方面，城里人开始逐步放弃已有的"城市生活优越感"，反倒重新审视农村的价值和意义，特别是农村在环境保护、食品安全、文化多元上的意义。于是越来越多的人开始加入到从城市到农村的反向流动，如乡村旅游、郊区通勤族都是这些反向流动的具体例证；另一方面是被形象地称为"用脚投票"迁移运动的进城农民工的返乡潮。这是一群进城追求城市梦和现代梦的人在发现其梦想遭遇到现实城市的残酷后，做出的或无奈、或积极的选择。

二　理论背景：社区与社区研究的复兴

伴随着现代社会个人主义增长起来的是一个日益不安全的世界，这种不安全的持续对作为安全和归属感的社区产生了强烈的怀旧之情。近几年，社区逐渐成为国家的一种替代性治理基础，不仅没有消失，反而随着全球化和个人主义复活了。③ 社区概念为人们重新思考自我和社会，认同和文化，安全和自由，机会和风险这些社会关系的社会研究架起了桥梁或者联系。④ 而且我们已经看到社区概念是如何同时激发了组织社会关系的特殊途径，社交和相关关系的综合性质量，召唤联合性社会行动。⑤

传统社区研究主要在三种场合下使用：农村社区、小城镇、工人阶级社区，故因其整体偏好和"神话"气质⑥遭遇了许多挑战，诸如新来

---

① 刘盛和、陈田、蔡建明：《中国半城市化现象及其研究重点》，《地理学报》2004 年第 59 卷增刊。

② 王春光：《农村流动人口的"半城市化"问题研究》，《社会学研究》2006 年第 5 期。

③ Delanty, G. 2009. *Community*. London：Routledge：2.

④ Day, . G. 2006. *Community and Everyday Life*, Francis Taylor：4.

⑤ Day, . G. 2006. *Community and Everyday Life*, Francis Taylor：4.

⑥ Day, . G. 2006. *Community and Everyday Life*, Francis Taylor：4.

者对社区的影响，地理位置和社会组织的分离，经济发展和再组织化等新主题的出现。以至于保罗认为把社区关系打包进一个特别的地理范式是一个"无法理解的、没有任何意义的行为"。因此很多研究者强调应该考虑不同社会制度如何在地方层面上联结起来，以及它们如何与更广的社会联系。① 尽管遭遇这些批评，但是戴（Day）坚持认为放弃社区研究框架的成果肯定是不对的，理由是：首先，社区研究提供了在社会世界中，了解日常生活的细节和复杂性的丰富视角。其次，尽管理论观念遭到很多怀疑，但研究者有责任从中吸取替代性的教训。比如重新阅读阿伦斯伯格（Arensberg）等人的研究，显示社区内控制的变迁是如何从一代到另一代，发现这一过程并不是平静和一致同意的，而是充满紧张和敌对的。弗兰肯伯格（Frankenberg）在他的研究经验中，认为不关心，不可分享的价值和中立的沉默是社区的敌人。爱，仇恨以及闲谈是社区的原始要素。在相似的脉络中，威廉看到了他的边界社区的人并不是相互喜欢的，经常玩弄一些阴谋诡计，但他们同时会完成"计算之外的友善行为"。② 因此，假定建立一个温暖的，感情的必须要有分享性生活的很好的整合模式，消除坏行为的观念是错误的，毕竟，我们面对的是人的社区。

三　战略背景：统筹城乡发展与新农村建设

正如吕新雨所言，我们今天讨论的"三农"问题，背后其实是中国未来城市发展的问题，当我们讨论城市的时候呢，又不要忘记城市的背后是农村，即我国的农村问题和城市问题是锁在一起的。从历史上看，中国城市的发展与乡村的发展就不同于西方，长期处于对立、控制与反控制的博弈中，而是一个互相哺育的过程。在这个意义上，村庄对中国人来说，不仅是一种生产、生活的地理空间，而是一个充满人情味的、对每个人都有特殊意义的故乡。进入现代化之后，城市和乡村的关系逐渐演变为城乡断裂、社会分裂的问题，它是中国被纳入全球资本主义体系的产物。③ 统筹城乡发展是 2002 年 11 月党的十

① Day，. G. 2006. *Community and Everyday Life*，Francis Taylor：5.
② Day，. G. 2006. Community and Everyday Life，Francis Taylor：5.
③ 吕新雨：《新乡土主义，还是城市贫民窟》，《开放时代》2010 年第 4 期。

六大提出的解决"三农"问题的重要思路，基本要求就是把城市和农村经济与社会发展作为整体来统一规划、通盘考虑，把城市和农村存在的问题及其相互因果关系综合起来统筹解决。把统筹城乡作为国家的一种政策倾向，是政府的一种宏观调控手段，主要源自：第一，解决 20 世纪 90 年代以来凸显的"三农"问题。从社会价值的角度上讲，农业涉及"效率"问题，农民、农村则涉及的是"公平"问题，均是最基本的社会价值目标；第二，解决社会结构失衡的问题。我国的社会结构失衡体现在两个方面：一个是政府强势、市场强势而社会弱势；一个是工业强势、城市强势而农业弱势、农村弱势。[①] 因此，这一战略的重要意义在于把农村作为整个社会系统的必要组成部分，强调农村与城市实现一体化发展的目标，但是对于趋近这一目标的具体做法则处于摸着石头过河，不断实践和创新的状态。直到 2005 年 10 月，党的十六届五中全会通过的《中共中央关于制定国民经济和社会发展第十一个五年规划的建议》中指出："建设社会主义新农村是我国现代化进程中的重大历史任务。"要按照"生产发展、生活宽裕、乡风文明、村容整洁、管理民主"的要求，坚持从各地实际出发，尊重农民意愿，扎实稳步推进新农村建设。这一较为具体的新农村建设方案可以看成是城乡统筹发展战略，城乡一体化目标的分解动作。尽管从内容、规范、机制等方面仍有许多含糊的地方，但是从这以后，新农村建设作为地方政府推进城乡一体化，统筹城乡发展的一项具体且重要工作得以轰轰烈烈的开展。

同时，在政策层面，2006 年 10 月，党的十六届六中全会提出了"积极推进农村社区建设"的要求；2007 年 10 月，党的十七大确立了"要健全基层党组织领导的充满活力的基层群众自治机制，扩大基层群众自治范围，完善民主管理制度，把城乡社区建设成为管理有序、服务完善、文明祥和的社会生活共同体"，以及"统筹城乡发展，推进社会主义新农村建设"的发展思路。各地方政府根据实际情况，制定本地农村社区建设的具体政策，比如浙江省委、省政府《关于推进农村社区建设的意见》（浙委〔2008〕106 号）中对推进农村社区建设的意义，指

---

① 陈伟东、谢正富：《三个需要：城乡一体化的经济社会条件分析》，《社会主义研究》2012 年第 2 期。

导思想、基本原则和总体目标，注重农村社区建设的统筹规划、加强农村社区基础设施和公共服务设施建设，完善农村社区民主治理机制，构建农村社区服务体系，繁荣发展农村社区文化和建立农村社区建设的保障机制等若干内容做了详细规定。

第九章

新乡村主义与农村社区建设的浙江经验

很长时间以来，中国乡村主要是在现代性语境下所形成的对农业、农村和农民问题的理论讨论以及民间和官方的实践，出现了各种"问题化"。如今，越来越多的人意识到"三农"、城市化、现代化之间不是割裂的，而是密不可分的，比如发达国家城市化率超过 70%（农业传统国家往往超 50%）的时候，传统的农村乡土文化、田园风光、农业景观就成为稀缺的资源，农村似乎更适合人们居住，于是不少城里人开始"返乡"。诸如此类的"逆城镇化"现象在我国开始逐步明显，主要包括以下几种现象：一是乡村休闲旅游人数大量增加，据不完全统计，2015 年全国休闲农业和乡村旅游接待游客超过 22 亿人次，营业收入超过 4400 亿元，从业人员 790 万，其中农村从业人员 630 万，带动 550 万户农民受益。二是从大城市到小城市和乡村异地养老的现象越来越多，城市老年人结伴搭伙到气候宜人、舒适安逸的乡村和小城镇居住，随之越来越多的"健康养护中心"涌现，深受老年人喜爱。三是城里人到乡村、小城长期居住，带动乡村重新繁荣。在我国云南、贵州、四川、海南、广西等省区，乡村中都出现了一些来自全国各地形形色色人的聚居点，这些城里人的到来，使乡村生活重新活跃起来。四是一些进城农民工、中高等院校毕业生、退役士兵以及科技人员等返乡下乡创业和就业，推动了农村一二三产业的融合发展。我国的城镇化，在总体上可能还没有到达"逆城镇化"的阶段，但"逆城镇化"现象却已经在很多地方、以多样化的形式、越来越多地呈现在我们面前，并预示着未来的发展潮流。①

"逆城镇化"与我国顶层设计要求的城乡一体化、美丽乡村建设本质是一致的。健康的、新型的城镇化要求城市与农村互补式，协调化发展，农村不再是以城市化的名义一味地被置于"终结""边缘"的语境下。新乡村主义思潮逐步兴起，成为反思现代主义的一种思潮，并迅速成为一项乡村生活方式、乡村价值重建，农村复兴的社会工程。

第一节　"新乡村主义"思潮

进入 21 世纪以来，中国经济社会的变迁加剧，工业化和城市化急剧发展，资本和产品的海外输出趋势日益明显，乡村作为经济体在国民经济中的相对意义急剧下降。现代化路径中的乡村无奈地服从工业化和城市化，乡村的各种资源不断流失，乡村逐渐被工业和城市奴役为贫瘠的沙漠，呈现出了明显的被次生殖民化的趋势。在此情况下，农民群体中的很大一部分人成了显性的弱势群体。在此语境下汇流而成的"三农"话语开始由农业如何促进国民经济的发展迅速地演化成了以保护农民权益为核心的"新三农"话语。以农民权益保护为出发点的民粹主义潮流开始出现，民粹与国家政治相结合促进了一系列有利于农民生计的政策出台。与此同时，伴随对农民权益的关切以及对工业化、城市化在文化、环境、经济等方面对乡村的破坏又引发了乡村建设的潮流。这一"新三农"话语与这个时期的乡村建设在很大程度上开始抛弃传统中国乡村主义追求现代性的基本内涵，形成了具有后现代性特点的"新乡村主义思潮"②。类似的表述有"新乡村主义""新乡土主义""新农村主义"等。

一　新乡村主义的内涵

"新乡村主义"是上海交通大学规划建筑设计研究院总风景园

---

① 李培林：《逆城镇化大潮来了吗?》，http：//www.aisixiang.com/data/103157.html。
② 李小云：《新乡村主义的兴起：乡村衰落的终结?》，《中国乡村发现》2015 年第 5 期。

林师周武忠教授 1994 年在江阴市的乡村景观改造和自然生态修复试验中提出的景观设计观，主要强调介于城市和乡村之间体现区域经济发展和基础设施城市化、环境景观乡村化的规划理念。如在乡土文学上，曾经出现过"乡村哲学"或"新乡村主义"的提法。在旅游产品和房地产促销上，也有人用过"新乡村主义"的名字，是指介于都市生活和乡村生活之间的新旅游文化，但这仅仅是一种营销概念。笔者在这里提出的新乡村主义是一个关于乡村建设和解决"三农"问题的系统的概念，就是从城市和乡村两方面的角度来谋划新农村建设、生态农业和乡村旅游业的发展，通过构建现代农业体系和打造现代乡村旅游产品来实现农村生态效益、经济效益和社会效益的和谐统一。

"新乡村主义"成为一流行名词，为一种乡村的生活方式和一个乡村价值重建和农村再生的社会工程，包括乡村治理、乡村重建以及乡村产业的多功能孵化。新乡村主义的核心是"乡村性"，即无论是农业生产、农村生活还是乡村旅游，都应该尽量保持适合乡村实际的、原汁原味的风貌。乡村就是农民进行农业生产和生活的地方，乡村就应该有"乡村"的样子，而不是追求统一的欧式建筑、工业化的生活方式或者其他的完全脱离农村实际的所谓的"现代化"风格。

类似的学者，如吕新雨等知识精英们则更愿意使用"新乡土主义"，其包含几个层次的内容：第一，在新的历史条件下重新建立城乡互动的、相互哺育的良性关系。这个良性的关系，不是把乡村变成城市，也不是把城市变成乡村，而是在保存乡村既有的文化多样性、物种多样性、生物多样性和生存方式多样性的情况下，使得乡村能够成为更适合人类居住的地方。第二，新乡土主义是在保持乡土社会的社区性的同时，发展建立在小农基础上的有机农业，它以小规模、物种多样性为基础，以小规模辐射的"在地经济"为主要服务对象，以建立健康的、有机的、人格化的食物生产体系为目标，重新建立新型的城乡互相哺育的互动关系。①

---

① 吕新雨：《新乡土主义，还是城市贫民窟?》，《开放时代》2010 年第 4 期。

二　新乡村主义思潮的发展

中国当代的新乡村主义思潮主要有三个流派①：第一个是国家发展主义的乡村主义。这一流派虽然有着明显的现代化的标志，如新农村运动、各种乡村发展计划和工程，但是国家现行的发展主义乡村建设是基于工业支持农业、城市反哺农村这样一个理念来推动的，其标志是农村税费改革以及一系列惠农政策的出台。也就是说，当农业和农村在经济上已不再成为国家发展主义的主体资源时，国家发展主义也会将农民的保护作为其理念之一，国家治理逐步从获取乡村资源回落到向乡村返回资源。

第二个流派是为民粹主义的新乡村主义。在国家发展主义政策不能应对快速工业化和城市化对农村和农民所产生的消极影响的情况下，民粹主义思潮快速发展成为了近十年中国乡村发展中的主流话语。民粹主义以土地、劳动力、资本流动等转型问题为焦点，建构了失地农民、留守人口、城市贫困等一系列民粹话语。民粹新乡村主义思潮迎合大众对国家发展主义的不满，利用学术的话语的制造并在媒体的放大下推动了"新三农问题"的公众化。民粹主义的新乡村主义一方面唤起了公众对乡村未来命运的关切，促进了一系列国家发展政策的改进，但同时也加剧了城乡意识形态话语的结构化，助长了公众对转型问题的不满，在客观上助长了社会的对立情绪。

第三个流派，严格意义讲是后现代新乡村主义。后现代新乡村主义不同于国家发展主义和民粹主义的新乡村主义，后现代新乡村主义表现出很大程度的去政治化取向，他们更多地关注乡村在快速工业化和城市化进程中文化的消失、古村落的失修和环境的破坏以及人才的流失等问题。这一流派并不明显地表现在话语层面的舆论宣传，而多体现在各种形式的上山下乡的乡建活动中。

中国的新乡村主义思潮是中国现代化进程中城乡政治经济均衡中呈现的新型的国家和社会的互动运动。与传统的乡村主义的命运不同的

---

① 对此，学界目前仍未有比较明确的论述，主要参考李小云《新乡村主义的兴起：乡村衰落的终结？》，《中国乡村发现》2015 年第 5 期。

是，在基本的生产关系调整完成以后，多样性的乡村建设将会对乡村的未来提供有益的引导。一旦新乡村主义的思想和行动找到与国家和市场的有机结合点，乡村的衰落有可能逐渐缓解。

第二节　新农村建设战略与农村社区建设的浙江经验

一　新农村建设的国家战略

2005 年 10 月，党的十六届五中全会通过《中共中央关于制定国民经济和社会发展第十一个五年规划的建议》，明确了今后五年我国经济社会发展的奋斗目标和行动纲领，提出了建设社会主义新农村的重大历史任务，为做好当前和今后较长时期的"三农"工作指明了方向。全会从宏观层面提出了"生产发展、生活宽裕、乡风文明、村容整洁、管理民主"的二十字要求，明确了新农村建设的目标。从建设路径的角度，全会进一步提出了四个要求："推进现代农业建设，全面深化农村改革，大力发展农村公共事业，千方百计增加农民收入"。其中现代农业建设是新农村建设的产业基础建设；深化农村改革是新农村建设的动力支撑；大力发展农村公共事业是新农村建设的主要领域；增加农民收入，全面提高农民生活水平，是新农村建设的最终目标。

就操作层面的具体建设任务看，建设新农村既涉及硬件建设，也涉及软件建设，应当包括六个方面的内容，即新设施、新环境、新房舍、新公共服务、新社会保障和新精神风貌。只有这六个方面的建设都取得了重大的进展，我国社会主义新农村才会有一个全新的风貌，农村小康社会和我国和谐社会才会得到较高程度的实现。[1] 新农村的"新"可以从三个方面去加以理解，即新结构、新功能、新主体，其中新结构主要指新的生产结构、新的社会管理结构、新的行政管理结构、新的知识和观念结构。新功能主要指农村社会结构的功能转换或更新，功能转换主要包括：第一，农村生产组织从以供给为主的功能转向供给与需求满足相结合的功能；第二，农村基层政府功能的更新，基层政府和政治组织

---

[1]　柯炳生：《对新农村建设的若干思考和认识》，《山东农业大学学报》（社会科学版）2005 年第 4 期。

的功能要从管理为主转向服务和管理相结合；第三，农村社会组织自治功能的提高。新主体就是使农村社会主体的结构得以转型和重新整合，实现农村社会主体的现代化，包括在村农民、"两栖"农民、非农职业者、不在村的农村人、生活不能完全自理的非劳动力，包括未成年的留守儿童和高龄老人等。[①]

那么，建设社会主义新农村的有效途径有哪些？各地如何更好地实现新农村建设的目标呢？政策部门充分意识到农村社区建设是有效推动社会主义新农村建设的途径，要建设好社会主义新农村则必须充分发挥农村社区建设的作用。为此，2006 年 10 月，党的十六届六中全会《决定》首次以党的报告形式提出"积极推进农村社区建设"。同年，民政部开始在全国开展农村社区建设实验工作，先后确定了 300 多个国家级实验县（市、区）。接着党的十七大、十八大和十八届三中、四中全会都对农村社区建设做出部署。为贯彻落实党的十八大和十八届三中、四中全会精神，创新农村基层社会治理，提升农村公共服务水平，促进城乡一体化建设，2015 年中共中央办公厅、国务院办公厅印发了《关于深入推进农村社区建设试点工作的指导意见》（中办发〔2015〕30号），标志着我国农村社区建设试点工作开始进入规范发展的新阶段。2017 年 4 月 4 日，中共中央、国务院下发《关于加强和完善城乡社区治理的意见》，这是新中国历史上第一个以党中央、国务院名义出台的关于城乡社区治理的纲领性文件，更加突出了城乡社区作为社会治理的基本单元的重要作用。

二　农村社区建设的浙江经验[②]

自 2008 年以来，浙江省全面推进农村社区建设工作，强调在党委、政府主导下，着力推进以改善民生为重点的农村社会建设，以发展农村基层民主化为目标的基层群众自治制度建设，以推进城乡基本公共服务均等化为导向的农村公共服务体系建设，以形成和谐的社会生活共同体为取向的农村文明建设。在推进城乡社区一体化建设中，积极把农村社

---

① 陆益龙：《社会主义新农村建设的背景、模式及误区——一种社会学的理解》，《北京大学学报》2007 年第 5 期。

② 十分感谢浙江省民政厅基政处提供的调研材料。

区建设纳入到"十二五"规划，把农村社区治理纳入"十三五"发展规划中，对农村社区建设的资金投入、服务设施、服务队伍、服务保障等各个机制上予以统筹考虑，积极推动政府公共资源和管理职能向农村社区的均等化延伸。

1. 农村社区建设的主要成效与经验

浙江省农村社区建设至今已经有十余年时间，并取得了巨大的成就，基本形成了设施完善、功能配套、机制健全、数量全覆盖的农村社区建设格局，农村社区逐步成为广大农村基层治理模式、综合服务平台和农民生活共同体。从经验层面上看，浙江省域范围的农村社区化建设主要着眼于：制度化设计、社区服务设施体系、社区治理机制、社区运行保障机制、社区治理与服务能力建设等几大方面。

第一，初步形成了农村社区的制度化建设框架。近十年来，浙江省委、省政府及城乡社区建设工作领导小组加强理论研究，完善政策创制，先后下发了《关于推进农村社区建设的意见》《浙江省城乡社区服务业"十二五"发展规划》《关于加强农村社区服务中心建设的通知》《关于农村社区布局规划编制的指导意见》等政策文件，对农村社区的布局规划、设施建设、服务机制及保障措施等提出了明确要求。2012年3月省人大常委会新修订了《浙江省实施〈村民委员会组织法〉办法》和《浙江省村民委员会选举办法》，特别单列一章规定了"农村社区建设"，其中对农村社区职能定位，村民委员会、基层政府以及相关单位支持和参与农村社区建设的职责，农村社区建设和服务经费保障等，作出了明确规定，为农村社区建设提供法律保障。

第二，初步构建了社区服务设施体系。以县（市、区）为单位，完成农村社区布局规划编制工作，以"一村一社区"为主、"多村一社区"为辅，组织农村社区建设。坚持规划引领，加快乡镇和村级社区服务中心建设，目前全省共建成农村社区服务中心19647个，覆盖25196个村，杭州、温州、湖州、衢州等地实现全覆盖。加快农村社区养老、卫生、文化等配套设施建设，建成了居家养老服务照料中心1.1万个，农村居家养老服务站1.3万个，农村社区卫生站1.8万个，农村文化礼堂3400多个，基本实现了综合服务全覆盖。

第三，创新完善了农村社区治理机制。以基层党组织为领导核心，全面推行村民委员会"自荐直选",完善"五议两公开"决策程序,推行重大事项村民票决制。围绕农村公共事务和公益事业,引导居民广泛协商,涌现出余杭"村务会商"、温岭"民主恳谈会"、德清"乡贤参事会"等经验案例。在所有村建立村务监督委员会,建立健全村务决策、村务公开、"三资"管理等全方位监督和规范村级小微权力运行的有效机制。此举为2010年全国人大常委会修订《村民委员会组织法》提供了重要的样本和经验。加快推进"三社联动",积极倡导社区社会工作,加大购买服务、公益创投、项目资助力度,培育了一批农村社区社会组织,宁波市在外来人口达到100人以上的村全部建立和谐促进会、共建理事会,促进外来人口与本地居民融合,瓯海、柯城等地探索联合性社区社会组织。目前,全省农村社区社会组织近5万个,在农村社区治理中发挥了积极作用。

第四,建立健全了农村社区保障机制。2008年,省委、省政府建立了"省城乡社区建设工作领导小组",加强领导和统一部署。市、县普遍成立以党政领导为组长的领导协调机构,形成了党政主导、民政牵头、部门配合的城乡社区建设组织领导体制和运行机制。建立健全以财政为主、多元主体加大投入的经费保障机制,各级公共财政、福彩公益金和集体经济等加大对农村社区建设投入。2014年,省、市、县三级财政补助农村社区运转经费18.2亿元。集体经济收益优先保障社区公共支出。从今年开始,进一步提高农村社区运转经费标准,人口在1500人以上的村不少于10万元、其他村不少于5万元。

第五,有效提升了农村社区治理与服务能力。全省各个区县全面推行"一站式""组团式"和全程委托代办等服务方式,加强服务队伍建设,余杭、萧山等地探索农村社区服务队伍专职化,参照城市社区做法配备服务力量。创新服务方式方法,实现96345社会公共服务信息平台全省联网,热线服务向农村延伸,累计话务量达2000万人次。全面开展社区机构牌子多、创建达标多、考核评比多等"三多"集中整治,实现了所有农村社区门口只挂3—4块牌子,杭州、宁波、温州、湖州、嘉兴、台州等地建立了社区工作"准入制"。加强社区工作事项清单制度研究,梳理了社区依法履行和协助党委、政府工作事项,努力从源头上减轻社区负担。

2. 农村社区建设存在的主要问题与不足

总体来看，浙江省农村社区建设取得了的阶段性成效，其中不少做法上成为引领全国的先进经验。面对适应经济社会发展新常态，发展新型城镇化的新阶段，创新农村社会治理新要求，农村居民过上更加美好生活的新期待，浙江省相关部门还是深刻认识到省域范围内的农村社区建设还有不少问题与不足。

第一，对农村社区的理解不够到位。与城市相比，农村社区建设起步较晚，国家层面的农村社区建设处在深入试点阶段，虽然在浙江省全面实践已有十年时间，其目标要求、功能定位及工作边界逐渐清晰，但是总体上是先行先试，缺乏现成模式和成熟经验可供借鉴，农村社区建设系统性的理论和政策支撑不够完善，一些党政领导及民政业务人员对农村社区建设的重要性和紧迫性认识不足，对"怎样推进农村社区建设"缺少办法；一些乡村干部对农村社区建设与社会主义新农村建设、城市社区建设、村民自治的关系把握不好，认识上存在偏差，工作上或是被动应付，或是片面执行，重硬件投入、轻软件建设，在一定程度上影响了农村社区建设深入推进。

第二，农村社区布局规划不尽合理。虽然各地根据实际，提前编制了农村社区布局规划，但是在一些地方仍然存在布局规划不够合理，管理幅度过大或过小等问题。全省采取"一村一社区"形式的农村社区18446个，其中人口在1000人以下的村占一定比例，这些社区由于管辖范围过窄、服务人口过少，不利于公共资源优化配置和社区服务提升。采取"几村一社区"形式的农村社区1201个，覆盖6750个村，平均覆盖5.6个村，管理幅度过大，甚至个别农村社区管辖20多个村、5万—6万人，严重影响了社区服务的可及性。在一些农村居民跨村跨镇集中居住区，也出现了社区服务管理覆盖不到，存在"真空"现象。

第三，农村社区服务水平仍然偏低。与城市社区服务相比，农村社区仅仅提供基本公共服务，社会化、专业化、信息化服务严重不足，落后地区情况更加突出。在一些地方，乡镇（街道）社区服务中心综合服务能力不强，特别是缺乏群众有需求、一般社区无法提供、专业性较强的个性化服务设施。少数落后地区农村社区服务中心建设滞后，服务场所面积不足350平方米，且设施分散、不便、功能单一，甚至一些社区服务中心常年大门紧闭，农村居民社区服务的获得感较低，影响了对农村社区的认同。

第四，农村社区治理机制有待完善。在农村社区建设中政府主导、自上而下推动形成的惯性较强，政府、社会、自治组织以及居民共同参与社区建设的机制不够健全，政府依法行政与社区居民自治职责关系有待进一步理顺，社区负担过重问题较为突出。居民社区参与不够活跃，个体的、非制度性较多，特别是非户籍居民社区参与"门槛"较高，渠道不通畅。社会力量协同不够，各类社区社会组织数量较少、作用发挥不够。据统计，目前平均每个农村社区有社会组织2.6个，远低于城市平均每个社区16个的水平。

第五，农村社区基础保障较为薄弱。农村社区普遍存在人财物等保障不足的问题，严重制约农村社区建设深入推进。大部分农村社区服务力量配备不足，专职化、专业化程度较低，2014年全省46868名专职农村社区工作者中持有（助理）社会工作师证书的仅1110人，"持证率"2.3%，远低于城市社区35%的"持证率"水平。农村社区建设多元投入机制不够完善，农村社区服务经费离实际需要仍有较大的缺口，特别在落后地区资金保障政策落实不到位，村集体经济薄弱，农村社区建设与正常运转经费问题更加突出。在调研中，一些社区书记、主任向我们反映，除周末外，平时根本不敢开放社区阅览室和活动室，因为支付不起电费。

3. 深化农村社区建设的主要思路与对策

浙江省坚持以习近平总书记系列重要讲话精神为指导，肩负起"干在实处永无止境，走在前列再谋新篇"的新使命，进一步统一思想认识，继续发挥好浙江优势，坚持改革创新，结合全省推进新型城镇化、"小城市"培育、"特色小镇"和"美丽乡村"升级版，切实强化工作举措，全力推动全省农村社区建设更进一步，再快一步。

第一，处理好"三对关系"，进一步深化思想认识。2015年4月中办、国办印发了《关于深入推进农村社区建设试点工作的指导意见》，把农村社区建设作为社会主义新农村建设的重要内容，推进新型城镇化的配套工程，夯实党的执政基础、巩固基层政权的重要举措。浙江省提出，农村社区化建设应妥善处理好"三对关系"：

一是农村社区建设与社会主义新农村建设的关系。中央对新农村建设提出了"生产发展、生活宽裕、乡风文明、村容整洁、管理民主"的目标要求，农村社区建设则是打造"管理有序、服务完善、文明祥和的社会生活共同体"。应该说新农村建设内容更为广泛，农村社区建设有其独特角度和侧重点。对于新农村建设来说，农村社区建设是其重要内容，或者说是重要路径，从开展社区服务实现"服务完善"来看，则是对新农村建设"二十字方针"的重要补充。另一方面，新农村建设在浙江省，物质层面上表现为大力开展"千万工程""美丽乡村""三改一拆"和"五水共治"等，精神层面为文化礼堂建设和古村落保护等，农村社会服务管理体制层面为"社区制"的起步与逐步覆盖。因此，农村社区建设作为社会主义新农村建设的基点、平台和抓手，对于把新农村建设引向深入、落到实处，具有重要意义。

二是社区治理与村民自治的关系问题。新中国成立以来，我国农村基层组织与管理体制经历三次变革：第一次是社队制（1958—1982年）；第二次是村组制（1982年至今）；第三次是社区制，是构建与市场经济体制及城乡一体化发展相适应的城乡社区制度，进一步通过完善社会服务来体现管理。对于浙江这个经济较为发达、人员大量流进流出的省份，在农村实行社区治理，能够较好地解决村组制因集体利益而形成的"封闭性"和"排外性"，通过将集体经济组织从原有村民自治组织中剥离，对所有居民一视同仁，把流动人口统一纳入社会服务管理范围，建立健全参与机制，实现共建共治共享。

三是农村社区建设与城市社区建设的关系问题。国家对城市和农村社区建设的总体目标和任务要求是一致的，推进城乡一体、统筹城乡社区建设是大势所趋。较之于城市社区建设，农村社区建设形式更加多样、模式更加多元、内容更加广泛、任务更加艰巨。因此，农村社区建设与城市社区建设既是一种过渡演进关系，又是师承借鉴关系，城市社区建设的经验具有普遍性意义，但农村社区建设又有着特殊性。在推进中，可以借鉴城市社区建设的理念和经验，但不能简单移植，必须从农村社区建设的实际情况出发，合理确定工作目标，选择合适路径分类分步推进。

第二，坚持分类分步，进一步明确推进路径。据测算，到2020年，浙江省常住总人口规模将达到 5800 万人，城市化率达到 72% 左右，城镇常住人口规模将达到 4100 万—4200 万人，农村常住人口规模将缩小到 1600 万—1700 万人。因此，必须紧密结合城镇化和大量人口逐步向城镇集聚的实际，根据广大农村不同发展阶段和基础条件，因地制宜、分类分步推进不同农村的社区建设。

一是城镇郊区的农村，向城市社区过渡。这类农村主要分布于城镇规划区或者相邻地区，受城镇经济社会发展的辐射，集体经济发达，基础设施较好，外来人口数量较大。这一类农村的社区建设，应该在加快旧村改造和居民区建设、集体经济股份制改造、城市基础设施和服务管理向农村延伸的基础上，按照城市社区建设的标准，统一招聘建立一支专职工作者队伍，加大社区建设投入，增强社区服务功能，对户籍居民和非户籍居民实施统一的社区化管理，促进农民向市民转变，为过渡演变到城市社区打下基础。

二是平原地区的农村，为农村社区体制改革做准备。这类农村主要分布在杭州、嘉兴、湖州、绍兴、宁波、金华盆地的集镇周围。这类农村大多农业化区域特色明显，家庭工业较为发达，交通等基础设施条件完善，居民点较多且分散，集聚了数量不等的外来人口。这一类农村的社区建设，应该加快推进农村集体经济股份制改革和户籍制度改革，实行"社经分离"，为推进农村社区体制改革做准备。农村集体资产股份制改革和户籍制度改革到位后，可以撤销原有的村党组织和村民委员会，设立社区党组织和居民委员会，统一社区化服务管理。在社区服务上，可以参照城市社区，加大财政和集体经济投入，完善社区服务设施、服务队伍和服务制度。

三是山区、半山区和海岛农村，提升社区服务能力。这类农村主要分布在衢州、丽水、温州南部、舟山以及其他沿海农村，普遍存在地理位置偏远，基础设施落后，公共服务不足，农村居住分散等情况。这类农村的社区建设，要注重完善社区布局规划，引导农民居住集中，以规划为引领，合理安排基础设施建设和有效配置公共服务资源，提升社区服务能力。当前的重点是着力解决农村社区公共产品供给和公共服务能力不足的突出问题，进一步做好社区服务中心建设，依托机关、事业单位下派干部、村干部、大学生"村官"、便民服务代办员等建立社区服务队伍，面向农村居民提供各类社区服务，通过社区建设提升居民生活质量。

第三，坚持改革创新，进一步强化工作举措。不断深化农村社区体制机制建设，增强社区服务功能，完善社区治理，促进群众在城乡社区治理、基层公共事务和公益事业中依法实行自我管理、自我服务、自我教育、自我监督。

一要积极稳妥推进农村组织和管理体制改革。适应新型城镇化和户籍制度改革，推动农村社会管理体制从"村民自治"向"社区治理"转变。①有序推进"撤村建居"。加强立法和政策研究，制定全省性的指导意见，进一步规范"撤村建居"条件、程序及要求。加快推进农村集体经济股份制改革，促进农村居民"社经分离"，对一些条件成熟的城市郊区、城镇郊区农村和城中村，应及时实施"撤村建居"工作，建立社区党组织和居民委员会，统一实施社区化服务管理。②加快社区服务管理全覆盖。在农村居民跨村跨镇集中居住，并形成一定规模的区域，要根据居民大多已经迁出原村民委员会、服务管理覆盖不到的实际，及时建立社区党组织和居民委员会。提前规划社区布局和社区服务中心建设，开展社区服务管理。③适度调整优化社区规模。充分考虑服务可及性与资源整合配置，根据管理人口适度、区域相对集中、服务半径合理、资源配置有效、功能相对齐全的原则，及时调整优化社区规模，防止社区规模过大或过小的问题。原则上人口规模在 2 万人以上、管辖范围过大、服务难以覆盖的社区要适度调整社区规模；人口在1000 人以下、管辖范围过小的平原地区农村社区要适度合并。

二要切实加强农村社区服务能力建设。社区服务是提升社区凝聚力、认同感的核心，也是农村社区建设的薄弱环节，必须切实加以解决。①加快完善服务设施。结合农村社区布局规划，加快推进农村社区服务中心全覆盖。充分利用农村闲置资源，通过投资新建、整合改造、资源共享、综合利用等多种措施，进一步扩大社区服务中心面积，增强服务功能。加快 96345 社会公共服务信息平台全省联网，推动服务向农村延伸，为农村居民提供便捷、优质的热线服务。②切实加强服务队伍力量。根据农村实际，整合统筹现有各部门各条线在农村配备的服务力量，建立一支以村主职干部、大学生"村官"等为主要力量的服务队伍，实行"专职化"管理，一般每个农村社区确保至少有2名专职工作人员。有条件的地方，可以参照城市社区建立专职社区工作者队伍，按照服务人口配备服务人员，加强服务人员教育培训，建立健全社区服务机制。③建立健全服务体系。依托农村社区服务中心，普遍推行基本公共服务，结合农村居民生产、生活需要，丰富市场化便民利民服务，发展居民参与志愿服务。当前，重点要发展好农村养老、医疗卫生等服务，建立健全留守老人、留守儿童、留守妇女等群体"一对一"关爱帮扶机制，广泛发动农村社区组织、社会组织、群团组织、志愿组织和居民等参与留守人员的权益保障和关爱服务。

三要创新完善多元参与的农村社区治理机制。坚持和完善基层党组织领导的群众自治机制，不断激发社会活力，鼓励和支持社会各方面参与，实现政府治理和社会自我调节、居民自治良性互动。①建立社区工作事项清单制度。制定全省统一的社区工作事项清单，明确政府与社区组织的职责边界，积极转变政府职能，保障社区依法自治。加强对党委、政府及部门涉及社区工作事项的公布、审核把关和监督落实工作，确保"清单之外无事项"，从源头上减轻基层负担。②深化村民自治机制。扩大民主参与，全面推行村民委员会"自荐直选"，建立防止和查处贿选和破坏选举等违法违纪行为的有效机制，保障基层民主健康有序发展。规范"五议两公开"议事决策程序，普遍推行村级重大事务村民票决制，保障居民的参与权、决策权和监督权。加强村务监督机制建设，建立健全村务质询、述职、民主评议、集体财务审计等制度。在条件允许的地方，可以探索建立社区工作第三方测评机制。全面推进村规民约、社区公约制定修订工作，发挥其在城乡基层社会治理中的积极作用。③培育发展社区社会组织。加快推进"三社联动"，通过简化登记备案程序、实施购买服务、资金扶持、提供场地等方式，积极培育发展一批农村社区社会组织。依托农村"老年协会"、慈善理事会、乡贤参事会等，探索建立服务型、联合型社区社会组织，推动形成多元参与、共建共治共享的社区治理新格局。

四要积极推进社区协商民主制度化。丰富民主协商的内容和形式，完善民主协商制度，拓宽多方参与的协商渠道，推进基层协商民主广泛多层制度化发展。①明确多层协商机制。在实施与广大居民利益息息相关的公共决策前，应该邀请基层自治、社会组织代表参加，通过听取意见建议、对话沟通等形式开展民主协商。在社区层面，应该建立健全公共事务和公益事业民主协商机制，对凡是需要民主决策的重大事项，都应事先进行民主协商。②规范基层协商程序。坚持"重大事项不协商不决策，重大决策不协商不实施"的原则，把协商作为基层公共决策前的前置条件和必经程序，进一步规范议题提出确定、协商形式、对象范围、沟通协商等流程。协商前，进行重要事项通报、听证、意见征集等信息沟通，做到协商各方信息对称。③建立基层协商运行机制。建立基层协商的事前信息公开、理性诉求表达、意见建议处理、结果落实反馈和跟踪评估考核等运行机制，落实检查和督办制度，加强协商过程监督，确保基层协商制度取得实效。

　　五要不断加强农村社区建设工作保障。理顺组织领导体系，健全工作责任机制，整合各方资源力量，形成整体工作合力，为全面推进基层民主制度建设提供坚强保障。①强化工作责任落实。健全党委、政府统一领导下，组织部门抓总引领、民政部门牵头指导、有关部门配合的领导体制。省市县党委、政府要定期研究基层自治组织建设工作。县（市、区）委书记要认真履行第一责任人的职责，乡镇（街道）党（工）委书记要认真履行好直接责任人的职责，有力推动基层自治组织建设。②强化"十三五"规划引领。加强城乡社区建设课题研究，坚持城乡统筹、提档升级的要求，科学编制城乡社区治理"十三五"规划，提出"十三五"期间我省城乡社区治理的主要目标、基本原则、工作要求和重点任务，推动人财物等各类资源进一步向社区倾斜，特别是向落后地区基层倾斜，加大经费投入，保障城乡社区深入发展。③强化社区文化认同。以培育和践行社会主义核心价值观为根本，发展各具特色的农村社区文化，丰富农村居民生活，增强农村居民的归属感和认同感。深入开展精神文明创建活动，树立良好的家风，整理和挖掘村史、村训，创新和发展乡贤乡土文化，弘扬公序良俗，形成健康向上、开放包容、创新进取的农村社区新风尚，动员农村居民积极投身生态美、生产美和生活美的"美丽乡村"建设，凝聚有利于农村社区发展的内在动力和创新活力。

第三节　农村社区建设的进一步思考

国家发展主义将农村、农民、农业的保护作为治国理念之一，国家治理逐步从攫取农村资源回落到向农村返回资源，并将"新农村建设"的行动计划布置给各地方政府。如今，统筹城乡发展和建设社会主义新农村战略提出已有十余年历史，地方政府在推进过程中主要以农村社区化建设为主。那么，在各地大张旗鼓开展的农村社区化建设，其本质是什么？社区化进程中暴露的问题有哪些？如何评估？这是我们试图讨论的问题。

一　农村社区建设的内涵

据德兰蒂（Delanty）整理与分析来看，"社区"的内涵主要有四种解释方式：第一，社区研究的典型方式，但同时反映社群主义哲学，把社区和一些不利城市群体联系，需要政府支持性回应和市民的自愿主义，如社区再造、社区健康计划等。社区被看成是社会的一部分，需要主流社会的帮助。第二，文化社会学或者人类学的，强调社区的文化认同。这种方式强调是在"我"和"他们"的社区。第三，后现代政治学和激进民主所引发的，把社区看成是政治性的觉醒和集体行动。这种方式的重点在于集体性，反对非正义。第四，还不是很清楚的方式就是全球交流、跨国运动和互联网所带来的，社区成为国际化的，建立新的邻近和距离关系。在这种发展中，技术扮演了很重要的作用。① 在"社区"研究这一知识背景下，我们把目光投向国内，来看看我们的主流话语体系是在什么意义上使用"社区"概念。

从政府的政策文本定义来看，农村社区被定义为"由一定的地域人群、按照相近的生产和生活方式、实行共同的社会管理与服务所构成的农村基层社会生活共同体"。② 从农村社区建设地方性研究来看，常使用的概念有社区化服务、社区化管理、社区化建设，社区化发展等。对

---

① Delanty，G. 2009. *Community*. London：Routledge：38-56.
② 参考《中共浙江省委、浙江省人民政府关于推进农村社区建设的意见》，浙委〔2008〕106 号。

于"社区化"的应有之义，多数人试图从质性的角度来定义，要把农村社区化理解为把"传统农村"化为"新型农村社区"。那么这种新型农村"新"在哪里？它是否还是农村？如果不是"农村"，那么，是不是可以定义为"城市"？对此，一些地方已经将新型农村社区纳入城镇体系，认为新型农村社区是五级城镇体系的最后一级，即国家区域性中心城市、地区中心城市、县域中心城市、中心镇、新型农村社区。① 如此定位尽管存在诸多不妥之处，② 但还是有不少人认为新型农村社区就是城乡之间的过渡形态，其最终目标还是农村城市化，把农村变成"城市"。与此不同的是，不少学者突破这种单向的从农村到城市的思维，进一步形成以下几个意见：第一，从文化多样性角度来看，村庄作为乡村生活的展示地，与城市是一种互为补充、互为需要的关系；从发达国家来看，村庄常被作为城市生活的替代性选择；第二，从生态角度来看，农村的"绿化"，使得农村日益成为必要的环境保护地区，是一个兼具生态、环境、生活功能的地方；第三，从政治角度看，由农村土地集体所有制、农村福利体系缺失、传统共同体的遗存等共同编制的村庄的另一个功能即为：流动人口的最后保障；第四，社会学和人类学对社区的解释是把它作为一个政治或者文化实体，社区表达了社会的必要性，而非它的对立面。③

本书注意农村社区建设的提出至少基于以下几个判断：第一，承认村庄存在的必要性，即农村社区是整个社会生活系统的必要组成部分，与城市并不是对立的关系，而是相互补充、互为依存。因此，城市化的目的不是要消灭村庄，而是要保存村庄。第二，作为一个政治性的单位

---

① 2012年01月13日农业部会同农村改革试验区工作联席会议成员单位日前批复了北京市大兴区等24个农村改革试验区和试验项目，河南新乡也是其中之一。河南省以此为契机，大力探索新型城镇化道路，提出了所谓的五级现代城镇体系建设。

② 比如新型农村社区既然是城市，社区村民就要完全市民化，就要享受与城市居民相同的住房、教育、医疗、社会保障等公共服务，这一点不但财力上政府无法负担，而且农村社区偏离中心城区，社区人数较少，规模效应低，过多投入也必然导致资源的浪费。况且如此定位，与户籍制度、农村土地流转制度等当前的制度体系存在明显的矛盾之处，这些制度不改革，社区村民市民化就不可能实现。因此，从当前的现实来看，最为恰当的做法是暂时将新型农村社区界定为城乡之间的过渡形态，等新型农村社区发展到一定阶段，制度障碍消除之后，其最终定位必然会趋向"城市"。

③ Delanty, G. 2009. Community. London：Routledge：45.

组织，其是国家提供公共服务的基础和依据，明确的社区边界的意义在于框定公共服务的边界。第三，作为一个文化单元，其将发挥着重要的社会整合作用，促使一定数量人口的集体行为、情感认同成为可能。在这一意义上，社区和文化是一样的，最基本的功能就是维持社会整合。因此，可以说，社区化并不是对村民自治的否定和替代，而是村民自治在其"边际上的创新"，其本质仍然是现代国家对乡村社会的一种民主化整合。① 通过这种整合，地方观念和在家乡生活的意愿而得以加强，导致社会结构的再次地方化：地方社区和小区团体的创意能力增加了。②

因此，我国农村社区既被看成是国家管理农村社会的基础单位，又是统筹城乡一体化发展的基础平台，还是农民生产和生活的全新载体。③ 可以说，"村落再造"关注了村落内生的社会结构和文化传统与现代工业组织和城市社区之间的冲突和共生关系，提醒学界注意到城市化进程中村落变迁的区域差异性。农村社区建设本质上是要解决农村社会的构造问题，或者说如何重塑村庄共同体。那就会涉及三个具体问题，如何构建新的农村制度安排？村庄内部的正常流动？外部力量如何限定新的社会控制的运用方式？不过，我们发现实际上的社区建设却并没有着力于这些方面。

综合分析来看，地方政府统筹城乡发展、建设社会主义新农村的重要举措和路径就是开展新型农村社区化建设。各个地方政府对"生产发展、生活宽裕、乡风文明、村容整洁、管理民主"二十字方针的理解和实践既有经济目标的追求，也有政治规制上的考虑，兼有社会福利上的设计。也就是说，主流的新农村社区化建设主要基于经济效率、公共服务和文化保护等逻辑出发，基本的做法有：第一，从经济效率的角度来论证，农村社区化建设的逻辑是传统农村社区建设是以原自然村或行政村为单元，区域空间狭小，人数较少，不利于公共服务体系的延伸，不利于资源的整合、节约与优化，而采用村庄合并的方式，可以有效解决

---

① 王勇、郭倩倩：《道路通向城市：村落社区化进程中的村民自治及其前景》，《湖北行政学院学报》2012 年第 4 期。

② ［法］孟德拉斯：《农民的终结》，李培林译，社会科学文献出版社 2010 年版，第 276 页。

③ 王金荣：《中国农村社区新型管理模式研究》，博士学位论文，中国海洋大学，2012 年。

了上述问题。① 因此，"合村并居"已经被地方政府作为推进农村社区
建设的重要举措之一。第二，从政府服务供给的角度出发，强调城乡公
共服务均等化，政府需加大对农村基础性服务，包括水、电、路、通
信、技术等投入。公共服务进农村，这被不少地方政府、学者判定为农
村社区建设的实质内容。第三，从文化保护的角度出发，强调农业、农
村文化的城市补充性，即农业发展不仅对城市的粮食安全有着重要的战
略意义，农业、农村风景以及文化作为现代都市文化的异性文化，具有
文化多样性的重要意义。

当然，这些治理方式在维护村庄生产、生活，保存农村文化，推动
乡村复兴的意义不言而喻，但在这些具体做法背后透露出了行政主义、
城市主义的逻辑却值得注意。在此，我们需拷问几个问题：村庄合并的
实质是什么？政府公共服务下乡的意图是什么？乡村旅游给农村带去了
什么？

第一，农村社区化的国家策略是把农村社区建设作为城镇化的前
奏。城镇化是我国现代化的重要路径，是伴随农村人口逐渐向城镇转
移，城镇基础设施和公共服务业同步向农村地区转移的过程。不过基于
城镇化的传统认识以及 GDP 政绩观等要素的制约，城镇化的实践首先
表现在土地城镇化、基础设施城镇化、农村城市化与现代化、提升户籍
居民生活福利等。土地作为农村生产生活的重要基础，对农民来说具有
重要意义，而不少地方合村并居做法的实质是要从农村置换出更多的城
市建设用地；在地方 GDP 增长的现实认定上，加大基础设施投资建设、
加快上各种建设项目成为地方政府对城镇化的首要理解；地方政府城市
化与现代化的重点主要落实在城市本身的建设，需要的是农村劳动力，
而不是农民，因此，各地城市化过程中，一些地方政府通过户籍、教
育、福利等隐性的制度把农民排斥在城市空间之外。

第二，"公共服务下乡"的本质在于社区化进程中的国家重建。随
着公共服务向村庄不断延伸，政府与农村社区的关系也开始重新界定。
需特别注意防止一个趋势的发生，即村庄的再次行政化。随着村庄日益
空心化、衰落乃至被消灭或者自动消亡，1998 年延续至今的村民自治

---

① 林聚任：《村庄合并与农村社区化发展》，《人文杂志》2012 年第 1 期。

制度一度被认为走到了尽头。村民自治制度运行中显露出的国家权力日益退出、政府权威日益淡化则是一个不争的事实。而如今,当政府不得不面对通盘考虑社会整体发展时,发现这种退出和淡化的国家力量和机制需要重新加以强化。当然,历史不允许再回到人民公社时期国家权力直接干涉和介入农村基层的老做法、笨办法,所以选择"公共服务下乡"则是主流的、柔性的、充满正义色彩的选择。

第三,农村社区外在化发展的风险。近年来,乡村旅游作为连接城市和乡村的重要活动,促进了社会资源、文明成果在城乡之间的共享和社会财富的重新分配,被认为是发展农村经济,统筹城乡发展的重要手段,几乎被所有国家强调。在乡村出售其特有的农业生产方式或者生活方式的过程中,社会学可以形成自己的批评意见。把农村/农业作为一个产品来出售,是农村社区生活的外在化,这一过程中可能产生的问题是:农业或者农村生活的目的是满足外来消费者的特性化需求,因而导致村庄生活并不是为了居民生产、交往、生活的需要。这会逐步消解居民的村庄感,导致社区的衰落。

第四,社区建设如何重塑村庄认同。村庄认同是建立在一定的相对明确的边界基础上的,良好的认同可以促进社会团结。影响群体认同的因素有很多,如宗族、家族、人民公社体制的遗产,以及宗教活动等。城市化导致村庄边界的历史或文化标准逐步瓦解,人们常常面临大量的新经验、新的参照群体,新的分层模式。面对这种关系变动、认同产生变化的小型社会,国家试图通过特定的行政体制、精心挑选的领导者及其组织投入大量的资源来大力影响村庄社会结构的形成、村庄边界的变化、个体对共同体的认同。然而,现代主义的基础是个人主义,因此社区的恢复被认为是一种乌托邦。如今,在我国政府和社会努力推动的农村社区建设的成效及其产生的种种可能的结果,是需要加以评估的课题。

二　农村社区化建设的趋势

北大著名社会学教授夏学銮曾断言,如果说20世纪的人类,是从"社区"迈向"社会"即社区社会化发展趋势的话,那么21世纪人类则是从"社会"回到"社区"即社会向社区化发展的趋势。① 由此可见，我国政府目前的两大战略，即城市化和保护农村平衡发展则是充分注意到社区社会化与社会社区化发展的复杂性及其重要意义。我们所说的"社会社区化发展"包含两个层面的含义：一是活化和振兴在现代化过程中退化的、被忽略的城乡社区；二是用社区原则或社区精神来建设大社会，把它建成为人类生命可以依靠、可以信赖，可以在其中诞生、成长、衰老和死亡的温馨家园。②

至于城市化过程强调传统的村庄是现代化的敌人，现代化必然以村庄的消解为前提这一论点，百年前中国的知识分子就对此产生质疑，如梁漱溟一直思考"如何让农民不离开土地也能获得生存空间、社会空间和文化空间，如何最大程度保持乡土社会的有机性，保持社区"的问题。③ 因此，我们的农村社区建设是指把村庄培育成为社会生活共同体，使居民在共同体中有着共同的经济、文化利益，培育利益共识以及维护机制，建构真正的社区功能。因此，农村社区建设的策略可以设定为：重建村庄、复兴农村和福泽农民。

策略一：重建村庄的重点在于重建社区机体内部人际之间和群际之间的有机联系，再造社区自身的活力和价值，激活公民对社区的依恋、认同和骄傲之情。④ 具体包括：村庄概念的重建，包括村庄原理、村庄功能和村庄精神的再认识、再定位；组织重建，村庄内组织、村庄间或外的组织；能力重建，把村庄恢复为一个完整有机体的组织活力，成为一个自给自足、自在自卫的实体，在地理、语言、文化、心理和生活习惯上保持同质性、完整性，防止垂直化组织系统对它的人为肢解和分割；机制重建，包括村庄运行机制和功能机制，前者包括村庄运行动力学、村庄体制关系动力学和村庄环境动力学；后者包括经济、教化、控制、监督和福利功能的培育和发展。

---

① 夏学銮：《中国社区建设的理论架构探讨》，《北京大学学报》（哲学社会科学版）2002 年第 1 期。

② 夏学銮：《中国社区建设的理论架构探讨》，《北京大学学报》（哲学社会科学版）2002 年第 1 期。

③ 吕新雨：《乡村危机与新乡土主义》，《21 世纪经济报道》2012 年 1 月 17 日。

④ 夏学銮：《中国社区建设的理论架构探讨》，《北京大学学报》（哲学社会科学版）2002 年第 1 期。

策略二：复兴农村是要把农村纳入到城乡一体化的视野下，从政治方面来说，通过农村社区建设，重新界定国家与村庄的关系，激发村庄居民广泛参与的热情，复兴地方性自治单位；从经济方面来看，农村社区建设通过发展农村经济，为当地人创造更多的就业机会，激发农村社会内部的需求，实现村庄与市场的有效链接；从社会福利来看，农村社区建设是试图通过农民内部的自助、互助体系，获得自我发展和自我增值的能力，实现社区增权的目的。以社区为主导的乡村发展已经在美国、欧洲国家和澳大利亚被公认是提高落后地区可持续发展和当地人积极应对变革能力的关键因素。

策略三：福泽农民是强调把农民作为农村社区建设的主体，是重建村庄和复兴农村的生力军。村庄重建的重要推动力就在于发挥农民的主动性和积极性，把村庄作为适宜农民生产、生活的居住空间去营造。当然，基于我们的国情，最重要是基本社会保障制度需全部覆盖到农民身上，具体包括医疗制度、养老保障、社会保障、户籍制度的城乡一体化。

结　语

在现代化冲击下，中国尚存的众多村庄究竟有没有未来？需不需要
有未来？这些追问以及对其的回应，共同推动了乡村研究范式从甚嚣尘
上的"村庄终结说"到逐步成型的"村庄转型说"的大转变。研究视
角和范式的这一调整，给乡村研究带来了新的研究议题，推动了乡村研
究的复兴，提升了乡村研究的社会科学地位及其立法角色。

从发达国家现代主义乡村研究来看，普遍强调乡村二元转型，即从
生产主义到后生产主义的单向度转变。这一简化的判断，透露出了强烈
的"去农业化""去社区化"趋势，以至于从 20 世纪 90 年代开始，乡
村研究者们提倡发展更为积极的"第三条道路"，即立足于纵向的国际
农业体系重构和横向的乡村社区转型两股力量的交叉点上，来讨论乡村
变迁的诸多问题。比较而言，后者更为强调：第一，乡村之间的不均等
发展类型背后，包含着市场、利益以及地方社会网络关系的重新组合；
第二，不同的乡村发展模式，代表着不同的资源组合和配置方式，不同
的商品化过程；第三，经济关系的重组是镶嵌在社会、政治条件中的。

把中国村庄转型命题置于市场经济、城市主义和国家治理这三种不
同的机制中来分析，会发现：第一，村庄正在从农业集体经济组织转向
某种不确定的社区经济组织，即村庄作为集体土地等资源的重要掌控
者，有可能继续延续农业合作组织在经济安排、安全保障上的积极功
能，也有可能成为非农产业的经验主体；第二，村庄正在经历从传统地
域型社区向现代功能型社区的转变，即村庄作为人们的重要居住地、社
会认同的单元、情感寄托之地，在城市主义消解下，愈发彰显其作为居
住共同体的社会功能；第三，村庄正在经历从国家基层治理单位向国家

与社会共同治理的单位转变，即村庄作为一个行政村、自治共同体的叠加运行机制，有可能推动其成为国家与社会合作共治的基本单位。

一 市场经济下的村庄转型之选

市场经济不断挤压，导致农村出现了土地、劳动力以及资本要素的持续外流，即所谓农村"失农业"式发展。农业逐步与村庄脱嵌，意味着传统的农业与村庄互为需要的关系瓦解了，农业生产行为与商业行为逐步分离，人们的消费行为也逐步与村庄分离。在我国，村庄的"去农业化"是市场机制与国家机制共同作用的结果，对于村庄转型产生的影响则需要进一步的考察。

从村庄社会结构的角度来看，农业与村庄分离带来了人群的分化和权力的分化。农民分化已经成为一个不争的事实，这其中，农村经济的非农化发展则推动其出现职业分化以及其阶层内部的分化，而后者更为典型的体现在所谓本地农民和外地农民分化的事实上。这种农民阶层内部的分化更受到政府调控，特别是土地调控机制的影响。村庄权力结构的分化则出现在村庄内部权力组织和外部政权之间的交叉点上，较为明显的呈现为村庄权力的"资本化""私营化"和"去公共化"。

村庄结构上的变动必然带来村庄功能的分化，传统村庄的经济生产、生活功能逐步向现代居住社区的多功能转型。现代村庄生产功能主要基于农业生产的意义，不仅体现在生产除了追求农产品最大化、投入最小化，农业组织和安排以生产为目的之外，更意味着村庄社会以生产为基本原则，按照生产来建构起生活模式、社会关系、治理机构以及价值观念。村庄居住功能则意味着村庄不仅作为一种物质空间的存在，更是作为居住空间，为生活在其中的不同人群提供一个相对安全和舒适的社区生活。村庄消费功能则更多强调村庄外在化发展，即村庄是否具有消费性，是由城市消费者来决定的，这有可能带来村庄的异化，降低地方环境和文化的功能，并隐藏着一定的道德风险。

我国小农经济持续存在及其重要的社会贡献，则证明在村庄"去农业化"之外，还需要重新评估农业与村庄、村庄与市场的复杂关系。维持农业与村庄有效联结的要素，既有特殊的政策设计，也有农民社区行动的策略，以及农业多功能性。农业村庄是"生产空间""生态环境空间"和"生活空间"的统一体，也可以成为市场经济下的村庄转型之选。

二　城市主义的村庄转型逻辑

城市主义假定下的村庄命运常常显得比较黯淡，这也导致许多村庄研究并不是为了村庄，而是落脚在城市化上。因此，城市化下的村庄被界定为弱质村庄，即意味着维持村庄作为村落共同体的要素逐步解体了，一方面，较为直接地呈现为村庄运行资源，包括基础资源、治理资源、文化资源的不足；另一方面则是城市化对乡村社会的"蛀蚀"，村庄共同体的消解，指共同体边界模糊化、村庄公共交往的衰落、共同体价值的消解以及村庄自主性的丧失。

进一步来说，城市主义下我国村庄的弱质化发展，主要突出村庄：第一，相对于城市居住共同体来说，村庄作为居住共同体的经济、社会、文化特质逐步分解，其自我维持内部秩序，自我满足消费、自我提供公共物品、自我生产帮扶的能力趋于下降。第二，政府对村庄的强调控作用。政府主导下的城市化，村庄常常成为劳动力、资金、土地供给的输出地，而对于村庄作为一部分人居住的社区，其公共服务供给、居民社会福利的保障方面的政府调控等却大大滞后。第三，村庄作为一个独立运作的社会单元，其内部的自我调控能力逐步丧失。第四，村庄发展的不确定性。国家战略上，既大力发展城镇化，又强调新农村建设，如何实现两条腿走路，面临着很多不确定的因素。

如今，在城市与农村关系上，似乎形成了一种共识，即城市和农村并不是对立、敌对的关系，而是互帮互助的共生关系。在城乡一体的逻辑下，村庄作为农村社区的存在意义获得了普遍的认可，如今的新农村建设亦是如此。城市化的目的不是要消灭村庄，而是要保存村庄。村庄不仅成为国家提供公共服务的基础与依据，更是能维持社会整合的社区共同体。

三　治理视野中的村庄转型趋势

村庄治理是国家管理机构、公共管理者如何通过良好地组织、管理和调控来影响村庄这一小型社会。结合目前的实际来看，我国村庄转型正陷入在一场治理危机的困境中。一般来说，治理危机会在治理主体、农民政治参与、共同体重构以及信仰危机等多个层面呈现。就村庄转型的视角来看，村庄公共服务体系的失灵、村庄社会的失序以及更进一步发生的伦理危机是治理危机的重要内容。这些问题背后则隐含着国家如何对待村庄、村庄治理逻辑是什么以及村庄内部秩序如何瓦解等重要的理论命题。

村庄治理的内卷化，既指基层政权的内卷化，也包括村民自治的内卷化，成为国家对农村社会控制能力下降的主要解释。加之，自上而下的国家基层治理逻辑，如简约治理、运动式治理、选择式治理等更是凸显出国家能力建设与农村基层社会发展之间的断裂式发展。

危机之下，国家总是试图寻求更加强大的社会调控方式和手段，以试图加强对基层社会的控制能力。土地制度的调整、农业税的取消、新农村建设的策略均可以被看成是国家与村庄互动的众多机制，给村庄生活带来了根本性的、全方位的、急剧的冲击，导致村庄转型的发生。

市场经济的挤压和国家权力强调控的同时到来，促使农民既是精于计算，又讲究道义，同时注重多样化策略的整合性使用。因此，危机下解决村庄治理的关键问题在于：谁能提供适合处于农业商业化剧痛中的农民的生存策略，谁能抓住新环境提供的机会并重建社会控制。

传统社区组织，如宗族，发挥着重要的社会规则制定、调整成员行为规划的作用，控制了社区的社会秩序。社区失序、伦理危机等无疑显露出社区组织控制能力的弱化。村庄社会的转型则出现了多元化，甚至异化发展，这也导致国家与社会力量的妥协，比如富人治村、混混治村，均可以看成是国家与村庄社会力量之间在某个利益平衡点上达成妥协。不过，中间农民的崛起，是否能成为村庄快速转型中保持村庄社会稳定的基础，成为一个有待于讨论的话题。

面对众多尚存的村庄何去何从，已有的选择有二：一是主流的城市化、现代化；二是稍显另类的乡村建设、乡土中国。究竟可不可以、有没有可能通过推动乡村建设，发展乡土中国来实现城市化与现代化，实现城乡良性互动的格局？政府主导的新农村建设，精英倡导的新农村运动以及底层民众的抗争运动，一直努力在回应着这个问题。

村庄转型的浙江经验作为现代化建设中乡村命运的缩影，既有浙江

作为沿海经济较发达地区农村发展的特殊性，也有作为先发现代化地区
的区域性农村发展的普遍性。从浙江实践中我们可以看到村庄转型这一
研究框架的适应性及其理论解释的生命力，能够为当下的城市化研究、
社会治理研究等提供丰富的研究素材。无论是新近流行的淘宝村，还是
处于工业化十字路口的城郊村，在轰轰烈烈地新农村建设中，在国家、
市场和社会的三重力量的综合作用下，村庄内部社会文化出现了复杂的
重组机制，推拉着村庄朝着不同的形态转型。从总体上看，中国的村庄
都将从本质上实现从一种组织形态向另一组织形态转变。这一点，均可
以在当前不同区域的村庄转型过程中被观察到、被捕捉到。

参考文献

一 中文文献

［德］斐迪南·滕尼斯：《共同体与社会——纯粹社会学的基本概念》，林荣远译，商务印书馆1999年版。

［德］拉尔夫·达仁道夫：《现代社会冲突——自由政治随感》，林荣远译，中国社会科学出版社2000年版。

［法］孟德拉斯：《农民的终结》，李培林译，社会科学文献出版社2010年版。

［美］D.盖尔·约翰逊：《经济发展中的农业、农村、农民问题》，林毅夫译，商务印书馆2005年版。

［美］艾恺：《最后的儒家：梁漱溟与中国现代化的两难》，王宗昱等译，江苏人民出版社2003年版。

［美］波普诺：《社会学》，李强译，中国人民出版社2007年版。

［美］布莱恩·罗伯茨：《城市化、分权与农村生活的重组》，《中国农业大学学报》2008年第1期。

［美］杜赞奇：《文化、权力与国家——1900—1952年的华北农村》，王福明译，江苏人民出版社2003年版。

［美］葛学溥：《华南的乡村生活：广东凤凰村的家族主义社会学研究》，知识产权出版社2012年版。

［美］哈维兰：《文化人类学》，瞿铁鹏译，上海社会科学院出版社2006年版。

［美］刘易斯·芒福德：《城市发展史：起源、演变和前景》，宋俊岭等译，中国建筑工业出版社2005年版。

［美］米格代尔：《强社会与弱国家：第三世界的国家社会关系及国家能力》，朱海雷等译，江苏人民出版社 2009 年版。

［美］明恩溥：《中国乡村生活》，午晴等译，时事出版社 1998 年版。

［美］舒尔茨：《改造传统农业》，梁小民译，商务印书馆 2006 年版。

［美］斯梅尔瑟：《经济社会学》，方明等译，华夏出版社 1989 年版。

［美］伊曼纽尔·沃勒斯坦：《现代世界体系》，郭方等译，高等教育出版社 1998 年版。

［美］约翰·贝拉米·福斯特：《失败的制度：资本主义全球化的世界危机及其影响》，《马克思主义与现实》2009 年第 3 期。

［美］詹姆斯·C. 斯科特：《农民的道义经济学：东南亚的反叛与生存》，程立显等译，译林出版社 2001 年版。

［日］山口重克：《市场经济：历史·思想·现在》，张季风译，社会科学文献出版社 2007 年版。

［日］速水佑次郎：《发展经济学——从贫困到富裕》，李周译，社会科学文献出版社 2003 年版。

［日］祖田修：《农学原论》，张玉林等译，中国人民大学出版社 2003 年版。

［英］安东尼·吉登斯：《现代性的后果》，田禾译，译林出版社 2000 年版。

［英］布莱恩·特纳：《社会理论指南》，李康译，上海人民出版社 2003 年版。

［英］卡尔·波兰尼：《大转型：我国时代的政治与经济起源》，冯钢等译，浙江人民出版社 2007 年版。

［英］齐格蒙特·鲍曼：《全球化——人类的后果》，郭国良等译，商务印书馆 2001 年版。

白南生、何宇鹏：《回乡，还是进城？——中国农民外出劳动力回流研究》，载李培林《农民工——中国进城农民工的经济社会分析》，社会科学文献出版社 2003 年版。

柏兰芝：《集体的重构：珠江三角洲地区农村产权制度的演变——以"外嫁女"争议为例》，《开放时代》2013年第3期。

包宗顺等：《农村土地流转的区域差异与影响因素——以江苏省为例》，《中国农村经济》2009年第4期。

边燕杰：《市场转型与社会分层》，三联书店2002年版。

蔡昉：《城乡收入差距与制度变革的临界点》，《中国社会科学》2003年第4期。

蔡昉：《劳动力迁移的两个过程及其制度障碍》，《社会学研究》2001年第5期。

蔡昉：《中国农村改革三十年——制度经济学的分析》，《中国社会科学》2008年第6期。

蔡昉、王美艳：《农村劳动力剩余及其相关事实的重新考察——一个反设事实法的应用》，《中国农村经济》2007年第10期。

蔡俊豪、陈兴渝：《城市化本质含义的再认识》，《城市发展研究》1999年第5期。

操建华：《旅游业对农村和农民的影响——贵州省荔波县、云南省昆明市团结乡和云南省石林县案例分析》，《中国农村经济》2006年第10期。

陈柏峰：《乡村江湖——两湖平原"混混"研究》，中国政法大学出版社2011年版。

陈柏峰：《村庄公共品供给中的好混混》，《青年研究》2011年第3期。

陈柏峰：《两湖平原的乡村混混群体：结构与分层——以湖北G镇为例》，《青年研究》2010年第1期。

陈柏峰：《中国农村的市场化发展与中间阶层：赣南车头镇调查》，《开放时代》2012年第3期。

陈吉元、胡必亮：《当代中国的村庄经济与村落文化》，山西经济出版社1996年版。

陈剑波：《农地制度：所有权问题还是委托—代理问题》，《经济研究》2006年第7期。

陈江龙、曲福田：《农地非农化与粮食安全：理论与实证分析》，

《南京农业大学学报》2006 年第 2 期。

陈江龙、曲福田、陈雯：《农地非农化效率的空间差异及其对土地利用政策调整的启示》，《管理世界》2004 年第 8 期。

陈剩勇：《村民自治何去何从——对中国农村基层民主发展现状的观察和思考》，《学术界》2009 年第 1 期。

陈剩勇：《协商民主理论与中国》，《浙江社会科学》2005 年第 1 期。

陈伟东、谢正富：《三个需要：城乡一体化的经济社会条件分析》，《社会主义研究》2012 年第 2 期。

陈锡文：《当前农业与农村经济形势与"三农"面临的挑战》，《中国农村经济》2010 年第 1 期。

陈锡文：《我国农业农村的 60 年沧桑巨变》，《求是》2009 年第 19 期。

陈映芳：《"农民工"：制度安排与身份认同》，《社会学研究》2005 年第 3 期。

陈映芳：《征地农民的市民化——上海市的调查》，《华东师范大学学报》（哲学社会科学版）2003 年第 3 期。

程必定：《中国的两类"三农"问题及新农村建设的一种思路》，《中国农村经济》2011 年第 8 期。

储卉娟：《从暴力犯罪看乡村秩序及其"豪强化"危险：国家法/民间法视角反思》，《社会》2012 年第 3 期。

崔传义：《进入新阶段的农村劳动力转移》，《中国农村经济》2007 年第 6 期。

崔效辉：《参与式理论与"乡村建设"—参与式理论中的本质来源与贡献》，《二十一世纪》（网络版）2003 年 2 月号（总第 11 期）。

崔效辉：《论 20 世纪中国地方国家政权的内卷化》，《公共管理高层论坛》2006 年第 1 期。

戴君玲：《乡村与发展概念迷思之探讨》，《农业推广文汇》2003 年第 48 辑。

党国英：《"三农"深层关系之转变》，《中国合作经济》2011 年第 6 期。

党国英:《转变中的"三农"问题》,《党政干部参考》2011 年第 6 期。

邓大才:《超越村庄的四种范式:方法论视角——以施坚雅、弗里德曼、黄宗智、杜赞奇为例》,《社会科学研究》2010 年第 2 期。

邓大才:《如何超越村庄:研究单位的扩展与反思》,《中国农村观察》2010 年第 3 期。

邓大才:《试论农业政策的非农偏好及矫正思路》,《成都行政学院学报》2000 年第 5 期。

邓大才:《在社会化中研究乡村 ——中国小农研究单位的重构》,《社会科学战线》2009 年第 5 期。

狄金华:《中国农村田野研究单位的选择——兼论中国农村研究的分析范式》,《中国农村观察》2009 年第 6 期。

刁宗广:《中国乡村休闲旅游的兴起、发展和建议刍议》,《中国农村经济》2006 年第 11 期。

丁忠明、孙敬水:《我国观光农业发展问题研究》,《中国农村经济》2000 年第 12 期。

董筱丹、温铁军:《宏观经济波动与农村"治理危机"——关于改革以来"三农"与"三治"问题相关性的实证分析》,《管理世界》2008 年第 9 期。

杜姗姗、蔡建明、陈奕捷:《北京市观光农业园发展类型的探讨》,《中国农业大学学报》2012 年第 1 期。

费孝通:《江村经济》,商务印书馆 2001 年版。

费孝通:《乡土中国　生育制度》,北京大学出版社 2002 年版。

费孝通:《乡土中国,乡土重建》,北京联合出版公司 2018 年版。

费孝通:《中国绅士》,中国社会科学出版社 2006 年版。

费孝通:《中国乡村社会结构与经济》,载王铭铭主编《中国人类学评论》第二辑,世界图书出版公司 2007 年版。

冯川:《费孝通城乡关系理论再审视》,《中国图书评论》2010 年第 7 期。

冯仁:《村民自治走进了死胡同》,《理论与改革》2011 年第 1 期。

高佩义:《中外城市化比较研究》,南开大学出版社 1991 年版。

高雅：《我国城市化进程中的土地非农化问题研究》，硕士学位论文，郑州大学，2005 年。

高原：《市场经济中的小农农业和村庄：微观实践与理论意义》，《开放时代》2011 年第 12 期。

龚春明、朱启臻：《村落的终结、纠结与未来：经验反思及价值追寻》，《学术界》2012 年第 6 期。

顾朝林等：《中国城市地理》，商务印书馆 2002 年版。

顾朝林等：《中国城市化：格局·过程·机理》，科学出版社 2008 年版。

顾秀林：《现代世界体系与中国"三农困境"》，《中国农村经济》2010 年第 11 期。

桂华：《论村庄社会交往的变化：从闲话谈起》，《中共宁波市委党校学报》2010 年第 5 期。

桂华：《中国农业生产现状及其发展选择》，《中国市场》2011 年第 33 期。

国务院第二次全国农业普查领导小组办公室，《中国第二次全国农业普查资料汇编》（综合卷），中国统计出版社 2010 年版。

韩冰华：《现代化进程中农地非农化问题刍议》，《湖北社会科学》2005 年第 2 期。

韩俊：《土地农民集体所有应界定为按份共有制》，《政策瞭望》2003 年第 12 期。

何包钢、王春光：《中国乡村协商民主：个案研究》，《社会学研究》2007 年第 3 期。

何朝银：《人口流动与当代中国农村社会分化》，《浙江社会科学》2006 年第 2 期。

何宏光：《杜赞奇的国家政权"内卷化"研究》，《中国社会科学院报》2009 年 6 月 9 日。

何健：《试述发展社会学的新趋势》，《西南大学学报》（社会科学版）2008 年第 4 期。

何念如、吴煜：《中国当代城市化理论研究》，上海人民出版社 2007 年版。

何晓杰：《"后农业税时代"中国乡村治理问题研究》，博士学位论文，吉林大学，2011年。

何艳玲：《"回归社会"：中国社会建设与国家治理结构调适》，《开放时代》2013年第3期。

贺东航：《中国村民自治制度的"内卷化"现象的思考》，《经济社会体制比较》2007年第6期。

贺雪峰：《富人治村与"双带工程"：以浙江F市农村调查为例》，《中共天津市委党校学报》2011年第3期。

贺雪峰：《什么农村，什么问题》，法律出版社2008年版。

贺雪峰：《新乡土中国》，广西师范大学出版社2003年版。

贺雪峰：《半熟人社会》，《开放时代》2002年第1期。

贺雪峰：《村民自治的功能及其合理性》，《社会主义研究》1999年第6期。

贺雪峰：《论半熟人社会——理解村委会选举的一个视角》，《政治学研究》2000年第3期。

贺雪峰：《农村的半熟人社会化与公共生活重建》，载黄宗智主编《中国乡村研究》第六辑，福建教育出版社2008年版。

贺雪峰：《乡村的去政治化及其后果——关于取消农业税后国家与农民关系的一个初步讨论》，《哈尔滨工业大学学报》（社会科学版）2012年第1期。

贺雪峰：《新农村建设与中国道路》，《读书》2006年第8期。

贺雪峰、刘岳：《基层治理中的"不出事逻辑"》，《学术研究》2010年第6期。

贺雪峰、肖唐镖：《村治研究的分层与深化——对乡村政治研究的一项初步分析》，《江海学刊》1999年第3期。

贺雪峰等：《乡村治理研究的现状与前瞻》，《学习与实践》2007年第8期。

贺艳：《传媒中的"他者"：浅析乡村话语边缘化现象》，《云南行政学院学报》2010年第3期。

黄建伟：《失地农民的概念问题研究》，《调研世界》2009年第3期。

黄庆杰、王新：《农村集体建设用地流转的现状、问题与对策——以北京市为例》，《中国农村经济》2007年第1期。

黄宗智：《长江三角洲小农家庭与乡村发展》，中华书局2000年版。

黄宗智：《华北的小农经济与社会变迁》，中华书局2000年版。

黄宗智：《中国的隐性农业革命》，法律出版社2010年版。

黄宗智：《集权的简约治理——中国以准官员和纠纷解决为主的半正式基层行政》，《开放时代》2008年第2期。

黄宗智：《中国过去和现在的基本经济单位：家庭还是个人》，《人民论坛·学术前沿》2012年第1期。

黄宗智：《中国农业面临的历史性契机》，《读书》2006年第10期。

贾康、孙洁：《农村公共产品与服务提供机制的研究》，《管理世界》2006年第12期。

贾伟、辛贤：《农村劳动力转移对国民经济增长的贡献》，《中国农村经济》2010年第3期。

简新华、张国胜：《论中国农民"非农化"与"农地非农化"的协调》，《求是学刊》2007年第6期。

建设社会主义新农村目标、重点与政策研究课题组：《部门和资本"下乡"与农民专业合作经济组织的发展》，《经济理论与经济管理》2009年第7期。

姜建成：《价值诉求、目标与善治：当代中国城市化发展中人文关怀问题探析》，《哲学研究》2004年第11期。

金太军：《关于村民自治若干关系问题的深层思考》，《开放时代》2000年第1期。

靳相木：《解析征地制度改革的主流思路》，《中国农村经济》2008年第2期。

景跃进：《当代中国农村"两委关系"的微观解析与宏观透视》，中央文献出版社2004年版。

句芳、高明华、张正河：《我国农户兼业时间影响因素探析——基于河南省农户调查的实证研究》，《农业技术经济》2008年第1期。

句芳等：《中原地区农户非农劳动时间影响因素分析——基于河南省298个农户的调查》，《中国农村经济》2008年第3期。

康晓光:《现代化是必须承受的宿命》,《天涯》2006 年第 5 期。

蓝宇蕴:《都市里的村庄——一个"新村社共同体"的实地研究》,三联书店 2005 年版。

郎富平、杨眉:《社区居民对乡村旅游的态度感知分析》,《中国农村经济》2006 年第 11 期。

郎友兴:《"草根民主"的民主意义:对村民选举与自治制度的理论阐释》,载徐勇、徐增阳主编,《乡土民主的成长——村民自治 20 年研究集萃》,华中师范大学出版社 2007 年版。

郎友兴:《改革、市场经济与村庄政治——基于一个浙江村庄政治的三十年变迁》,《浙江社会科学》2010 年第 11 期。

李昌平:《大气候——李昌平直言"三农"》,陕西人民出版社 2009 年版。

李成贵:《中国农业政策:理论框架与应用分析》,社会科学文献出版社 2007 年版。

李国庆:《关于中国村落共同体的论战——以"戒能—平野论战"为核心》,《社会学研究》2005 年第 6 期。

李静:《中国村落的商业传统与企业发展》,山西经济出版社 1996 年版。

李路路:《向城市移民:一个不可逆转的过程》,载李培林主编《农民工——中国进城农民工的经济社会分析》,社会科学文献出版社 2003 年版。

李旻、赵连阁:《农村劳动力流动对农业劳动力老龄化形成的影响——基于辽宁省的实证分析》,《中国农村经济》2010 年第 9 期。

李培林:《村落的终结——羊城村的故事》,商务印书馆 2004 年版。

李培林:《巨变:村落的终结——都市里的村庄研究》,《中国社会科学》2002 年第 1 期。

李强:《影响中国城乡流动人口的推力与拉力因素分析》,《中国社会科学》2003 年第 1 期。

李强、龙文进:《农民工留城与返乡意愿的影响因素分析》,《中国农村经济》2009 年第 2 期。

李蓉蓉、张树峰:《村庄治理资源的有效配置研究》,《当代世界与社会主义》2008 年第 1 期。

李瑞昌：《分散治理："半城市化"村庄的综合改革》，《复旦政治学评论》2009 年第 1 期。

李小健、乔家君：《欠发达地区农户兼业演变及农户经济发展研究》，《农业经济导刊》2004 年第 1 期。

李效顺、曲福田等：《中国建设用地增量时空配置分析——基于耕地资源损失计量反演下的考察》，《中国农村经济》2009 年第 5 期。

李星群：《广西乡村旅游经营实体特征与经营效应分析》，《中国农村经济》2008 年第 1 期。

李燕琼、嘉蓉梅：《城市化过程中土地征用与管理问题的理性反思——对我国东、中、西部 1538 个失地农户的调查分析》，《经济学家》2006 年第 5 期。

李岳云：《工业化、城市化与粮食安全》，《现代经济探讨》2007 年第 1 期。

李芝兰、吴理财：《倒逼还是反倒逼——农村税费改革前后中央与地方之间的互动》，《社会学研究》2005 年第 4 期。

李周：《传统的创新与中国的崛起》，《经济研究》1997 年第 4 期。

梁漱溟：《乡村建设理论》，上海人民出版社 2006 年版。

林聚任：《村庄合并与农村社区化发展》，《人文杂志》2012 年第 1 期。

林聚任、刘翠霞：《走近村落、超越村落——中国村落研究的理论与方法反思》，《南京大学社会学系建系二十周年庆祝大会暨"中国社会与中国研究"国际学术研讨会论文集》，2008 年。

林万龙：《中国农村公共服务供求的结构性失衡：表现及成因》，《管理世界》2007 年第 9 期。

刘海云：《城市化进程中失地农民问题研究》，博士学位论文，河北农业大学，2006 年。

刘杰：《城乡结合部"村落终结"的难题》，《人文杂志》2012 年第 1 期。

刘梦琴：《中国城市化进程中村落终结的路径选择》，《农村经济》2011 年第 2 期。

刘平辉、叶长盛:《农业用地转化为建设用地的内在机制及驱动力研究》,《中国土地科学》2007年第6期。

刘奇:《"灭村运动"是精英层的一厢情愿》,《中国发展观察》2011年第1期。

刘锐:《基层治理:在危机中面向未来》,《中国农业大学学报》(社会科学版)2011年第2期。

刘锐:《农民阶层分化与乡村治理转型》,《中州学刊》2012年第6期。

刘盛和、陈田、蔡建明:《中国半城市化现象及其研究重点》,《地理学报》2004年第59卷增刊。

刘守英:《农地集体所有制的结构与变迁》,载张曙光《中国制度变迁的案例研究》第二集,中国财政经济出版社2001年版。

刘伟:《难以产出的村落政治——对村民群体性活动的中观透视》,中国社会科学出版社2009年版。

刘伟:《论村落自主性的形成机制与演变逻辑》,《复旦学报》(社会科学版)2009年第3期。

刘晓昀:《农村劳动力流动对农村居民健康的影响》,《中国农村经济》2010年第9期。

刘筱红、姚德超:《农业女性化现象及其形成机制分析》,《湖南科技大学学报》(社会科学版)2012年第4期。

刘彦随等:《中国农村空心化的地理学研究与整治实践》,《地理学报》2009年第10期。

楼天阳、陆雄文:《虚拟社区与成员心理联结机制的实证研究:基于认同与纽带视角》,《南开管理评论》2011年第2期。

卢福营:《经济能人治村:中国乡村政治的新模式》,《学术月刊》2011年第10期。

卢福营、刘成斌等:《非农化与农村社会分层——十个村庄的实证研究》,中国经济出版社2005年版。

陆大道:《我国的城镇化进程与空间扩张》,《城市规划学刊》2007年第10期。

陆大道、姚士谋、刘慧等:《中国区域发展报告:城镇化进程及空间扩张》，商务印书馆 2007 年版。

陆学艺：《三农续论：当代中国农业、农村、农民问题研究》，重庆出版社 2013 年版。

陆学艺、张厚义：《农民的分化、问题及其对策》，《农业经济问题》1990 年第 1 期。

吕德文：《简约治理与隐蔽的乡村治理——一个理论述评》，《社会科学论坛》2010 年第 8 期。

吕君、刘丽梅：《草原旅游发展中社区居民环境意识水平的调查分析》，《中国农村经济》2008 年第 1 期。

吕新雨：《乡村危机与新乡土主义》，《21 世纪经济报道》2012 年 1 月 17 日。

吕新雨：《乡村与革命—中国新自由主义批判三书》，华东师范大学出版社 2013 年版。

吕新雨：《新乡土主义，还是城市贫民窟?》，《开放时代》2010 年第 4 期。

吕昭河：《二元中国解构与建构的几点认识——基于城市"中心"与乡村"外围"关系的解释》，《吉林大学社会科学学报》2007 年第 2 期。

罗兴佐：《论村庄治理资源—— 江西龙村村治过程分析》，《中国农村观察》2004 年第 3 期。

罗兴佐：《社会行动单位与村庄类型划分》，《甘肃理论学刊》2006 年第 1 期。

马翠军：《边缘化的"三农"问题》，《读书》2005 年第 5 期。

马良灿：《内卷化基层政权组织与乡村治理》，《贵州大学学报》2010 年第 2 期。

马若孟：《中国农民经济》，江苏人民出版社 1999 年版。

马晓河、马建蕾：《中国农村劳动力到底剩余多少?》，《中国农村经济》2007 年第 12 期。

毛丹：《一个村落共同体的变迁——关于尖山下村的单位化的观察与阐释》，学林出版社 2000 年版。

毛丹：《村落变迁中的单位化——尝试村落研究的一种范式》，《浙江社会科学》2000年第4期。

毛丹：《村落共同体的当代命运：四个观察维度》，《社会学研究》2010年第1期。

毛丹：《村庄前景系乎国家愿景》，《人文杂志》2012年第1期。

毛丹：《乡村组织化和乡村民主——浙江萧山市尖山下村观察》，（香港）《中国社会科学季刊》，1998年春季号。

毛丹：《浙江村庄的大转型》，《浙江社会科学》2008年第10期。

毛丹、王萍：《村级组织的农地调控权》，《社会学研究》2004年第6期。

毛丹、王燕锋：《J市民为什么不愿做市民——城郊农民的安全经济学》，《社会学研究》2006年第6期。

闵捷等：《农地城市流转微观特征分析——武汉市城郊区的问卷调查》，《中国农村经济》2007年第1期。

穆向丽、孙国兴、张安录：《农户农用地征用意愿的影响因素实证分析——基于湖北省302个农户的调查》，《中国农村经济》2009年第8期。

欧名豪等：《城市化内涵探讨》，《南京农业大学学报》（社会科学版）2002年第4期。

欧阳静：《富人治村：机制与绩效研究》，《广东社会科学》2011年第5期。

欧阳峣、张杰飞：《发展中大国农村剩余劳动力转移动因——一个理论模型及来自中国的经验证据》，《中国农村经济》2010年第9期。

潘家恩、温铁军：《"作新民"的乡土遭遇——以历史及当代平民教育实践为例》，《中国人民大学教育学刊》2011年第3期。

潘家恩、杜洁：《"现代梦"的别样回声——乡村建设的资源与矛盾》，《开放时代》2011年第3期。

潘家恩、杜洁：《中国乡村建设研究述评》，《重庆社会科学》2013年第3期。

潘贤丽：《观光农业概论》，中国林业出版社2009年版。

彭大鹏：《村民自治已经没有意义了吗？》，《理论与参考》2011年第1期。

彭正波：《农村社会的治理危机：四个维度的分析》，《求实》2012年第9期。

戚攻：《论社会转型中的"边缘化"》，《西南师范大学学报》（人文社会科学版）2004年第1期。

钱理群：《乡土中国与乡村教育》，福建教育出版社2008年版。

钱忠好：《非农就业是否必然导致农地流转——基于家庭内部分工的理论分析及其对中国农户兼业化的解释》，《中国农村经济》2008年第10期。

钱忠好：《现行土地征用制度的理性反思》，《经济学研究》2005年第1期。

钱忠好等：《农民土地产权认知、土地征用意愿与征地制度改革》，2007年第1期。

秦润新：《农村城市化的理论与实践》，中国经济出版社2000年版。

曲福田、陈江龙、陈会广：《经济发展与中国土地非农化》，商务印书馆2007年版。

曲福田、谭荣：《中国土地非农化的可持续治理》，科学出版社2010年版。

渠敬东：《项目制——一种新的国家治理体制》，《中国社会科学》2012年第5期。

尚欣、郭庆海：《基于理性经济人视角下我国兼业农户行为分析》，《吉林农业大学学报》2010年第5期。

申端峰：《从治理性危机到伦理性危机——华中科技大学中国乡村治理研究中心"硕博论坛"综述》，《华中科技大学学报》（社会科学版）2007年第2期。

申静、林汉生：《集体产权在中国乡村生活中的实践逻辑——社会学视角下的产权建构过程》，《社会学研究》2005年第1期。

申瑞峰：《中国农村出现伦理性危机》，《中国老区建设》2007年第7期。

盛来运：《中国农村劳动力外出的影响因素分析》，《中国农村观察》2007 年第 3 期。

盛来运、王冉、阎芳:《国际金融危机对农民工流动就业的影响》,《中国农村经济》2009 年第 9 期。

石智雷、杨云彦:《金融危机影响下女性农民工回流分析——基于对湖北省的调查》,《中国农村经济》2009 年第 9 期。

宋婧、杨善华:《经济体制变革与村庄公共权威的蜕变——以苏南茅村为例》,《中国社会科学》2005 年第 6 期。

孙津:《农村转的什么型,创了什么新》,《理论视野》2003 年第 4 期。

孙立平:《"过程—事件分析"与当代中国国家——农民关系的实践形态》,载于清华大学社会学系编《清华社会学评论》(特辑),鹭江出版社 2000 年版。

孙群郎:《20 世纪 70 年代美国的"逆城市化"现象及其实质》,《世界历史》2005 年第 1 期。

孙晓明、刘晓昀等:《中国农村劳动力非农就业》,中国农业出版社 2005 年版。

孙艺惠、杨存栋、陈田等:《我国观光农业发展现状及发展趋势》,《经济地理》2007 年第 5 期。

谭鸿仁:《关系空间与乡村发展——以龙潭椪风茶产业为例》,《地理学报》2007 年第 5 期。

谭荣、曲福田:《中国农地非农化与农地资源保护:从两难到双赢》,《管理世界》2006 年第 12 期。

田先红:《乡村政治研究三十年:对若干分析框架的追溯与反思》,《长春市委党校学报》2011 年第 1 期。

田先红:《乡村治理转型与基层信访治理困境》,《古今农业》2011 年第 3 期。

田先红、杨华:《税改后农村治理危机酝酿深层次的社会不稳定因素》,《调研世界》2009 年第 3 期。

田毅鹏、韩丹:《城市化与村落终结》,《吉林大学社会科学学报》2011 年第 2 期。

仝志辉、温铁军:《资本和部门下乡与小农户经济的组织化道路——兼对专业合作社道路提出质疑》,《开放时代》2009 年第 4 期。

童星等:《论发展的可能性和条件——以发展社会学和发展经济学的比较为视角》,《社会科学研究》2004 年第 3 期。

万先进、邱映贵:《乡村旅游初探》,《中国农村经济》2006 年第 11 期。

汪德根等:《基于职业类型的城市居民乡村旅游需求差异分析——以苏州市为例》,《中国农村经济》2008 年第 1 期。

王德文等:《金融危机对贫困地区农村劳动力转移的影响》,《中国农村经济》2009 年第 9 期。

王春光:《农村流动人口的"半城市化"问题研究》,《社会学研究》2006 年第 5 期。

王定祥:《农地适度非农化进程中的政府与市场分工》,《改革》2009 年第 10 期。

王放:《中国城市化与可持续发展》,科学出版社 2000 年版。

王奋宇、李路路等:《中国城市劳动力流动:从业模式、职业流动、新移民》,北京出版社 2001 年版。

王福明:《乡与村的社会结构》,载乾翰香主编《近代冀鲁豫乡村》,中国社会科学出版社 1995 年版。

王金荣:《中国农村社区新型管理模式研究》,博士学位论文,中国海洋大学,2012 年。

王景新:《农村改革与长江三角洲村域经济转型》,中国社会科学出版社 2009 年版。

王俊豪、周梦娴:《乡村性、乡村发展与乡村旅游关系再检视》,农业推广文汇第 51 辑。

王铭铭:《社区的历程:溪村汉人社会家族的个案研究》,天津人民出版社 1996 年版。

王萍:《撤村建居过程中的群体分化问题》,《浙江社会科学》2008 年第 2 期。

王萍:《印度城市社区的合作式治理机制及其问题》,《浙江学刊》2008 年第 5 期。

王绍光:《大转型:1980 年代以来中国的双向运动》,《中国社会科学》2008 年第 1 期。

王斯福、赵旭东、孙美娟:《什么是村落?》,《中国农业大学学报》（社会科学版）2007 年第 1 期。

王小鲁、樊纲:《中国地区差距的变动趋势和影响因素》,《经济研究》2004 年第 1 期。

王晓毅:《村庄的建构与解构》,《中国社会学网》2006 年 7 月 5 日。

王晓毅:《国家、市场与村庄——对村庄集体经济的一种解释》,载中国社会科学院、农村发展研究所组织与制度研究室,《大变革中的乡土中国——农村组织与制度变迁问题研究》,社会科学文献出版社 1999 年版。

王晓毅、张军、姚梅:《中国村庄的经济增长与社会转型》,山西经济出版社 1996 年版。

王旭:《美国城市化的历史解读》,岳麓书社 2003 年版。

王勇、郭倩倩:《道路通向城市:村落社区化进程中的村民自治及其前景》,《湖北行政学院学报》2012 年第 4 期。

王仲田:《中国农村的村民自治和基层民主发展》,《荆门职业技术学院学报》1999 年第 1 期。

温锐、陈胜祥:《政府主导与农民主体的互动——以江西新农村建设调查分析为例》,《中国农村经济》2007 年第 1 期。

温思美、赵德余:《我国农户经营的非专业化倾向及其根源》,《学术研究》2002 年第 10 期。

温铁军:《农村是中国经济资本化进程稳定器》,《第一财经日报》2012 年 1 月 7 日。

温铁军:《何建设新农村》,《小城镇建设》2005 年第 11 期。

温铁军:《维稳大局与"三农"新解》,《中国合作经济》2012 年第 3 期。

温铁军、杨殿闯:《中国工业化资本原始积累的负外部性及化解机制研究》,《毛泽东邓小平理论研究》2010 年第 8 期。

文军:《农民市民化:从农民到市民的角色转型》,《华东师范大学学报》（哲学社会科学版）2005 年第 3 期。

吴理财：《注意农村基层的选择性治理》，《学习时报》2009 年 1 月 12 日。

吴思红：《村庄资源与贿选》，《湖北行政学院学报》2012 年第 6 期。

吴思红：《乡村秩序的基本逻辑》，《中国农村观察》2005 年第 5 期。

吴毅、贺雪峰：《村治研究论纲——对村治作为一种研究范式的尝试性揭示》，《华中师范大学学报》（人文社会科学版）2000 年第 3 期。

吴重庆：《从熟人社会到"无主体熟人社会"》，《读书》2011 年第 1 期。

吴重庆：《无主体熟人社会》，《开放时代》2002 年第 1 期。

夏东民：《社会转型原点结构理论模型的构建》，《苏州大学学报》（社会科学版）2006 年第 2 期。

夏学銮：《中国社区建设的理论架构探讨》，《北京大学学报》（哲学社会科学版）2002 年第 1 期。

夏周青：《中国农村社区从传统到现代的嬗变——以国家与社会关系为考察视角》，《武汉理工大学学报》（社会科学版）2010 年第 5 期。

向国成、韩绍凤：《农化兼业化：基于分工视角的分析》，《中国农村经济》2005 年第 8 期。

项继权：《论中国乡村的"草根民主"》，载徐勇、徐增阳主编《乡土民主的成长——村民自治 20 年研究集萃》，华中师范大学出版社 2007 年版。

项继权：《中国农村社区及共同体的转型与重建》，《华中师范大学学报》（人文社会科学版）2009 年第 3 期。

萧崑杉：《未来乡村的论述》，《农业推广文汇》第 53 辑，1998 年。

肖唐镖：《当代中国的"群体性事件"：概念、类型与性质辨析》，《人文杂志》2012 年第 4 期。

谢宏昌：《全球化涵构中的乡村性，台湾乡村社会学会 92 年年会》，暨全球冲击与乡村调适研讨会论文集。

熊建平等：《城郊乡村旅游地居民对旅游开发的感知和态度分析——以武汉市东西湖区石榴村为例》，《中国农村经济》2007 年第

7 期。

　　熊剑平等：《城郊农村居民对乡村旅游感知影响因素的实证分析——以武汉市黄陂区明清古街为例》，《中国农村经济》2008 年第 1 期。

　　熊培云：《一个村庄里的中国》，新星出版社 2011 年版。

　　徐勇：《村民自治的成长：行政放权与社会发育——1990 年代后期以来中国村民自治发展进程的反思》，《华中师范大学学报》（人文社会科学版）2005 年第 2 期。

　　许经勇：《用发展的观点认识农业、农村与农村经济》，《江西社会科学》2000 年第 4 期。

　　许召元、李善同：《区域间劳动力迁移对地区差异的影响》，《经济学季刊》2008 年第 1 期。

　　薛力：《城市化背景下的"空心村"现象及其对策探讨——以江苏省为例》，《城市规划》2001 年第 6 期。

　　薛暮桥：《旧中国的农村经济》，农业出版社 1980 年版。

　　阎云翔：《私人生活的变革：一个中国村庄里的爱情、家庭与亲密关系（1949—1999）》，上海书店出版社 2006 年版。

　　杨华：《农村土地流转与社会阶层的重构》，《重庆社会科学》2011 年第 5 期。

　　杨华：《中农阶层：当前农村社会的中间阶层——"中国隐性农业革命"的社会学命题》，《开放时代》2012 年第 3 期。

　　姚士谋、管驰明、王书国等：《我国城市化发展的新特点及其区域空间建设策略》，《地球科学进展》2007 年第 3 期。

　　姚枝仲、周素芳：《劳动力流动与地区差距》，《世界经济》2003 年第 5 期。

　　尹冬华：《从管理到治理：中国地方治理现状》，中央编译出版社 2006 年版。

　　应星：《"气"与抗争政治：当代中国乡村社会稳定问题研究》，社会科学文献出版社 2011 年版。

　　于建嵘：《抗争性政治：中国政治社会学基础问题》，人民出版社 2010 年版。

于建嵘:《我国农村群体性突发事件研究》,《山东科技大学学报》(社会科学版)2002年第4期。

余维祥:《论我国农户的兼业化经营》,《农业经济》1999年第6期。

俞可平:《治理与善治》,社会科学文献出版社2000年版。

俞可平:《中国农村治理的历史与现状(续)——以定县、邹平和江宁为例的比较分析》,《经济社会体制比较》2004年第3期。

郁建兴、高翔:《农业农村发展中的政府与市场、社会:一个分析框架》,《中国社会科学》2009年第6期。

曾红萍:《去公共化的乡村治理及其后果——以利益密集型村庄为例》,《学习与实践》2013年第2期。

曾旭晖、秦伟:《在城农民工留城倾向影响因素分析》,《人口与经济》2003年第3期。

展进涛、陈超:《劳动力转移对农户农业技术选择的影响——基于全国农户微观数据的分析》,《中国农村经济》2009年第3期。

张安录:《城乡生态经济交错区农地城市流转机制与制度创新》,《中国农村经济》1999年第7期。

张凤华:《乡村转型、角色变迁与女性崛起——我国农村女性角色变迁的制度环境分析》,《华中师范大学学报》(人文社会科学版)2006年第5期。

张宏斌:《土地非农化机制研究》,博士学位论文,浙江大学,2001年。

张宏斌、贾生华:《土地非农化调控机制分析》,《经济研究》2001年第12期。

张厚安:《中国特色的农村政治——"乡政村治"的模式》,载徐勇、徐增阳,《乡土民主的成长——村民自治20年研究集萃》,华中师范大学出版社2007年版。

张厚安、徐勇等:《中国农村村级治理——22个村的调查与比较》,华中师范大学出版社2000年版。

张军英:《空心村改造的规划设计探索——以安徽省巢湖地区空心村改造为例》,《建筑学报》1999年第11期。

张康之：《论全球化运动中的"去中心化"》，《理论探讨》2012年第2期。

张敏：《找回村落共同体：转型中国村落公共事务的治理》，《中国农村研究》2010年下卷。

张鸣：《乡村社会权力和文化结构的变迁（1903—1953）》，广西人民出版社2001年版。

张小军：《理解中国乡村内卷化的机制》，《二十一世纪》（网络版）1998年2月号（总第45期）。

张英洪：《农民负担过重问题卷土重来》，《中国乡村发现》2010年第2期。

张昭：《关于河北省空心村治理的理论探讨》，《河北师范大学学报》（自然科学版）1998年第4期。

张仲礼：《中国绅士研究》，上海人民出版社2008年版。

章伟：《行走在边缘：社会变迁中的灰色青少年群体》，《中国青年研究》2008年第9期。

章铮：《进城定居还是回乡发展？——民工迁移决策的生命周期分析》，《中国农村经济》2006年第7期。

赵海林、蔡安宁：《农业结构变革与乡村社会发展——关于G镇的实证研究》，《安徽农业科学》2007年第32期。

赵守飞、汪雷：《农村基层治理：问题、原因及对策》，《兰州学刊》2010年第3期。

赵晓峰：《税改前后乡村治理性危机的演变逻辑——兼论乡村基层组织角色与行为的变异逻辑》，《天津行政学院学报》2009年第3期。

赵晓峰：《找回村庄》，《学术界》2012年第6期。

赵旭东：《权力与公正——乡土社会的纠纷解决与权威多元》，天津古籍出版社2003年版。

赵旭东：《乡村成为问题与成为问题的中国乡村研究——围绕"晏阳初模式"的知识社会学反思》，《中国社会科学》2008年第3期。

折晓叶：《村庄的再造——一个超级村庄的变迁》，中国社会科学出版社1997年版。

折晓叶：《村庄边界的多元化——经济边界开放与社会边界封闭的

冲突与共生》，《中国社会科学》1996 年第 3 期。

折晓叶、陈婴婴：《社区的实践——超级村庄的发展历程》，浙江人民出版社，2000 年版。

折晓叶、陈婴婴：《项目制的分级运作机制和治理逻辑——对"项目进村"案例的社会学分析》，《中国社会科学》2011 年第 4 期。

郑杭生：《改革开放三十年：社会发展理论和社会转型理论》，《中国社会科学》2009 年第 2 期。

郑永年：《人的城市化还是土地的城市化》，《中国企业家》2010 年第 24 期。

郑震：《空间：一个社会学的概念》，《社会学研究》2010 年第 5 期。

钟水映、李魁：《中国工业化和城市化过程中的农地非农化》，山东人民出版社 2009 年版。

周大鸣：《渴望生存——农民工流动的人类学考察》，中山大学出版社 2005 年版。

周飞舟：《从汲取型政权到"悬浮型"政权——税费改革对国家与农民关系之影响》，《社会学研究》2006 年第 3 期。

周立群、张红星：《农地适度非农化：寻求合理的实现机制》，《学术月刊》2011 年第 2 期。

周雪光：《运动式治理机制——中国国家治理的制度逻辑再思考》，《开放时代》2012 年第 9 期。

周一星：《关于中国城镇化速度的思考》，《城市规划》2006 年增刊。

朱明芬：《农民工家庭人口迁徙模式及影响因素分析》，《中国农村经济》2009 年第 2 期。

朱启臻：《关于农业社会学的几点思考》，《中国农业大学学报》（社会科学版）2009 年第 1 期。

朱信凯、陶怀颖：《农民工直接问卷调查情况分析》，载国务院研究室课题组《中国农民工调研报告》，中国言实出版社 2006 年版。

二　电子文献

《"老人农业"现象成困扰中国农业发展现实难题》，新华网，2011 年 7

月 11 日，http：//news.xinhuanet.com/2011-07/11/c_ 121658735.htm，2。

曹海东、邓瑾等：《新农村建设：农民集体失语》，《南方周末》2007 年 7 月 5 日。

曹锦清：《中国农村转型：转向何方》，在华中师范大学农村研究方法高级研讨班的发言，2005 年 9 月。具体可参见：http：//www.zgxcfx.com，2007-7-10。

《富人治村：一个值得关注的新现象》，新华网，2009 年 9 月 12 日，http：//news.xinhuanet.com/politics/2009-09/12/content_ 12050529_ 2.htm。

罗金莲：《当下农民种粮的二元动机》，http：//www.zgxcfx.com/Article_ Show.asp？ArticleID=52353。

茅于轼：《新农村建设不能搞运动》，《中华工商时报》2006 年 3 月 20 日。

吴萍、卢福营：《"混混"何以当选——以浙江省齐镇村委会选举为例分析》，http：//www.chinaelections.org/NewsInfo.asp。

郑凤田：《基层选择性治理偏差》，《民主与法制时报》2012 年 3 月 5 日。

三　外文文献

Bascom，J.，2001."'Energizing' Rural Space：The Representation of Countryside Culture an Economic Development Strategy." *Journal of Cultural Geography*. 19（1）：53-73.

Beesley，K.，Millward，H.，Ilbery，B.，Harrington，L.2003. *The New Countryside*. Canada：Brandon University/St Mary's University.

Bengs，C.2005.Urban-rural Relations in Europe.in：Collections of Inter-regional Conference on Strategies for Exhancing Rural-urban Linkages Approach to Development and Promotion of Local Economic Development：255 http：//www.espon.eu/main/Menu_ Projects/Menu_ ESPON2006.Projects/Menu_ ThematicProjects/urbanrural.html.

Bowler，I.1992."Sustainable Agriculture as An Alternative Path of Farm Business Development." In Bowler，I.，Bryant，C.R.and Nellis，M.D.eds.1992. *Rural Systems in Transition*：*Agriculture and Environment*.Wallingford：CAB International：237-253.

　　Bowler, I.1992. "The Industrialization of Agriculture." In Bowler, I.et al.*The Geography of Agriculture in Developed Market Economies*.Harlow：Long-man：7-31.

　　Bowler, I.R., 1985. "Some Consequences of the Industrialization of Agriculture in The European Community." In Healey, M.J., Ilbery, B.W. eds.*The Industrialization of the Countryside*.Norwich：Geo Books：75-98.

　　Bradley, T., Lowe, P. ed. 1985. *Locality and Rurality*：*Economy and Society in Rural Regions*.London：GeoBooks.

　　Brien, D.2005. "Marketization and Community in Post-Soviet Russian Villages." *Rural Sociology*. 70 (2)：188-207.

　　Brown, R.1995.*Who Will Feed China*? World Watch. September/Octo-ber.

　　Bryceson, D.F., Jamal, V.Eds.1997.*Farewell to Farms*：*Deagrarian-ization and Employment in Africa*. Aldershot：Leiden, and Ashgate.

　　Bryceson, D. F. 1996. "Deagrarianization and Rural Employment in Sub-Saharan Africa：a Sectoral Perspective." *World Development.*25 (1)：97-111.

　　Bryden, J.1995. "Some Preliminary Perspectives on Sustainable Rural Communities." In Bryden, J. ed. 1995. *Towards Sustainable Rural Communities*：*the Guelph Seminar Series*.Canada：Guelph：50-50.

　　Buttel, F.2001. "SomeReflections on Late Twentieth Century Agrarian Political Economy." *Sociologia Ruralis*.51 (2)：165-181.

　　Castle, N.1993. "Rural Diversity：An American Asset Annals of the A-merican Academy of Political and Social Science." *Rural America*：*Blueprint for Tomorrow*. (Sep.,).529：12-21.

　　Chaplina, H., Davidova, S., Gorton, M.2005. "Agricultural Adjust-ment and the Diversification of Farm Households and Corporate Farms in Central Europe." *Journal of Rural Studies* .20 (1)：61-77.

　　Chen J.2007. "Rapid Urbanization in China：A Real Challenge to Soil Protection and Food Security." *Catena* .69 (1)：1-15.

Cloke, P., Goodwin, M. 1992. "Conceptualizing Countryside Change: From Post-Fordism to Rural Structured Coherence." *Transactions of the Institute of British Geographers* .17 (5), 321-336.

Cloke, P., Goodwin, M. 1992. "The changing function and position of rural areas in Europe." In Huigen, P., Paul, L., Volkers, K. Eds. 1992. "The Changing Function and Position of Rural Areas in Europe." *the Institute of British Geographers*. 17 (1): 19-35.

Cloke, P. 1992. "Deprivation and Lifestyle in Rural Wales II: Rurality and the Cultural Dimension." *Journal of Rural Studies*. 8 (2): 113-121.

Cloke, P. 1997. "Country Backwater to Virtual Village?. Rural Studies and 'The Cultural Turn'." *Journal of Rural Studies*. 13 (5): 367-375.

Cloke, P. 1999. "The Country." In Cloke, P., Goodwin, M. eds. *Introducing Human Geographies*. London: Edward Arnold: 256-267.

Cloke, P. 2006. "Conceptualizing Rurality." In Cloke, P. ed al. 2006. *Handbook of Rural Studies*. London: Sage.

Collantes, F. 2007. "The Decline of Agrarian Societies in the European Countryside: A Case Study of Spain in the Twentieth Century." *Agricultural History*. 81 (1): 76-97.

Cooke, P. 1988. "Flexible Intergration, Scope Economies and Strategic Alliances: Social and Spatial Mediation." *Society and Space*. 3 (5): 508-512.

Cooke, P. ed. 1989. *Localities: the Changing Face of Urban Britain*. London: Unwin Hyman.

Copp, J. 1972. "Rural Sociology and Rural Development." *Rural Sociology*. 37 (5): 515-533.

Curry, J. 2000. "Community Worldview and Rural Systems: A Study of Five Communities in Iowa." *Annals of the Association of American Geographer*. 90 (5): 525-552.

Davis, J. 2001. *Conceptual Isues in Analysing the Rural Non-farm Economy in Transition Economies*. Natural Resources Institute, Chatham, Report No. 2635.

Day, G.1998. "A Community of Communities? Similarity and Difference in Welsh Rural Community Studies." *The Economic and Social Review.* 29 (2): 233-257.

Day, G. 2006. *Community and Everyday Life.* London and New York: Routledge.

Delanty, G.2009.*Community.*London: Routledge.

Evans, N., Morris, C., Winter, M.2002. "Conceptualizing Agriculture: A Critique of Post-productivism as the New Orthodoxy." *Progress in Human Geography.*26 (3): 313-332.

Flora, C.2005.*Rural Communities: Legacy and Change.*Oxford: Westview: 125 -126.

Fløysand, Arnt & Jakobsen, Stig - Erik. 2007. "Commodification of Rural Places: A Narrative of Social Fields, Rural Development, and Football." *Journal of Rural Studies.*23 (2): 206-221.

Francks, P., Boestal, J., Choo Hyop Kim, 1999.*Agriculture and Economic Development in East Asia: from Growth to Protectionism in Japan, Korea and Taiwan.*London: Routledge.

Friedland, H. 2002. "Agriculture and Rurality: Beginning the 'Final Separation'?"*Rural Sociology.*67 (3): 350-371.

Friedmann, J.2006. "Four Theses in the Study of China's Urbanization." *International Journal of Urban and Regional Research.*30 (2): 550-551.

Furuseth, J., Lapping, M. B. eds. 1999. *Contested Countryside: The Rural Urban Fringe in North America.* Brookfield: Ashgate Publishing Co: 7-32.

George, Lin. 2006. "Peri - urbanism in Globalizing China: A Study of New Urbanism in Dongguan." *Eurasian Geography and Economics.*57 (1): 28-53.

George, Lin. 2007. "Chinese Urbanism in Question: State, Society, and the Reproduction of Urban Spaces." *Urban Geography.*28 (1): 7-29.

Ghost towns on the increase as rural America accounts for just 16% of population, http://www.dailymail.co.uk/news/article - 2019771/Ghost -

towns- increase-rural-America-accounts-just-16-population. html, 2011. 7.28.

Goodman, D., Redclift, M.1991.*Refashioning Nature*: *Food, Ecology and Culture*.London: Routledge.

Goodman, D., Redclift, M. 1981. *From peasant to proletarian*. New York: St.Martin's Press.

Goodman, G.1986. "Capitalism, Petty Commodity Production and the Farm Enterprise," *Sociologia Ruralis*.3 (5): 325-352.

Goodwin, D.1998. "The Governance of Rural Areas: some Emerging Research Issues and Agendas." *Journal of Rural Studies*.15 (1): 5-12.

Goodwin, M.1989. "Uneven Development and Civil Society in Western and Eastern Europe." *Geoforum*.20 (2): 151-159.

Gorlach, K.2008. "Agriculture, Communities and New Social Movements: East European Ruralities in the Process of Restructuring." *Journal of Rural Studies*.25 (2): 161-171.

Halfacree, K.1993. "Locality and Social Representation: Space, Discourse and Alternative: Definitions of the Rural." *Journal of Rural Studies* .9 (1): 23-37.

Halfacree, H.1999. "A New Space or Spatial Effacement? Alternative Futures for the Post-productivist Countryside", In Walford, N.*Reshaping the Countryside: Perceptions and Processes of Rural Change*, London: Cambridge.

Halfacree, K., Kovach, I., Woodward, R. eds. 2002. *Leadership and Local Power in European Rural Development*.Aldershot: Ashgate.

Halfacree, K.1995. "The Importance of 'the Rual' in the Constitution of Counterurbanization: Evidence from England in the 1980's." *Sociologia Ruralis*.35 (2): 165-189.

Halfacree, K.1995. "Talking about Rurality: Social Representation of the Rural as Expressed by Residents of Six English Parishes." *Journal of Rural Studies*.11 (1): 1-20.

Halfacree, K.1996. "Out of Place in the Countryside: Travelers and the

'Rural Idyll' ".*Antipode.*29（1）: 52-71.

Halfacree, K.1997. "Contrasting Roles for the Post-productivist Countryside." In Cloke, P., Little, J. eds. 1997. *Contested Countryside Cultures.* London: Routledge: 70-93.

Halfacree, K. 1998. Neo - tribes, Migration and the Post - productivist Countryside. In Boyle, P., Halfacree, K. eds. 1998. *Migration into rural areas: Theories and Issues.* Chichester: Wiley.

Halfacree, K.1999. "A New Space or Spatial Effacement? Alternative Futures for the Post - productivist Countryside," In Walford, N. 1999. *Reshaping the Countryside: Perceptions and Processes of Rural Change*, London: Cambridge.

Halfacree, K. 2005. "Rethinking 'Rurality'." In Champion, T., Hugo, G. eds. *New Forms of Urbanization: Beyond the Urban - rural Dichotomy.*Aldershot: Ashgate: 285-305.

Halfacree, K.2006. "From Dropping out to Leading on? British Counter-cultural Back-to-the-land in a Changing Rurality." *Progress in Human Geography.*30（3）: 309-336.

Halfacree, K.2006. "Rural Space: Constructing a Three fold Architecture." In Cloke, P., Marsden, T., Mooney, P. 2006. eds. *Handbook of Rural Studies.*Thousand Oaks, CA: Sage.

Hill, B.1999. "Farm Household Incomes: Perceptions and Statistics." *Journal of Rural Studies.*15（3）: 355-358.

Hoggart, K. 1990. "Let's Do Away with Rural." *Journal of Rural Studies.* 6（3）: 255-257.

Hoggart, K., Buller. H. 1987. *Rural Development: a Geographical Perspective.*London and New York: Croom Helm.

Hoggart, K., Paniagua, A.2001. "The Restructuring of Rural Spain?" *Journal of Rural Studies.*17（1）: 63-80.

Hoggart, K., Paniagua, A.2001."What Rural Restructuring?" *Journal of Rural Studies.*17（1）: 51-62.

Hoggart, K.1997."The Middle Classes in Rural England, 1971-1991."

Journal of Rural Studies. 13 (3): 253-273.

Holmes, J.2002. "Diversity and Change in Australia's Rangelands: A Post-Productivist Transition with a Difference?" *Transactions of the Institute of British Geographers.*New Series.27 (3): 362-385.

Hopkins, J.1998. "Signs of the Post-Rural: Marketing Myths of a Symbolic Countryside." *Human Geography.*80 (2): 65-81.

Ilberty, B., Bowler, R.1998.From Agricultural Productivism to Post-productivism. In Ilbery, B. et al. *The Geography of Rural Change.* Harlow: Longman.

Ilbery, B.ed.1998.*The Geography of Rural Change.*Harlow: Longman.

Jeffrey, C., Bridger, A.1999. "Toward an Interactional Approach to Sustainable Community Development." *Journal of Rural Studies.* 15 (5): 377-387.

Langton, P., Kammerer, D.2005.*Practicing Sociology in the Community*, Pearson.

Lawrence, M.1997. "Heartlands or Neglected Geographies? Liminality, Power and the Hyperreal Rural." *Journal of Rural Studies* 13 (1): 1-17

Lee, D., Newby, H.1983.*The Problem of Sciology.*London: Hutchinson.

Lefebvre, H.1991.*The Production of Space.*Oxford: Blackwell.

Lewis, G., Maund, D.1976. 'The Urbanization of the Countryside: A Framework for Analysis." *Human Geography.*58, (1): 17-27.

Liepins, R.2000."New Energies for an Old Idea: Reworking Approaches to 'Community' in Contemporary Rural Studies." *Journal of Rural Studies.*Forthcoming.

Liepins, R.2000. "Exploring rurality through 'community': discourses, practices and spaces shaping Australian and New Zealand rural 'communities'." *Journal of Rural Studies.*16 (3): 325-351.

Lipietz, A.1988.*Mirages and Miracles.*London: Verso.

Lobao, L.1996. "A Sociology of the Periphery versus a Peripheral Sociology: Rural Sociology and the Dimension of Space." *Rural Sociology.* 61

（1）: 77-102.

Lovering, J.1989. "The Restructuring debate." In: Peet, R.eds.*New Models in Geography*.London: Unwin Hyman.

Lowe, P., Murdoch, J.and Cox, G.1995. "A Civilized Retreat? Anti-urbanism, Rurality and the Making of an Anglo-centri Culture." In Healey, P.ed.*Managing Cities: The New Urban Context*. London: Wiley: 63-82.

Lowe, P., Murdoch, J., Marsden, T., Munton, R. and Flynn, A. 1993. "Regulating the New Rural Spaces: the Uneven Development of Land." *Journal of Rural Studies*.9 （2）: 205-222.

Marsden, T.ed.1993.*Constructing the Countryside* .London: UCL Press.

Marsden, T., Lowe, P., Whatmore, S. 1990. *Rural Restructuring: Global Processes and Their Responses*.London: Fulton.

Marsden, T., Whatmore, S, Munton, R., Little, J.1987. "Uneven Development and the Restructuring Process in Britich Agriculture: a Prelimi-nary Exploration." *Journal of Rural Studies*.3 （5）: 297-308.

Marsden, T. 1995. "Beyond Agriculture? Regulating the New Rural Spaces." *Journal of Rural Studies*.11 （3）: 285-296.

Marsden, T.1996. "Rural Geography Trend Report: the Social and Po-litical Bases of Rural Restructuring." *Progress in Human Geography*.20 （3）: 256-258.

Marsden, T. 1998. "Agriculture Beyond the Treadmill? Issues for Policy, Theory and Research Practice." *Progress in Human Geography*. 22 （2）: 265-276.

Marsden, T.1998. "New Rural Territories: Regulating the Differentiated Rural Spaces." *Journal of Rural Studies*.15 （1）: 117-137.

Marsden, T.1999. "Rural Futures: The Consumption Countryside and its Regulation." *Sociologia Ruralis*.39 （5）: 501-520.

Marsden, T. eds. 1993. *Constructing the Countryside*, London: UCL Press.

McHugh, C., Walsh, J. 2000. "Rural area typology and proposed methodology - WP1 national spatial strategy." Report for the Department of

Environment and Local Government Spatial Planning Unit.Centre for Local and Regional Studies, National University of Ireland, Maynooth.

McNally, S.2001. "Farm Diversification in England and Wales-what can We Learn from the Farm Business Survey?" *Journal of Rural Studies*.17 (2): 257-257.

Meert, H.2005. "Farm Household Survival Strategies and Diversification on Marginal Farms." *Journal of Rural Studies* 21 (1): 81-97.

Mitchell, C.J.A.1998. "Entrepreneurialism, Commodification and Creative Destruction: a Model of Post - modern Community Development." *Journal of Rural Studies* 15 (2): 273-286;

Mooney, P.H.2000. "Specifying the 'Rural' in Social Movement Theory." *Polish Sociological Review*. 1: 35-56.

Mormont, M.1990. "Who is Rural? or, How to be Rural: Towards a Sociology of the Rural." In Marsden, T., Lowe, P., Whatmore, S.eds.1990.*Rural Restructuring: Global Processes and Their Responses*.London: Fulton.

Morris, C., Evans, N.1999. "Research on the Geography of Agricultural Change: Redundant or Revitalized?" *Area*.31 (3): 359-358.

Munton, R. 1990. "Farming Families in Upland Britain: Options, Strategies and Futures." Paper presented to the Association of American Geographers, Toronto, April.

Murdoch, J., Pratt, A.1993. "Rural Studies: Modernism, Postmodernism and the Post-rural." *Journal of Rural Studies*.20 (2): 131-151.

Murdoch, J., Lowe, P., Ward, N., Marsden, T.2003.*The Differentiated Countryside*.London: Routledge.

Murdoch, J., Marsden, T.1995.*Reconstituting Rurality: Class, Community and Power in the Development Process*.London: UCL Press.

Murdoch, J.2000. "Networks-a New Paradigm of Rural Development?" *Journal of Rural Studies*.16 (5): 507-519.

Nelson, P.2001. "Rural Restructuring in the American West: Land Use, Family and Class Discourses." *Journal of Rural Studies*. 17 (5): 395-507.

Newby, H.1980. "Trend Report: Rural Sociology." *Current Sociology*. 28 (1): 1–15.

Newby, H.1983. "The Sociology of Agriculture: Toward a New Rural Sociology." *Annual Review of Sociology*. 9 (1): 67–81.

Newby, H.1986. "Locality and Rurality: The Restructuring of Rural Social Relations." *Regional Studies*.20 (3): 209–215.

Pacione, M. 2003. *Urban Geography: a Global Persective*. London and New York: Routledge.

Panelli, R.2006. "Rural Society." In Cloke, P. ed al.2006. *Handbook of Rural Studies*.London: Sage: 63–90.

Paquetteand, S., Domon, G.1999. "Agricultural Trajectories (1961 – 1991), Resulting Agricultural Profiles and Current Sociodemographic Profiles of Rural Communities in Southern Quebec (Canada): A Typological Outline." *Journal of Rural Studies*.15 (3): 279–295.

Paul, H. 1966. "The Rural Urban Continuum." *Sociologia Ruralis*. 6 (2): 299–329.

Phillips, D., Willianms, A.1985. *Rural Britain: a Social Geography*. Oxford: Blackwell.

Phillips, M.1998. "Rural Change: Social Perspectives." In Ilbery, B. ed.*The Geography of Rural Change* .Harlow: Longman.

Phillips, M.1998. "The Restructuring of Social Imaginations in Rural Geography." *Journal of Rural Studies*.15 (2): 121–153.

Pierce, J.1996. "The Conservation Challenge in Sustaining Rural Environments." *Journal of Rural Studies* .12 (3): 215–229.

Pierce, J.T.1995. "Towards the Reconstruction of Agriculture: Paths of Change and Adjustment." *Professional Geographer*. 56 (2): 178–190.

Pratt, C.1996. "Discourses of Rurality: Loose Talk or Social Struggle?" *Journal of Rural Studies*. 12 (1): 69–78.

Preston, D.1992. "Restructuring Bolivian Rurality? Batallas in the1990s." *Journal of Rural Studies*.8 (3): 323–333.

Rigg, J. 2001. *More than the Soil: Rural Change in Southeast Asia.*

Pearson Education, Essex: Harlow.

　　Rigg, J., Ritchi, M.2002. "Production, Consumption and Imagination in Rural Thailand." *Journal of Rural Studies*.18 (3): 359-371.

　　Shanin, T.ed.1987.*Peasants and Peasant Societies*.Oxford: Blackwell.

　　Share, P., Campbell, H.and Lawrence, G.1991. "The vertical and horizontal restructuring of rural regions: Australia and New Zealand." In Alston, M. et al *Family Farming*: *Australia and New Zealand*, Australia.: Wagga.

　　Shubin, S.2006. "The Changing Nature of Rurality and Rural Studies in Russia." *Journal of Rural Studies*.22 (5): 522-550.

　　Shucksmith, M.1993. "Farm Household Behavior and the Transition to Post-productivism." *Journal of Agricultural Economic*.55 (5): 566-578.

　　Smatles, P.2002. "From Rural Dilution to Multifunctional Countryside: Some Pointers to the Future from South Australia" *Australian Geographer*.33 (1): 79-95.

　　Smithers, J., Joseph, A.E.Armstrong, M.2005. "Across the Divide (?): Reconciling Farmland Town Views of Agriculture - community Linkages." *Journal of Rural Studies*.21 (2): 281-295.

　　Stiglitz, J.2002.*Globalization and Its Discontents*.New York and London: W.W.Norton & Company: 257-258.

　　Stoker, G.1998."Governance as Theory: Five Propositions".*International Social Science Journal*.155 (5): 17-28.

　　Tigges, M., Ziebarth, A., Farnham, J.1998. "Social Relationships in Locality and Livelihood: The Embeddedness of Rural Economic Restructuring." *Journal of Rural Studies*.15 (2): 203-219.

　　Urry, J.1985. "Capitalist Restructuring, Recomposition and the Regions." In Bradley and Lowe.eds.*Locality and Rurality*, London: Geobooks.

　　Walford, N.1999. "Geographical Transition from Productivism to Post-productivism: Agricultural Production in England and Wales 1950s to 1990s." In Walford, N., Everitt, J.C., Napton, D.E.eds. *Reshaping the Countryside*: *Perceptions and Processes of Rural Change*. New York: CABI Publishing: 25-38.

Walford, N.2003. "Productivism is Allegedly Dead, Long Live Productivism.Evidence of Continued Productivist Attitudes and Decision－making in South－East England." *Journal of Rural Studies*.19（5）：591-502.

Ward, N., Jackson, P., Russell, P., Wilkinson, K. 2008. "Productivism, Post－Productivism and European Agricultural Reform：The Case of Sugar." *Sociologia Ruralis*.58（2）：118-131.

Ward, N.1993. "The Agricultural Treadmill and the Rural Environment in the Post－productivist Era." *Sociologia Ruralis*.33（3）：358-365.

Ward, N., McNicholas, K. 1998. "Reconfiguring Rural Development in the UK：Objective 5b and the New Rural Governance." *Journal of Rural Studies*.15（1）：27-39.

Whatmore, S., Marsden, T. 1995. eds. *Gender and Rurality*. London：Fulton.

Whatmore, S., Munton, R., Marsden, T.1990. "The Rural Restructuring Process：Emerging Division of Agricultural Property Rights." *Regional Studies*.following issue.

Wilson, G.2001. "From Productivism to Post Productivism and Back Again? Exploring the（un）Changed Natural and Mental Landscapes of European Agriculture." *Transactions of the Institute of British Geographers*NS. 26：77-102.

Wilson, G., Rigg, J. 2003. "Post－productivist Agricultural Regimes and the South：Discordant Concepts." *Progress in Human Geography*. 27（5）：605-631.

Wilson, J.1995. "Rural Restructuring and Agriculture－Rural Economy Linkages：A New Zealand Study." *Journal of Rural Studies*. 11（5）：517-531.

Wilson, O., Wilson, G.1997. "Common Cause of Common Concern? The Role of Common Lands in the Post－productivist Countryside." *Area*.29（1）：55-58.

Woods, M.2005.*Rural Geography：Processes, Responses and Experiences in Rural Restructuring*. London：Thousand Oaks, Calif：SAGE.

Woods, M.2012. "New Directions in Rural Studies?" *Journal of rural studies*.28 (1): 1-5.

Woods, M.2003. "Deconstructing Rural Protest: the Emergence of a New Social Movement." *Journal of Rural Studies* 19 (3): 309-325.

Wright, S.1992. "Image and Analysis: New Directions in Community Studies." In: Short, B.ed., *The English Rural Community: Image and Analysis*.Cambridge: Cambridge University Press.

Young, I.M.1990.*Justice and the Politics of Difference*, Princeton, NJ: Princeton University Press.

Zoomers, A. E. B., Kleinpenning, J. 1996. "Livelihood and Urban-rural Relations in Central Paraguay." *Tijdschrift voor Economische en Sociale Geografie.* 87 (2): 161-175.